Szczepaniak, Schiewer, Pociask · Emotionale Nachbarschaft

E-FIGURATIONEN

Schriften zur interdisziplinären Emotionsforschung

Herausgegeben von
Gesine Lenore Schiewer und Jacek Szczepaniak

Band 2,1

2023
Harrassowitz Verlag · Wiesbaden

Jacek Szczepaniak, Gesine Lenore Schiewer, Janusz Pociask

Emotionale Nachbarschaft

Affekte in deutschen und polnischen medialen Diskursen

Teil 1

Theorie – Methode – Medienereignis: Nord Stream

unter Mitwirkung von Jarosław Bogacki und Sławomir Kowalewski

2023
Harrassowitz Verlag · Wiesbaden

Gefördert aus Mitteln der Deutsch-Polnischen Wissenschaftsstiftung

DEUTSCH | POLSKO
POLNISCHE | NIEMIECKA
WISSENSCHAFTS | FUNDACJA
STIFTUNG | NA RZECZ NAUKI

Bibliografische Information der Deutschen Nationalbibliothek
Die Deutsche Nationalbibliothek verzeichnet diese Publikation in der Deutschen Nationalbibliografie; detaillierte bibliografische Daten sind im Internet über https://www.dnb.de/ abrufbar.

Informationen zum Verlagsprogramm finden Sie unter
https://www.harrassowitz-verlag.de

© bei den Autor*innen
Verlegt durch Otto Harrassowitz GmbH & Co. KG, Wiesbaden 2023
Gedruckt auf alterungsbeständigem Papier.
Druck und Verarbeitung: docupoint, Magdeburg
Printed in Germany

ISSN 2941-3249   ISBN 978-3-447-12102-6
eISSN 2941-3257   eISBN 978-3-447-39459-8
DOI: 10.13173/2941-3249   DOI: 10.13173/9783447121026

Inhalt

DOI: 10.13173/9783447121026.V

1 Einleitung

In allen Gesellschaften spielen Emotionen eine große Rolle. Liberale Demokratien bilden da keine Ausnahme. Beschriebe man einen Tag oder eine Woche im Leben einer relativ stabilen Demokratie, stieße man auf viele Emotionen – Wut, Angst, Mitgefühl, Abscheu, Neid, Schuldgefühle, Trauer sowie viele Formen von Liebe. Manche dieser Emotionen haben wenig mit politischen Prinzipien oder der öffentlichen Kultur zu tun, doch bei einigen ist es anders: Sie gelten der Nation, den Zielen der Nation, ihren Institutionen, ihrer Führungselite, ihrer Geographie und den eigenen Mitbürgern, mit denen man sich in einem gemeinsamen öffentlichen Raum [bewegt].
(Nussbaum 2016: 11)

1.1 Deutschland und Polen als Nachbarn

Aus eigener Perspektive sind Nachbarn diejenigen, die nicht zu der als „eigen" bestimmten Gruppe gehören, die aber auch „unausweichlich erscheinen, nicht wegzudenken sind, immer die Anderen sind" (Schües 2015: 9). Der Nachbar ist ein „Außenstehender", aber „kein völlig Fremder, sondern ein Vertrautgewordener" (Roth, K. 2001: 11). Das Verhältnis zum Nachbarn auf staatlicher Ebene ist nicht weniger problematisch, da sich moderne Nationalstaaten nach außen bewusst differenzierend abzusetzen und nach innen zu homogenisieren suchen: „Das Nachbarland ist nicht nur das Territorium eines anderen Staates […], sondern es dient der Identifikation, und das heißt der Abgrenzung des Selbst" (Roth, K. 2001: 16).

Deutschland und Polen stehen seit Jahrhunderten in einem spannungsreichen Verhältnis zueinander: Beiden ist eine über 1000-jährige, topographisch bedingte und damit erzwungene Nachbarschaft (vgl. Loew 2015) gemeinsam. Das Koexistieren beider Gemeinschaften war vorwiegend nicht friedlich. Oft kam es zu nicht selten gewaltsamen Konfrontationen, bei denen der Gewinn der einen Seite (in der Regel des mächtigeren Nachbarn Deutschland) immer den Verlust der anderen – polnischen – Seite bedeutete. Einen so mächtigen Nachbarn (wie Deutschland) zu haben, war nicht einfach und wurde oft als Bedrohung empfunden. Den Aspekt der Bedrohung durch den Nachbarn heben ebenfalls Evans/Schahadat (2011: 8) hervor: „Die Anwesenheit von Nachbarn hat wiederholt zu Ausgrenzung und Verbannung geführt, war Beweggrund für Kriege […]". Die deutsch-polnische Nachbarschaft war bis auf die räumliche Dimension eine Nachbarschaft, die relativ wenig bzw. keine Nähe auf zwischenmenschlicher und symbolischer (ideologischer, politischer usw.) Ebene hervorgerufen hat, sondern eher zu Konflikten, Unstimmigkeiten, Vertrauensbrüchen, manchmal auch Katastrophen ge-

DOI: 10.13173/9783447121026.001

führt hat: eine Nachbarschaft der Distanz, kein nachbarschaftliches Zusammenleben, sondern nur ein Aneinandergrenzen ohne Vertrauen. Bis heute ist es eine Nachbarschaft von gemischter Qualität: Sie fügt Liebe und Hass, Bewunderung und Abneigung/Ekel, Freundschaft und Feindschaft, Autonomie und Dominanz zusammen. Beim Nachdenken über Nachbarschaft ist deswegen auf die Tatsache hinzuweisen, „[…] dass Nachbarschaft keineswegs per se mit ‚guter Nachbarschaft' identisch ist. Der Blick in die Geschichte zeigt, dass Nachbarschaft nicht nur Quelle der Gastfreundschaft ist, sondern auch eine Gewaltressource sui generis" (Manemann 2015: 21). Folglich kann Nachbarschaft auch zum Ort (manchmal unbegründeter) Feindschaft werden.

Das Nachbarschaftsverhältnis wird jedoch nicht nur durch das Erbe der Geschichte[1] belastet. Die Spannungen zwischen den beiden Völkern oder Nationen leiten sich ebenso von den oft gegenseitigen politischen und wirtschaftlichen Interessen und vor allem von der Ungleichheit her, die zwischen Deutschland und Polen immer bestand und nach wie vor besteht.[2] Ungleich sind die Staatsterritorien, wirtschaftliche und militärische Macht sowie auch die globale Wirkkraft der Kulturen. „Beziehungen zwischen Nachbarvölkern sind daher in der Mehrzahl der Fälle Beziehungen der Überlegenheit und Unterlegenheit oder, anders gesagt, sie sind in der einen oder anderen Weise hegemonial" (Roth, K. 2001: 18). Die Relation der Ungleichheit zwischen den beiden nationalen Gemeinschaften ist auch heute sichtbar: Der „kleine Nachbar" im Osten wird in öffentlichen (politischen und massenmedialen) Diskursen in Deutschland das ein und andere Mal einfach „übersehen"[3]. Als der „richtige" Nachbar (Wahlnachbar) wird das mächtige Russland wahrgenommen.[4] Der Nachbar des „Nachbarn" scheint interessan-

---

1   Bei jeder deutsch-polnischen Begegnung – so Klaus Roth (2001: 21) „sitzt nicht nur die Geschichte mit am Tisch, sondern zumeist auch eine große Zahl gegenseitiger Vorstellungen und Erwartungen".

2   „Die deutsch-polnischen Asymmetrien ergeben sich aus einem seit Jahrhunderten bestehenden zivilisatorischen Ost-West-Gefälle, der jahrzehntelangen wirtschaftlichen, politischen und sozialen Einbindung in gegensätzliche Wirtschafts- und Machtsysteme sowie den daraus resultierenden sehr unterschiedlichen Wirtschaftspotentialen beider Staaten" (Wilkiewicz 2009: 2). Deswegen fällt es relativ schwer, die Beziehungen zwischen beiden Ländern als Beziehungen auf Augenhöhe anzusehen.

3   Zu verweisen ist an dieser Stelle auf die agonalen Punkte in 5.1.2 und 5.2.2.

4   Einige wenige Beispiele, die hier angeführt werden, sollen die obigen Ausführungen nur illustrieren: Der sächsische Ministerpräsidenten Michael Kretschmer teilte z.B. im MDR mit: „Wir müssen mit Russland leben. Es ist unser Nachbar. Wir werden nur in Frieden leben, wenn wir auch mit Russland in Frieden leben." (https://www.tagesschau.de/inland/innenpolitik/osten-russland-101.html (12.04.2022)).
    In seinem Kommentar für welt.de schreibt Michael Stürmer: „Putin bleibt unser aller unheimlicher Nachbar", wobei Putin mit Russland gleichgesetzt wird. (https://www.welt.de/debatte/kommentare/article139668414/Putin-bleibt-unser-aller-unheimlicher-Nachbar.html (12.04.2022)).
    Im März 2019 wurde von der Europäischen Akademie Bayern ein Europaseminar organisiert unter dem Titel: „Zwischen Kooperation und Konfrontation: Unser Nachbar Russland" (https://www.europaeische-akademie.de/fileadmin/user_upload/19-046-13_Infoblatt_Moskau.pdf (12.04.2022)).
    Auf der Facebook-Seite der Bundeskanzler-Helmut-Schmidt-Stiftung ist ein Post vom 23. Juni 2018 zu lesen: „Unser Nachbar Russland ist uns in diesen Fußball-Tagen besonders nah:

ter zu sein als der direkte Nachbar. In diesem Zusammenhang drängt sich die Frage auf, ob die östlichen Nachbarn nicht vielleicht deswegen fremd bleiben, weil sie „von Nachbarn als Nichtnachbarn […] ausgegrenzt werden" (Beck 1995: 142). Dem deutschen Partner können darüber hinaus mangelnde Kenntnis und mangelnde Einfühlung in die Geschichte des Nachbarlandes attestiert werden: Der Nahe[5] war und ist zum Teil nach wie vor der Fremde. „Die Deutschen tun sich schwer damit, die Geschichte der Völker Mittel- und Osteuropas nachzuempfinden und damit auch ihre heutige ‚Befindlichkeit' zu verstehen. Kein Wunder: Die Deutschen sind seit Generationen nicht mehr in der Situation gewesen, von einem aggressiven Nachbarn überfallen zu werden. Sie selbst waren dieser Nachbar", schreibt Gerhard Gnauck (2018: 17–18). Auch heutzutage haben beide Gemeinschaften – Partner im vereinten Europa – ein mangelhaftes bzw. verfälschtes Wissen voneinander, was nicht zuletzt auch mit der mangelnden Beherrschung der jeweils anderen Sprache zusammenhängen kann. Demnach besteht Ungleichheit „nicht nur beim historischen Erinnern und Wissen, sondern insgesamt im *Wissen* [Hervorhebung im Original] über das Nachbarvolk" (Roth, K. 2001: 20).

Der „Vertrag zwischen der Bundesrepublik Deutschland und der Republik Polen über gute Nachbarschaft und freundschaftliche Zusammenarbeit vom 17. Juni 1991" sollte eine stabile Grundlage für bilaterale Beziehungen bilden, die als eine Werte- und Interessengemeinschaft definiert wurden. 2004 wurden, durch den EU-Beitritt Polens, die Beziehungen zwischen den beiden Staaten um eine gesamteuropäische Dimension ergänzt und bereichert. Dadurch wurde der Grundstein zu einer wahren Gestaltungspartnerschaft in Bezug auf bilaterale und gemeinsame europäische Interessen gelegt. Derartige Nachbarschaft[6] kann als „Chance für ein Mehr begriffen [werden], das sich gerade durch das Aufeinanderprallen dessen, was nicht unbedingt zusammen gehört, ergibt" (Evans/Schahadat 2011: 9). Eine konstruktive Nachbarschaft war nie so wichtig wie heute. Sie wird aber erst dann möglich sein, wenn die/der „nahe Fremde" in ihrer/seiner Anders- und Einzigartigkeit anerkannt wird, wenn die Status-Asymmetrie im politischen und wirtschaftlichen Bereich nicht so gravierend ist und eine Kooperation auf Augenhöhe erlaubt. Dieser Prozess ist im Gange, auch wenn sich der Abschied von den Klischees über das jeweilige Nachbarland und tradierten Einstellungen relativ langsam vollzieht. Die beiden Nachbarn mitten in Europa sind zwar keine Feinde, aber es verbindet sie auch keine innige Freundschaft. In Deutschland kann ein immer noch bestehender und vorwiegend auf Unwissen beruhender Mangel an Interesse gegenüber dem östlichen Nachbarn festgestellt werden. In Polen hingegen ist der Blick auf Deutschland

---

Heute vor 15 Jahren empfing der russische Staatspräsident Wladimir Putin den damals 84-jährigen Helmut Schmidt im Kreml." (https://www.facebook.com/866336886877132/posts/983912381786248/ (12.04.2022))

5   „Diese paradoxale Nähe ist die eigentliche Herausforderung der Nachbarschaft. Es ist die paradoxale Nähe, die Nachbarschaftsverhältnisse so prekär macht." (Manemann 2015: 24)

6   Gemeint ist eine gute Nachbarschaft, die „einer gewissen Homogenität [bedarf], wie z. B. Übereinstimmung im Lebensstil, in der normativen Orientierung, in den Interessen und der materiellen Lage." (Evans/Schahadat 2011: 25)

eher ambivalent: Einerseits lässt sich nach wie vor ein aus historischen Erfahrungen[7] resultierendes, mehr oder weniger latentes Misstrauen gegenüber Deutschland erkennen, andererseits aber auch Bewunderung, manchmal gepaart mit Neid. Dem deutschen Nachbarn werden oft neues Hegemoniestreben, Überheblichkeit, Geschichtsfälschung und Missachtung der polnischen Interessen vorgeworfen. Man könnte sogar den Eindruck haben, Polen definiere sich selbst als Verlierer im Sinne von Sloterdijk, dem „man auf halbem Weg zwischen den Ausgebeuteten von gestern und den Überflüssigen von heute und morgen begegnet" (Sloterdijk 2006: 68). Deswegen ist eine intensive Annäherungs- und Verständigungsarbeit zwischen beiden Gemeinschaften auch (oder sogar besonders) im Hinblick auf die affektive Sphäre vonnöten.

Die Vielschichtigkeit und Kompliziertheit des polnischen Blicks auf den deutschen Nachbarn bringt der polnische Schriftsteller Andrzej Stasiuk ohne Umschweife zum Ausdruck:

> Jetzt bedienen die Regierenden die polnischen Komplexe, vor allem den Deutschland-Komplex, ein wichtiges Element der polnischen Identität. Die Deutschen waren seit Jahrhunderten der mächtige Feind im Westen, der Erbfeind. Und zugleich kamen von dort zivilisatorische Vorbilder, in Verwaltung, Handwerk und anderem. Deutsche Siedler haben unsere Städte aufgebaut. Ewige Antipathie und zugleich Bewunderung. Eine sehr schwierige Beziehung, nicht wahr? Im 20. Jahrhundert legten die Deutschen mein Land in Schutt und Asche, ermordeten Millionen unserer Bürger und organisierten hier den Holocaust. Als hätten sie diesen Boden mit einem Fluch, mit etwas endgültig Diabolischem zeichnen wollen. Wenige Jahrzehnte vergehen, und meine Landsleute fahren zu Hunderttausenden nach Deutschland auf der Suche nach Arbeit und einem besseren Leben. Wer die deutsche Saite anschlägt, kann Ressentiments aktivieren. (zitiert nach: Gnauck 2018: 16–17)

Nachbarschaft ist in diesem Verständnis nichts Gegebenes, sondern ein Prozess und eine dynamische Relation. Und Nachbarschaft ist in der Regel auch eine emotionale Angelegenheit: Eine gute, gereifte Nachbarschaft ist immer eine Nachbarschaft positiver, kooperationsfördernder Emotionen/Affekte, ein empathisches Neben- und zugleich Miteinander-Sein, das auf Vertrauen, Sympathie und gegenseitiger Wertschätzung fußt.

An dieser Stelle sei auf die Tatsache verwiesen, dass die Wissenschaft zur Förderung des gegenseitigen Verstehens und Verständnisses zwischen Deutschen und Polen nach wie vor ihren Beitrag zu leisten hat.

Zu deutsch-polnischen Wechselbeziehungen sind im für die vorliegende Studie relevanten Zeitraum (2004–2019) zahlreiche Sammel- bzw. Einzelmonographien und Arti-

---

7   Historische Aspekte haben nach wie vor ein relativ hohes Potenzial, gegenwärtige Relationen zwischen beiden Staaten bzw. nationalen Gemeinschaften mit negativen Affekten/Emotionen zu prägen. Von verschiedenen politischen und gesellschaftlichen Akteuren: Politiker*innen, Massenmedien, Vertretern der polnischen katholischen Kirche usw. werden sie instrumentalisiert und für eigene (innenpolitische) Zwecke gebraucht bzw. missbraucht.

kel mit dem Ziel erschienen, Gemeinsamkeiten und Kontroversen, Problemzonen oder Konflikte zwischen beiden nationalen Gemeinschaften zu explizieren und/oder zu deuten. Aus Platzgründen können hier jedoch nur einige Arbeiten von Soziologen*innen, Politolog*innen, Historiker*innen, Sprach- oder Literaturwissenschaftler*innen, die sich mit den bilateralen Kontakten beschäftigt haben, erwähnt werden.

Als stellvertretend für Untersuchungen zu (stereotypen) Ausprägungen des komplizierten deutsch-polnischen Verhältnisses können etwa die nach 2004 veröffentlichten Studien von Szarota (2010), Fałkowski/Popko (2006), Ruchniewicz (2008), Hess/Szymańska (2009) und Sakson (2010) genannt werden. In diesem thematischen Zusammenhang sei auf das Projekt des Instituts für Öffentliche Angelegenheiten der Konrad-Adenauer-Stiftung in Polen „Deutsch polnisches Barometer" (2015) verwiesen, das von Agnieszka Łada koordiniert wurde. Ziel dieses Vorhabens war, Polen und Deutsche nach der gegenseitigen Wahrnehmung und aktuellen Erwartungen sowie Herausforderungen zu fragen. Kulturologisch fundierte Ausführungen zu Problemzonen in der deutsch-polnischen Kommunikation sind in der Monographie von Wóycicki und Czachur (2009, in beiden Sprachen veröffentlicht) zu finden. Die „gedächtnisrelevanten Inhalte" in den gegenwärtigen deutsch-polnischen Beziehungen nimmt Czachur (2016a, 2016b) in den Blick. Der Komplexität und Vieldimensionalität dieser Problematik versucht er gerecht zu werden, indem er diskurs- und medienlinguistische Ansätze mit ethnolinguistischen und kognitivistischen vereinbart. Im Hinblick auf die (kontrast)linguistische Erfassung deutsch-polnischer Relationen lässt sich eine deutliche Dominanz polnischsprachiger Beiträge feststellen. Der EU-Beitritt Polens und seine Auswirkungen auf die Nachbarschaftsbeziehungen werden u. a. in den polito- und diskurslinguistisch orientierten Studien von Mikołajczyk (2004) und Miller (2012, 2013, 2014a, 2014b) thematisiert. Hier werden z. B. charakteristische Metaphernmodelle zum EU-Beitritt analysiert und die Funktionen verschiedener sprachlicher Mittel wie Stereotypisierung/ Metaphorisierung sowie Mechanismen der Persuasion (Bewerten, Polarisieren oder Vereinfachen) beschrieben. Der Status einer Pionierarbeit in der diskurslinguistischen Erforschung der Emotionalität gebührt der Dissertation von Dorota Miller, die 2014 mit dem Titel „Emotionalität und Wertung im Diskurs. Eine kontrastive Analyse deutscher und polnischer Pressetexte zum EU-Beitritt Polens" veröffentlicht wurde. Sie analysiert verbale und ikonische Emotions- und Bewertungsmanifestationen in Artikeln zur EU-Osterweiterung 2004 in den Wochenmagazinen „Der Spiegel" und „Polityka" aus kontrastiver Sicht. Zu den binationalen Diskursen um den EU-Reformvertrag und um andere damit zusammenhängende diskursive Ereignisse schreiben etwa Dąbrowska-Burkhardt (2010a, 2013) und Jabłońska (2009). Dąbrowska-Burkhardt (2013: 23) beschreibt z. B. den deutsch-polnischen Dialog als Teil eines transnationalen Diskurses. Einen wichtigen Beitrag zur Erforschung des asymmetrischen Dialogs zwischen Deutschland und Polen nach 2004 leistet die diskurslinguistische Arbeit von Dorota Kaczmarek (2018) – eine umfangreiche, wissenschaftlich fundierte Monographie zu deutsch-polnischen Diskursen und Gegendiskursen, d. h. zu medialen Diskursen mit Konkurrenzpotenzial und oppositivem Charakter. Zum Objekt linguistischer Diskussionen wurden allerdings nicht nur wichtige politische Ereignisse, sondern auch mehr oder weniger ernstzunehmende, aber auf jeden Fall kontroverse Eklats mit hohem Konfliktpotenzial wie z. B. die berühmt-berüchtigte ,Kartoffel-Satire' – siehe dazu Arbeiten von Dąbrowska-Burkhardt (2010b) und Bonacchi (2013). Dieser Gruppe sind ferner Vergleiche der Webprofile der ehemaligen Staatspräsidenten der beiden Länder Christian Wulff und Bronisław Komorowski zuzurechnen (z. B. Mikołajczyk 2011).

Deutsche Polenpolitik (und zum Teil auch polnische Deutschlandpolitik) wird im Spannungsfeld von Vergangenheit, Eigeninteresse und Europäischer Union geführt. Dieses konfliktgenerierende Geflecht bekommt in medialen Diskursen eine mehr oder weniger stark ausgeprägte affektive Dimension, die bestimmte Prozesse der Inklusion, der Exklusion oder der Identitätsstiftung generiert bzw. dynamisiert. Medien lassen sich somit als spezifische „affect generators" (Reckwitz 2017: 116) begreifen, die an der affektiv markierten (Mit)Konstituierung von Gemeinschaften beteiligt sein können. Eine derartige Konzeptualisierung, die für das von der Deutsch-Polnischen Wissenschaftsstiftung geförderte Projekt *Emotionale Nachbarschaft. Affekte in deutsch–polnischen medialen Diskursen seit dem EU-Beitritt Polens* grundlegend war, richtet das Augenmerk auf den diskursiven Charakter derartiger Prozesse und erweitert damit die bisherigen linguistischen und kommunikationswissenschaftlichen Ansätze zur Erforschung von Affekten bzw. Emotionen.

1.2 Theoretischer und methodischer Ansatz

1.2.1 Ziel der Untersuchung

Medien sind als soziale Orte bzw. Diskursebenen zu betrachten, von denen aus jeweils Aussagen produziert und verbreitet werden. Zu Analyseobjekten werden bestimmte gesellschaftspolitische Ereignisse (mit in der Regel relativ hohem Konfliktpotenzial), die durch die Medien als (oft unterschiedlich) affektiv markierte diskursive Ereignisse (im Sinne von Jäger 2011) kreiert bzw. konstruiert werden. Als Ergebnisse solcher Prozesse entstehen oft bestimmte Konflikt- oder Reibungsräume[8], in denen sich Deutungskämpfe, Exklusionen, Ausgrenzungen o. Ä. manifestieren.

Indem Diskurse Wissen produzieren und transportieren, mit dem soziale Akteur*innen die Wirklichkeit deuten und kreieren, können sie auch Macht ausüben: „Dieses zustande kommende Wissen ist die Grundlage für individuelles und kollektives Handeln und die Gestaltung von Wirklichkeit." (Jäger 2011: 98) Erkenntnisreich wäre somit, den engen Verschränkungen der kommunikativen, medialen, kognitiven und affektiven sowie sozialen bzw. politischen Dimensionen von Diskursen Rechnung zu tragen. Von besonderer Relevanz ist in diesem Zusammenhang die Rolle der Sprache – des primären Mediums der Wissenskonstruktion (vgl. Keller 2011: 142), die in Kooperation mit anderen Zeichensystemen Affekte in deutschen und polnischen medialen Diskursen und/ oder Gegendiskursen (vgl. Kaczmarek 2018) konstruiert bzw. evoziert. Es geht nämlich um Phänomene mit vergleichsweise hohen macht- und interessenrelevanten Potenzia-

---

8   Felder (2006, 2015) spricht in diesem Zusammenhang von „agonalen Zentren".

len, die einen immensen Einfluss auf die Relationen zwischen den beiden nationalen Gemeinschaften auf unterschiedlichen Ebenen haben können. In den oben genannten Fällen wären Affekte als Gegenstand von rationalen Entscheidungen zu betrachten und sogar als Machtausdruck durch persuasive oder manipulative Handlungen wie auch ein wichtiger Faktor in Kämpfen um die hegemoniale Position.

Das wissenschaftliche Hauptziel der vorliegenden Arbeit ist es aufzuzeigen, wie Affekte als Zeichenkomplexe und affektive Praktiken in medialen Diskursen in Deutschland und Polen konstruiert werden. Unser Ziel ist es auch zu untersuchen, ob sich dominierende Typen von Affekten für mediale Diskursräume in beiden Nachbarländern erkennen und erfassen lassen. Eine Zeitspanne von 15 Jahren (2004–2019) erlaubte eine Analyse des dominierenden Profils von Emotionen (des emotionalen Profils) in der medialen Kommunikation zwischen beiden Gemeinschaften – seiner Stabilität bzw. Veränderung – in temporaler Hinsicht. Aus diesem Grund ist in der Analyse auch der interdiskursive Charakter von Affekten, die als Reaktionen auf partnerseitige Emotionen entstehen können (reaktiver und zugleich generativer Charakter von medialen Diskursen), in Betracht zu ziehen.

Im Hinblick auf die oben thematisierten Aspekte und Forschungsziele lassen sich im Einzelnen folgende Forschungsfragen formulieren:

– Welche Affekte sind in deutschen und polnischen medialen Diskursen erkennbar?
– Mit welchen Gestaltungsmitteln und durch welche Verfahren werden Diskurse durch Affekte (mit)formiert, Rezipierende affiziert und damit affektive Weltbilder bzw. Sinnwelten kreiert?
– Auf welche Weise (gemeint sind verbale, typographische, ikonische Mittel sowie sprachliche und außersprachliche Kontexte usw.) werden Affekte manifestiert oder evoziert?
– Wie können individuelle oder kollektive Akteur*innen (Medienakteur*innen) mit unterschiedlichen Ressourcen- und Kreativitätspotenzialen diskursive, nicht selten national spezifische Wirklichkeit(en) – Diskursuniversen – herstellen bzw. verändern, die für die jeweilige Gruppe einen gemeinsamen Deutungshorizont bilden?
– Sind die eingesetzten Mittel für die jeweilige Sprach- und Kulturgemeinschaft spezifisch? Bedienen sich deutsche und polnische Medien- bzw. Diskursakteur*innen derselben Strategien der Emotionalisierung oder lassen sich sichtweisenspezifische, ideologisch geprägte Eigentümlichkeiten bzw. Spezifika feststellen?
– Zu welchem Zweck (z. B. Auf- oder Abwertung, implizites oder explizites Ausschließen, Identitätsstiftung, Überwindung/Abbau von Stereotypen oder ihre Festigung, Dynamisierung von bestimmten Prozessen usw.) werden diese Handlungen von individuellen oder kollektiven Akteuren (z. B. von Redaktionen oder Meinungskollektiven) ausgeführt? Medientexte (re)präsentieren nämlich etwas, können zugleich aber auch etwas bei den Rezipient*innen anstoßen: Damit gehen oft bestimmte Formen der Vergemeinschaftung einher. Affekte können eben als identitätsstiftender Faktor für politische, soziale oder nationale Gemeinschaften – auch durch Abgrenzung zu anderen – eingesetzt und als Mittel zur Stabilisierung bzw. Steigerung des Nationalbewusstseins instrumentalisiert werden. Erkenntnisbringend wäre in diesem Zu-

sammenhang aufzuzeigen, ob und wie in medialen Diskursen diese Potenziale von Affekten realisiert werden, in welchem thematischen Umfeld, mit welchen Mitteln und eventuell mit welchen Folgen für die bilateralen Relationen, die im vor über drei Jahrzehnten unterzeichneten Nachbarschaftsvertrag als eine Werte- und Interessengemeinschaft definiert wurden.

In diesem Zusammenhang wollen wir die Ergebnisse des Projekts „Emotionale Nachbarschaft. Affekte in deutsch-polnischen medialen Diskursen seit dem EU-Beitritt Polens" als Impulse für die Vorbereitung einer rational durchdachten und diskursiv realisierten „Politik der Affekte" im binationalen Dialog zwischen Deutschland und Polen betrachten. Gemeint ist ein geschicktes (empathisches) diskursives Handeln im medialen Bereich, das zur Verringerung potenzieller Spannungen und zur Vermeidung negativer Auswirkungen kommunikativer Aktivitäten effektiv beitragen kann.[9] Darüber hinaus wäre auch ein Ziel dieser Politik im Bildungsbereich, durch das Aufzeigen und Analysieren von Prozessen der Diskursivierung vor allem junge Menschen (Studentinnen und Studenten, Schülerinnen und Schüler der Oberstufe) für die medialen Konstruktionen „der Polen" und „der Deutschen" zu sensibilisieren, die Relevanz der Empathie – gepaart mit der Fähigkeit zu einer positiven, diverse Perspektiven berücksichtigenden Interessen- und Konfliktkommunikation – als Prinzip in der zwischenmenschlichen Kommunikation bewusst zu reflektieren und die Kompetenz empathischen Kommunizierens herauszubilden. Sprache ist und bleibt dabei das grundlegende Instrument und Medium. Empathie als eine Fähigkeit, sich in „fremde Welten" der/des Anderen hineinzuversetzen, ist eine gravierende Entität in jedem kommunikativen Ereignis:

> Damit Kommunikation gelingen kann, ist nicht nur die wechselseitige Berücksichtigung und Überprüfung von expliziten und impliziten Präsuppositionssystemen durch die jeweiligen Kommunikanten unerlässlich, sondern auch ein Signalisieren und Ratifizieren von Verstehen und Vertrauen auf der phatischen, somatischen und emotiven Ebene, dies in notwendiger Ergänzung zu einem rein kognitiven Erfassen der Relevanz- bzw. Referenzsysteme jeweiliger Interaktionspartner*innen (Jacob et al. 2020: 1)

– konstatieren die Herausgeber*innen des Bandes „Sprache und Empathie". Diese Art des Kommunizierens, die kognitive und affektive Ebene einschließt, gelingt dann, wenn „die Wahrnehmungen, Erwartungen, Prognosen und Simulationen in eine sinnvolle Narration vom anderen, von mir und der Welt" (Jacob et al. 2020: 2) synthetisiert werden können.

---

9 Diese Zielsetzung würde ermöglichen, Diskursanalyse auch als ein prospektives Verfahren (im Sinne von Schiewer 2014a) einzusetzen.

1.2.2 Sprachtheoretische Grundannahmen

Wenn man verstehen will, wie Affekte/Emotionen in öffentlichen medialen Diskursen beider nationalen Gemeinschaften konstruiert und vermittelt werden, lohnt es sich linguistisch, genauer: diskurslinguistisch vorzugehen. Denn unsere Gesellschaften „sind von Grund auf sprachlich organisiert. Über sprachliches Handeln wird gesellschaftliche, politische, wirtschaftliche Ordnung hergestellt, wird sie aufrechterhalten und wird sie in Frage gestellt und immer wieder transformiert" (Reisigl 2020: 34).

Die konzeptionelle Grundlage der vorliegenden Studie bilden solche theoretischen Ansätze, die die kulturelle und soziale Dimension und dadurch die Relevanz der Affekte/Emotionen für die öffentliche Kommunikation in den Vordergrund stellen. Betont werden somit die Ausdruckskomponenten, d. h. die Aspekte der Oberfläche, und ihr diskursiver, interaktiver bzw. performativer Charakter. Dank diesen medial unterschiedlich realisierten Formen können Emotionen im Rahmen einer symbolischen, regelgeleiteten Zeichenkommunikation codiert, generiert und vermittelt werden.

Für eine diskurslinguistisch ausgerichtete Analyse massenmedialer Affekte/Emotionen ist die Annahme basal, dass Sprache in ihrem kommunikativen Gebrauch, in ihrer intentionalen Verwendung durch Kommunizierende, als soziale Praktik aufzufassen ist, deren politische, historische, gesellschaftliche, kulturelle oder ideologische Handlungszusammenhänge einzubeziehen sind. Unter Berücksichtigung der erwähnten Aspekte kann ihre Funktion, die Wirklichkeit zu spiegeln und vor allem sie zu konstituieren, deutlich zum Vorschein kommen. Unser Wissen von der Wirklichkeit wird immer in konkreten, durch inner- und außersprachliche Faktoren sowie Intentionen und Wissensbestände der am Kommunikationsakt Beteiligten geprägten Situationen sprachlich vermittelt. In diesem Zusammenhang kann der Diskurs ebenso als Auslöser und Treibkraft wie auch als Ergebnis der Wissenskonstituierung betrachtet werden.

Unter dem Diskurs-Begriff verstehen Spitzmüller und Warnke (2011: 46–47) drei unterschiedliche Typen: 1) Im Diskurs wird das Wissen konstruiert, d. h. „Faktizität durch Wahrheitssprüche in regelgeleiteten sozialen Prozessen" (Spitzmüller/Warnke 2011: 46) hergestellt. 2) Durch Argumentation von Wissensakteuren – „Begründung und Widerlegung sozial hergestellten Wissens" – kann die Faktizität gerechtfertigt werden. „Dabei geht es in erster Linie um die Legitimierung von Wahrheitsansprüchen durch Rationalität oder Normierung" (Spitzmüller/Warnke 2011: 46). Als geteiltes Wissen kann dabei nur das gelten, was eine bestimmte Materialität bzw. Medialität aufweist. 3) Das als diskursives Konstrukt angesehene Wissen wird unter anderem in Massenmedien distribuiert: Hier geht es um „die Streuung von Geltungsansprüchen auf Wahrheit", um „die Durchsetzung normativer Geltungsansprüche in semantischen Kämpfen" (Spitzmüller/Warnke 2011: 47).

Es kann zusammenfassend festgestellt werden, dass in Diskursen „die Setzung und Interpretation der Welt via kontextgebundenen Sprachgebrauch innerhalb bestimmter gesellschaftlicher (Macht-)Strukturen und Hierarchien und nach spezifischen Regeln, Strategien, Denk- und Deutungsmustern [erfolgt], die im kollektiven Wissen einer Gesellschaft verankert sind und wiederum zur Verfestigung oder Veränderung kollektiver Wissensbestände beitragen" (Böke 2017: 421). Diese Eigenschaft bildet die Grundlage für einen intentionalen, darunter auch persuasiven bzw. manipulativen Einsatz der Sprache von an medialen Diskursen beteiligten Akteur*innen. Auf diese Weise können sich auch aus dem sprachlich Konstruierten außersprachliche Handlungsoptionen ergeben. Durch eine z. B. affektive Diskursivierung von Informationen kann bei Rezipierenden eine bestimmte (gewünschte) Einstellung oder Haltung erreicht werden bzw. eine Reaktion hervorgerufen werden. Dies kann die Übernahme der Perspektive der Darstellenden/Berichtenden und Vermittelnden zur Folge haben. Durch die Affektivierung medialer Botschaften können auch (vorwiegend kollektive) Diskursakteur*innen einerseits ihre (mutmaßlichen) Gegner*innen moralisch abwerten und andererseits ihre Anhänger*innen binden und zum Handeln mobilisieren.

Der Analyse diskursiver, explizit oder implizit realisierter Strategien der (mono- bzw. multimodalen) Codierung, Mitteilung und Generierung von Affekten, die zur Durchsetzung eigener Deutungsmuster bei der Aushandlung von Geltungsansprüchen in öffentlich (printmedial) geführten, deutsch-polnischen Debatten über gesellschaftlich, politisch, historisch und kulturell brisante Themen eingesetzt werden, wird in der vorliegenden Studie der zentrale Stellenwert zugeschrieben. Die Studie verortet sich in einer empirisch orientierten Linguistik, die die Sprache und ihren erkenntnistheoretischen wie erkenntnispraktischen Stellenwert interdisziplinär bzw. transdisziplinär zu erforschen und dadurch der in den letzten Jahrzehnten propagierten „Rekulturalisierung" der Sprachwissenschaft, vor allem der Einblendung kultureller und medialer Dimensionen Rechnung zu tragen versucht. Sprachwissenschaft wird hier – im Sinne von Kämper (2007: 423) – als eine Kulturwissenschaft betrachtet, d. h. „als interpretierende Wissenschaft, die sich mit der Beschreibung und Erklärung von Sprache und sprachlichem Ausdruck als Form sozialen kulturellen Handelns beschäftigt". Gemeint ist also eine Sprachwissenschaft, die die Kulturalitäts- und Medialitätsdimension der Sprache sowie ihre Gesellschaftlichkeit[10] explizit in ihre Analyse einbezieht[11]. In diesem Zusammenhang ist eine transdisziplinäre Verfahrensweise kulturwissenschaftlich ausgerichteten Untersuchungen in der Linguistik sozusagen inhärent, weil ihre Forschungsgegenstände nicht von einem einzigen Blickpunkt aus erfasst werden: Eine kulturwissenschaftlich angelegte Sprachwissenschaft entscheidet sich in einem methodologischen Sinne dafür sprachliche Kontexte, Handlungen und Konzepte ebenso wie außersprachliche Kontexte, Handlungen und Konzepte, wenn sie linguistisch relevant sind, als soziokulturelle Phänomene zu erkennen und zu analysieren. Demnach kann Sprachwissenschaft als eine Disziplin betrachtet werden, „die sprachliche Zusammenhänge vor dem Hintergrund philosophischer, religiöser, politischer, gesellschaftlicher, ökonomischer, technisch-naturwissenschaftlicher, ästhetischer und alltagsweltlicher Zusammenhänge

---

10 Ausführlicher zu sozialwissenschaftlicher Orientierung der Sprachwissenschaft siehe z. B. Busse (2005).

11 Ein deutlich umfangreicheres Verständnis der Sprachwissenschaft als Kulturwissenschaft schlägt hingegen Dietrich Busse vor: „Eine Sprachwissenschaft, die diesen Namen wirklich verdienen will, muss jedoch ihre Position in Grundlagentheorie, gegenstandsbezogener Theoriebildung sowie Methodik im Dreiecksbezug von Sozialtheorie, Geistes- bzw. Kulturwissenschaften und Naturwissenschaften finden und definieren." (Busse 2016: 646)

untersucht" (Gardt 2007: 39). Zu beachten ist somit der „äußere Zusammenhang von Verständigung, kultureller Situation und individuellen Deutungen" (Metten 2014: 5). Demnach können beispielsweise Pressetexte als schriftlich verfasste Produkte menschlichen Sprachgebrauchs und „symbolische Manifestationen dessen gelesen werden, wie sich die Menschen ihre Welt erklären, wie sie ihr Sinn, Bedeutung geben und wie sie sich so im Alltag orientieren" (Wengeler 2003: 107). Die Aufgabe einer kultur- und zugleich sozialwissenschaftlich ausgerichteten Sprachwissenschaft ist es, ihren Beitrag zur Analyse der in Sprache und mit Sprache vollzogenen Vorgänge der Sinn- bzw. Bedeutungskonstitution im Rahmen einer bestimmten sozialen Praxis zu liefern. Die vorliegende Studie situiert sich somit im Rahmen einer solchen Sprachwissenschaft, die sprachliche Phänomene in einen kulturellen, sozialen, philosophischen, politischen, religiösen, ästhetischen und technisch-technologischen (medialen) Kontext einbettet, die also „die nicht sinnhaften Voraussetzungen der Sinnkonstitution" bedenkt und „Sinneffekte als Effekte der Oberfläche" (Metten 2014: 55) versteht. In diesem Zusammenhang können diejenigen Formen linguistischer Sprachanalysen, die die Sprache als Gebrauch und aktives, dynamisches Moment der Konzeptualisierung in der Sinn- bzw. Bedeutungserzeugung begreifen, zu einer zentralen Komponente inter- bzw. transdisziplinärer Forschungen werden (vgl. Szczepaniak 2015: 14).

Dem präsentierten Ansatz liegt dementsprechend die Annahme zugrunde, dass affektive Zustände und Vorgänge nur durch ihre materielle bzw. mediale Konturierung objektiviert und zum analytischen Gegenstand gemacht werden können. Im vorliegenden Fall wird Sprache in ihrer medial schriftlichen Realisierungsform als dominierendes semiotisches Medium angesehen – als Medium der Wahrnehmung und des Handelns, als Medium mit wirklichkeitskonstituierender Macht. Printmedien werden in diesem Zusammenhang als Möglichkeitsbedingung von Diskursen angesehen (vgl. Spieß 2011: 253).

Die Sprache einer diskursiven Formation stellt für eine medien- und diskurslinguistisch ausgerichtete Emotionsforschung die Untersuchungsgrundlage dar und wird dadurch zum Ausgangspunkt der Explikation kontextspezifischer Ausprägungen von Emotionen und Strategien ihrer Generierung in Diskursen. Sprachliche Zeichen sind nämlich „konventionell gefestigte Mittel zur regelbasierten Schaffung von Wahrnehmungsereignissen mit dem Zweck, durch das Schaffen dieser Wahrnehmungsereignisse die Aktivierung von bestimmten Sektionen von verstehensrelevantem Wissen durch die (angezielten) Wahrnehmenden (Interpreten) zu induzieren" (Busse 2013b: 153). Aus medientheoretischer Sicht ist somit Sprache ein Medium, das Strukturen und Elemente des Wissens sichtbar werden lässt. Zugleich kann sie diskursanalytisch als textgebundenes, Wissen strukturierendes und organisierendes Phänomen beschrieben werden, das Wissen (auch Emotionswissen) diskursiv konstruiert und als „ein sozial verhandeltes Gut der Vergesellschaftung, das Resultat von Vereinbarungen auf der Grundlage historischer, gegenseitiger Zusagen" (Spitzmüller/Warnke 2011: 41) zu verstehen ist.

1.2.3 Forschungsmethoden

Ausgehend von der Tatsache, dass Emotionen, Medien und Diskurse wechselseitig miteinander verschränkt sind, stellt sich nun die Frage, wie Emotionen als kommunikative Erscheinungen in Diskursen, d. h. als diskursive Praktiken manifestiert bzw. generiert werden. Affekte/Emotionen in ihrer medialen (materiellen) Gestalt stellen das Ergebnis unterschiedlicher diskursiver Prozesse dar, das sich aus dem Zusammenspiel unterschiedlicher Faktoren ergibt. Um einem so komplexen Forschungsgegenstand analytisch gerecht zu werden, muss der Rahmen dessen abgesteckt werden, was in der Analyse als erwartete, mögliche und gültige Erkenntnis auftauchen kann. Im Sinne von Foucault sind entsprechende Werkzeuge einzusetzen. „Methoden bestimmen mit, welche Erkenntnisse, Fragestellungen und Perspektiven auf einen Gegenstand möglich sind, indem sie bestimmte Fragen überhaupt erst *erforschbar* machen, während andere sich dem je spezifischen methodischen Zugriff entziehen" (Freikamp et al. 2008: 9).[12]

Heutzutage scheint sich immer deutlicher die Erkenntnis durchzusetzen, dass komplexere Forschungsergebnisse nicht durch das Bestehen auf nur einer methodischen Position erzielt werden können: Empirische Forschung soll in erster Linie gegenstandsadäquat sein. Von Vorteil kann somit eine Zusammenführung unterschiedlicher Perspektiven sein, weil durch eine wechselseitige Ergänzung verschiedene Dimensionen eines Forschungsgegenstandes analytisch erfasst werden können. Eine Forschungsstrategie, die unterschiedliche Methoden bewusst miteinander kombiniert, um ein tieferes Verständnis des Forschungsgegenstandes zu erzielen und die Erkenntnisse durch die Gewinnung weiterer Erkenntnisse zu begründen und abzusichern (vgl. z. B. Flick 2011), wird nicht nur in der Sozialforschung als Triangulation bezeichnet.

In der vorliegenden Arbeit wird im Rahmen des interpretativen und hermeneutischen Paradigmas (empirisch-qualitative Forschung) verfahren. Theorien und Analysemethoden wurden im Hinblick auf optimale Bearbeitung des Forschungsvorhabens gewählt: Gemeint ist das Erfassen von Affekten als soziale Phänomene, genauer: als diskursiv konstruierte Größen, als wichtige Bestandteile deutsch-polnischer (print)medialer Diskurse in ihrer Vielfalt, Ambivalenz und Dynamik. Im analytischen Prozess steht hier eine diskurslinguistisch ausgerichtete Analyse von Affekten/Emotionen im Vordergrund: Sie kreiert keine ‚freien' Interpretationen, sondern geht regelgeleitet vor und folgt einem für das jeweilige Vorhaben zusammengestellten Analysemodell, von dem einzelne Analyseschritte festgelegt wurden.

Um inter- bzw. transtextuelle Zeichenkonglomerate sowie Praktiken in ihrer Realisierung analysieren zu können, muss auf eine mehrdimensionale Methodologie zurückgegriffen werden. Ein allgemein angewandtes Verfahren gibt es dabei ebenso wenig wie übereinstimmende Themenpräferenzen oder gar konsensuelle Gütekriterien (vgl. Busch 2007: 150). Die meisten diskurslinguistisch ausgerichteten Arbeiten wählen

---

12 Freikamp et al. weisen in diesem Zusammenhang auf die Tatsache hin, dass der Wahl einer Methodologie vorwiegend bestimmte Prinzipien zugrunde liegen. Deswegen ist diese Methodenwahl „immer durch ihre *Nicht-Neutralität* in Bezug auf das Forschungsergebnis gekennzeichnet und als solche bei ihrer Anwendung auch stets mitzureflektieren." (Freikamp et al. 2008: 9)

somit für ihre Forschungsziele je eigene Zugangswege zum Diskurs bzw. zu konkreten Diskursausschnitten und -objekten: „[…] unterschiedliche Methodensysteme und thematische Orientierungen [stehen] nebeneinander […]. Diese methodische Diversität vermittelt ein recht buntes Bild von der Diskurslinguistik als Disziplin" (Warnke/Spitzmüller 2011: 121). Angesichts des in der linguistischen Diskursanalyse vorherrschenden Methodenpluralismus ist darauf zu achten, dass sich das für die konkrete Untersuchung gewählte methodische Vorgehen durch Klarheit, Präzision und Systematizität auszeichnet. Diesen Kriterien trägt das im Anschluss an das von Warnke und Spitzmüller (2011) vorgeschlagene DIMEAN-Modell konzipierte mehrdimensionale Modell zur Analyse von diskursiven Affekten/Emotionen Rechnung. Mit seiner Hilfe können einzelne Forschungsabläufe transparent und nachvollziehbar gemacht werden. Eine solche Perspektive wird

> die Legitimität eines pluralistischen und mitunter eklektizistischen Methoden-
> einsatzes bekräftigen […]. Sie anerkennt, dass wissenschaftlich produktiver Me-
> thodeneinsatz dem komplexen Verhältnis von Forschungsgegenstand, wissen-
> schaftstheoretischer Verortung der Forscherin bzw. des Forschers, Erwartungen
> des kollegialen Feldes und erhofften oder antizipierten Auswirkungen des produ-
> zierten Wissens gerecht werden muss. (Nonhoff 2011: 95)

Der hier vertretene Ansatz folgt der seit Jahren in den Sozial- und Kulturwissenschaften präsenten Tendenz, zur Beschreibung des emotionalen Erlebens wie auch der Körperlichkeit von Emotionsphänomenen den Begriff des Affekts einzusetzen. Mit Scheve und Berg wird angenommen, dass auch Diskurs als Körper aufgefasst werden kann: „Diskurs setzt sich nicht ausschließlich aus Sprache und Text zusammen, sondern umfasst ebenso Bilder, Symbole und Objekte, die Fluktuationen im Affekt bedingen können, ohne dabei notwendigerweise auf repräsentationale Gehalte zu rekurrieren" (Scheve/Berg 2018: 41). Diskurse sind komplexe Gebilde, die sich aus einer Vielzahl von Bausteinen zusammensetzen und von kulturellen, historischen, gesellschaftspolitischen usw. Gegebenheiten abhängig sind. Das wichtigste Mittel, das all die Komponenten miteinander verbindet, ist jedoch die Sprache. Affekte sind demnach in Sprache und Diskurs zu verorten. Sie werden durch Kultur und Medium konfiguriert. Affekte sind bedeutungs- und sinnstiftend. Sie können die Rezeption und Verarbeitung von Informationen beeinflussen und dadurch Haltungen, Einstellungen und Handlungspotenziale rezipierender Diskursakteur*innen profilieren. Mediale Affekte kommen im Akt des Verstehens bzw. Interpretierens diskursiver Botschaften zustande. Im Rahmen einer intentionalen Handlung werden sie somit (re)konstruiert.

Die in der vorliegenden Untersuchung praktizierte ganzheitliche (holistische) Herangehensweise zeichnet sich unter anderem dadurch aus, dass in der linguistisch fundierten Diskursanalyse die Kooperation unterschiedlicher semiotischer Medien bzw. semiotischer Modi, d. h. multimediale und/oder multimodale Wechselrelationen zwischen schriftsprachlichen Texten, typographischen Elementen und Bildern in den Blick genommen werden. Für Fragestellungen der medien- und sprachwissenschaftlich ausgerichteten Emotionsforschung (als Perspektive der Erkenntnisgewinnung) scheint der diskursanalytische Forschungszugang theoretisch und methodisch besonders geeignet[13], da er die Einnahme unterschiedlicher (semiotischer, kultur-, politik-, medien- und sozialwissenschaftlicher) Perspektiven auf den Forschungsgegenstand ‚Affekt' ermöglicht. In diesem Sinne ist unser diskursologischer Ansatz nicht eindisziplinär (sprachwissenschaftlich), sondern eher transdisziplinär, kulturwissenschaftlich.[14] Die vorgeschlagene diskursanalytische Verfahrensweise zeichnet sich durch methodische Pluralität aus, was aber keineswegs mit Beliebigkeit oder Willkür gleichzusetzten ist.

Aus erkenntnistheoretischer Sicht kann festgehalten werden, dass sich die vorliegende diskursorientierte Analyse mit dem tatsächlichen Sprachgebrauch in geschriebener (printmedialer) Form sowie anderen (ikonischen) Symbolformen in sozialen (kommunikativen) Praktiken befasst. Darüber hinaus wird angenommen, dass Emotionen als diskursive Phänomene, vor allem ihr Bedeutungsgehalt, sozial konstruiert sind. In diesem Zusammenhang werden die im analytischen Verfahren gewonnenen Deutungen von Emotionen als Elemente einer umfassenden und vielfältigen Diskursstruktur betrachtet, welche in spezifischen institutionell-organisatorischen Kontexten über die Zeit hinweg produziert, transportiert und stabilisiert werden (vgl. Keller 2011: 8). Das in Diskursen produzierte und mittels Diskursen erlangte Wissen ist in der Regel selektiv: Diskurse vermitteln eine spezifische Perspektive, da sie gesellschaftliche Wissenselemente ein- oder ausblenden (vgl. z. B. Jäger/Jäger 2007: 34–35). Die Sagbarkeitsfelder können auf diesem Wege ausgeweitet oder auch eingeengt werden.

Zur Herstellung und Vermittlung gesellschaftlich relevanten Wissens, darunter auch Emotionswissens, sowie zur Evozierung und Bewirkung von Identiäts- und Meinungsbildung dienen kommunikative Praktiken. Kommunikation ist dabei immer kulturell basiert: „Kultur und Kommunikation sind derart miteinander verwoben, dass wir als kulturelle Akteure kommunikative Praktiken verwenden und verändern können, gleichzeitig aber den etablierten Praktiken auch unterworfen sind" (Luginbühl 2019: 34).

In der vorliegenden Untersuchung ist der Mikroansatz vorherrschend, weil im analytischen Verfahren auf konkrete Affekte in bestimmten, zeitlichen, thematischen, nationalen und sprachlichen Kontexten abgezielt wird. Erst auf dieser Grundlage werden – im Sinne eines Makroansatzes – generalisierende Aussagen über Affekte in deutschen und polnischen medialen Diskursen im gegebenen Zeitraum formuliert.

Affektive Praktiken als soziale und kulturelle Praktiken unterliegen auch Konventionen (affektive Regeln), die selbst diskursiv ausgehandelt werden. In diesem Zusammenhang kann von einer „Disposition von Präferenzen" gesprochen werden, „die für Mitglieder einer Sprachgemeinschaft handlungsleitend und zugleich modifikationsanfällig und tradierungsfähig ist" (Czachur 2019: 141).

---

13 Von der Annahme, dass „vielfältige Mischformen im linguistischen Zugang zum Diskurs überzeugend sein können", gehen auch Spitzmüller und Warnke (2011: 134) aus: „Dabei wollen wir ausdrücklich auch hier noch einmal auf die Vorteile der Triangulation als Methodologie der empirischen Sozialforschung hinweisen."

14 Zur Inter- bzw. Transdisziplinarität in der Diskursforschung siehe z. B. Kämper/Warnke (2015), Wrana (2017).

Auf die Grundlagen einer medien- und diskurslinguistischen Emotionsforschung wird im Kapitel 2 ausführlicher eingegangen.

1.2.4 Aufbau der Arbeit

Die Ergebnisse der Studie *EMOTIONALE NACHBARSCHAFT. Affekte in deutschen und polnischen medialen Diskursen* werden in zwei Bänden präsentiert. Im vorliegenden Band werden zentrale theoretische und methodische Fragen diskutiert sowie die Ergebnisse der Analyse von Emotionen im deutschen und polnischen Diskurs am Beispiel des Medienereignisses *Nord Stream* vorgestellt.

Der Band gliedert sich in fünf Hauptkapitel, die von einer Einleitung (Kapitel 1), einer Zusammenfassung und einem Ausblick (Kapitel 6) gerahmt werden.

Auf einführende Bemerkungen zu ausgewählten Fragen der schwierigen deutsch-polnischen Nachbarschaft (Kapitel 1.1) – u. a. wird auf historische, politische, wirtschaftliche und ideologische Aspekte verwiesen, die die Qualität der deutsch-polnischen Nähe mit bestimmen – folgt das Kapitel 1.2, in dem das Erkenntnisziel der Arbeit – das Erfassen und die Analyse von Affekten als Zeichenkomplexen und affektiven Praktiken in deutschen und polnischen medialen Diskursen – sowie das theoretisch-methodische Forschungsdesign der Arbeit dargestellt werden. In diesem Zusammenhang wird die Rolle der Sprache als primäres Medium der Wissenskonstruktion (vgl. Keller 2011: 142) hervorgehoben, die in Kooperation mit anderen Zeichensystemen zum Codieren, Generieren bzw. Evozieren von Affekten in medialen Diskursen eingesetzt wird. Affekte werden demnach als Ergebnisse rationaler Entscheidungen betrachtet, die einen diskursiven und performativen Charakter aufweisen. Die Arbeit ordnet sich in eine empirisch orientierte Diskurslinguistik ein: Der zentrale Stellenwert wird der Analyse diskursiver, explizit oder implizit realisierter Strategien der Codierung, Mitteilung und Generierung von Affekten zugeschrieben, die zur Durchsetzung eigener Deutungsmuster bei der Aushandlung von Geltungsansprüchen in öffentlich (printmedial) geführten, deutsch-polnischen Debatten über gesellschaftlich, politisch, historisch und kulturell brisante Themen eingesetzt werden. Die Sprache stellt für die Studie, die sich als eine medien- und diskurslinguistisch ausgerichtete Emotionsforschung versteht, die Untersuchungsgrundlage dar und wird dadurch zum Ausgangspunkt der Explikation kontextspezifischer Ausprägungen von Emotionen und Strategien ihrer Konstruktion in Diskursen. Medienlinguistisch betrachtet ist die Sprache demnach ein Medium, das Strukturen und Elemente des Wissens sichtbar werden lässt. Diskurslinguistisch dagegen kann sie als textgebundenes, Wissen strukturierendes und organisierendes Phänomen beschrieben werden, das Emotionen diskursiv konstruiert und vermittelt. Das Unterkapitel 1.2.3 gibt einen ersten Einblick in die Methodik der Arbeit. Die gegenstandsadäquate Vorgehensweise beruht in der Studie auf einer bewussten Kombination von unterschiedlichen Ansätzen, die es ermöglichen, den Gegenstand in all seinen Facetten genau zu erfassen. Hingewiesen wird auf die Notwendigkeit einer Integration von Theorien und Analysemethoden, die einerseits den theoretischen Rahmen für die Forschung bieten und deren man sich andererseits beim Erfassen von Affekten als diskursiv konstruierten Größen bedienen kann. Diesen Voraussetzungen trägt das von Warnke/Spitzmüller (2011) erarbeitete mehrdimensionale DIMEAN-Modell Rechnung, das sich durch eine methodische Pluralität auszeichnet und als ein Set an recht offenen methodischen Handreichungen versteht. Dies hatte für die methodische Anlage der Arbeit wichtige Implikationen. Für die Zwecke der Analyse von diskursiven Affekten bzw. Emotionen wurde das DIMEAN- Modell leicht modifiziert.

Gegenstand des Kapitels 2 sind Grundlagen einer medien- und diskurslinguistischen Emotionsforschung. Um diskursive Emotionen in ihrer Vielfalt zu erfassen, werden in der Studie neben diskurslinguistischen Aspekten auch die ausgewählten Ansätze der Emotionsforschung und der Medien- bzw. Medialitätslinguistik aufgegriffen und für die diskurslinguistisch geprägte Herangehensweise an Emotionen nutzbar gemacht. Zentral ist in diesem Zusammenhang der Versuch, Emotionen aus diskursanalytischer und kommunikationswissenschaftlicher Sicht als kommunikative Phänomene – als diskursive Praktiken bzw. als „Bestandteile von routinisierten, kulturell standardisierten Praktikenkomplexen" (Reckwitz 2016: 173) zu definieren (Unterkapitel 2.1.1). Im Anschluss daran werden auch bestimmte Beschreibungsdimensionen, Werte, Modalitäten oder Variablen genannt, die für die Explikation einzelner Emotionen grundlegend sind und hier als Parameter emotionaler Bedeutung bezeichnet werden. Im Kapitel 2.1.2 werden drei Komponenten der Emotionen als diskursive Phänomene (das semantische Bild der jeweiligen Emotion, affektive Regeln und mediale Rahmenbedingungen) ausführlich diskutiert. Diese bilden die Grundlage für die Erstellung semantischer Profile der einzelnen Emotionen (ANGST, ÄRGER, EKEL, EMPÖRUNG, ENTTÄUSCHUNG, SCHAM, ÜBERRASCHUNG, VERACHTUNG, WUT, ZORN) (Unterkapitel 2.1.3).

Da Medialität und Massenmedien bei der Konstituierung von diskursiven Emotionen eine wichtige Rolle spielen, werden diesbezüglich ausgewählte Aspekte in 2.2 aufgegriffen und zur Sprache gebracht. Medien sind viel mehr als bloße Vermittlungsinstanzen von Ereignissen. Sie prägen die Prozesse ihrer Vermittlung, konstruieren mediale Wirklichkeiten und haben einen enormen Einfluss auf die Gestaltung von Weltsichten, Wahrnehmungen und Einstellungen. In diesem Zusammenhang wird hervorgehoben, dass Medien als Diskursräume bzw. Diskursebenen oder als „Orte der Diskursetablierung" (Dreesen/Kumięga/Spieß 2012: 12) und der Konstruktion von Emotionen zu betrachten sind.

Im Unterkapitel 2.2.2 wird auf einige, für die Etablierung und Entwicklung der Emotionsforschung im massenmedialen Umfeld relevante Arbeiten eingegangen. Im Vordergrund stehen hier verschiedene Perspektivierungen der Rolle von Emotionen bei der Auswahl und Verarbeitung von Medieninhalten, den emotionalen Folgen der Mediennutzung oder der Funktion von Emotionen in der politischen Kommunikation.

Im Unterkapitel 2.3 wird das methodische Gerüst der Analyse – ausgewählte, vor allem linguistische Aspekte der Diskursanalyse als Forschungsprogramm und Theorie – erläutert. Diskursives Geschehen wird hier verstanden „als Prozesse und Versuche der Sinnzuschreibung und -stabilisierung" (Keller 2011: 10), als das „Erscheinen von Aussagen in raumzeitlichen, konkreten Kontexten" (Spitzmüller/Warnke 2011: 123) oder mit Jäger (2012: 26–27) als ein „Fluss von Wissen durch Zeit und Raum". Relevant ist, dass Diskursanalysen foucaultscher Provenienz im Allgemeinen das Ziel verfolgen, die Beziehungen von diesen Elementen zu untersuchen und dabei kollektive Deutungs- und/oder Argumentationsmuster, die in den verschiedenen diskursiven Positionen innerhalb der zu analysierenden Diskurse vorkommen, zu ermitteln.

Im nächsten Schritt (Unterkapitel 2.3.2) wird der für die Analyse von Emotionen in deutschen und polnischen medialen Diskursen grundlegende Konzept der ‚Agonalen Zentren' expliziert: In Anlehnung an Felder (2013: 21) werden sie als ein sich in diskursiven Praktiken manifestierender „Wettkampf um strittige Akzeptanz von Ereignisdeutungen, Handlungsoptionen, Geltungsansprüchen, Orientierungswissen und Werten in Gesellschaften" verstanden.

Das Kapitel 2.4 fokussiert Emotionen als diskursive Phänomene und Praktiken, die in diskursives Geschehen eingebettet sind und immer ein kontextgebundenes und medienspezifisches Design aufweisen. Diskurse werden dabei als Orte der Entstehung bzw. Generierung von Affekten angesehen.

Das im analytischen Teil der Studie angewendete Mehr-Ebenen-Modell zur Analyse von Emotionen in medialen Diskursen wird in Kapitel 2.5 diskutiert. Konzeptionell lehnt sich das Analysemodell an das von Warnke und Spitzmüller (vgl. 2011: 121–201) erarbeitete Modell der diskurslinguistischen Mehr-Ebenen-Analyse (DIMEAN) an. Im Allgemeinen wird im Analysemodell zwischen zwei Hauptebenen der Beschreibung differenziert: der realen nicht-medialen (außermedialen) Ebene und der medialen Ebene. Bei der nicht-medialen Ebene handelt es sich um die Beschreibung der „vormedialen" Realität (Realwelt-Ereignisse). Bei der medialen Ebene dagegen geht es um die Ebene der medial vermittelten diskursiven Ereignisse. Die einzelnen Analyseebenen werden zusätzlich tabellarisch dargestellt.

Das Kapitel 3 ist der Beschreibung des Korpus gewidmet. Dabei wird in erster Linie auf das Verhältnis zwischen Diskurs und Korpus als Untersuchungsobjekt und auf das methodische Vorgehen und Prinzipien der Korpuserstellung eingegangen. In diesem Kontext werden Parameter der Korpuserstellung (Selektionskriterien) beschrieben, um die Struktur und den Umfang des Korpus nachvollziehbar zu machen. Es sind im Einzelnen: THEMA, ZEITSPANNE/ZEITRAUM, GEOGRAPHISCHER RAUM/AREAL, MEDIUM, TEXTSORTE(N) und AKTEURE.

Anschließend werden die Korpusquellen (3.2) charakterisiert. Es handelt sich um repräsentative Texte, aus denen auf den gesamten Diskurs geschlossen werden kann. Diese weisen zeitliche, thematische und mediale Relevanz auf. Als Quellen wurden deutsche und polnische auflagenstarke Pressetitel mit überregionaler Reichweite und einer breiten öffentlichen Rezeption sowie mit möglichst divergierenden politischen bzw. ideologischen Profilen ausgewählt. Die Beschreibung der Quellen erfolgt in tabellarischer Form.

Der Quellenbeschreibung folgt die Bestimmung der gesellschaftlichen Ereignisse als Medienereignisse, die medial und diskursiv konstruiert sind. Ausgewählt wurden Medienereignisse bzw. Themen aus verschiedenen Domänen (Politik, Geschichte, Kultur, Soziales, Umwelt und Wirtschaft), mit Relevanz für beide nationalen Gemeinschaften und mit Konflikt- bzw. Affektpotenzial. Dazu gehören: Nord-Stream-Konflikt, Rechtstaatlichkeit in Polen, Flüchtlingspolitik aus deutscher und polnischer Sicht, Kriegsentschädigungsansprüche Polens, Vertriebene, Angela Merkel in Ausschwitz, LGBT-Debatte und die Debatte um den Film „Unsere Mütter, unsere Väter".

Kapitel 4 und 5 bilden den empirischen Teil der Studie, in dem das erarbeitete Modell zur Analyse von medialen Emotionen im diskursiven Ereignis ‚Nord-Stream-Konflikt' eingesetzt wird. Die Analyse des polnischen Nord-Stream-Diskurses erfolgt in Kapitel 5.1 und die des deutschen in 5.2. Der Aufbau der analytischen Teile ist analog strukturiert. Einen wichtigen Teil der Analyse bildet die Herausarbeitung agonaler Zentren, die sich im deutschen und polnischen Diskurs konstituieren. Es handelt sich um implizit oder expliziert ausgedrückte Antagonismen, die die Grundlage zur Entstehung von agonalen Zentren führen, was jeweils mit Diskursausschnitten belegt wird.

Die Analyse der diskursiven Praktiken der Emotionalisierung erfolgt in Kapitel 5.1.3 und 5.2.3. Auf der intra- und transtextuellen Beschreibungsebene wird den Mitteln und Strategien der Emotionalisierung nachgegangen. Anschließend werden die Teilergebnisse der analytischen Teile in beiden Teildiskursen präsentiert.

Der analytische Teil der Arbeit endet mit dem Kapitel 6, in dem die Ergebnisse der Analyse ausgewertet und die wichtigsten Erkenntnisse der Studie sowie Schlussfolgerungen zusammenfassend dargestellt werden. Der Arbeit wird eine tabellarische Zusammenstellung der Emotionalisierungstrategien und die explizierten Emotionen im deutschen und polnischen Nord-Stream-Diskurs angehängt.

2 Grundlagen einer medien- und diskurslinguistischen Emotionsforschung

Affekte in massenmedialen Diskursen zu untersuchen, heißt, solche Aspekte aufzugreifen und Fragestellungen zu formulieren, die einerseits den medial-diskursiven Status der Affekte in all ihren Facetten und andererseits die Strategien ihrer Codierung, Manifestation bzw. Thematisierung und Generierung im Diskurs sichtbar und erfassbar werden lassen. Die Erforschung medialer Texte und Diskurse aus linguistischer Perspektive hat eine jahrzehntelange Tradition und es sind bisher mehrere theoretische Ansätze und Forschungsmethoden entwickelt worden, die den Linguisten*innen den Zugang zu medialen Texten mit allen ihren Facetten und zur textübergreifenden Ebene der Diskurse ermöglichen. Auf dieser Basis repräsentieren die Teildisziplinen „Medienlinguistik" und „Diskurslinguistik" relevante Komponenten des linguistischen Forschungsspektrums des 21. Jahrhunderts. Eine rasche Entwicklung anderer Disziplinen, z. B. der Soziologie, der Politik-, Medien- und Kulturwissenschaft(en), lädt Sprachwissenschaftler*innen dazu ein, ihre Forschungsfragen, Erkenntnisse und Befunde in die Forschungsprogramme einer modernen, mediensensiblen und kulturwissenschaftlich ausgerichteten Linguistik einzubeziehen, um dem Interesse an der Sprache und der Kommunikation in der modernen Welt von hoher Komplexität und Dynamik gerecht zu werden. Es wird deswegen davon ausgegangen, dass eine medien- bzw. medialitätszentrierte linguistische Diskursanalyse aufgrund ihrer methodologischen Reflexionen, theoretischer Konzepte und des dadurch verstärkten Anwendungsbezugs interdisziplinär anschlussfähig und daher ein vielversprechender Ausgangspunkt für das Fachgebiet ‚Emotionsforschung' sein kann.

Dem präsentierten Forschungsvorhaben liegt ein multimethodisches, inter- bzw. transdisziplinäres Herangehen bzw. Analyseprogramm zugrunde: Im Rahmen der kulturwissenschaftlichen Linguistik sollen verschiedene Forschungsansätze integriert werden: die Diskursforschung (Diskurslinguistik und wissenssoziologische Diskursanalyse), die Emotionsforschung und die Medien- bzw. Medialitätslinguistik.

Eine medien- und diskurslinguistisch geprägte Herangehensweise an Emotionen ist in der deutschsprachigen Emotionsforschung bislang eher eine Seltenheit. Die vorliegenden Ausführungen zeigen, dass das Forschungsprogramm der Medien- und Diskurstheorie sowie der linguistisch fundierten Diskursanalyse einen wichtigen Beitrag zur Erforschung von massenmedial konstituierten und vermittelten Emotionen in der öffentlichen Kommunikation leisten kann. Im Rahmen eines praxisnahen Ansatzes wird somit der spezifische Zusammenhang von Diskurs, Medium/Medialität und Emotion im jeweiligen Kontext und zu einer bestimmten Zeit aufgezeigt. Das Erkenntnisinteresse richtet sich dabei auf bestimmte schriftsprachliche (und gegebenenfalls ikonische) Kon-

DOI: 10.13173/9783447121026.019

ventionen bzw. Ordnungen der Manifestation und Generierung von Emotionen, die in einem soziokulturellen, medialen, historischen usw. Praxiszusammenhang entstehen. Die Medien- und Diskurslinguistik als *per se* inter- bzw. transdisziplinär konstituierte Teildisziplinen der Linguistik bieten geeignete theoretische und methodische Rahmen, um solchen komplexen Objekten wie Emotionen analytisch gerecht zu werden. Für die Analyse von Emotionen in Diskursen wird das diskurslinguistische Mehr-Ebenen-Modell (vgl. Spitzmüller/Warnke 2011) herangezogen, das allerdings hier modifiziert wird, indem die Bedeutung der Medialitätsaspekte hervorgehoben wird (siehe unten). Der Gedanke, die Medialitätsebene als Dimension der Generierung und Codierung von Emotionen im Diskurs zu betrachten, ergibt sich aus der Tatsache, dass Medien zwar als technisch-technologische Mittel bzw. Institutionen begriffen werden können, vielmehr jedoch als Verfahren der Zeichenprozessierung (vgl. Schneider 2017: 37). Die Emotionalisierung der Kommunikation ist immer an ein konkretes Medium gebunden und durch das Prisma des jeweiligen Mediums zu sehen.

Emotionen – als emotionale Bedeutungen im Diskurs aufgefasst – entstehen im Prozess der Mediatisierung und Diskursivierung der Ereignisse. Dadurch werden sie zu relevanten, oft konstitutiven Komponenten diskursiver Praktiken bzw. zu deren Konstrukten. Im Prozess der Mediatisierung werden Emotionen mithilfe von Zeichen in konkreten sozialen (kommunikativen) Praktiken diskursiv konstituiert. Sie sind erst im Diskurs wahrnehmbar und beschreibbar und daher als soziale und kulturelle Konstrukte immer diskursgebunden und medienspezifisch.

2.1 Emotionen

Zahlreiche Wissenschaftsdisziplinen schenken den Phänomenen des Affektiven – Emotionen, Gefühlen, Stimmungen usw. – seit Jahren eine hohe Aufmerksamkeit: Sie werden in all ihren Facetten, Ausprägungen, Entstehungsbedingungen und Wirkungsweisen untersucht. Es gibt diverse Emotionstheorien, welche physiologische, evolutionspsychologische oder kognitive Aspekte dieser Objekte ins Zentrum der theoretischen und empirischen Forschung rücken. Viele dieser Konzeptionen gehen vom universalistischen Charakter von Emotionen aus, die als anthropologische Konstanten, natürliche biologische Entitäten und damit als Eigenschaften eines jeden Individuums aufgefasst werden. Emotionen sind jedoch nicht eindimensional: Sie sind „eine Vielheit, die Inneres wie Äußeres, Biologisches, Psychisches und Soziales miteinander verbindet" (Gebauer et. al. 2017: 10). Die kulturwissenschaftlich fundierten Studien hingegen basieren auf einem sozial und kulturell konturierten Begriff des Emotionalen. Dieser Konzeption zufolge werden Sozialität und Kultur durch Emotionen geprägt und (mit)konstituiert. Aus dieser Sicht sind Emotionen „weit davon entfernt, präsozial oder präkulturell zu sein; in ihnen sind vielmehr kulturelle Bedeutungen und soziale Beziehungen auf untrennbare Weise miteinander verflochten" (Illouz 2007: 10). Die Reflexion über die vielseitigen Relationen zwischen Sprache und Emotion kann auf eine lange Wissenschaftstradition zurückblicken. Bereits in der antiken Rhetorik und Poetik wurden Fragen der Emotionalisierung im Hinblick auf die effiziente sprachliche Kommunikation reflektiert.

Diese Tradition lebt in zahlreichen gegenwärtigen emotionstheoretischen Konzepten mehr oder minder fort. Aus kommunikationswissenschaftlicher und diskurslinguistischer Perspektive ist es in diesem Zusammenhang von Bedeutung, dass nicht die inner-individuellen Prozesse des Gefühlslebens, sondern die Manifestationen nicht sichtbarer Seelenzustände sowie vor allem die medial bedingten Möglichkeiten ihrer Codierung, Evozierung bzw. Generierung in den analytischen Blick rücken: Die entsprechenden verbalen, para- bzw. nonverbalen Formen der Kommunikation, Thematisierung und Erzeugung von Emotionen stehen zunehmend im Interessenhorizont einer diskursana-lytischen und medialitätssensiblen Linguistik, die mündliche und schriftliche Texte aus einer kulturwissenschaftlichen Perspektive analysiert.

In den späten 1990er Jahren hat sich in den Kultur-, Sozial- und zum Teil auch Geis-teswissenschaften eine Debatte um das Verständnis und die Bedeutung von emotionalen Zuständen (Affekten, Emotionen, Gefühlen) als wesentliche bzw. dominierende Fakto-ren menschlichen Handelns entwickelt, die mit dem Begriff *emotional* bzw. *affective turn* bezeichnet werden. Diese Diskussion hat gezeigt, wie vielfältig und unterschiedlich Zugänge zu diesen allgegenwärtigen, aber zugleich diffusen Phänomenen sein können. Abgesehen von der Tatsache, dass Affekte bzw. Emotionen aus anthropologischer Sicht zur Grundausstattung eines jeden Menschen gehören bzw. zentrale Momente oder auch Kerndimensionen seines Erfahrens und Erlebens sind, stellen sie auch „wichtige kul-turelle Determinanten, Impulsgeber für Kunst und Medien" (Keil/Grau 2005: 7) dar.

Eine moderne Affektforschung geht von der Annahme aus, dass Affekte ohne Zweifel als Komponenten jeglicher Kommunikationsprozesse zu begreifen sind (vgl. z. B. Reck-witz 2017) und bemüht sich, affektive Dimensionen von kommunikativen (medialen) Handlungen angemessen zu modellieren und zu erklären. Unbestritten scheint die Tat-sache, dass sich emotionale Kommunikation aus mehreren Bausteinen zusammensetzt: aus der Aktivierung bestimmter Gehirnsysteme, aus dem Informationsaustausch über kognitive Bewertungen, der Aktivierung emotionaler Schemata bzw. Skripts und – was aus unserer Sicht besonders relevant ist – aus der medial spezifischen Codierung, The-matisierung, Artikulation und gegebenenfalls Generierung in konkreten kommunikati-ven Kontexten (vgl. Lünenborg/Maier/Töper 2018: 430).

Sowohl der Emotions- wie der Affektbegriff werden oft uneinheitlich verwendet, da-her ist eine möglichst präzise und plausible Begriffserklärung unabdingbar. Der Begriff Affekt wird – insbesondere in der englischsprachigen Literatur – synonym für Emotion genutzt (vgl. z. B. Hoff 2006: 21; Wirth 2013: 229). Dieses Verständnis des Affektbegriffs liegt auch diesem Vorhaben zugrunde. Die kulturwissenschaftlich fundierten Studien basieren auf einem sozial und kulturell konturierten Begriff des Affektiven resp. Emotio-nalen. Diese Sozialität und Kultur konstituierenden und prägenden Phänomene werden nicht als eindeutig bestimmbare Entitäten, sondern als „historische Bezeichnungsprak-tiken" (Scheer 2019: 357) und zugleich als Movens gesellschaftlicher Machtverhältnisse betrachtet. Regeln und Äußerungen des Emotionalen sind durch soziale und kulturelle Formationen festgelegt (vgl. z. B. Harding/Pribram 2009). In dieser Weise lassen sich Affekte auch als Ausdruck von Macht- und/oder Ungleichheitsverhältnissen auffassen: Angst, Stolz, Scham oder Abneigung werden nicht als universell, sondern als kultur-, sozial- und historisch gebunden und in der konkreten Interaktion ausgehandelt verstanden. Affekte können im individuellen und sozialen Bereich wirksam werden, da sie individuelle sowie kollektive Identitäten (mit)konstituieren. Für den hier vertretenen Ansatz ist demnach grundlegend, dass Affekte (emotionale Bedeutungen) in konkreten sozialen (kommunikativen) Praktiken diskursiv konstruiert werden. Zugleich werden sie als direkte oder indirekte Einflussfaktoren auf mediale Diskurse, auf ihre Wirkungsweise und auf die Wissenskonstituierung in diesen Diskursen sowie als Phänomene mit hohem Persuasions- bzw. Manipulationspotenzial betrachtet. Darüber hinaus sei auf die Tatsache verwiesen, dass die für viele Konzepte und Theorien gerade konstitutiven Dichotomien zwischen Emotion und Kognition, zwischen Innerem und Äußerem bzw. zwischen dem Persönlichen, Individuellen und dem Sozialen aus Sicht einer diskurslinguistisch ausgerichteten Emotionsforschung keine Rolle spielen.

2.1.1 Zum Begriff „Emotion"

In der mittlerweile sehr umfangreichen Literatur zur Emotions- und Affektforschung finden wie oben angedeutet die alltäglich verwendeten Begriffe „Gefühle", „Affekte" und „Emotionen" einen vielfältigen Niederschlag, was sich in den enorm divergierenden theoretischen Konzepten zeigt. Bereits bei einem allgemeinen Definitionsversuch der Begriffe „Emotionen" oder „Affekte" wird deutlich, dass jede Begriffsbestimmung direkt mit den zugrunde liegenden Theorien zusammenhängt. Das ändert jedoch nichts an der Tatsache, dass es nach wie vor Versuche gibt, ausgehend von diversen Definitionen unterschiedlicher Denkrichtungen eine Arbeitsdefinition von Emotionen bzw. Affekten vorzuschlagen, die möglichst „kompatibel" mit den wichtigsten Emotionstheorien ist. Diesem Konzept wird in der vorliegenden Arbeit nicht gefolgt: Definitionen, die einen hohen Grad an Allgemeinheit aufweisen und für unterschiedliche Forschungsrichtungen konzipiert sind, „sind aber für die empirische Forschung wegen vager Operationalisierungsmöglichkeiten kaum brauchbar" (Höfer 2013: 22). Vorzulegen ist somit eine Definition, die klar aus einer konkreten Forschungsperspektive hervorgeht.

Spätestens seit der Zeit der Empfindsamkeit und Romantik besteht im kollektiven Bewusstsein die Überzeugung, dass Zustände des menschlichen Innenlebens etwas zutiefst Persönliches und Individuelles seien, schwer in Worte zu fassen, und dass jeder nur selbst von seinem Gefühlsleben zu berichten vermöge. Demnach seien seelische Regungen wie Dinge in einer privaten „Innenwelt" zu betrachten, von denen ausschließlich ihr Besitzer sprechen könne. Nur im individuellen Erleben komme ihnen eine bestimmte („private") Qualität zu, deren Bestimmbarkeit sich aber einer intersubjektiven Prüfung entziehe. In dieser Auffassung sind Gefühle subjektive Phänomene, „Augenblickszustände", die nur dem empfindenden Subjekt zugänglich und daher durch andere Personen nicht nachvollziehbar sind. Die Kategorie der Privatheit spielt aber für die Kommunikation kaum eine Rolle: Um sichtbar und kommunizierbar zu werden, müssen diese inneren Zustände in einem Medium bzw. durch ein Medium objektiviert werden. Dann können sie aus somatischen Gesten, die sich einer bewussten Steuerung meist entziehen, oder aber aus diskursiven Formen erschlossen werden. Ihre eigene Form und Stellung im menschlichen Leben erhalten Emotionen erst in einer kommunikativen Praxis.

Mit der Ausdifferenzierung und Komplexitätssteigerung der gesellschaftlichen Strukturen und Relationen werden den Individuen in einer Gemeinschaft bestimmte Kompetenzen der Fremddeutung (Beobachten, Entziffern, Interpretieren u. a.) abverlangt, welche gelernt werden müssen. Damit geht zugleich eine Verfeinerung der individuellen Ausdrucks-, Darstellungs- und Deutungsfähigkeiten ebenso wie des emotionalen und psychischen Innenlebens der Subjekte einher: „Die Komplexität der Gesellschaftsstruktur, der emotionalen und psychischen Strukturen der Personen und der Semiosen wachsen in ein und demselben Prozeß" (Alkemeyer 2003: 2808). Es geht dabei um Komponenten einer Figuration, die in wechselseitiger Beziehung zueinanderstehen und sich wechselseitig beeinflussen. In diesem Verständnis sind Emotionen – wie das menschliche Denken und Handeln – durch gesellschaftlich sanktionierte, historisch wandelbare Muster, Normen und Zeichensysteme präformiert.

2.1.2 Emotionen als kommunikative Phänomene

Die gegenwärtige Emotionsforschung zeichnet sich durch eine enorme Heterogenität der Perspektiven und folglich eine beinahe inflationäre Anzahl von Affekt- bzw. Emotionsauffassungen aus. Eine einheitliche, allgemein akzeptierte Definition dieses Phänomens gibt es jedoch nicht und es ist auch fraglich, ob es sie überhaupt geben kann oder soll. Affekte resp. Emotionen werden in all ihren Facetten, also Ausprägungen, Entstehungsbedingungen und Wirkungsweisen, untersucht. Es gibt diverse Theorien, welche die physiologischen, evolutionspsychologischen oder kognitiven Aspekte der oben genannten Phänomene ins Zentrum der theoretischen und empirischen Forschung rücken lassen. Diese Konzeptionen gehen vom universalistischen Charakter von Emotionen aus, die als anthropologische Konstanten, natürliche biologische Triebe und damit als Eigenschaften eines jeden Individuums aufgefasst werden. In all diesen Fällen erscheinen sie „als das Andere der Rationalität, der Regelmäßigkeit und Kalkulierbarkeit, mit der die normative Ordnung der Sozialität identifiziert worden ist" (Reckwitz 2016: 167).

Die Verständigung darüber, was „Affekt" bzw. „Emotion" ist, wie sich emotionale Prozesse, Zustände bzw. Dynamiken adäquat fassen und theoretisch abstecken lassen, ist mit Fragen nach den jeweiligen Zugangsweisen untrennbar verbunden. Gemeint sind „unterschiedliche intellektuelle Haltungen, von denen aus Affektivität jeweils auf charakteristische Weise in den Blick rückt; und auch die jeweilige Fragerichtung und Zielsetzung der Forschungsarbeit ist von Grund auf von diesen Haltungen mitbestimmt" (Slaby 2018: 53). Wegen ihrer Operationalisierungsmöglichkeiten muss deswegen jede Begriffsdefinition immer in einer bestimmten, spezifischen Forschungstradition verortet sein und mit den konkreten theoretischen Konzepten zusammenhängen.

Über den ontologischen Status von Affekten oder Emotionen wurde in der disziplinär und interdisziplinär ausgerichteten Emotionsforschung jahrelang diskutiert. Je nach theoretischer Sicht wurden diese Phänomene mal als individuelle Eigenschaften, mal als Teile sozialer Strukturen bzw. Systeme konzipiert. Die Frage der subjektiven Ontologie von Affekten oder Emotionen kann – Koschut zufolge – methodisch gelöst werden, „indem der analytische Fokus von der internen phänomenologischen Erfahrung durch

Individuen auf die repräsentative und intersubjektive Artikulation und Kommunikation innerhalb sozialer Sphären verlagert wird" (Koschut 2020: 18).

Aus einer dezidiert sprachgebrauchsorientierten, mediensensiblen und diskursanalytisch ausgerichteten Forschungsperspektive, die dem vorliegenden integrativen Ansatz zu Grunde liegt, geht deutlich eine Definition von Emotionen/Affekten hervor, die diese nicht als Verhaltensweisen oder Eigenschaften, sondern als Objekte der Reflexion – interindividuelle dynamische Konstrukte, als „Bestandteile von routinisierten, kulturell standardisierten Praktikenkomplexen" (Reckwitz 2016: 173) und folglich als integrale Komponenten massenmedialer Kommunikation konzipiert. Diese Auffassung, die Affekte in ihrer jeweiligen medialen Gestalt als situierte, historisch und soziokulturell geprägte, zeichenhafte Repräsentanten einer unvermittelt präsenten bzw. angenommenen Wirklichkeit zu analysieren ermöglicht und dadurch ihre kommunikative Relevanz sichtbar macht, könnte als komplementär zu den oben erwähnten Konzeptionen angesehen werden. So verstandene Affekte stellen „ein von menschlicher Praxis reguliertes Geschehen unseres gesellschaftlichen Lebens [dar]" (Gebauer et. al 2017: 9). Sie können von individuellen oder kollektiven Akteur*innen, die über ein gemeinsames, diskursiv generiertes Emotionswissen verfügen, konstruiert, wahrgenommen, beobachtet, interpretiert oder thematisiert werden. „Wir mögen Gefühle vorsprachlich erleben. Aber unser Wissen über sie ist immer nur eine versprachlichte Repräsentation von bereits Versprachlichtem" (Teubert 2013: 65). Wie im Falle einer jeden sozialen Praktik, bildet das gemeinsame Wissen zwischen den Diskursakteur*innen also auch bei Affekten die Basis für erfolgreiches Kommunizieren. Auf dieser Grundlage kann der Zusammenhang zwischen dem explizit Geäußerten und dem implizit Gemeinten rekonstruiert werden. Emotionen als semiotische Entitäten und soziale Handlungspraktiken zugleich können jenen Tätigkeiten zugerechnet werden, die sich als ein Operieren mit Zeichen auffassen lassen. Es bedarf bestimmter Fertigkeiten, „Techniken" als Bestandteile der semiotischen Kompetenz, die es möglich machen, von sinnlich wahrnehmbaren Elementen auf nicht direkt Wahrnehmbares zu schließen. Keller (2003: 173) spricht in diesem Zusammenhang vom „Interpretieren" und verweist darauf, dass „die Basis der interpretativen Schlüsse […] die Gebrauchsregeln der verwendeten Ausdrücke" bilden. Im gerahmten Kontext einer diskursiven Praxis können somit die Kommunizierenden mithilfe unterschiedlicher Zeichensysteme „aus dem nicht-faßbaren Fließen erkennbare Muster bilden" (Gebauer 2009: 182). Erst im medialen Kontext werden Phänomene „im Rohzustand" diskursiviert und zum Objekt der Kommunikation und Interpretation, zu potenziell affizierend wirkenden „semiotisch-imaginären Artefakten" (Reckwitz 2016: 176) gemacht. Die soziale Praxis, in der soziale Wirklichkeit und kollektive Wissensbestände hergestellt werden, d. h. der Diskurs, ist der Ort, an dem auch Affekte als eine soziale Realität greifbar werden (vgl. Drescher 2003: 68) und in mono- oder multimodaler Form – im Zusammenspiel sprachlicher und bildlicher Zeichenformen – ihren Ausdruck finden.

Unser Leben ist eingebettet in heterogene sozial und kulturell geregelte Formen sozialer Praxis. Gesellschaftlich rekurrente Aufgaben und kommunikative Zwecke, – darunter auch die Manifestation bzw. Evozierung von Affekten – werden somit mithilfe bestimmter, voneinander abgrenzbarer kommunikativer bzw. diskursiver Einheiten sowie medialtypischer und auf soziokulturellen Regeln fundierter Verfahren oder Muster bearbeitet bzw. realisiert. In diesem Sinne ist die Kommunikation, auch die Kommunikation von Affekten, präformiert bzw. vorstrukturiert. Jede Sprach- bzw. Kommunikationsgemeinschaft verfügt im Rahmen einer bestimmen Lebensform im Sinne von Wittgenstein (2003: 21, 26, 145) über einen Bestand an kommunikativen Praktiken, der von den Kommunizierenden auf der Basis intersubjektiv vergleichbarer, aber doch individueller Wissensvorräte aktualisiert wird.

Das Manifestieren und Generieren von Affekten einerseits sowie ihr Verstehen und Interpretieren andererseits folgen – wie bereits erwähnt – in der Kommunikation notwendigerweise bestimmten Regelmäßigkeiten, was ihre Erkennbarkeit gewährleistet.[1] Die die Strukturierung und Organisation der Emotionskommunikation bestimmenden Regeln sind für Mitglieder einer Diskursgemeinschaft ein internalisiertes, implizites, von Produzent und Rezipient geteiltes Wissen, das in konkreten, gefühlsmäßig relevanten Situationen (meist ohne bewusste Absicht) aktiviert wird. Es ist ein Wissen über die Semantik der jeweiligen Emotion, über Codierungsverfahren und -mittel, die situativ angemessene Ausdrucksform oder über die soziale Erwartetheit bzw. Unerwünschtheit eines emotionalen Verhaltens usw. (vgl. Szczepaniak 2015: 189). Aufgrund emotionaler Muster, denen lebensweltlich und massenmedial angeeignete Erfahrungen zugrunde liegen, sind die meisten Akteur*innen massenmedialer Diskurse im Stande, bestimmten (schriftsprachlich und gegebenenfalls ikonisch verfassten) Kommunikaten emotionale Qualität(en) zuzuschreiben sowie intendierte Bewertungen bzw. Einstellungen zu inferieren.

Im Hinblick auf die vom alltäglichen und zum Teil auch vom wissenschaftlichen Sprachgebrauch abweichende Auffassung von Affekt bzw. Emotion soll unterstrichen werden, dass es sich hier nicht um die Veränderung des Gegenstands, sondern um die Veränderung der ihn bezeichnenden Semantik handelt: Das in dieser Studie geltende Verständnis des Begriffes „Emotion" bzw. „Affekt" ist infolge der wissenschaftlichen Transformationen dem alltäglichen Verständnis dieses Wortes nicht analog. Es ist eine wissenschaftliche, d. h. medien- und kommunikationswissenschaftliche sowie diskursanalytische Konzeptualisierung.[2] Zugleich wird mit unserem Definitionsversuch keinesfalls beansprucht den „Kern", resp. das „Eigentliche" dieses komplexen epistemischen Phänomens, erfasst zu haben. Es ist nur ein Blick auf Affekte bzw. Emotionen, der uns die disziplinäre (geistes- und z. T. auch sozialwissenschaftliche) Profilierung möglich macht. Im Sinne der „Spotlight"-Metapher wird dadurch nur ein begrenzter Realitätsausschnitt beleuchtet und eine gewünschte selektive Sichtweise suggeriert.

In der bisherigen, nicht nur linguistisch ausgerichteten Emotionsforschung ist die Auffassung vorherrschend, dass emotionale Bedeutungen eigentlich nur im Rahmen einer direkten (*face-to-face*) Kommunikation vermittelbar seien. Im Folgenden wird dieser reduktionistischen Konzeption nicht gefolgt, da sie der medialen Eigenart bestimm-

---

1 Siehe unten affektive Regeln.
2 Die Unterscheidung zwischen einer alltäglichen und einer wissenschaftlichen Konzeptualisierung explizit Ehlich (2006: 52) am Begriff „Kultur".

ter semiotischer Zeichen kaum Rechnung trägt. Dadurch wird ihre Rolle meistens auf bloßes Thematisieren bzw. Beschreiben seelischer Zustände reduziert. Zur Explikation von Emotionen als kommunikativen, diskursiv verhandelbaren Konstrukten und vor allem für die Erfassung ihrer mehrdimensionalen Semantik scheint es plausibel, auf die Kategorien zurückzugreifen, die in der Psychologie oder auch Soziologie bei der Klassifizierung und Beschreibung von Phänomenen des menschlichen Innenlebens appliziert werden. In diesem Zusammenhang sind bestimmte Beschreibungsdimensionen, Werte, Modalitäten oder Variablen zu nennen, die für die Explikation einzelner Emotionen grundlegend sind und die hier als **Parameter emotionaler Bedeutung** bezeichnet werden. Dank dieser Kriterien können Emotionen in ihrer Begrifflichkeit und Referenz besser erfasst und präziser voneinander abgegrenzt werden. In Anlehnung an Roseman (2001) und Fries (2003) werden folgende, für die Explikation emotionaler Bedeutungen bzw. emotionaler Einstellungen essenzielle Komponenten benannt:

a) Valenz (Richtung): angenehm (+) – unangenehm (-), positiv – negativ, freundlich – unfreundlich, Lust – Unlust, Annäherung – Vermeidung;
b) Potenz (Intensität bzw. Aktivierungsgrad): schwach (-) – stark (+), kraftvoll – zart, heftig – gemäßigt, groß – klein;
c) Zielrelevanz (Situationsstatus): zielkongruent (+) – zieldiskrepant (-);
d) Wertschätzung (kognitive Einschätzung): geachtet (+) – verachtet (-);
e) Erwartetheit: erwartet (+) – unerwartet (-);
f) Dauer: permanent – nicht permanent, kurz – lang;
g) Problemtyp: intrinsisch (intr) – instrumentell (inst), personenbezogen – handlungs-/ objektbezogen.

Die obigen Parameter sind Werte, von denen nicht alle obligatorische Bestandteile einer jeden emotionalen Bedeutung sein müssen. Sie lassen sich dabei auf entsprechenden Skalen dimensionieren – sind also graduell (bis auf den binären/dichotomischen Parameter „Valenz") und variabel in Abhängigkeit von unterschiedlichen inneren und äußeren Faktoren. Die angeführten Grenzpaare, die auch unterschiedliche semiotische Gestalt annehmen können, bestimmen meistens nur die Endpunkte der jeweiligen Dimension (vgl. Szczepaniak 2015: 190). Diese Bestimmungsmerkmale, die nicht nur als Teile des Fachwissens, sondern auch des Weltwissens, der Emotionsregeln und des Alltagswissens zu betrachten sind, ermöglichen die Wahrnehmung, Erkennung und Interpretation eines affektiven Zustands in seiner konkreten medialen Realisierung. Zusammen mit der semiotischen Umgebung bilden sie die Semantik der jeweiligen Emotion. Der Akt der Konstitution einer emotionalen Bedeutung setzt sich mithin aus zahlreichen und vielfältigen Bausteinen zusammen, die in der konkreten Analyse nicht vollständig aufgezeigt werden können. Wichtig ist jedoch, dass ihre Relevanz für die jeweilige Bedeutungs- und Wissenskonstitution bewusst bleibt: „Ein solches Verständnis ermöglicht es auch, gerade die seriell in verschiedenen diskursiven Einzel-Ereignissen [sic!] immer wieder ähnlich vorkommenden Wirklichkeitskonstruktionen als Ausdruck eines kollektiven, sozialen Wissens zu interpretieren" (Wengeler 2013b: 151–152).

Emotionen in der Kommunikation sind intersubjektive, übergreifende Entitäten mit einer konkreten medialen Gestalt. Ihre Präsenz[3] ist dabei ein mit bestimmten Formen des (Emotions)Wissens verschränkter Zustand und kann nur im Verbund verschiedener kultur-, medien-, sozial- und sprachwissenschaftlicher Betrachtungsweisen sinnvoll erfasst und analysiert werden (vgl. Ernst/Paul 2013: 10). Demnach stellen Emotionen Konglomerate dar, die durch folgende Komplexe gebildet werden:

(a) das semantische Bild der jeweiligen Emotion,
(b) affektive Regeln und
(c) mediale Rahmenbedingungen.

Aus diesen Komponenten setzt sich das Profil einer jeden Emotion zusammen.

(a) Mit semantischen Bildern von Emotionen werden signifikante Eigenschaften, vorgeprägte Muster sowie kulturell codierte Modellierungen dieser Entitäten verstanden. Ihre Differenzen werden mithilfe eines Lexikons als distinkte Phänomene in ihrer Eigenart bezeichnet (vgl. Weigel 2005: 244). In diesem Fall werden alle für das Erkennen, Interpretieren und Differenzieren des jeweils manifestierten bzw. generierten emotionalen Zustands relevanten Elemente fokussiert. Diese Kenntnisse über die menschlichen internen, introspektiv wahrnehmbaren Zustände und Vorgänge, über emotionsauslösende Faktoren sowie soziale bzw. kulturelle Determinanten der Manifestation bzw. Generierung von Emotionen sind integraler Bestandteil des sog. Weltwissens eines jeden Mitglieds einer Kultur-, Sprach- bzw. Kommunikationsgemeinschaft. Gemeint ist vorwiegend das sog. implizite Wissen (*tacit knowledge*), „das kaum je verbalisiert wird und damit in Diskursen auffindbar oder anhand von ausdrücklichen Zeichen ablesbar wäre" (Reckwitz 2016: 52). Gemeint sind vordergründig bestimmte Handlungsregeln und -routinen, Deutungsmuster und Typisierungen, die sich dem reflexiven Zugriff weitgehend entziehen (vgl. Sauerborn/von Scheve 2017: 155). Als eine vorreflexive und erfahrungsgebundene Wissensform, die intersubjektiv angeeignet wird und in soziale Konstellationen eingelagert ist, zeigt es sich immer in einer konkreten Praxis (vgl. Adloff 2013: 115). Bei der Erstellung von Emotionsprofilen wird dabei auf die Bezeichnungen zurückgegriffen, die als Alltagsbegriffe und zugleich als Fachtermini im Rahmen (vor) wissenschaftlicher Denk- und Argumentationsmuster fungieren.

(b) Die kulturell, sozial und medial determinierten affektiven Regeln (Emotionsregeln) sind Konventionen, die soziale Interaktionen, d.h. kommunikatives, geschlechts- und altersbedingtes Verhalten von Kommunikationspartnern und seine Formen sowie Bedeutungen und Deutungsmuster beeinflussen. Der jeweilige innere affektive Zustand (Gefühl) und seine (eventuelle) materielle Manifestation als Emotion hängen nicht nur

---

3 Aus etymologischer und ideengeschichtlicher Perspektive wird Präsenz als „*eine Einheit von räumlichem und zeitlichem Zugegensein* beschrieben. Präsenz ist durch eine *jederzeit mögliche, aber nicht-reflexiv durchdrungene Verfügbarkeit* und durch eine *hervorgehobene, aber in der Sprache nicht direkt kommunikativ adressierbare Auffälligkeit* [Hervorhebung im Original – Verf.] gekennzeichnet" (Ernst/Paul 2013: 11). In der vorliegenden Studie wird Präsenz als Teil eines Repertoires medialer Wissenspraktiken betrachtet.

von den Faktoren ab, die das jeweilige Erleben auslösen – von der Persönlichkeitsstruktur des Gefühlsträgers, seinen Lebenserfahrungen usw. – sondern auch von (fremden) Einflüssen der Kultur und Gesellschaft (vgl. z. B. Ulich/Kapfhammer 2002). Gedacht ist hier etwa an ein Set von sozialen und (teilweise auch individuellen) Regeln, die den Umgang mit Gefühlen und ihren materiellen Manifestationen in unterschiedlichem Maße strukturieren, organisieren bzw. normieren und die zu einem im Sozialisationsprozess erworbenen Bezugssystem des Fühlens werden.

Aus dem bisher Gesagten lässt sich schlussfolgern, dass beim Manifestieren bzw. Generieren von Emotionen bestimmten kollektiv geteilten, durch die Medien codierten, archivierten, aktivierten bzw. modifizierten Prinzipien gefolgt wird, wobei ein explizites Wissen darüber – ein Wissen also, das propositionalisierbar ist und sich formal artikulieren lässt – nicht notwendig vorausgesetzt wird. Aus medien- und diskurslinguistischer Perspektive kann in diesem Zusammenhang an bestimmte Regeln gedacht werden, die diese konkreten Handlungen oder Verhaltensweisen in einer je spezifischen Weise strukturieren und organisieren bzw. normieren. Dank diesen Regeln bekommen affektive Zustände eine Gestalt, erhöht sich ihre Vorhersagbarkeit und im Endeffekt können sie erfassbar und dadurch zum Objekt zwischenmenschlicher Interaktionen werden. Süselbeck spricht in diesem Zusammenhang von einer gewissen „Rigidität solcher gesellschaftlicher Grammatiken einer kulturell geformten Sprache der Gefühle", denen Menschen „als soziale Wesen gehorchen [müssen], wenn sie von ihrer Umwelt akzeptiert werden möchten" (Süselbeck 2019: 282).

Wie bereits erwähnt, bedürfen die geltenden und verwendeten Regeln keiner direkten Formulierung, sondern zeigen sich in konkreten Sprachgebräuchen selbst. Sie sind nur in Bezug auf die jeweilige kommunikative Praxis begründbar. Diese Praxisverankerung hat zur Folge, dass Emotionen als diskursive Phänomene trotz ihrer Regelhaftigkeit und/oder Konventionalität veränderliche und dynamische Konstrukte sind. Diskursteilnehmer*innen werden zwar in einer diskursiven Praxis von Regeln angeleitet, aber erst im konkreten Gebrauch, in einem bestimmen medialen Umfeld kommt zur Erscheinung, „was die Regel tatsächlich angibt – in einem Praxisgeschehen, das einen Einfluss auf die Regel hat, auf ihren Inhalt und auf ihre Geltung" (Gebauer 2009: 111). In den einzelnen Diskursakten werden die Regeln reproduziert bzw. aktualisiert, wodurch die Regelmäßigkeit des sozialen kommunikativen Handelns sichergestellt und der Prozess des Erkennens, Interpretierens und Klassifizierens gefühlsmäßiger Äußerungen möglich gemacht werden. Bei der Verwendung bzw. Konstituierung von Begriffen müssen sich Kommunikationspartner*innen (Diskursakteur*innen) an jene sozialen Regeln und Konventionen halten, auch wenn sie über eine gewisse Variationsfreiheit von Wortbedeutungen bzw. Kreativität verfügen (vgl. Köller 2006: 334). Individualität, Kreativität und Konventionalität bzw. Sozialität schließen einander nicht aus, sondern sie bedingen einander nicht selten wechselseitig: „Individualität [kann es – Verf.] nur im Rahmen von und in Spannung zu Sozialität geben, aber nicht losgelöst von dieser" (Köller 2006: 402). Mit den Regeln werden den Kommunizierenden mehr oder weniger feste Orientierungen für die Gestaltung von Mitteilungen (Produktion) und das Verstehen/Interpretieren (Rezeption) von Kommunikaten gegeben. Durch ihren präskriptiven

Charakter können Emotionsregeln als eine Art Einschränkung für kommunizierende Subjekte betrachtet werden, zugleich jedoch auch als eine Hilfe oder Erleichterung, da sie bewährte, je nach Situation und Bedarf (erneut) aktivierbare Handlungsmuster bzw. -szenarien anbieten, die ein gesellschaftlich akzeptiertes bzw. erwartetes Handeln möglich machen. Die konventionelle Natur von Emotionsregeln impliziert jedoch keinesfalls, dass sie für Diskursteilnehmer*innen in einem bestimmten diskursiven Raum unumstößlich sind. Ihr konsensueller Charakter stammt aus der Kommunikation und muss bei jeder Aktivierung im Kommunikationsprozess unter Berücksichtigung von Kontextinformationen kontinuierlich anerkannt, aktualisiert, hinterfragt, modifiziert und gegebenenfalls neu ausgehandelt werden. Das auf diese Weise konzipierte Regelwissen, d. h. die implizit erlernten bzw. erworbenen Regeln der Zuschreibung und Interpretation kommunikativer Intentionen, bildet den Bedeutungskern von Emotionen als diskursives Phänomen. Der Prozess der Zuschreibung von emotionalen Bedeutungen ist demnach als ein durch soziale Konventionen innerhalb von konkreten diskursiven Praktiken regelgeleiteter Interpretationsakt anzusehen, der jedoch in Abhängigkeit von Erfahrungen des einzelnen Diskursakteurs individuell variiert (vgl. Szczepaniak 2015: 165). Diese Praktiken gehören zum „kommunikativen Haushalt" einer jeden Gemeinschaft und werden „auf der Grundlage individueller, aber in wesentlichen Teilen intersubjektiv vergleichbarer Wissensbestände aktualisiert" (Stein 2011: 24).

(c) Mit der Medialität der Emotion werden materiale, medial bedingte (sprachliche und extrasprachliche) Rahmenbedingungen gemeint: Verfahren, Formen, Strukturen und Mittel der Manifestation und Generierung von Emotionen. Wie bereits erwähnt werden Emotionen immer in einer medialen Form rezipiert: „Das, was derart weder Zeichen noch Erfahrung, weder Wahrnehmung noch Repräsentation ist, muss als solches erst vorgestellt und ausgedrückt oder interpretiert werden, so dass Medien buchstäblich dazwischen treten und Instanzen der Übermittlung, Darstellung, Verbreitung, des Austauschs und der Wiederholung bilden." (Mersch 2009: 9) In der jeweiligen diskursiven Praxis – beim Manifestieren, Thematisieren oder Generieren von Emotionen – werden folglich Mittel unterschiedlicher medialer Provenienz und unterschiedlichen Gestaltungspotenzials eingesetzt.[4]

2.1.3 Semantische Profile der einzelnen Emotionen

Im Hinblick auf die oben dargestellten Komponenten wurden folgende Profile von Affekten konzipiert, die in deutschen und polnischen medialen Diskursen erkannt und erfasst werden konnten.

---

4 Vgl. das Kapitel 2.2 Medium – Medialität – Massenmedien.

2.1.3.1   ANGST[5]

Das semantische Bild:

a) X denkt, dass etwas Negatives, Unerwünschtes Z (eine reale oder antizipierte Gefahr) geschehen wird und dass er/sie deswegen Schaden erleidet; X fühlt sich bedroht (dieser Zustand kann sich im Extremfall zu Panik steigern);

b) X will Z vermeiden; X will deshalb etwas tun, damit Z nicht geschieht bzw. X will sich davor schützen; X verspürt ein Gefühl leiblicher Enge, „oft mit dem Eindruck verbunden, keine Handlungsmöglichkeiten mehr zu besitzen" (Demmerling/Landweer 2007: 65);

c) X weiß nicht, was er/sie tun kann, damit Z nicht geschehen wird, X ist deswegen im introspektiv wahrnehmbaren Zustand des Unbehagens.

Affektive Regeln:

Angst ist eine menschliche Fundamentalerfahrung, eines der sog. Grundgefühle, denen biologisch wichtige Funktionen für das Überleben zukommen (in diesem Fall: Warnung vor realer oder möglicher Gefahr, Freisetzung der Kräfte zur Flucht oder Verteidigung). Viele Reaktionen sind daher angeboren. Auf sozialer Ebene kann Angst erwartet (Angst vor Normverletzung, Angst vor Verlust oder Strafe) und als „zwingendes Element [...] von Sozialisationsprozessen" (Wilms 1994: 103) positiv bewertet werden. Bereits in den antiken Schriften sowie im Alten Testament werden Angstgefühle als Empfindungen dargestellt, die mit spezifischen körperlichen Zuständen und Reaktionen (als Ausdrucksformen) einhergehen, wie z. B. Zittern, Schreien, Stottern, Erblassen, Schwitzen, Weinen, Weglaufen, Gänsehaut-Bekommen, Mit-den-Zähnen-Klappern. Auch wenn Angst den sog. Basisemotionen zugeschrieben wird, die sich durch anthropologische Konstanz und Universalität auszeichnen, weist sie auch kulturspezifische und historische Distinktionen auf: Je nach Anlass, Zeit und Kultur[6] werden Angstgefühle unterschiedlich dargestellt, repräsentiert, gedeutet, codiert, medialisiert sowie instrumentalisiert.

---

5   In der psychologischen, vor allem aber in der neurobiologischen Literatur, wird oft zwischen „Angst" als einem ungerichteten („Existenzangst") und „Furcht" als einem auf bestimmte Gegenstände oder Sachverhalte bezogenen Gefühl („Realangst") unterschieden. In diesem Sinne verwendet Gerhard Roth (2001: 332) die Bezeichnung Furcht für „aversive Gefühle gegenüber konkreten Objekten und Situationen als Gefahrquellen". Fries (2003: 114) hingegen zeigt, dass die beiden Lexeme Unterschiede in distributioneller und morphologischer Verwendung aufweisen und dass sie nicht nur fachsprachlich, sondern auch literarisch unterschiedlich genutzt werden. Dieser terminologischen Differenzierung wird hier nicht gefolgt – beide Begriffe werden bedeutungsgleich gebraucht.

6   Aus mentalitäts- und kulturgeschichtlicher Sicht „ist Angst eine Universalie, weist aber seit dem Alten Testament und den Schriften der griechisch-römischen Antike neben Konstanten auch Inkonstanten und Veränderungen auf, die außerdem individuell und kollektiv in unterschiedlichen historischen Epochen mit sehr unterschiedlichen Graden der Transparenz, Komplexität und Betroffenheit gefühlt, erlebt, gedacht bzw. konstruiert oder auch instrumentalisiert werden (Filatkina/Bergmann 2021: 3).

2.1.3.2 ÄRGER

Das semantische Bild:

    a) X stellt die Unterbrechung bzw. die Verhinderung der Erreichung eines (aktuell verfolgten) Ziels bzw. Behinderung seiner/ihrer Bedürfnisbefriedigung fest; die (ungerecht auftretende) Störung ist dabei relativ harmlos;

    b) X denkt, dass jetzt unerwünschte Ereignisse Z geschehen werden oder geschehen sind, und zwar aufgrund des verwerflichen Handelns eines/einer anderen. Die Ereignisse bzw. ihre Resultate stehen im Gegensatz zu Zielen oder Wünschen von X. Die momentan wahrgenommene Konstellation wird von X als ungerecht, unerwünscht, inakzeptabel, verletzend usw. empfunden und löst in X emotionale Aversion und Unbehagen aus; X will nicht, dass Z geschieht; X will deshalb etwas unternehmen, damit Z nicht geschieht, weiß aber nicht was;

    c) X will seine/ihre negative Wahrnehmung und Wertschätzung der Situation/des Sachverhalts/der Umgebung auf verbale und/oder nonverbale Weise kommunizieren; dadurch können interpersonale Beziehungen reguliert werden; X ist deshalb im introspektiv wahrnehmbaren Zustand des Unbehagens.

Affektive Regeln:

Ärger gilt als ein fundamentaler Affekt: Er „lässt sich [...] phylo- und ontogenetisch als ein wichtiges Zwischenglied zwischen vergleichsweise primitiven und sehr differenzierten und komplexen Affekten begreifen." (Demmerling/Landweer 2007: 288) Auch wenn er den Aggressionsgefühlen zugeordnet wird, ist die Einschätzung dieses Affekts nicht immer eindeutig negativ. Es gibt eine ganze Palette von vorwiegend kulturübergreifend vorkommenden, körperlichen Ausdrucksformen von Gefühlen des Ärgers wie z. B.: Stirnrunzeln, Zähne zeigen, mit den Füßen stampfen, Mund verziehen, Fäuste ballen, Schnauben, Zittern, Weinen. Manifestationen des Ärgers unterliegen dabei strengen sozial und kulturell bedingten Normen. Physische Angriffe auf Objekte (körperliche Gewalt) und aggressive, verletzende verbale Attacken (Drohungen, Beschimpfungen oder Flüche) als Ausdruck des Ärgers werden als Verstöße gegen geltende soziale Verhaltensmuster und normative Regelungen (Brauch, Sitte, Konvention, Recht) geahndet.

2.1.3.3 EKEL

Das semantische Bild:

    a) X stellt fest, dass die plötzliche Wahrnehmung des Objekts Z (durch Sehen, Riechen, Tasten, selten durch Hören) seine/ihre individuelle bzw. die kollektive Normsetzung (Tabus, Geschmackskulturation) deutlich überschreitet (bei Abscheu geht es um die Überschreitung moralischer Normen – sie richtet sich gegen Personen und/oder ihre Taten);

    b) X weiß, dass die Nähe zum Objekt Z negative Folgen haben kann; X will etwas dagegen unternehmen;

    c) X will wegen dieser zwar innerlich erlebten, aber geradezu körperlichen Widerwärtigkeit das Objekt Z vermeiden bzw. sich von ihm abgrenzen; X ist deswegen im introspektiv wahrnehmbaren, akuten Zustand des Unbehagens.

Affektive Regeln:

Ekel (auch verwandte Gefühle wie Abscheu, Abneigung) fußt immer auf negativer Einschätzung des Fremden. Seine Produktivkraft ergibt sich aus der Abhängigkeit und Abgrenzung von etwas anderem: „Spontane Empfindungen von Lust, von ästhetischem Genuss oder von freudigen Wahrnehmungen wirken umso stärker, desto mehr man klar benennbare Gegenpole im Hinterkopf hat" (Benkel 2011: 10). Ekel wird immer dort relevant, wo aus der Perspektive des fühlenden Subjekts „Grenzüberschreitungen stattfinden bzw. Grenzen verletzt werden, die den eigenen Körper oder den Körper anderer Menschen betreffen" (Demmerling/Landweer 2007: 95). Demnach indiziert dieser affektive Zustand das Unerwünschte, das aus der sozialen Wirklichkeit zu exkludieren ist: „Nicht die Sache an sich, sondern die Zuschreibung, dass sie Ekel auslöst, setzt die Stigmatisierung dieser Sache in Gang" (Benkel 2011: 13).

In verschiedenen Kulturen kann Ekel unterschiedliche Wurzeln[7] und Formen haben. Ekel gehört – abgesehen von seiner biologischen Verankerung – zu den sog. Grundgefühlen mit der Hauptfunktion Warnung: „Organismen werden davor bewahrt, sich schädliche Substanzen einzuverleiben oder sich Dingen anzunähern, die Schwächung, Krankheit oder gar den Tod bedeuten können" (Demmerling/Landweer 2007: 93). Ekel kann einerseits durch körperliche Reaktionen (z. B. Übelkeit, Würgereflex oder sogar Ohnmacht) ausgedrückt werden, die sich schwer bzw. kaum kontrollieren lassen, andererseits auch durch ihre Imitationen sowie durch unterschiedliche Gesten der Missbilligung (z. B. Naserümpfen, Stirnrunzeln, Wangen und Oberlippe hochziehen). Der Ausdruck des Ekels ist situations- und altersbedingt: Man darf Ekel z. B. in der Pflege nicht zeigen. Eher mit Nachsicht begegnet man auch Kindern, die sich vor etwas ekeln. Vor dem sozialkonstruktivistischen Hintergrund kann Ekel als „Ausdruck einer Definitionsmacht" interpretiert werden, „die darüber aufklären will, welche Momente in der Gesellschaft als verstörend und vermeidenswert abgebucht werden sollen, damit das erreichte Kulturniveau bewahrt werden kann" (Benkel 2011: 12).

2.1.3.4 EMPÖRUNG

Das semantische Bild:

a) X nimmt wahr (bzw. erwartet) einen Verstoß gegen Normen, Konventionen o. Ä. durch einen/ eine Mitspieler*in (bzw. mehrere Mitspieler). X fühlt sich davon betroffen; X stellt die Unterbrechung bzw. die Verhinderung des Erreichens eines (aktuell verfolgten) Anliegens bzw. der Behinderung seines Zustands des Behagens und Sicherseins fest; die (ungerecht auftretende) Störung ist nach Einschätzung von X nicht harmlos bzw. relativ bedrohlich. Für ihre Rechtfertigung findet X keine Gründe;

---

7 „Fäkalien, Erbrochenes, Schweiß, Speichel, Eiter, Sperma, Wunden, verwesende Leichen, verwesendes Fleisch, entstellte Menschen, abgeschnittene Zehennägel, Maden, Schleim, Läuse, der Verzehr menschlichen Fleisches – das Spektrum von Dingen, vor denen Menschen sich ekeln oder ekeln können, ist sehr breit" (Demmerling/Landweer 2007: 94). Selbst die Vorstellung dieser Dinge kann Ekel-Gefühle aufkommen lassen.

b) X denkt, dass jetzt unerwünschte Ereignisse Z geschehen werden oder geschehen sind, und zwar aufgrund des verwerflichen, illegitimen, moralisch nicht vertretbaren Handelns einer Anderen/eines Anderen (eines Individuums oder Kollektivs). Die Ereignisse bzw. ihre Resultate stehen im deutlichen Gegensatz zu Zielen oder Wünschen von X. Die momentan wahrgenommene Konstellation wird von X als ungerecht, unerwünscht, moralisch inakzeptabel, verletzend usw. empfunden und löst in X emotionale Aversion und Unbehagen aus; X will nicht, dass Z geschieht; X will deshalb etwas unternehmen, damit Z nicht geschieht; weiß aber nicht was;

c) X will seine/ihre negative Wertschätzung der Situation/des Sachverhalts/der Öffentlichkeit auf verbale und/oder nonverbale Weise manifestieren; X ist deshalb im introspektiv wahrnehmbaren Zustand des Unbehagens von relativ hoher Intensität.

Affektive Regeln:

Empörung wird als moralische Gefühlsreaktion, die Unrecht anzuzeigen beansprucht, gesellschaftlich akzeptiert. Mit ihr geht „auch ein zumindest implizites Wissen darum einher, dass nicht nur meine, sondern auch die Verletzung anderer einen Anlass zur Empörung darstellt. Ansonsten wäre es nur Wut oder Zorn" (Iser 2008: 8). Wegen Verletzung einer geltenden (moralischen) Norm, erfahrener Ungerechtigkeit, versuchten Betrugs, irreführender Information usw. lässt Empörung eine sachliche Analyse der anstehenden Fragen kaum zu: Sie „disponiert zu Vorwürfen, Bestrafung und Vergeltung. Diese werden oft mit gleicher Münze zurückgezahlt, wodurch dann Eskalation droht" (Montada/Kals 2001: 141). Es kann zur Folge haben, dass sich Hass und Feindseligkeit verfestigen. Empörung kann jedoch auch besänftigt werden, wenn auf der Seite des anderen (authentische) Schuldgefühle erkennbar sind.

Empörung kann sowohl als individueller sowie als kollektiver Affekt betrachtet werden. Heutzutage wird sie nicht selten zu einem gesellschaftlichen Ereignis, das sich öffentlich oft in Form von Protestbewegungen manifestiert. Aus sozialwissenschaftlicher Sicht wird sie dann als ein zentraler Faktor der Mobilisierung, Fokussierung und Aufrechterhaltung von politischen Bewegungen thematisiert (vgl. z. B. Jasper 2014). Eine positive Bewertung dieser Emotion wird nicht zuletzt durch solche Publikationen wie die Streitschrift *Empört euch!* von Stéphane Hessel (2011) bestätigt. In diesem Sinne kann Empörung einerseits zu einer (demokratischen) Bürgertugend, andererseits zu einer politischen Emotion werden.

In der Regel wird Empörung spontan geäußert und ist deswegen kaum manipulierbar. Sie kann aber auch medial vermittelt und dadurch öffentlich gesteuert werden. Eine individuelle Emotion kann ebenso zu einer kollektiv geteilten Emotion – zu einer potenziellen Quelle politischer Legitimität – werden. Die Manifestation von Empörung kann (muss aber nicht) die Beziehung zwischen den Beteiligten dauerhaft belasten:

> Aber oft genug gibt es keinen Konsens über geltende Normen und über die Ansprüche, die normativ gerechtfertigt werden. Oder die in empörtem Vorwurf

zugeschriebene Verantwortlichkeit wird abgestritten und das eigene Handeln gerechtfertigt. Das ist selbst dann häufig, wenn der Vorwurf im Grunde eingesehen wird, denn ein heftiger Vorwurf ist immer auch ein Angriff und häufig eine Kränkung des Selbstwertes. Die spontane Reaktion darauf ist Verteidigung oder ein Gegenvorwurf. (Montada/Kals 2001: 143)

2.1.3.5 ENTTÄUSCHUNG

Das semantische Bild:
  a) X hofft, dass eine positive, für sie/ihn wichtige Erwartung eingelöst bzw. ein Versprechen eingehalten wird; X hat eine klare Vorstellung, wie es zu sein hat;
  b) X stellt fest, dass ihre/seine Hoffnungen nicht erfüllt bzw. seine/ihre Bedürfnisse nicht befriedigt wurden/werden können; X wird mit einem kognitiven Mangelzustand konfrontiert (vgl. Rehberg 2017: 35);
  c) X befindet sich deswegen im introspektiv wahrnehmbaren Zustand des Unbehagens von relativ hoher Intensität und unterschiedlicher Dauer.

Affektive Regeln:
Enttäuschungen sind ubiquitäre (und wohl unvermeidbare) Reaktionsemotionen im menschlichen Leben, für die eine spezifische Zwiespältigkeit charakteristisch ist: Durch Verluste (Widerlegung von Erwartungen) erzielt man Erkenntnisgewinne (Befreiung von Täuschungen, Desillusionierung und neue Aufmerksamkeit für die Wirklichkeit). Auch wenn die negative Dimension dominiert (der Erwartungsbruch kann zur Verbitterung oder sogar Verzweiflung führen bzw. starke negative Emotion wie Empörung oder Wut auslösen), werden diese emotionalen Zustände jedoch weitgehend gesellschaftlich akzeptiert. Eva Illouz betrachtet Enttäuschung geradezu als „kulturelle Praxis", um die Diskrepanz zwischen sozial und kulturell produzierten Idealvorstellungen über das eigene Leben und der konkreten Erfahrung zu bewältigen (vgl. Illouz 2011: 387–393). Dieses Auseinandertreten von „Erfahrungsraum" und „Erwartungshorizont" – so Gotto (2018: 2) mit Bezug auf Reinhart Kosellecks historische Kategorien – markiert immer eine Zäsur im menschlichen Leben. Sozialpsychologischen Forschungen zufolge tritt Enttäuschung nach Angst und Ärger am häufigsten unter den negativen Gefühlen auf und wird am stärksten empfunden (vgl. Gotto 2018: 1).

2.1.3.6. SCHAM

Das semantische Bild:
  a) X stellt (aufgrund der Selbstreflexion) fest, dass sie/er eine offenkundig gewordene Verfehlung Z begangen hat und dass ihr/sein eigenes Verhalten (bzw. das Verhalten nahestehender Personen) mit einer Norm kollidiert, die als Teil des Wertesystems über Sozialisationsprozesse nachhaltig geprägt und tradiert wurde und die sie/er anerkennt;
  b) X nimmt sich selbst wegen dieser Übertretung oder Missachtung der Norm in strengen Augenschein; X macht sich Sorgen um die soziale Beurteilung der eige-

nen Person (bzw. Gruppe); X korrigiert das eigene Selbstbild nach unten hin (vgl. Heidgen 2013: 11); X ist davon überzeugt, dass sie/er versagt hat, schuldig ist und ihr/sein Prestige verloren hat bzw. verlieren kann;

c) X wünscht sich, der Normverstoß wäre gar nicht erst passiert; ihre/seine Rede- und Handlungsimpulse werden reduziert bzw. gehemmt; X fühlt sich wie gelähmt und/oder empfindet Enge (vgl. Demmerling/Langweer 2007: 220); X ist deswegen im introspektiv wahrnehmbaren, akuten Zustand des Unbehagens.

Affektive Regeln:

Beim Verstoß gegen sozial und kulturell bestimmte, allgemein akzeptierte Werte (Autoritäten, Sitten, moralische Normen, Handlungsweisen, Anstand usw.) wird erwartet, dass man Scham empfinden und zeigen sollte (z. B. durch Schweigen, Erröten oder das Senken des Blickes nach unten)[8]. Scham ist zwar ein intensives Gefühl, aber vorwiegend von relativ kurzer Dauer. Scham gehört zu den Verlegenheitsgefühlen, die auch mit Angst, Aggression, Abwehr oder Trauer gekoppelt sein können (vgl. Wilms 1994: 106).

2.1.3.7 ÜBERRASCHUNG

Das semantische Bild:

a) X nimmt ein Ereignis Z wahr, das anstelle eines anderen Ereignisses eintritt; dadurch werden seine/ihre momentanen Aktivitäten (Informationsverarbeitung) unterbrochen; Z wird als unerwartet, neuartig, unklar, (zu) komplex oder seltsam eingeschätzt; X ist unsicher[9], ob etwas Positives, Erwünschtes bzw. etwas Negatives, Unerwünschtes geschehen wird;

b) Für die Verifizierung der Diskrepanz und die Bewertung des Ereignisses hat X wenig Zeit: X begrüßt Z als etwas Angenehmes oder X will Z als etwas Bedrohliches, Unangenehmes vermeiden bzw. X will sich davor schützen;

c) X will, dass Z als etwas Positives geschieht und ist deswegen im introspektiv wahrnehmbaren Zustand des Behagens oder X will vermeiden, dass Z als etwas Negatives geschehen wird, X ist deswegen im introspektiv wahrnehmbaren Zustand des Unbehagens.

Affektive Regeln:

Überraschung wird häufig den sog. Basis-Emotionen zugerechnet, die pankulturellen Charakter aufweisen: Unabhängig von der Kulturzugehörigkeit der wahrnehmenden Person wird sie vorwiegend in vergleichbarer Weise erkannt und gedeutet. Das ändert jedoch nichts an der Tatsache, dass auch diese Emotionsarten hinsichtlich ihrer Ausdrucksmodalitäten sowie ihrer Frequenz und Intensität kulturell geprägt sind.

---

8   Diese Verhaltensweisen sind für Heidgen (2013: 12) „unmittelbare Signale, die die menschliche Ausdrucksautonomie aushebeln". In dieser „zentripetale[n] Richtung des Angeblickt-werdens" sehen Demmerling und Landweer (2007: 222) hingegen „eine Form von Enge".

9   „Bei der Überraschung handelt es sich um ein abruptes Absacken des Bestimmtheitspegels [...]. ", schreibt Rost (2001: 261). Mit anderen Worten: Vom empfindenden Subjekt wird eine Menge von „Unbestimmtheitssignalen" unterschiedlicher Intensität wahrgenommen.

Überraschung als eine Antwort auf einen plötzlich eintretenden Stimulus (sei es ein rätselhaftes Objekt oder eine unvorhersagbare Situation), an den das wahrnehmende Subjekt vorher nicht gedacht hat, ist an ganz spontane, oft unkontrollierte, körperliche (vor allem mimische) Reaktionen wie z. B. Weiten der Augen, Hochziehen der Augenbrauen oder der Stirn, Aufschauen, Blickwechsel, Hand-, Kopf- oder Fußbewegungen, Zucken, Lachen, Öffnen des Mundes (zu einer ovalen Form), Erröten usw. gekoppelt. Mit anderen prototypischen Emotionen wie Angst, Ärger oder Freude teilt Überraschung sowohl ihre konstitutiven Eigenschaften (z. B. eine bestimmte Erlebnisqualität, Objektgerichtetheit oder Funktion), als auch die in der jeweiligen Gemeinschaft gültigen Emotionsregeln, je nachdem, ob man es mit positiven (also erwünschten) oder negativen (unerwünschten) Ereignissen zu tun hat.

2.1.3.8 VERACHTUNG

Das semantische Bild:

a) X beurteilt/bewertet Y negativ: Aufgrund vorausgehender Erfahrungen der Missachtung oder des Leidens fühlt sich X gegenüber Y oft wertlos, minderwertig, unsicher bzw. benachteiligt. X ist davon überzeugt, dass das Objekt/Subjekt Y den sozialen (politischen) Rang, den es innehat, und das/die damit einhergehende Prestige/Anerkennung nicht verdiene;

b) X ist gegenüber Y als (oft) überlegener Person/Macht feindselig eingestellt, lehnt Y ab; diese Einstellung ist verfestigt;

c) X versucht Y Geltung, Anerkennung bzw. Ehre abzusprechen, zu bedrohen, zu verletzen, zu desavouieren bzw. zu vernichten (z. B. in der verbalen Kommunikation durch wiederholte Nutzung von herabsetzenden Wörtern). X ist im introspektiv wahrnehmbaren, akuten Zustand des Unbehagens von sehr hoher Intensität.

Affektive Regeln:

Im Unterschied z. B. zu Ekel hat Verachtung aus evolutionstheoretischer, biologischer bzw. physiologischer Sicht keine Schutzfunktion. Es ist nur ein Signal unseres Missfallens oder der Überheblichkeit. Als ein kognitiv geprägtes Gefühl ist Verachtung auch keine spontane Regung, sondern ein geplantes Verhalten: Es kann als Strategie der Selbst- bzw. Gruppenverteidigung gegen (feindliche) Macht und dadurch als „affektives Bindemittel in Kollektiven" (Brokoff/Walter-Jochum 2019: 226) (ideologisch und politisch) eingesetzt werden. In der Regel wird Verachtung jedoch als ein großer Verstoß gegen gesellschaftliche Normen angesehen und negativ bewertet. Aus linguistischer Sicht ist vordergründig der Hass bzw. die Verachtung relevant, der/die sich im symbolischen Verletzungsgeschehen, in der sog. Hassrede äußert. Es geht um eine verletzende, herabsetzende oder herabwürdigende Rede gegenüber anderen, die in der Regel mit pauschalen, gruppenbezogenen Negativbewertungen operiert.

2.1.3.9 WUT

Das semantische Bild:

a) X stellt eine Verhinderung der Erreichung eines Ziels bzw. Behinderung seiner Bedürfnisbefriedigung oder die Ungleichbehandlung fest;

b) X denkt, dass jetzt unerwünschte Ereignisse Z geschehen werden oder geschehen sind; die momentan wahrgenommene Konstellation wird von X als extrem ungerecht, unerwünscht, inakzeptabel, verletzend usw. empfunden; X will nicht, dass Z geschieht;

c) X will deshalb etwas tun, damit Z nicht geschieht; X weiß nicht, was er tun kann, damit Z nicht geschieht; X unternimmt deshalb selbst etwas Negatives, was ihm erlaubt, die eigene Autonomie zu behaupten, die gewünschte Ordnung aufrechtzuerhalten bzw. dem Unerwünschten entgegenzuwirken; X will seine negative Einstellung gegenüber der Situation/dem Sachverhalt/der Umgebung verbal und/oder nonverbal unmissverständlich kommunizieren, was oft an Dominanz und/oder Machtstreben gekoppelt ist; die Bekundung seines Unbehagens bzw. die Verteidigung der persönlichen Ehre (Selbstschutzhandlungen) hat meist aggressive Züge,[10] ist schwer kontrollierbar und kann die sozialen Normen verletzen, was oft nicht folgenlos bleibt. X ist im introspektiv wahrnehmbaren, akuten Zustand des Unbehagens von sehr hoher Intensität.

Affektive Regeln:

Wut ist ein Zustand hoher affektiver Erregung mit motorischen und vegetativen Begleiterscheinungen. Signifikant für dieses Gefühl ist eine breite Palette physischer Reaktionen wie Veränderung der Muskelspannung, Pulsbeschleunigung, Fäuste ballen, Zittern, Zähneknirschen, Erröten, Erbleichen, Hitze- bzw. Kältegefühl, finsteres Gesicht. Die Ausdrucksformen von Wut sowie ihre Intensität ergeben sich aus einer komplexen Interdependenz zwischen Gehirn, Körper und sozialer Umgebung. In diesem Sinne gehören sie unserer alltäglichen Kommunikationsroutine an. Die Manifestationen von Wut sind als Mischformen kommunikativen Verhaltens zu betrachten: Einerseits hat man es mit phylogenetisch bedingter „indikatorischer Signalkommunikation" zu tun – manifestiert wird die aktuelle emotionale Einstellung des/der Kommunizierenden – andererseits mit für die Beziehungskommunikation relevanter „symbolischer Zeichenkommunikation" (Sager 1988: 74–85). Unsere Einstellung zur Wut ist wegen der destruktiven Kraft dieser aggressiven Gefühlsregung überwiegend negativ („In der Wut tut niemand gut"): Kaum ein Gefühl ist in den meisten Gesellschaften so geächtet wie die Wut. In manchen (psychologischen) Kreisen wird aber Wut als „befreiter Selbstausdruck" bzw. eine „Kommunikationsform"[11] gepriesen. Symptomatisch für die Ambivalenz in der sozialen

---

10 Wilms (1994: 102) spricht in diesem Fall von „Feindschaftsgefühlen", die „mit Abkapselung, übersteigerter Selbstbezogenheit und der Unfähigkeit zur Realitätswahrnehmung" einhergehen.

11 Nach Tavris (1995: 27) wurde Wut einst für „ein destruktives Gefühl" gehalten, das um jeden Preis zu unterdrücken sei. Heutzutage wird sie von vielen Psycholog*innen als „ein gesundes Gefühl" („Wut tut gut") angesehen, das auch positive, zu konstruktiven Veränderungen führende Aspekte aufweist, z. B. a) Wut stellt das Gefühl von Würde und Fairness wieder her, b) sie nähert Ehrgeiz

und kulturellen Einschätzung von Wut sind auch geschlechtsbedingte Stereotype, die einem wütenden Mann eher ein gut ausgeprägtes Selbstbewusstsein zuschreiben, eine wütende Frau hingegen als zänkisch und herrschsüchtig wirken lassen. Ein beredtes Zeugnis legen davon zahlreiche, in den meisten Fällen stark pejorativ konnotierte Bezeichnungen für wütende Frauen ab wie *Xanthippe, Mannweib, Drache, Hausdrache, Kratzbürste, Böse Sieben, Megäre, Fuchtel, Fischweib, Beißzange, Zankteufel, Dragoner* und einige wenige wesentlich mildere Ausdrücke für wütende Männer wie *Hitzkopf, Meckerfritze, Heißsporn, Brausekopf, Wüterich, Zornnickel* oder *Berserker* (vgl. Szczepaniak 2004: 247). Ebenso wie Manifestationen des Ärgers unterliegen auch Ausdrucksformen und -weisen von Wut strengen sozial- und kulturell bedingten Normen. Physische Angriffe auf Objekte (körperliche Gewalt) und aggressive, verletzende verbale Attacken (Drohungen, Beschimpfungen oder Flüche) als Manifestationen der Wut werden als Verstöße gegen geltende soziale Verhaltensmuster und normative Regelungen (Brauch, Sitte, Konvention, Recht) geahndet.

2.1.3.10 ZORN

Das semantische Bild:

a) X denkt, dass jetzt unerwünschte Ereignisse Z, geschehen werden oder geschehen sind, und zwar aufgrund des verwerflichen Handelns eines Anderen (Y); X stellt fest, dass die Ereignisse Z Verstöße gegen normative Werte, darunter auch moralisch-sittliche Normen, sind;

b) Die momentan wahrgenommene Konstellation wird von X als extrem ungerecht, unerwünscht, inakzeptabel, verletzend usw. empfunden und löst in ihm/ihr negative emotionale Einstellung (Aversion, Unbehagen) von hoher Intensität aus; X will nicht, dass Z geschieht; X will deshalb etwas unternehmen, damit Y Z nicht verursacht bzw. ausführt;

c) X weiß nicht, was er/sie tun kann, damit Y Z nicht unternimmt; X will deshalb selbst etwas für Y Negatives tun, was ihm erlaubt, die eigene Autonomie zu behaupten, die gewünschte Ordnung aufrechtzuerhalten bzw. dem Unerwünschten entgegenzuwirken (vgl. Fries 2003: 120–121). Der Bewegungsimpuls richtet sich dabei „nach oben und in die Weite" und wirkt „eher zentrifugal"[12] (Demmerling/ Landweer 2007: 221). X will seine/ihre negative Wertschätzung der Situation/des Sachverhalts und sein/ihr Unbehagen der Umgebung verbal und/oder nonverbal unmissverständlich kommunizieren mit der Absicht, das soziale Verhalten zu regulieren. Die Bekundung seiner/ihrer negativen Attitüde zu dem emotigenen Objekt (Person oder Personengruppe) und seines/ihres Unbehagens kann kontrolliert werden, die sozialen Normen können dabei verletzt werden, was oft nicht folgenlos bleibt. X ist deshalb im (eher episodisch auftretenden) introspektiv wahrnehmbaren Zustand des Unbehagens von relativ hoher Intensität.

---

und Konkurrenzdenken und c) mit ihrer Hilfe kann sich das Individuum in einer anonymen Welt behaupten (vgl. Tavris 1995: 44).

12 Dieser Status lässt sich mit der Metapher des Platzens und Aus-der-Haut-Fahrens gut illustrieren.

Affektive Regeln:
Als eines der Ärger-Gefühle weist Zorn ähnliche Ausdrucksformen wie Ärger, seltener wie Wut, auf. Da diese Gefühlsregung auf durch Menschen verursachte Verstöße restringiert ist (vgl. Fries 2003: 118) und einen eindeutig moralischen Hintergrund[13] hat, kann Zorn in manchen Fällen als „gerecht", „begründet" oder sogar „erwartet" angesehen werden.

2.2 Medium – Medialität – Massenmedien

Dass Kultur und Gesellschaft in einem nicht zu überschätzenden Maße von technischen Medien durchdrungen sind, ist mittlerweile allgemein bekannt. Erfahrungen mit Massenmedien von unterschiedlicher technisch-technologischer Provenienz sind in den Lebenswelten der Subjekte außerordentlich stark präsent. Die Bedeutung der Medienerfahrungen ist dabei sehr groß: Sie vermitteln Informationen, prägen Weltsichten, Wahrnehmungen und Einstellungen, wodurch sie zur Stabilisierung bzw. Dynamisierung bestimmter Relationen, Perspektiven, Haltungen, Urteile oder Bewertungen beitragen. Einer viel zitierten Aussage von Luhmann (1996: 9) zufolge beziehen wir unser Wissen über die Welt fast ausschließlich von Massenmedien, also gezwungenermaßen „aus zweiter Hand": Die meisten politischen, gesellschaftlichen und kulturellen Ereignisse werden von uns nicht durch direkte Primärerfahrung, sondern „symbolvermittelt in den Diskursformationen einer modernen Medienlandschaft" (Felder 2012: 376) wahrgenommen. In diesem Zusammenhang werden Massenmedien nicht vordergründig als organisierte Kommunikationskanäle aufgefasst, sondern als wandelbare, technisch basierte, soziale Institutionen, die selbst „Ordnungen des Diskurses" im Sinne von Foucault sind: Sie stellen spezifische Formen der Kommunikation dar, die „erst mittels Symbolen verschiedenster Art überhaupt soziale Wirklichkeit werden und soziale Wirklichkeit konstituieren" (Bucher 2014: 271). Sie ermöglichen und prägen die Prozesse der Vermittlung, mittels derer kommunikativ gehandelt werden kann. Indem sie Informationen selektieren[14], hierarchisieren und bewerten, sind sie Instrumente der Wirklichkeitskonstruktion und zugleich Räume öffentlicher Meinungsgestaltung.[15] Die in journalistischen Berichten dargestellte Realität ist „eine berichtete und damit durch den Berichtenden im Bericht geordnete und strukturierte Welt. Die vormediale Realität ist in Zeichen ,übersetzt', diese sind zu einer ,Darstellung' […], zu einer ,Erzählung' geworden" (Hickethier 2008: 370). Im Laufe der technisch-technologischen und gesell-

---

13 Aus religionstheoretisch-theologischer Perspektive wird dieser affektive Zustand als „heiliger Zorn" Gottes in der Bibel aufgefasst. Als Auslöser für den „heiligen" Zorn lässt sich die Verletzung von absolut gültigen Normen, den Ungehorsam gegen die Gebote und den Willen Gottes identifizieren. Aristoteles und Seneca hingegen bringen Zorn mit dem Bedürfnis nach Vergeltung, Rache und Genugtuung in Verbindung.

14 Beyrle (2016: 103) weist auf die Tatsache hin, dass eine relativ kleine Gruppe (Journalist*innen, Herausgeber*innen, Redaktionen usw.) „selektiert, was der großen Gruppe vermittelt werden soll. Selektion ist Macht und konstituiert soziale Verhältnisse."

15 Zu diversen Funktionen von Massenmedien siehe z. B. Mast (2018).

schaftlichen Entwicklung wurden die Massenmedien „zu bestimmenden Relevanzset-
zern einer Gesellschaft [...], die ganz wesentlich daran beteiligt sind, zu setzten und
zu beurteilen, was in einer Gesellschaft von Bedeutung ist und was nicht" (Reichertz/
Bettmann 2018: 2). Heutzutage gehen sie dabei über die epistemische Dimension rationalen Informierens und Debattierens hinaus und begünstigen „emotionalisierte,
strategische und identitätsorientierte Diskurse [...], die das deliberative Paradigma öffentlicher Meinungsbildung und die Prinzipien politischer Rationalität sowie logischen
Argumentierens in Frage stellen" (Bucher 2020: 124). Viele Redaktionen müssen sich
deswegen den Vorwurf gefallen lassen, dass sie ganz bewusst mit einem „Reizwort oder
-bild" keine Sachverhalte benennen bzw. zeigen, sondern in erster Linie Emotionen ihrer Rezipient*innen erregen wollen. „Wir erleben, nicht nur in Deutschland, sondern
nahezu weltweit, einen ‚postfaktischen' öffentlichen Diskurs. Fakten sind unwesentlich
geworden; viel wichtiger sind Gefühle und Wünsche. Entscheidend ist nicht das, was
sich tatsächlich ereignet hat, sondern das, was man befürchtet" (Wolf 2017: 2). Diskursive Praktiken in Massenmedien funktionieren demnach nach einem anderen Prinzip
als sachliches Mitteilen und Berichten: Sie werden zu Praktiken der Emotionalisierung
und Affizierung zugleich. Klare Ziele, präzise formulierte Interessen, Identitäten sowie
politische bzw. ideologische Konzeptionen treten in ihrem konkreten Funktionieren
tendenziell hinter Affektionen zurück (vgl. Massumi 2002: 23–45). Folglich können
Massenmedien Gesellschaften integrieren, aber auch polarisieren, weil sie spezifische affektiv fundierte Öffentlichkeiten – „Empörungsgemeinschaften" (Pörksen/Detel 2012)
bzw. „affektive Öffentlichkeiten" (Papacharissi 2015) – herstellen und diese in ihren
Meinungen, Haltungen, Einstellungen und Aktivitäten profilieren oder modifizieren
können. Es kann somit zu Annäherungs- oder Entfremdungsprozessen zwischen einzelnen Diskursakteur*innen oder auch ganzen Kollektiven bzw. Gemeinschaften, zu
Inklusionen oder Exklusionen usw. kommen. Affektiv aufgeladene Medieninhalte können bestimmte (in der Regel intendierte) emotionale Reaktionen bzw. Verhaltensweisen
bei der Leserschaft auslösen. In öffentlichen, medial vermittelten Kommunikationsprozessen werden Affekte/Emotionen demnach nicht bloß übertragen: Emotionalisierte
Medienangebote werden vielmehr als Anlässe zur Konstruktion und Ausprägung von
Affekten und in dieser Funktion als Auslöser gewünschter, emotional untermauerter
Handlungen von den Rezipierenden zielgerichtet eingesetzt.

    Journalismus ist ein Teil der zeitgenössischen, medialisierten[16] Gesellschaft, der das
Potenzial hat, gesellschaftliche Öffentlichkeit(en) zu ermöglichen. Journalismus kann
hier als ein mediales Verfahren und zugleich – mit Rückgriff auf die Arbeiten Michel
Foucaults – als eine diskursive Praxis definiert werden, die es vermag, Wissensordnungen über bestimmte politische und gesellschaftliche Ereignisse in einem Bereich zu for-
matieren, welcher als wahr akzeptiert wird (vgl. Bach 2016: 13). Die in manchen Theo-

---

16 Unter „Medialisierung" wird hier mit Schulz (2004: 88–90; 2008: 31–39) ein komplexer Prozess
    des sozialen Wandels mit solchen ineinander greifenden und sich ergänzenden Komponenten wie
    Extension, Substitution, Amalgamation und Accomodation verstanden, in dem Medien eine Schlüs-
    selrolle spielen.

rien des Journalismus immer noch postulierte Trennung von Nachricht und Meinung wird in der massenmedialen Wirklichkeit kaum praktiziert.[17] Die Informationsvermitt- lung von Medien wird zwar nach wie vor als ihre Primärfunktion betrachtet, aber die Wahrnehmung von Medienmeinung(en) – ihrer Parteinahme und politischer bzw. ideo- logischer Positionierung – wird nicht mehr als störender Einflussfaktor in der Nachrich- tenberichterstattung diskreditiert. Nicht nur in ihren Kommentaren nehmen Medien Stellung zum aktuellen Tagesgeschehen: Sie setzen die Themenagenda für das Publi- kum, schieben bestimmte Ereignisse, Sachverhalte, Personen und Institutionen in den Vordergrund, deuten und bewerten berichtete Ereignisse (vgl. z. B. Eilders 2008: 27), „rahmen ein Thema in bestimmter Weise, skandalisieren, personalisieren, […], spitzen zu oder verharmlosen" (Bucher 2017: 299), wodurch sie die öffentliche Meinungsbil- dung deutlich beeinflussen und prägen. Nicht selten wird öffentliche Meinung mit den in den Massenmedien vorherrschenden Meinungen und Sichtweisen sogar gleichgesetzt (vgl. z. B. Lamp 2009: 136).

Massenmedien beobachten und berichten nicht nur: Außer verifizierbaren Informa- tionen und (mehr oder weniger fundierten) Argumenten liefern sie auch Bewertungen und Emotionen. Aus diesen Gründen kann ihnen auch heutzutage der Status wichtiger und einflussreicher Akteure in öffentlichen Diskursen zugewiesen werden, auch wenn mit der Umgestaltung und Ausdifferenzierung der Medienlandschaft durch das Internet und – damit zusammenhängend – sinkenden Auflagen und Leserreichweiten ihre Re- levanz als Vermittler (nicht nur) politischer Informationen an die Bevölkerung deutlich eingeschränkt wurde (vgl. z. B. Reitze/Ridder 2011). Massenmedien sind somit in der Lage, bestimmte Modelle der Wirklichkeitsbetrachtung zu konstruieren und Deutun- gen der Realität zu legitimieren. Folglich können diese wirkungsmächtigen Akteure der öffentlichen Sphäre nicht nur ausgewählte Begebenheiten unter bestimmten Gesichts- punkten zum Thema machen und die zentralen Aspekte dieses Problems definieren, sondern auch gewünschte Vorstellungen, Images sowie Stereotypen verbreiten, Wissen resp. Erfahrungen einer Gemeinschaft profilieren, kollektive Affekte evozieren und da- durch Haltungen oder Entscheidungen präformieren. Massenmedien (darunter Print- medien) sind in diesem Kontext als Diskursräume bzw. Diskursebenen zu betrachten, von denen aus jeweils Aussagen produziert und verbreitet werden, und daher als Orte der nationalen, ideologischen, kulturellen Identitätsbildung und Sinnstiftung gelten: „In ih- nen werden […] unter anderem Weltdeutungen in unterschiedlichen Dimensionen (von der Erklärung von Alltagsvorgängen bis zur weltpolitischen Einschätzung) verhandelt und entschieden" (Hickethier 2003: 435). Durch ihre Informations-, Thematisierungs-, Artikulations-, Vermittlungs- und Orientierungsfunktion sowie die meinungsbildende Funktion übernehmen Massenmedien die Rolle eines wichtigen Diskursakteurs der öf- fentlichen Kommunikation (hier: Diskursakteurs erster Ordnung). Darüber hinaus sind Massenmedien nicht nur Impulsgeber für bestimmte Affekt- bzw. Emotionskulturen,

---

17 Verwiesen sei hier auf die Forschungserkenntnisse von Hauser/Kleinberger/Roth (2014) und Hau- ser/Luginbühl (2015).

sondern selbst deren Träger: Sie leisten zur Herausbildung einer affektiven Gemeinschaft ihren Beitrag.

Diskurse sind somit gesellschaftlich dimensioniert und medial geprägt.[18] In beachtlicher Weise beeinflussen Medien Wissensproduktion und Kommunikationsformen. Medien sind „Orte der Diskursetablierung" (Dreesen/Kumięga/Spieß 2012:12). Aus diesem Grund richtet die (nicht nur linguistische) Diskursforschung sein Augenmerk auf die mediale Verfasstheit (Medialität)[19] der zu untersuchenden Diskurse – genauer: Diskursausschnitte (gemeint sind massenmedial realisierte Texte als zentrale Ergebnisse von Mediatisierungs- und Diskursivierungsprozessen) – und erarbeitet bestimmte Verfahren zu ihrer Analyse.

Affekte sind als Bestandteile des sozialen Lebens und als kulturelle Determinanten von ausschlaggebender Relevanz. Sie prägen die Auseinandersetzung individueller wie kollektiver Akteure mit sich selbst und ihrer Umwelt. Aus kultur-, sozial- und sprachwissenschaftlicher Sicht können diese Phänomene jedoch nur in einem materiellen und diskursiven Raum erfasst werden, in dem eine Kommunikation mit anderen stattfindet und in dem Manifestationen von affektiven Zuständen erzeugt, ausgetauscht, gerechtfertigt, vermittelt und verstanden werden. Ohne sprachliche Ausdruckmittel als „externalisierte Instrumente gesellschaftlicher Interaktion [...] gibt es keine identifizierbaren Gedanken", schreibt Busse (2016:648). Diese Diagnose bezieht sich ebenso auf Affekte, die – wie viele andere anthropologische, soziale, politische, historische usw. Sachverhalte – medial fundiert sind. Dass jede Artikulation notwendig ein Medium voraussetze, ist in Kommunikations- und Medienwissenschaften mittlerweile ein Gemeinplatz. Demnach gibt es in der Kommunikation auch kein außermediales Funktionieren von Emotionen.

Die Ergebnisse linguistischer und medienphilosophischer Forschungen aus den letzten zwei Jahrzehnten haben ausdrücklich bewiesen, dass bei der Analyse kommunikati-

---

18 Es kann angenommen werden, dass Medialität für Diskurse von grundlegender Bedeutung ist, denn nach Fraas und Klemm (2005:4) impliziere die gesellschaftliche Dimension von Diskursen, „dass sie auf Verbreitung und auf Vermittlung angewiesen sind, auf Plattformen sozialen Austauschs, also auf Medien".

19 Im analytischen Fokus der vorliegenden Studie stehen printmediale Texte als Diskursausschnitte und nicht die Medien selbst als Instanzen und Wahrnehmungsordnungen (vgl. z.B. Kumięga 2012:39–40), die „durch die Erstellung einer Relation zwischen Darstellungsmodus [...] und Blickstruktur [...] Wahrnehmungsformen prägen und dabei dem Wahrgenommenen dadurch Sinn verleihen, dass die Wahrnehmenden in ein sinnhaftes Verhältnis zum Sichtbaren gestellt werden" (Stauff 2005:126). In dieser Funktion können Medien als „Dispositive" im Sinne von Foucault begriffen werden. Diese Auffassung wurde u.a. für medienwissenschaftliche Analysen adaptiert (siehe z.B. Ritzer/Schulze 2018, Gnosa 2018). Es lassen sich dabei im Allgemeinen zwei Ansätze unterscheiden: „In einer ersten Variante werden einzelne Medientechniken als Dispositive konzipiert. Medienmacht gilt in dieser Variante als in die Technik eingeschrieben. In einer zweiten Variante wird nicht das Materiale des Dispositiv-Konzepts betont, sondern dessen Eigenschaft als Ermöglichungsstruktur von Diskursen." (Karis 2012:54) Auch wenn man dieser Auffassung zustimmen mag, wird in der vorliegenden Studie im Interesse der (terminologischen) Übersichtlichkeit auf die Einführung des Dispositivsbegriffs in das analytische Verfahren verzichtet.

ver Phänomene – vorwiegend ihrer Verständlichkeit – medialen (materiellen) Aspekten sprachlicher Tatsachen Rechnung getragen werden muss. Jede Kommunikationsbotschaft existiert nämlich nicht unabhängig von der jeweiligen Form: Erst der konkrete Akt des Formulierens gibt dem Gedanken seine (mehr oder minder prägnante) Form. Der mediale Aspekt der Kommunikation – ihre Medialität – ist in diesem Sinne unhintergehbar.

Im Mcluhanschen Sinne zu behaupten, „the medium is the emotion", wäre wohl überspitzt. Nichtsdestotrotz ist auf die Tatsache zu verweisen, dass jede Artikulation von Emotionen notwendig ein Medium voraussetzt. In der Kommunikation gibt es also auch kein außermediales Funktionieren von Affekten. Wie an anderer Stelle bereits vermerkt, wird im Folgenden nicht auf die onto- und phylogenetisch primäre, körpergebundene Form der Verständigung (*face-to-face*-Kommunikation) Bezug genommen, sondern auf die vermittelte Kommunikation, wenn auch für die Herstellung und/oder Übertragung und/oder Rezeption von Botschaften „notwendigerweise körperexterne Medien (zur Enkodierung, Speicherung, Darstellung) und eigens für die Zwecke des Austauschs definierte Prozeduren (der Herausgabe, Weiterverarbeitung, Übermittlung) benötigt werden" (Beißwenger 2007: 13)[20]. Im Falle vermittelter Kommunikation stellen Medien unabdingbare Bedingungen für die menschlichen Kommunikationsprozesse dar, da sie durch ihre Materialität bestimmte Räume erschaffen, in denen sich jegliche kommunikativen Akte – nach mehr oder weniger festen Regeln – abspielen können. Durch Medien – vor allem durch Sprache in ihrer gesprochenen und geschriebenen Form sowie ikonische Zeichensysteme – werden Affekte evoziert, hergestellt, vermittelt, gespeichert, modifiziert und multipliziert: Innere Zustände (Gefühle) werden „durch Repräsentationen in diesen Medien verändert und neu als Realität konstituiert bzw. artikuliert und damit bewusst gemacht" (Süselbeck 2019: 284).

Gesellschaftlich relevante Ansichten und Positionen zu einem Thema werden in öffentlich geführten Diskursen geäußert. Massenmedien bieten als soziale Orte den Raum, in dem Standpunkte und Argumente von diversen Seiten betrachtet, beeinflusst, gefestigt oder mit gegenläufigen Perspektiven konfrontiert werden.

In vielen Journalismustheorien[21] (wie auch in politischer Philosophie[22]) wird davon ausgegangen, dass die übermittelten Informationen im Hinblick auf Fakten und Argumente geprüft sowie möglichst unparteilich (objektiv) und rational (ohne emotionale Beteiligung) formuliert werden sollen, um auch vernunftbasierte Entscheidungen von Rezipient*innen vorzubereiten. Es ist jedoch nur eine normative Wunschvorstellung. In der massenmedialen Kommunikation wird – wie auch in anderen Formen des öffentlichen Kommunizierens in modernen Mediengesellschaften – nicht nur rein sachlich agiert, sondern auch im Affekt- bzw. Emotionsmodus. Das klassische, dem Aufklärungs-

---

20 Beißwenger definiert diese Art des Kommunizierens, die nicht „im *Hier* und *Jetzt* eines interpersonal geteilten physikalischen Wahrnehmungsraums stattfindet", als „*technologiebasierte Kommunikation*": Sie „bedarf entweder der *Ent*-flüchtigung oder der *Ent*-ortung, oder gar einer Überbrückung von Jetzt und Hier zugleich (Entflüchtigung und Entortung)" (Beißwenger 2007: 14–16).

21 Siehe z. B. Löffelholz/Rothenberger (Hrsg.) (2016).

22 Siehe z. B. Herzog (2019).

gedanken zugrundeliegende Konzept der Dichotomie von Vernunft und Emotion hat ausgedient und die gegenseitigen Relationen zwischen beiden Dimensionen müssen neu durchdacht (interpretiert)/anders modelliert werden. Sachliche Fakten und bewertende, oft emotionale Komponenten stehen in einem reziproken Zusammenhang. In diesem Sinne gibt es kein öffentliches Kommunizieren ohne Affekte/Emotionen. Auch die Qualitätsmedien arbeiten mit Mitteln und Strategien, die die zu übermittelnden Informationen emotionalisieren, um Aufmerksamkeit zu erregen und/oder Meinungen zu bilden.

Dass (Massen)Medien der Informationsvermittlung dienen, ist ein Gemeinplatz. Sie sind zugleich Räume öffentlicher Meinungsbildung und beeinflussen auch die Wirklichkeitswahrnehmung von Rezipierenden. Massenmedien (heute vor allem digitale/Soziale Medien) gehen über die epistemische Dimension rationaler Diskurse hinaus und begünstigen emotionalisierte, strategische und identitätsorientierte Diskurse, die das deliberative Paradigma öffentlicher Meinungsbildung und die Prinzipien politischer Rationalität sowie logischen Argumentierens in Frage stellen (vgl. z. B. Bucher 2020: 123).[23]

2.2.1 Zum Begriff „Medium"

Im Hinblick auf den Begriff „Medium"[24] herrscht in der Forschung konzeptionelle Heterogenität. Es mag an dem spezifischen, „hybriden" Charakter des Medialen liegen, der „zwischen Konstituens, Dispositiv und Unbestimmtheit oszilliert" (Mersch 2009: 219) und sich dadurch jeder vollständigen Bestimmung sperrt: Wir sind „mit einem Pluralismus konfrontiert", schreibt der Medienphilosoph Dieter Mersch (2009: 220–221), „zu dem eine Vielzahl anderer Funktionen wie Erscheinenlassen, Darstellen, Kommunizieren, Lesen, Ordnen, Herstellen, Unterscheiden, Aufführen, Komponieren gehören". Wegen seiner Äquivokation ist somit der Medium-Begriff im Sinne von Wittgenstein ein „offener Begriff", „ein Begriff mit verschwommenen Rändern" (vgl. Wittgenstein 2003: 60), der sich schwer endgültig und *in extenso* definieren lässt. Bei all den diversen Versuchen, den Begriff „Medium" zu definieren, tauchen jedoch solche Kategorien wie Artikulierbarkeit, Verwendbarkeit, Wahrnehmbarkeit, Archivierbarkeit und Transformierbarkeit (vgl. Wrobel 2010: 29) wiederholt auf.

Um den Bedürfnissen einer medien- und diskurslinguistisch fundierten Explizierung von Affekten gerecht zu werden, soll die in der deutschsprachigen Medienlinguistik nach wie vor vorherrschende, verdinglichende Vorstellung von Medien als bloße Träger kommunikativer Erzeugnisse, d. h. als technische Hilfs- bzw. Transportmittel, erweitert und modifiziert werden. Zu diesem Zweck wird auf die in den heutigen kulturwissenschaftlich fundierten Mediendebatten dominierende, nicht instrumentelle Auffassung des Medialen zurückgegriffen. Im Anschluss an Schneider (2017: 37) wollen wir Medien

---

23 Ähnlich argumentierten auch Schaal und Fleiner aus politikwissenschaftlicher Perspektive: Die strikte Trennung von Ratio und Emotion, wie sie in liberalen Demokratien vollzogen wird, finden sie kontrafaktisch. „Und selbst als analytische Differenzierung trennt sie, was eigentlich eines ist: Rationalität und Emotionen sind konstitutiv aufeinander bezogen. Das logozentrische Rationalitätskonzept, das die Deliberation vertritt, ist ebenfalls verkürzend" (Schaal/Fleiner 2015: 76).

24 Im Folgenden wird dem alltagstheoretischen und teilweise auch kommunikationswissenschaftlichen Verständnis der Medien als die Institution der Massenmedien nicht gefolgt.

als Mittel und „Verfahren der Zeichenprozessierung" verstehen, die über materiellen Substraten operieren. Dieser dynamischen Konzeption nach dienen Medien der Prozessierung, d. h. der Konstitution, Produktion, Distribution, Speicherung, Verarbeitung und Rezeption von Zeichen und bringen bestimmt Inhalte zugleich konstitutiv mit hervor (vgl. Jäger 2004: 15). „Das Zeichen mitsamt seinem Bedeutungspotenzial und seinen materiellen Eigenschaften ist von seiner medialen Prozessierung gar nicht zu trennen." (Schneider 2017: 37) Auf diese Weise bilden Medium und Mediatisiertes eine Einheit, was sie von der typischen Mittel-Zweck-Relation unterscheidet. Medien konstituieren das jeweils Mediatisierte, geben ihm eine konkrete Gestalt. Sie offenbaren zwar dadurch spezifische Einschränkungen, können aber zugleich neue Spielräume eröffnen und neue Ausdrucksmöglichkeiten zur Verfügung stellen. Medien konfigurieren Sprachgebräuche und kommunikative Praktiken, die immer in einem bestimmten kulturgeschichtlichen Kontext vollzogen werden. Dadurch vermögen sie auch ihre welterschließende und bedeutungskonstitutive Funktion zu realisieren (vgl. Szczepaniak 2015: 110). Diese veränderte Sichtweise wirkt sich auch auf die Forschungspraxis aus: Gefragt wird nicht nur nach Objekten, Kommunikationsinstrumenten und Institutionen, die als Medien fungieren, sondern nach den für das jeweilige Verfahren (Medium) spezifischen medialen Bedingungen – darunter Medientechnologien, „die jede Produktion und Rezeption von Medienangeboten nachhaltig beeinflussen" (Schmidt 2003: 354) – und den Auswirkungen der jeweiligen Medialität[25] auf die Kommunikation. Im Mittelpunkt des Interesses steht somit der Modus des Zeigens, der das Gesagte (mit)konstituiert:

> Medien ermöglichen […] spezifische Wahrnehmungen und Erfahrungen und dienen eben nicht der Weitergabe und Repräsentation von Sachverhalten, d. h. sie bilden Modalisierungen unserer Erfahrung, durch welche wir andere Menschen sowie die Umwelt immer in einer bestimmten Weise erfahren. (Metten 2014: 328)

Jede diskursive Praxis ist demnach medial geprägt: Die eingesetzten Zeichen unterschiedlicher semiotischer Provenienz weisen immer eine bestimmte Beschaffenheit auf, aus der sich je spezifische Vermittlungs- und Rezeptionsformen ergeben (vgl. Genz/Gévaudan 2016: 14). Ihre aktuelle Bedeutung und Funktion erhalten Zeichen nur in der jeweiligen, medial spezifischen Semiose.[26] Die jeweilige Konfiguration des Mediums, d. h. seine Medialität, ermöglicht den Diskursakteur*innen, innerhalb bestimmter Spielräume zu agieren. Auch die Sprache existiert immer in einer bestimmten medialen Form: als gesprochene, geschriebene, gestische oder computervermittelte (digitale)

---

25 Aus medienlinguistischer Sicht versteht Werner Holly die Medialität als „Eigenschaften und Strukturen ‚von Mittlern', von vermittelnden oder verbindenden Elementen", die „ermöglichend und begrenzend wirken" (Holly 2011: 29).

26 „Insofern es auf der Ebene der vermeintlich unmittelbaren Face-to-Face-Kommunikation keine neutrale Stimme, Geste, Blickausrichtung oder Körperhaltung geben kann – ebenso wenig wie es eine neutrale, von ikonischen, typographischen und paratextuellen Dimensionen befreite Schrift gibt –, nutzt jede Kommunikationsform den Raum mehrdimensionaler medialer Bezugnahmen. Wir bewegen uns nicht erst mit technisch vermittelter Kommunikation, sondern mit jeder sprachlichen Äußerung in und zwischen Medien" (Fehrmann/Linz 2009: 138).

Sprache. Diese Mediendeterminiertheit resp. Medienkonturierung der Sprache impliziert die Tatsache, dass ein Zugang zur sprachlichen oder kommunikativen Kompetenz
einzig und allein über die Erscheinungen der Oberfläche, über Performanzphänomene,
also über „verkörperte Sprache", d. h. „über eine materiale Exteriorität in Gestalt der
Stimme, der Schrift, der Gestik usw." (Krämer 2001: 270), möglich ist. So gibt beispielsweise ein kulturbedingtes Aufnahme- und Eingabemedium wie die Schrift dem
Mediatisierten (affektiven Zuständen) in einer bestimmten kontextuellen Umgebung,
d. h. im Rahmen printmedialer oder digitaler Kommunikation, seine spezifische Gestalt
und realisiert dadurch seine Sinn miterzeugende und formgebende Funktion. Die Voraussetzung dabei ist, dass man die Schrift nicht nur als ein Mittel der Kommunikation,
ein Archiv oder ein Instrument mit deiktischem Charakter versteht, sondern auch als
ein „Wahrnehmungsmedium" (vgl. Krämer 2006: 75). Die Schrift kann als autonomes
Symbolsystem das Unsichtbare (darunter auch affektive Zustände) in unterschiedlichem
Grade sichtbar machen: Die in der Schrift verkörperte Form des sprachlichen Handelns
ist – so Ehlich (2002: 92) – „auf unübersehbare Art an die Sichtbarkeit gebunden" und
diese ebenso „unübersehbar an die Materialität". Im Akt der Visualisierung – verwiesen
sei hier auf das ikonische Potenzial der Schrift[27] – konstituiert sich zugleich das, was
wahrnehmbar gemacht wird. Da die Schrift im Kontext eines sozialen und kulturellen
Rahmens gebraucht wird, kann die Schriftlichkeit „sowohl als Verfahren wie als Rezep-
tionskompetenz" (Mein 2008: 69) begriffen werden. Die Schrift wird in diesem medial-
sensiblen Ansatz als eine semiotisch eigenartige Konstitutionsbedingung sprachlicher
Praxis betrachtet, als ein geeignetes Instrument zur Manifestation und Generierung von
affektiven Zuständen im Rahmen einer bestimmten sozialen Praxis und in Kooperation
von Zeichen unterschiedlicher Modalitäten, wie beispielsweise schriftsprachlicher mit
ikonischen Elementen (Bild, Typographie).

Zusammenfassend lässt sich dementsprechend feststellen, dass affektive Zustände
durch sinnlich wahrnehmbare, d. h. in einem Medium realisierte, intentional verwen-
dete Elemente erkennbar, mitteilbar und erfassbar werden. Nur auf diese Weise werden
diese Phänomene „sichtbar" und können in interaktiven Prozessen thematisiert, manifestiert, übermittelt oder aber auch generiert werden. Medien übertragen nicht nur Sinn,
sie partizipieren zugleich an seiner Erzeugung: Das Übertragene trägt unhintergehbar
die Spuren des jeweiligen es (mit)konstituierenden Mediums.

2.2.2 Medien und Emotionen: aktueller Forschungsstand

Die Rolle der Affekte bzw. Emotionen in allen Bereichen des Medialen steht heutzutage
außer Frage und wird mittlerweile aus praktisch allen Perspektiven wissenschaftlicher
Auseinandersetzungen mit diversen Aspekten der (massen)medialen Kommunikation
wahrgenommen, erkannt und analysiert. Zu den wichtigsten, richtungsweisenden Ver-
öffentlichungen auf dem Gebiet der emotionsbezogenen Medienforschung zählt zwei-
fellos das als Referenzwerk zu bezeichnende „The Routledge Handbook of Emotions and

---

27 Zum semantisch-formalen Potenzial der Schrift siehe z. B. Stöckl (2004), Krämer (2006), Roth/
Spitzmüller (2007), Deppermann/Linke (2010).

Mass Media" (2010) von Katrin Döveling, Christian von Scheve und Elly A. Konijn, in dem unterschiedliche Schwerpunkte fokussiert werden, z. B. Merkmale, Formen und Funktionen von Emotionen und Nachrichten; Relationen zwischen Massenmedien, Politik, Persuasion und öffentlichen Emotionen; Emotionen im Bereich massenmedialer Unterhaltung sowie Emotionen und die Medien der nächsten Generation. Denselben Status genießt auch das bereits in der 2. Auflage erschienene „The Routledge Handbook of Emotions and Media (2022), das ebenso von Katrin Döveling und Elly A. Konijn herausgegeben wurde. Es verfolgt einen durch und durch interdisziplinären Ansatz zur Erforschung von Emotionen im medialen Kontext. Von den Beiträgen dieses umfassenden Werkes werden solche Bereiche abgedeckt wie Evolutionspsychologie, Medienpsychologie, Mediensoziologie, Kulturwissenschaften, Medienunterhaltung sowie politische und digitale Kommunikation. Im Fokus des wissenschaftlichen Interesses stehen dabei die Rolle von Emotionen bei der Auswahl und Verarbeitung von Medieninhalten, die emotionalen Folgen der Mediennutzung, Politik und öffentliche Emotionen, Emotionen in der politischen Kommunikation und Überzeugung sowie Emotionen in digitalen, interaktiven und virtuellen Begegnungen.

Im deutschsprachigen Forschungsraum nimmt das „Studienbuch Emotionsforschung. Theorien, Anwendungsfelder, Perspektiven" (2014b) von Gesine Lenore Schiewer wegen der Komplexität und Übersichtlichkeit der Darstellung diverser Ansatzpunkte eine vergleichbar hohe Position ein. In dieser umgreifend angelegten Einführung wird die internationale Emotionsforschung in ihren disziplinübergreifenden theoretischen Grundlegungen und praxisbezogenen Anwendungen präsentiert: Thematisiert werden unterschiedliche Emotionsbegriffe und -theorien (auch unter geschichtlichem Gesichtspunkt). Einzelne Kapitel fokussieren auf solche Arbeitsfelder wie Kommunikation, Literatur, Musik, Kunst, Medien, Computertechnik und Robotik, Recht, Politik, Psychologie, Ökonomie, Pädagogik und Didaktik.

Die Emotionsforschung wurde 2019 um einen von Hermann Kappelhoff, Jan-Hendrik Bakels, Hauke Lehmann und Christina Schmitt herausgebrachten Sammelband „Emotionen. Ein interdisziplinäres Handbuch" bereichert. Es ist ein Überblickswerk, in dem versucht wird, die vielfältigen Traditionen der Emotionsforschung zusammen zu führen. Es werden beispielsweise pädagogische, psychologische, neurowissenschaftliche, medizinische, sprach- und literaturwissenschaftliche, kunst-, medien- und filmwissenschaftliche, soziologische, theologisch-philosophische, ethnologische wie sozial- und kulturanthropologische Sichtweisen eingebracht. Darüber hinaus wird hier auch eine Typologie von Emotionen wie etwa Trauer und Melancholie, Angst, Ekel, Ärger, Neid, Bewunderung bis hin zu Freude und Liebe entwickelt. Dabei werden diese jeweils zu relevanten Konzepten aktueller Emotionsforschung wie z. B. Sprache, Kultur, Medien und Politik in Bezug gesetzt.

Mit der emotionalen Lenkung durch Bild und Ton befassen sich hingegen Oliver Grau und Andreas Keil (2005). Zum Teil aus historischer Sicht versuchen sie zu zeigen, „wie Emotion, Medialität und Macht zusammenhängen und wie die gemeinschaftsformende Wirkung emotionaler Bilderlebnisse nachgewiesen werden kann" (Grau/Keil 2005: 8). In der 2005 publizierten Dissertation „Emotionen – Medien – Gemeinschaften. Eine kommunikationssoziologische Analyse" betont Katrin Döveling die wissenschaftliche Relevanz von Emotionen in den Kommunikationswissenschaften, vor allem hinsichtlich ihrer sozialen Verankerung, und macht auf die „Kraft der medial vermittelten Emotionen in der Schaffung von Gemeinschaften" (2005: 14) aufmerksam. In diesem Kontext unterscheidet sie verschiedene Arten medial erzeugter Vergemeinschaftung (vgl. Döveling 2005: 300): a) Gefühle der Inklusion, die Gemeinschaft stärkende Gefühle; b) Gefühle der vertikalen Exklusion, die Gemeinschaft schwächende Gefühle und c) Gefühle der ausschließenden Abgrenzung gegenüber Nicht-Gruppenmitgliedern und intern gemeinschaftsstärkende Gefühle. Im Sammelwerk „Die Massen bewegen. Medien und Emotionen in der Moderne" (2006) wird ein geschichtlich fundierter Einblick in die Aspekte der emotionalen Beeinflussung durch Medien (die Printmedien, die audiovisuellen Medien und das Radio) geboten. Allen Beiträgen liegt die Annahme zugrunde, dass Medien Emotionen immer repräsentieren und erzeugen, dass die Ausdrucksformen und Intensität von Gefühlen von ihnen verändert werden und dass Medien Diskurse über Emotionen produzieren (vgl. Bösch/Borutta 2006: 9). In dieser Publikation werden ebenso Fragen nach medialen Formen der emotional bedingten Vergemeinschaftung gestellt. Medienpsychologisch fundiert ist wiederum der von Clemens Schwender (2001) vorgeschlagene Ansatz, dem zufolge die interessengeleitete Wahrnehmung die Interpretation der Umwelt einschließt. Mit Effekten medialer, darunter auch affektiver Rahmungen beschäftigen sich u. a. Scheufele und Gasteiger (2007), die vor allem der Frage nachgehen, welche Merkmale der Politikberichterstattung die Legitimation politischer Entscheidungen in den Augen der Rezipient*innen beeinflussen können. Es wird gezeigt, dass auch der emotionalisierende Bezugsrahmen, in den ein Problem oder eine Entscheidung gestellt wird, ein relevanter Einflussfaktor sein kann. Durch diesen Rahmen lassen sich bestimmte Aspekte der Botschaft hervorheben, die ihrerseits eine affektive Reaktion bei den Rezipierenden bewirken. Ebenso können auch direkt Emotionen induziert werden, vor deren Hintergrund die Medieninhalte verstanden werden.

In der 2015 veröffentlichten Monografie „Sprachspiel Emotion. Zum medialen und semiotischen Status von Emotionen" unternimmt Jacek Szczepaniak den Versuch, aus Sicht einer kulturwissenschaftlich fundierten Linguistik Emotionen als materielle, semiotische Entitäten und kommunikative Praktiken in ihrer jeweils spezifischen Medialität zu erfassen. In den neueren kulturwissenschaftlichen Arbeiten zum Verhältnis von Affekt und Medien werden gehäuft Meinungen geäußert, dass das Konstruieren von Affekten in Medien der Unterscheidung zwischen dem „Wir" und den „Anderen" dienen kann. Möglich ist ebenso, dass diese Differenzen kaschiert werden. Diese Aspekte werden u. a. von Hirdman (2016) thematisiert.

Die Art und Weise der massenmedialen Informationskonstruktion und -vermittlung kann im Rahmen weit gefasster politischer Kommunikation die Entscheidungsprozesse von Rezipient*innen – Mitgliedern einer Gemeinschaft – in hohem Maße beeinflussen und dazu beitragen, dass bestimmte politische, gesellschaftliche oder kulturelle Projekte bzw. Aktivitäten als legitim angesehen, positiv bewertet oder abgelehnt werden (Medien als Modulatoren bzw. affektive Filter). Affektivität wird aus dieser Perspektive nicht (bzw. nicht nur) als Störfaktor betrachtet, der zu Wahrnehmungsverzerrungen führt, sondern als ein relevantes Merkmal der Diskursivierung und der medialen Konstruktion der gesellschaftspolitischen Wirklichkeit. Im Endeffekt können mehr oder weniger emotionalisierte Inhalte, Meinungen, Einstellungen und Entscheidungen der Rezipient*innen explizit oder implizit prägen („Suggestionspolitik"). Dadurch können auch intendierte Vorstellungen hervorgerufen, aktiviert oder aktualisiert und in die politisch bzw. ideologisch gewünschte Richtung transformiert werden.

Ein ambitioniertes Ziel, Affekttheorien für die empirische Anwendung in der Kommunikations- und Medienwissenschaft nutzbar zu machen, verfolgen die neuesten Publikationen von Lünenborg, Maier und Töper (2018), Lünenborg (2021), sowie von Lünenborg, Maier, Töpper und Suna (2021). In diesem Zusammenhang werden zentrale Stränge der aktuellen Emotions- bzw. Affektforschung in der Rezeptions- und Wirkungsforschung, der Medientextanalyse sowie in den Cultural Studies dargestellt. Die Autor*innen versuchen zugleich ein Analysemodell zu entwickeln, mit dem Affekte als sozial-relationale Phänomene der Medienkommunikation (vor allem der audiovisuellen Kommunikation) empirisch analysiert werden können. Ihre Betrachtungen erlauben jedoch auch weiterführende Überlegungen zur Relevanz affektiver Dynamiken zwischen Medien(technologien), -texten und den Medienakteuren.

In einem der neuesten Beiträge zur Erforschung komplexer Relationen zwischen Emotionen, Sprache und Medien bestimmen Bucher und Barth (2019) vier unterschiedliche Forschungsparadigmen, die in der Analyse medialer Kommunikation vorkommen und diverse Verwendungsweisen des Begriffes „Emotion" reflektieren:

1) Emotionen werden als unabhängige Variablen – spezifische individuelle Dispositionen – gesetzt, um „die Zuwendung, Auswahl und die Rezeption von Medienangeboten zu erklären" (Bucher/Barth 2019: 59).
2) Emotionen werden als Folgen der Medienrezeption aufgefasst und analysiert. Diese „Rezeptionsemotionen" werden als kognitive Zuschreibungen (im Rahmen von Appraisal-Theorien) oder als eine Art emotionaler Ansteckungen bzw. „auf Basis parasozialer Interaktion" erklärt.
3) Im dritten Forschungsparadigma werden Emotionen und Emotionalisierungen „als Ausprägung und spezifischen Ausdrucksweise der Medienangebote selbst" (Bucher/Barth 2019: 59) untersucht. Es ist eine diskursive Sicht auf Emotionen, der auch der in der vorliegenden Studie vorgeschlagene Ansatz folgt. In der Erforschung medialer Emotionen ist diese Perspektive deutlich weniger ausgeprägt als die wirkungs- und dispositionsorientierte.
4) Im vierten Forschungsparadigma werden Emotionen auf sozialer bzw. kollektiver Ebene im Sinn emotionaler Klimata oder Stimmungen verstanden, die in einem bestimmten Diskursbereich bestehen (vgl. Bucher/Barth 2019: 60).

Für ihre Analyse der Emotionalität von Social-Media-Diskursen greifen die Autoren auf eine konstruktivistisch-kognitive Theorie der Emotionen zurück, die eine diskursanalytische Verfahrensweise impliziert. Diese Perspektive ermöglicht Emotionalisierungen als komplexe Handlungsformen – als „Akt und Objekt" (Bucher/Barth 2019: 64) – zu betrachten und nach ihren Funktionen[28] zu fragen.

Obwohl Emotionen in den Massenmedien allgegenwärtig sind und die Rezeption von Medienangeboten immens modifizieren und beeinflussen können, standen sie als Untersuchungsgegenstand jahrelang nicht im Mittelpunkt des analytischen Interesses von Kommunikations- bzw. Medienwissenschaften. Die Lage hat sich infolge des *emotional turns* in den Geistes-, Sozial- und Kulturwissenschaften deutlich geändert und mittlerweile ist die Forschungsliteratur zu diesen Fragen relativ umfangreich: In zahlreichen medienwissenschaftlich fundierten Arbeiten[29] lässt sich eine Fülle an theoretischen Ansätzen finden, mit deren Hilfe versucht wird, Emotionen als Rezeptions- und Wirkungsphänomene bzw. als Moderatoren für andere Medienwirkungen[30] zu erfassen. Dabei werden Theorien und Befunde vor allem aus der Emotionspsychologie aufgegriffen. Die Rolle der Emotionen bei der Mediennutzung wurde aus Sicht verschiedener kommunikationswissenschaftlicher bzw. medienpsychologischer Konzepte und Kategorien wie z. B. der Emotionsregulation, des emotionalen Involvements, der emotionalen Erregung, der Empathie, der Spannung usw. (ausführlich dazu z. B. Schramm/Wirth 2006) analysiert.

Außer Acht gelassen wurde, dass Emotionen als Objekte der Kommunikation ihre eigene Materialität bzw. Medialität aufweisen, dass sie immer situiert, kontextgebunden, historisch und soziokulturell geprägt sind und schließlich als mediale Praktiken von bestimmten Akteuren*innen ausgeführt werden.

2.3   Linguistische Diskursanalyse als Forschungsprogramm und -methode

In den Kultur-, Sozial- und Geisteswissenschaften kommt diskursanalytischen Ansätzen seit einiger Zeit vermehrtes Interesse zu. Es lässt sich nicht zuletzt an einer nach wie vor intensiven Rezeption der Arbeiten Michel Foucaults erkennen, die viele diskurstheoretische bzw. diskursanalytische Richtungen maßgeblich beeinflusst haben. Eine Diskursanalyse ist deswegen „als interdisziplinäres Projekt mit einem multidisziplinär variablen Gegenstand" zu verstehen und damit als Disziplin mit „intersektionalen theoretische[n] und methodische[n] Bezügen" (Kämper/Warnke 2015: 2). Das Forschungsobjekt von Diskursanalysen ist dabei „nicht eine unmittelbar zugängliche Welt, es sind die Repräsentationen dieser Welt, wie sie in Diskursen zirkulieren, auf Kontexte verweisen und diese Kontexte damit auch auf spezifische Weise herstellen" (Nonhoff 2018: 33).

---

28 In diesem Sinne können Emotionalisierungen „als eine Strategie angesehen werden, mit der eine kommunikative Handlung an eine gegebene Kommunikationssituation so angepasst wird, dass sie dem Sprecher einen kommunikativen Vorteil verspricht" (Bucher/Barth 2019: 64).

29 Vgl. z. B. die Arbeit „Medien und Emotionen" von Schwender (2001), die „Medienwirkungsforschung" von Schenk (2007), „Medien und Emotionen" von Höfer (2013), die Arbeiten von Wirth und Schramm (2006, 2013, 2014), Schmidt (Hrsg.)(2005): „Medien und Emotionen".

30 Die wichtigsten Forschungsfelder in diesem Bereich sind: die Wirkung von Emotionen auf die Erinnerung bzw. den Wissenserwerb durch Medien sowie die Wirkung von Emotionen auf das Persuasionspotenzial von Medien (vgl. Schramm/Wirth 2006: 27).

Bei aller Heterogenität ist für die diskurstheoretische bzw. -analytische Position im Anschluss an Foucault jedoch die Annahme grundlegend, dass Diskurse als regelhafte Wissensordnungen verstanden werden, welche Wirkungsmacht entfalten und damit die soziale Welt strukturieren „als Prozesse und Versuche der Sinnzuschreibung und -stabilisierung" (Keller 2011: 10). Diskursanalysen Foucault'scher Provenienz verfolgen im Allgemeinen das Ziel die Beziehungen von Elementen zu untersuchen. Sie beschreiben somit das Zusammenbringen von Elementen als diskursives In-Beziehung-Setzen und zeigen, wie auf diese Weise eine Welt bzw. Wirklichkeit konstruiert wird (vgl. Renggli 2014: 49). Ermittelt werden dabei kollektive Deutungs- und/oder Argumentationsmuster, die in den verschiedenen diskursiven Positionen innerhalb der zu analysierenden Diskurse vorkommen. Im Zentrum einer Diskursanalyse im Foucault'schen Sinne steht das „Erscheinen von Aussagen in raumzeitlichen, konkreten Kontexten" (Spitzmüller/ Warnke 2011: 123) oder – um es mit Jäger (2012: 26–27) bildhaft auszudrücken – ein „Fluss von Wissen durch Zeit und Raum". Hinsichtlich ihrer Produktion, Distribution und Wirkung sind diese Aussagen reglementiert, u. zw. gemäß den sog. „diskursiven Formationen", die ein diskursives Regime etablieren (vgl. Foucault 1981: 48–103) und dadurch festlegen, was gesagt und getan werden darf, was wahr und legitim ist. Das diskursiv konstruierte und vermittelte Wissen ist somit selektiv, weil Diskurse immer eine bestimmte Perspektive vermitteln. In dieser Konzeption sind Diskurse Träger von Wissen und Bedeutungszuschreibungen, die dieses Wissen, Deutungen bzw. Deutungsmuster über die Zeit hinweg übertragen und stabilisieren.

Das diskursanalytische Forschungsanliegen wird von Reiner Keller wie folgt zusammengefasst: „Diskursanalysen interessieren sich dafür, an welchen institutionellen Orten und damit korrespondierenden Regeln, durch welche (kollektiven) Akteure oder Ereignisse Diskurse in Gestalt von konkreten Äußerungen verbreitet werden" (Keller 2007: 66).

Schaut man auf die Geschichte der Diskursforschung als Forschungsfeld in den Sozial- und Geisteswissenschaften zurück fällt auf, dass der Untersuchungsgegenstand im Laufe der Zeit immer umfassender und komplexer wurde. Aus diesem Grunde war es auch erforderlich, dass die auf Diskurse bezogenen Theorien und Methoden und Methodologien übergreifender werden. Die sozialwissenschaftliche Diskursforschung beispielsweise hatte sich in ihrer Anfangsphase vor allem auf Gruppen von Aussagen konzentriert. Dann hat sie ihr Forschungsfeld um die Wechselrelationen zwischen Wissen, Macht, Akteur und Diskurs erweitert.

Die Aufgabe einer Diskursanalyse liegt in der Erforschung der Produktion von Sinn als einer sozial gerahmten und situierten Praxis[31] (vgl. Angermuller 2014c: 24), d. h. in der Erforschung von Diskursen als Praktiken, die systematisch Gegenstände bilden, von denen sie sprechen (vgl. Foucault 1981: 74). Der Hauptfokus liegt dabei auf zeichenhaft

---

31 Diskurslinguistisch wird unter dem Begriff „Praxis" ein Handlungszusammenhang verstanden, „der zum einen von sozialer Vorgeformtheit, sozialisatorischer Einübung, kognitiver sowie motorischer Habitualisierung und reproduktiver Routine geprägt ist. „Praxis" wird zum anderen aber auch durch individuelle Aneignung des sozial Vorgeprägten, durch Innovation und durch Kontingenz bestimmt" (Reisigl/Ziem 2014: 71).

realisierten Praktiken, „in denen soziale Wirklichkeit auf geordnete und regulierte Weise dargestellt und sinnhaft konstituiert wird. Als epistemische Praktiken generieren sie geltendes Wissen und schaffen soziale Orientierungs- und Ordnungsrahmen" (Pentzold 2019: 21). Diese Perspektive bzw. Methode soll also zur Sichtbarmachung „der diskursiv ermittelten Wirklichkeit" (Teubert 2013: 64) ihren Beitrag leisten. Denn die Aussage im Diskurs ist der Ort, an dem die wirklichkeits- und wissenskonstitutive Kraft von Sprache (in Kooperation mit anderen semiotischen Zeichensystemen) wirksam und erkennbar wird.

Eine Diskursanalyse im Sinne von Foucault kann aus der Perspektive einer einzelnen wissenschaftlichen Disziplin nicht all jene Fragen erschöpfend beantworten, die mit der Erforschung eines so komplexen und heterogenen Gegenstandes wie Diskursen zusammenhängen. Notwendigerweise ist sie also fächerübergreifend: ein multi-, inter- bzw. transdisziplinäres Forschungsfeld (vgl. Kämper/Warnke 2015; Busse 2015; Dreesen/Stücheli-Herlach 2020). Es bedeutet jedoch nicht, dass sie auf gemeinsamen methodologischen Überzeugungen, Gewichtungen, methodischen Ansätzen oder analytischen Verfahrensweisen und -prozeduren beruht. Interdisziplinarität wird also „nicht als eine konsensuale Verbrüderung oder auch Verschwesterung von Disziplinen in einem gemeinsamen Konzept" (Kämper/Warnke 2015: 1) verstanden, zumal diese Disziplinen auch verschiedene Diskursgegenstände etablieren. Auf jeden Fall erfordert die Forschungsperspektive „Diskursanalyse" disziplinübergreifende Konzepte.

Die linguistisch ausgerichtete Diskursanalyse konzentrierte sich zunächst primär auf das Erfassen von Regelhaftigkeiten der satzübergreifenden Textzusammenhänge. In der nächsten Entwicklungsphase wurde auch text- und gesprächsübergreifenden Verknüpfungen Rechnung getragen. Ziel einer modernen linguistischen Diskursanalyse ist es zu erarbeiten, mit welchen Strategien und sprachlichen (und nichtsprachlichen) Mitteln bestimmte Sachverhalte, Ereignisse, Personen usw. als Diskursobjekte konstruiert, perspektiviert und im Diskurs positioniert werden. Es wird also nach diskursiven Effekten, d. h. nach der Konstitution von Sinn und Bedeutung in Texten als Diskursausschnitten gefragt: Es geht „um die soziale Aushandlung von Wissen durch eine sprachliche Praxis" (Spitzmüller/Warnke 2011: 53).

Im Fokus des analytischen Interesses steht auch die Frage, unter welchen Voraussetzungen und wie zentrale Streitpunkte im Sinne konfligierender Geltungsansprüche von Wahrheitsaussagen (vgl. Felder 2012: 2) zwischen den Diskursakteur*innen in raumzeitlich konkreten Kontexten sprachlich verhandelt und diskursiv manifestiert werden, wie also diskursrelevante Interpretationen und Wertungen erzeugt werden können.

Die Ansprüche von Diskursakteur*innen, Medienereignisse nur auf die von ihnen vorgegebenen oder sogar aufgezwungene Weise zu deuten, führen nicht selten zu diskursiven Spannungen und semantischen Kämpfen[32], die oft massenmedial ausgetragen werden und die über die Deutungshoheit von diskursiven Ereignissen entscheiden.

---

32 Unter „semantischem Kampf" wird hier mit Felder (2006: 14) der Versuch verstanden, „in einer Wissensdomäne bestimmte sprachliche Formen als Ausdruck spezifischer, interessensgeleiteter und handlungsleitender Denkmuster durchzusetzen".

Sofern Geltungsansprüche anderer, konkurrierender Diskurse (Gegendiskurse) infrage gestellt oder ignoriert werden, lassen sich Diskurse, die eigene Geltungsansprüche als unumstößlich präsentieren, als hegemonial bezeichnen. Sie können auch zu Orten dominierender kollektiver Affektivität werden. Das in dieser Weise erzeugte Wissen wird „als Resultat von agonalen (auf Wettkampf beruhenden, Auseinandersetzungen einschließenden) Diskursen" (Spitzmüller/Warnke 2011: 43) aufgefasst. Als Ergebnis von agonalen Denkmustern ist dieses Wissen nie ganz frei von Machtansprüchen[33], also von Versuchen, Einfluss von bestimmten Interessengruppen durchzusetzen und/oder zu festigen, zumal die Wahrnehmung und das Bewusstsein des Einzelnen in heutigen Gesellschaften stark von massenmedialer Wissensvermittlung[34] geprägt und beeinflusst werden und der Kampf um die intersubjektive Akzeptanz von Wissen allgegenwärtig ist.[35] Konerding (2009: 156) weist in diesem Zusammenhang auf die Tatsache hin, dass dieser Kampf um die jeweilige Deutungshoheit von Phänomenen, also die agonale Aushandlung von Wissen, ein fortwährender kommunikativer Prozess sei: „Man kann […] die Genese und Geschichte des wissenschaftlichtechnischen Weltbildes unserer Zeit als ein Resultat der Agonalität kommunikativer, letztlich wechselseitig responsiv adressierter schriftsprachlicher Beiträge zur fortgesetzten Aushandlung einer gemeinsamen Sicht auf die Welt ansehen […]" (Konerding 2009: 157).

2.3.1 Zum Begriff „Diskurs"

„Der Diskursbegriff ist einer der wirkmächtigsten Leitbegriffe der neueren Geistes-, Kultur- und Gesellschaftswissenschaften" – konstatiert Gardt (2017: 2) und begründet seine Diagnose mit folgenden Argumenten: Der Diskursbegriff ermöglicht nicht nur eine neue Perspektivierung von gegebenen Sachverhalten, sondern er „kategorisiert, bündelt und benennt Eigenschaften von Sachverhalten in einer Weise, dass ein neuer Gegenstand der intellektuellen Auseinandersetzung entsteht und zum Thema der wissenschaftlichen Analyse wird" (Gardt 2017: 2). Die theoretische Reflexion und die Bestimmung der kategorialen Identität des Diskursbegriffs[36] haben den Vertretern unterschiedlicher wissenschaftlicher Disziplinen (z.B. Philosophie, Soziologie, Kultur-, Medien- und Politikwissenschaft(en) wie auch Literatur- und Sprachwissenschaft) jedoch beträchtliche Probleme bereitet. Kämper und Warnke sprechen in diesem Zusammenhang von

---

33 Zu wechselseitigen Relationen zwischen Macht und Wissen äußert sich Foucault wie folgt: „Eher ist wohl anzunehmen, daß die Macht Wissen hervorbringt (und nicht bloß fördert, anwendet, ausnutzt); daß Macht und Wissen einander unmittelbar einschließen; daß es keine Machtbeziehung gibt, ohne daß sich ein entsprechendes Wissensfeld konstituiert, und kein Wissen, das nicht gleichzeitig Machtbeziehungen voraussetzt und konstituiert." (Foucault 1994 [1975]: 39)

34 Es sind hauptsächlich die Massenmedien, die das zuerst subjektive Wissen verbreiten und es dann – z.B. durch Verfahren der Einordnung und/oder Bewertung – zum intersubjektiv geteilten Wissen machen.

35 Laut Warnke (2009: 113–114) ist „[...] Wissen [...] grundsätzlich und gerade in massenmedial operierenden *knowledgeable societies* [Hervorhebung im Original] umkämpft, genauer die intersubjektive Anerkennung von Wissen sowie ihre Dokumentation sind umkämpft".

36 Zur Entwicklung und den Ausprägungen des Diskursbegriffs siehe z.B. Busse/Teubert (1994), Warnke (2002), Wengeler (2013a, 2013b), Niehr (2014) und Spieß (2018).

einer „disziplinäre[n] Polysemie" des Begriffs, die „seine vollkommen unklare Granula-
rität – von intertextuellen Bezügen einer situativ gerahmten Einzeläußerung im Diskurs
bis zu very large corpora" betrifft (Kämper/Warnke 2015: 1). Deswegen können heutzutage aus operationeller Sicht „mehrere, darunter gegebenenfalls konträre, Definitionen
des Diskurses als legitim gelten, da die Quellen dieser Legitimation nicht in der Ob-
jektsphäre liegen, sondern vielmehr von der jeweiligen Forschungsaufgabe herrühren"
(Kiklewicz/Kotin 2017: 271).[37] Von allen definitorischen Bestimmungsversuchen wird
jedoch die Überzeugung geteilt, „dass Diskurse konstitutiv für die intellektuelle Gestaltung des öffentlichen Raumes sind und damit absolut zentral dafür, wie wir unsere Welt
durch und in Sprache erfahren, erschließen und prägen" (Gardt 2017: 2). Das in der
Diskursanalyse zum Tragen kommende Verständnis von „Diskurs" geht dabei über die
allgemeine Verwendung dieses Begriffes hinaus, mit der oft nur der sprachliche Anteil
von Kommunikation gemeint ist. In Anlehnung an Michel Foucault werden als Diskurs
alle Äußerungen gefasst, die in einer gegebenen Gesellschaft als selbstverständlich wahrgenommen werden und dadurch ihre „Realität" ausmachen (vgl. Keller 2011).

Wie bereits angedeutet, gibt es eigentlich keinen Diskurs-Begriff mit ubiquitärem
Geltungsanspruch, doch haben sich – vor allem im Rahmen wissenssoziologischer
und linguistischer Diskursforschung – bestimmte dominierende Ansätze bzw. anwen-
dungsbedingte Sichtweisen etabliert. Den folgenden Ausführungen liegt die Annahme zugrunde, dass Diskurs als „ein autopoietisches, texterzeugendes Gebilde, als ein
sich selbst organisierendes, selbstreferentielles Netz intertextueller Bezüge" (Teubert
2013: 100) aufzufassen ist, als ein „Formationssystem von Aussagen, das auf kollektives,
handlungsleitendes und sozial stratifizierendes Wissen verweist" (Spitzmüller/Warnke
2011: 9) und – ganz im Sinne von Foucault (1981: 74) – als diskursive Praktiken bzw.
Handlungsweisen, in denen sich das Sagbare und Sichtbare formt und in denen die
Bedeutungen und Gegenstände des Wissens ebenso konstituiert werden wie die Sub-
jektpositionen der diskursiv Handelnden (vgl. Wrana 2012: 196). Der Diskurs existiert
unabhängig von den Forschenden und kann nur mittels der aufgrund nachvollziehbaren Kriterien zusammengestellten Texte bzw. Text-Bild-Konglomerate wenigstens ausschnittweise erfasst werden (vgl. Differenzierungen zwischen Korpus und Diskurs).

Aus soziologischer Sicht werden Diskurse als reale Aushandlungspraktiken aufgefasst, die in Form von thematisch verbundenen, regelnden und geregelten Aussagen
soziale Wirklichkeit und kollektive Wissensbestände herstellen. Gemeint sind also
Praktiken des Zeichengebrauchs oder Praxisstrukturen, „die in Texten ihre Spuren hin-
terlassen, aber nicht identisch sind mit Textstrukturen" (Diaz-Bone 2013: 280). Dementsprechend wird in einem rekonstruktiven Verfahren möglich sein, von Eigenschaften eines Textes oder Textketten auf Eigenschaften einer Praxis zu schließen. Diskurse
sind im Sinne von Foucault auch Aussagenarrangements – materiale Textmengen –,
die bestimmte Interessen und/oder Machtstrukturen zur Grundlage haben und diese
auch erzeugen: „Aussagen verweisen also in ihrer diskursiven Gebundenheit nicht nur

---

37 Eine Zusammenfassung der Topologie der diversen Diskursbegriffe ist z. B. bei Keller (2011: 99) zu
finden.

auf sogenannte außersprachliche Wirklichkeiten, sondern sie schaffen diese" (Warnke 2013: 101). Diskurse sind transtextuelle und transmodale Gebilde, „die sich über das singuläre Zeichensystem der Sprache hinaus konstituieren" (Klug 2018: 109) und deswegen nicht nur intertextuelle, sondern auch interikonische Bezüge aufweisen. Als geregelte Redeweisen legen Diskurse „jeweils spezifische Sagbarkeits- und Wissensräume sowie deren Grenzen fest" (Link 2013: 10) und sind an bestimmte Handlungen gekoppelt. Dadurch tragen sie zur kollektiven Sinnproduktion bei. Durch ihren sozialen Charakter sind Diskurse auch für andere gesellschaftliche Praktiken und Erscheinungen konstitutiv. Sie können als Generatoren und Träger von Wissen angesehen werden. Wie es aber zur Sinnkonstitution kommt, wird durch bestimmte Formationsregeln und Codes reguliert – Reckwitz (2016: 53) spricht in diesem Zusammenhang von „kollektive[n] Signifikationsregime[n]", die „jegliche Form menschlichen Handelns als sinnhaftes Handeln fundieren […], die eine intelligible Sozialwelt in ihrer Produktion, Reproduktion und Identifikation erst möglich machen". In dieser Funktion sind Diskurse wirklichkeitskonstitutiv und dadurch machtausübend, d. h. sie haben Einfluss auf Diskursteilnehmer*innen.

Geht man von der Auffassung aus, ein Diskurs sei ein virtuelles Archiv von allem Gesagten, d. h. die Gesamtheit aller geäußerten Äußerungen (verstanden als symbolische Interaktionen) „in einer analytisch gegebenen Zeit" (Spitzmüller/Warnke 2011: 24), so steht dem Zugriff der Diskursanalysierenden nicht der Gesamtdiskurs zur Verfügung, sondern nur ein aufgezeichneter und archivierter Ausschnitt dieses Diskurses, ein Sub- bzw. Spezialdiskurs – ein (in der Regel) nach inhaltlichen Kriterien definiertes (also arbiträres) Konstrukt (vgl. Kap.3).

Diskurse – als textübergreifende sprachliche (und nichtsprachliche) Strukturen und problem- bzw. themenbezogene, in sozialen Handlungsfeldern situierte Praktiken verstanden – haben „einen hohen Stellenwert für die Gestaltung der Gegenwartsgesellschaften" (Schiewer 2014a: 42). Diese Diagnose trifft auf massenmediale Diskurse besonders zu: Als semiotische Praxen entfalten sie sich in der Regel multiperspektivisch um bestimmte Machtansprüche oder Ideologien herum, die darüber bestimmen, wie Mitglieder einer Gemeinschaft soziale Ereignisse und Situationen wahrnehmen, deuten und wie sie handeln (vgl. van Dijk 2011: 380). Diskurse sind imstande, eine eigenständige Macht zu konstituieren, wodurch bestimmte Macht- und Herrschaftsverhältnisse gefestigt werden können (vgl. Tereick 2016: 22). In Diskursgemeinschaften können dabei verschiedene, oft widersprüchliche Diskurse nebeneinander existieren und/oder miteinander konkurrieren.

In den heutigen, extrem medialisierten und diskursivierten Gesellschaften kommt Diskursen – so Reckwitz (2016: 54) – eine „Fundierungsfunktion" zu: „Sie präfigurieren ein ganzes Feld möglichen Handelns und Denkens", wodurch sie zu außerordentlich potenten Produzenten von Wissensordnungen werden.

Massenmedial produziertes und vermitteltes Wissen ist in diesem Zusammenhang als *knowledge by description* aufzufassen: Es ist primär durch Beschreibungen gebildet. Aus diskursanalytischer Perspektive ist es keine feste Größe: Wenn man unter Wissen in einer Gesellschaft die geteilte Akzeptanz von Erkenntnis versteht, wenn folglich die intersubjektive Gültigkeit von Erkenntnis als gesellschaftliche Bestätigung gilt, so ist Wissen in den Wissensgesellschaften gerade keine verlässliche, statische Größe, sondern das Resultat der fortlaufenden Anerkennung und Ablehnung von Erkenntnis (vgl. Warnke 2009: 113). Wissen ist stets soziale und sprachliche bzw. semiotische Praxis. Ein in massenmedialen Diskursen ausgehandeltes Wissen[38] ist daher nicht konstant, meinungs- und machtneutral, auch wenn es von der Öffentlichkeit in der Regel als gesichertes Wissen angenommen wird. Seine Intersubjektivität ist jedoch oft Ergebnis „semantischer Kämpfe" (vgl. z. B. Felder 2012: 138), die in massenmedialen Diskursen ausgefochten werden. Dieses zeichenförmig konstruierte Wissen, als „dynamisch verhandeltes Gut der Vergesellschaftung" (Warnke 2009: 114) begriffen, ist – so Wolfgang Teubert (2019: 30) – eine Aussage über ein „Ding", wobei darunter abstrakte und konkrete Gegenstände, Personen, Vorgänge, Eigenschaften, Relationen usw. verstanden werden: Es sind „Diskurskonstrukte, nicht Entitäten einer diskursexternen Wirklichkeit, denn es ist die Diskursgemeinschaft, nicht die Wirklichkeit, die ihre Bedeutung und somit auch ihre Referenz definiert" (Teubert 2019: 30).

Zusammenfassend kann festgehalten werden, dass Diskurse „die Vollzugswirklichkeit des strukturierten und regulierten zeichenhaften Darstellens von Geltung beanspruchendem Wissen [umfassen] sowie die dabei zugrunde liegenden und dadurch hervorgebrachten manifesten Repräsentationen, mittels derer soziale Wirklichkeit sinnhaft konstruiert wird" (Pentzold 2019: 30).

2.3.2 Agonale Zentren in der Diskursanalyse

Um Affekte bzw. Emotionen als diskursive Konstrukte effizient erfassen und analysieren zu können, wird in diesem Zusammenhang auf das von Ekkehard Felder (vgl. Felder 2006, 2012, 2013a, 2013b, 2015, 2018) im Rahmen seines Ansatzes der pragma-semiotischen Textarbeit herausgearbeitete handlungsleitende Konzept „agonaler Zentren" in Diskursen zurückgegriffen. Unter agonalen Zentren wird ein sich in diskursiven Praktiken manifestierender „Wettkampf um strittige Akzeptanz von Ereignisdeutungen, Handlungsoptionen, Geltungsansprüchen, Orientierungswissen und Werten in Gesellschaften" (Felder 2013b: 21) verstanden. Die Grundlage für die Entstehung agonaler Zentren bildet das Konzept semantischer Kämpfe, die von Felder (2006: 17) als Versuch aufgefasst werden, in einer Wissensdomäne bestimmte sprachliche Formen als Ausdruck spezifischer, interessengeleiteter Handlungs- und Denkmuster durchzusetzen. Dieser kann auf verschiedene Weise und auf verschiedenen Ebenen (Lexem-, Syntagma-, Satz-, Text- und Diskursebene) „mittels Benennungsfestlegungen oder Bedeutungs- und Sachverhaltsfixierungsakten" (Felder 2006: 17) erfolgen. Die Prozesse des semantischen Kampfes, begriffen als implizit oder explizit sprachlich konstituierter Konflikt um die Angemessenheit von Versprachlichungsformen (vgl. Felder 2006: 16), können auf Rekonstruktion, Modifizierung von bisherigen Benennungsfestsetzungen, Ersatz der bisherigen Benennung und Festlegung einer neuen beruhen. Semantische Kämpfe setzten das Vorhandensein unterschiedlicher konkurrierender Perspektiven voraus, die von

---

38 Zur diskursiven Konstituierung von Wissen vgl. z. B. Warnke (2009: 121).

Diskursakteurinnen und -akteuren mittels verschiedener konkurrierender Ausdrücke als interessenspezifischen Versprachlichungstechniken diskursiv zur Geltung gebracht werden (vgl. Pociask 2023: 198). Mit anderen Worten versuchen Diskursakteurinnen und -akteure bewusst oder unbewusst, eigene Interessen, Werte, Positionen, Meinungen und Deutungen der Wirklichkeit durchzusetzen, indem sie konfligierende Standpunkte in Bezug auf ein handlungsleitendes Konzept vertreten (vgl. Göhring 2023: 74). Der Wettkampf um strittige Akzeptanz von Ereignisdeutungen, Handlungsoptionen, Geltungsansprüchen, Orientierungswissen und Werten manifestiert sich wie erwähnt diskursiv in kommunikativen Praktiken. Felder (2013b: 21–22) verweist darauf, dass agonale Zentren nicht statisch sind, sondern im Gegenteil stets dem dynamischen diskursiven Aushandlungsprozess ausgesetzt sind. Sie werden durch grundlegende und umstrittene „handlungsleitende Konzepte" (Felder 2006: 18, vgl. auch Göhring 2023: 74–75) modelliert und lassen sich in einem bestimmten Diskurs nur herausarbeiten, wenn auf der Textoberfläche sprachliche Mittel, in denen sie sich manifestieren, aufgezeigt werden können (vgl. Felder 2013b: 23). Diskursspezifische agonale Zentren lassen sich demnach unter Berücksichtigung von den Lexem-, Syntagma-, Satz-, Text- und Diskursebene ermitteln. Auf der Grundlage einer systematischen Analyse der ausdrucksseitigen Einheiten auf diesen Ebenen kann ersichtlich werden, wie – mit Felder (2013b: 23) gesprochen – handlungsleitende Konzepte zu agonalen Zentren als Orientierungsvariablen verdichtet werden (vgl. Pociask 2023: 198). Für Felder (2015: 97) ist die Bestimmung agonaler Zentren, die über grammatische und lexikalische Zugänge möglich ist, ein wichtiger Operationalisierungsprozess der linguistischen Diskursanalyse. Der grammatische und der lexikalische Zugang erlauben es, jeweils über bestimmte Konnektoren bzw. über diskursspezifische Indikatoren und diskursunspezifische Schlüsselwörter Indikatoren für Agonalität zu eruieren (vgl. Felder 2015: 98, 109). Agonalitäten, die von Mattfeldt (2018: 4) als sprachlich etablierte kompetitive Oppositionen im Sinne diskursiver Aktivitäten zwischen verschiedenen gesellschaftlichen und medialen Diskursakteur*innen begriffen werden, stehen bei der Explikation agonaler Zentren im Fokus des erkenntnistheoretischen und analytischen Interesses. Demnach lassen sich agonale Zentren im Hinblick auf differierende Konzeptualisierungen, akteursspezifische Handlungsstrategien sowie soziale, politische, historische usw. Kontextualisierungen analysieren.

Es sei hier auf die Tatsache aufmerksam zu machen, dass agonale Zentren diskursive, „stets dem dynamischen diskursiven Aushandlungsprozess ausgesetzt[e]" (Felder 2013b: 22) Konstrukte mit enormem affektivem Potenzial sind und auf das Vorhandensein sozialer, politischer oder ideologischer Antagonismen und daraus resultierender medialer Diskurse verweisen (vgl. Rothenhöfer 2018: 515).

Der konzeptionell und vor allem methodisch sehr ausdifferenzierte Ansatz der agonalen Zentren scheint dann besonders gewinnbringend, weil der Gegenstand der Untersuchung ein bestimmtes Thema ist, zumeist ein Thema von gesamtgesellschaftlicher Relevanz und Brisanz, und wenn darüber hinaus die Untersuchung auf der Grundlage eines sehr großen Korpus erfolgt (vgl. Göhring 2023: 76). Diese Prämissen liegen bei der vorliegenden Untersuchung von Emotionen in deutschen und polnischen Diskursen vor.

2.4 Emotionen im Diskurs

In den bisherigen Ausführungen wurde oft auf den an Wittgensteins Sprachspiel-Konzeption anknüpfenden Praktik(en)-Begriff zurückgegriffen, der seit Jahren in kulturwissenschaftlichen und soziologischen Untersuchungen als Ergebnis des sog. „practice turn" (vgl. z. B. Schatzki 1996, Reckwitz 2003) – einer praxeologischen Theoriebewegung – seine Anwendung findet.[39]
    Gemeint sind Praktiken des Regierens und Organisierens, Praktiken des Kommunizierens sowie auch Praktiken des Emotionalisierens. All diese Praktiken weisen sozialen Charakter auf, weil sie für die Ausführenden sowie Adressaten bzw. beobachtende Personen (potenziell) verstehbar sind und, zumindest zu einem gewissen Grad, einen kollektiven Wissenshintergrund teilen (vgl. Reckwitz 2003: 289). Als verfestigte Handlungsmuster und Verfahren zur Erzeugung sozialer Aktivitäten sind Praktiken Teil des kommunikativen Haushalts einer jeden Gemeinschaft: Sie sind Handlungszusammenhänge, die „zum einen von sozialer Vorgeformtheit, sozialisatorischer Einübung, kognitiver sowie motorischer Habitualisierung und reproduktiver Routine geprägt" sind, „zum anderen aber auch durch individuelle Aneignung des sozial Vorgeprägten, durch Innovation und durch Kontingenz" (Reisigl/Ziem 2014: 71). Praxen bzw. Praktiken unterliegen zugleich historisch und situativ bedingten Wandlungen und werden mithilfe unterschiedlicher multimodaler bzw. -medialer Ressourcen realisiert. In diesem Ansatz werden demnach primär der prozessuale Charakter und die Kontextgebundenheit soziokultureller Praktiken betont. Mit dieser praxeologischen Perspektive lässt sich zeigen, dass „jeglicher Form von Wahrnehmung, Erkenntnis, Konzeptbildung bereits ein Moment des Typisierenden, Prototypikalischen, via Zwecke und Interessen unhintergehbar sozial Determinierten und via Konventionen implizit historisch […] Determinierten innewohnt" (Busse 2016: 650).
    In diesem Zusammenhang sei jedoch auf die Tatsache hingewiesen, dass einzelne Praktiken-Konzeptionen immer von konkreten sozialen Phänomenen ausgehen und deswegen weitgehend heterogen sind, auch wenn sie bestimmte, allen gemeinsame Aspekte aufweisen: „Praxistheoretische Beschreibungen sind meist dezidiert von begrenzter, feldspezifischer Reichweite und beruhen auf genauen qualitativen, empirischen Beobachtungen mit Methoden vor allem der Ethnographie und der Interaktionsanalyse" (Deppermann/Feilke/Linke 2016: 3). Unser Leben ist eingebettet in zahlreiche und heterogene, sozial und kulturell geregelte Formen sozialer Praxis, die in unterschiedlichen medialen Umgebungen ausgeführt werden (Wittgenstein (2003: 26) spricht in diesem Zusammenhang von der „Mannigfaltigkeit der Werkzeuge der Sprache und ihrer Verwendungsweisen"). Kommunikative Aufgaben und Zwecke – darunter auch die Manifestation, Vermittlung und/oder Evozierung von affektiven Zuständen – werden mit Hilfe von bestimmten voneinander abgrenzbaren kommunikativen Einheiten, sozial und kulturell konstituierten, durch die Regeln auf verschiedenen Ebenen festgelegten

---

39 Aus praxeologischer Perspektive setzt sich „die soziale Welt aus sehr konkret benennbaren, einzelnen, dabei miteinander verflochtenen Praktiken (im Plural)" (Reckwitz 2003: 289).

Verfahren oder Muster realisiert. In diesem Sinne ist jegliche Art der Kommunikation, darunter auch affektive Kommunikation, präformiert bzw. vorstrukturiert. Jede Sprach- bzw. Kommunikationsgemeinschaft verfügt über einen Bestand an medial spezifischen, kommunikativen Praktiken, der von den Kommunizierenden auf der Basis individueller, aber überwiegend intersubjektiv vergleichbarer Wissensvorräte aktualisiert wird.

Kommunikative/diskursive Praktiken, d.h. „präformierte Verfahrensweisen, die gesellschaftlich zur Verfügung stehen, wenn bestimmte rekurrente Ziele oder Zwecke kommunikativ realisiert werden sollen" (Fiehler et al. 2004: 99), zeichnen sich demnach vorwiegend durch folgende Eigenschaften aus:

- Medialität: Wie bereits erwähnt, kommt Sprache nie abstrakt vor, sondern immer in einer bestimmten medialen Realisierung, in einem konkreten situativen und personenbezogenen Kontext, also als „verkörperte Sprache". Aus linguistischer Sicht ist es daher relevant, „das Zusammenspiel von grammatischen und lexikalischen Strukturen mit Stimme, Blick, Mimik, Gestik, Bewegungen im Raum und Umgang mit Objekten bzw. mit Typographie, Bildern, Ton und Textdispositionen in den analytischen Fokus" (Deppermann/Feilke/Linke 2016: 5) zu rücken. Mit dem Praktiken-Konzept kann die Rolle der materialen Oberfläche (vgl. dazu Linke/Feilke 2009) – diverser modaler Realisierungsressourcen – für die Bedeutungs- und Sinnkonstituierung plausibel gezeigt werden.
- Regelhaftigkeit: Sie sind auf sozio-kulturellen Regeln fundiert, die sprachlicher oder außersprachlicher Natur sind und als Teil impliziten Wissens begriffen werden können: „Das Ausführen einer kommunikativen Praktik bedeutet die Berücksichtigung eines spezifischen (zum größten Teil nicht bewussten) Komplexes von sozialen Regeln bzw. Konventionen, von denen ein wesentlicher Teil sprachlich-kommunikativer Art ist" (Fiehler 2005: 1181).
- Präformiertheit und Zweckbestimmtheit: Praktiken werden historisch in einer Sprach- oder Kommunikationsgemeinschaft herausgebildet mit dem Ziel, die Bearbeitung von gesellschaftlich rekurrenten Aufgaben und kommunikativen Zwecken zu ermöglichen. Praktiken stellen keine abstrakten Einheiten dar, sondern autonome kommunikative Größen, die im (praktischen) Bewusstsein der Mitglieder einer Sprach- bzw. Kommunikationsgemeinschaft vorhanden sind. Immer sind sie in soziale Handlungszusammenhänge eingebettet, „von deren Zweck- und Aufgabenstrukturen sie ihren Sinn und ihre Funktionalität gewinnen" (Deppermann/Feilke/Linke 2016: 7).
- Partizipanten („Beteiligungsstruktur" nach Deppermann/Feilke/Linke 2016: 6): Praktiken setzen zwei oder mehr Partizipant*innen – im Vorliegenden: Diskursakteur*innen – voraus, die ein weitgehend gemeinsames (Regel)Wissen über die produktiven und rezeptiven Aspekte ihrer kommunikativen Praxis teilen (vgl. Fiehler et al. 2004: 99–104) und die in eine spezifische soziale und kulturelle Praxis hinein sozialisiert wurden. Die Praktiken „können nicht von ‚just anyone' ausgeführt werden, sondern sind oftmals an spezifische Rechte, Pflichten und soziale Positionen von Akteuren gebunden, die sie reflexiv mit zu konstituieren und bestätigen helfen" (Deppermann/Feilke/Linke 2016: 6).

Der Praxis- bzw. Praktik-Begriff ermöglicht die regelgeleitete Prozessualität von zu analysierenden Phänomenen in ihrem situativen Kontext und zeitlichen Ablauf – in ihrer Dynamik als Teile „einer Tätigkeit, oder einer Lebensform" (Wittgenstein 2003: 26) – und in ihrer unterschiedlichen strukturellen und funktionalen Komplexität anzuzeigen. „Worte sind auch Taten", konstatiert Wittgenstein in seinen „Philosophischen Untersuchungen" (Wittgenstein 2003: 237). Aus diskurslinguistischer Sicht gebrauchen Diskursakteur*innen Sprache und andere Zeichensysteme, d. h. sie vollziehen bestimmte, regelgeleitete „Züge", indem sie sich sprachlicher (und nichtsprachlicher) Zeichen in einem intersubjektiven Handlungszusammenhang – einem diskursiven Raum – bedienen. Linguistische Diskursanalysen fragen demnach auch „nach den Möglichkeitsbedingungen von Aussagen", d. h. „nach den raumzeitlich benennbaren Bedingungen von Aussagen, die als Kontexte und Voraussetzungen des Redens und Schreibens erfassbar sind" (Dreesen/Stücheli-Herlach 2019: 124). Diskursakteur*innen, Zeichen, Regeln, Handlungen und Handlungskontexte sind somit konstitutive Bestandteile eines jeden Modells in der analytischen Praxis.

Im Vorliegenden wird von der Annahme ausgegangen, dass emotionale Kommunikation einen Artefaktcharakter hat: Affekte als diskursive Praktiken und Konstrukte können nie isoliert betrachtet werden, „denn wie alle Praktiken sind sie immer mit anderen verbunden, in Komplexen von *doings and sayings* eingebettet" (Scheer 2016: 29). Sie weisen immer ein kontextgebundenes und medienspezifisches Design auf. Dies ergibt sich aus der Tatsache, dass Diskurse – als „regulierte und regulierende Praktiken des Zeichengebrauchs und relativ dauerhafte und regelhafte Wissensordnungen" aufgefasst – „ihre symbolische Gestalt in Texten, Bildern, audiovisuellem Material und anderen multimodalen Äußerungen erhalten. Dieses allgemeine Verständnis, wie es von sozial-, sprach- und kulturwissenschaftlichen Ansätzen geteilt wird, verortet somit Diskurse einmal in der Vollzugswirklichkeit des strukturierten zeichenhaften Darstellens von Geltung beanspruchendem Wissen" (Pentzold 2019: 20).

Emotionen als diskursive Phänomene sind demnach performative Handlungen im Sinne einer sich ständig wiederholenden Praxis, die die geltenden, ihre Struktur und Realisierung bestimmenden Regeln stabilisiert und zugleich – durch den wiederholten Gebrauch – die Möglichkeit einer mehr oder minder kreativen Veränderung einschließt.

Vor dem Hintergrund des theoretischen Rahmens wird dafür argumentiert, Emotionen als soziokulturell, historisch und medial geprägte Konstrukte zu verstehen. Diskurse werden dabei als Orte der Entstehung bzw. Generierung von Affekten angesehen.

Die Auffassung von Emotionen als diskursiven Praktiken öffnet den Blick auf medial konturierte, zeitlich und räumlich situierte Interaktionen, die regelbestimmt sind, die von konkreten Subjekten (Diskursakteur*innen) vollzogen werden und wirklichkeitskonstituierende Wirkungen entfalten können. In Diskursen werden vermittelbare emotionale/affektive Bedeutungen erschaffen: „Ohne Diskurs, ohne eine Auseinandersetzung darüber, was etwas bedeutet, kann es keine Bedeutung geben, wenigstens nicht in dem Sinn, dass man über sie sprechen könnte" (Teubert 2019: 31).

In der medien- und diskurslinguistischen Analyse printmedialer Massenkommunikation wird vorwiegend einem deliberativen Paradigma gefolgt, nach dem die massenmediale Berichterstattung zu politischen und wirtschaftlichen Fragen als rationaler Diskurs gilt (vgl. Bucher/Barth 2019: 58). Der analytische Fokus muss aber ebenso der emotionalen Dimension Rechnung tragen, da sie die Qualität der Diskurse modifizieren (z.B. ein bestimmtes Meinungsklima konstituieren) und auf die Diskursakteur*innen einwirken (z.B. sie mobilisieren bzw. demobilisieren) kann. Wie bereits ausgeführt, sind Emotionen situiert und sozial geformt, „sie basieren auf kognitiven Interpretationen und normativen Annahmen und folgen dementsprechend durchaus einer rationalen Logik, der der Rationalitäts-Emotionalitäts-Dualismus nicht gerecht wird" (Bucher/Barth 2019: 61). Emotionen stellen somit integrale Komponenten massenmedialen Kommunizierens dar – unabhängig von der jeweiligen Kommunikationsdomäne. Pressetexte beispielsweise transportieren nicht nur Informationen (semantische Gehalte), sondern können auch emotionale Resonanzräume erzeugen, die Rezipierende affizieren, ihre Haltungen bzw. Einstellungen modifizieren und zu bestimmten Aktivitäten animieren: „Diese affektive Dimension der textuellen Adressierung ist oft Ergebnis einer bewusst praktizierten Strategie der jeweiligen Verfasser/innen" (Slaby 2018: 56). Mit anderen Worten: Durch ein emotionalisierendes Subjektivieren z.B. einer printmedialen Botschaft, durch eine affektive Einrahmung eines medialen Ereignisses wird versucht, die emotionale Sphäre des Lesers/der Leserin zu beeinflussen, um ein vorher intendiertes Ziel – Erzeugung einer bestimmten Einstellung gegenüber dem Dargestellten durch emotionale Involviertheit von Rezipient*innen – zu erreichen.

Zusammenfassend lässt sich somit festhalten, dass unter Affekt bzw. Emotion in der vorliegenden Studie nicht der Ausdruck subjektiven Erlebens oder ein angeborener Verhaltensmechanismus verstanden wird, sondern ein diskursives Konstrukt, das seine jeweilige, medial spezifische Realisierung in einer konkreten sozialen Praxis erfährt und dem eine bestimmte Bedeutung zugeschrieben werden kann. Das Manifestieren, Thematisieren, Generieren und Verstehen bzw. Interpretieren von Emotionen ist soziokulturell sowie medial geprägt und folgt im zwischenmenschlichen Kommunizieren auf verschiedenen Ebenen notwendigerweise bestimmten Regelmäßigkeiten. In diesem Sinne gehören sie unserer alltäglichen Kommunikationsroutine an. In ihrer jeweiligen diskursiven Realisierung exemplifizieren Emotionen als semiotische Entitäten bestimmte Eigenschaften: „Ähnlichkeiten und Unähnlichkeiten der Gestalt, Typen von Kontextreferenzen, Möglichkeiten von Referenzen auf Erfüllungsgebiete" (Stetter 2005: 11). Relevant scheint in diesem Zusammenhang auch zu versuchen, die Dynamik des Konstruktionsprozesses von Emotionen/Affekten zu erfassen, der im Rahmen einer konkreten diskursiven Praxis unter Beteiligung verschiedener Diskursakteur*innen, in einem konkreten medialen Umfeld vollzogen wird. Es gilt eben zu zeigen, dass im Rahmen affektiver Kommunikation einerseits tradierte Formen aktualisiert werden, andererseits aber individueller, kreativer Ausdrucksweise Spielraum gelassen wird. Generalisierend kann in diesem Fall von einem spezifischen Spannungsverhältnis zwischen Stabilität und Kreativität die Rede sein, das als Ergebnis der wechselseitigen Relationen zwischen Normierung und Differenzierung zu betrachten wäre (vgl. Szczepaniak 2015: 152). Sprachlichen (im folgenden Fall schriftsprachlichen) Äußerungen und ihren Interpretationen liegen bestimmte Wissens- und/oder Regelbestände zugrunde, die aber auch im interaktiven Konstruktionsprozess, in der Darstellung und situierten Deutung – in der Performanz – (mit)erzeugt werden (vgl. Günthner/Linke 2006: 18). Aus diesem Grunde lassen sich bestimmte Emotionen, die z. B. nicht mithilfe konventionalisierter Gefühlslexik realisiert werden, als emergente Bedeutungsgefüge auffassen, die nur in konkreten diskursiven Praktiken, in den jeweiligen sozialen Interaktionen erfassbar sind und analysiert werden können. Als diskursive Phänomene werden Emotionen immer im Kontext der Ziele, Wünsche, Intentionen, Bedürfnisse usw. der Kommunizierenden (Diskursakteur*innen) situiert und wahrgenommen. In diesem Sinne stellen sie eine Konstruktionsleistung *in corpore* dar. Ihre Entstehung setzt nicht nur rollenspezifisches Regelfolgen vonseiten individueller oder kollektiver Akteure voraus. Damit Emotionen als soziale (kommunikative) Entitäten fungieren, müssen sie außerdem vom sozialen Umfeld anerkannt und durch entsprechendes (komplementäres) Rollenverhalten bestätigt bzw. legitimiert werden.

In der vorliegenden Studie werden printmedial[40] realisierte Affekte/Emotionen – Affekte als diskursive Phänomene – fokussiert, die von Journalist*innen produziert und von Leser*innen rezipiert und gegebenenfalls interpretiert werden. Affekte werden hier als integrale Komponenten von diskursiven Praktiken aufgefasst, die einerseits in Diskursen gebildet werden und die andererseits an der diskursiven Konstruktion gesellschaftlichen Wissens mitbeteiligt sind. In diesem Sinne sind Affekte bzw. Emotionen intentionale Handlungen bzw. Ergebnisse dieser Handlungen – es ist „ein kulturell geprägtes, eingeübtes Tun" (Scheer 2019: 352) sowohl im symbolischen Bereich als auch in der verbalen Kommunikation, das von Menschen aufgegriffen und mit unterschiedlichen Bedeutungsebenen verknüpft wird. Durch den Einsatz von emotionalisierenden Elementen in der Gestaltung der zu übermittelnden Botschaften wird der Gesamtsinn affektiv geformt. Dadurch können neue Interpretationsräume eröffnet werden. Diese Blickrichtung kann allerdings nicht als rezipientenseitig bezeichnet werden, da nicht die hierdurch bei den Rezipient*innen evozierten emotionalen Zustände zum Forschungsgegenstand werden, auch wenn das empfängerseitige Verständnis bzw. die Interpretation von schriftsprachlich realisierten Ausdrucksformen (bzw. Manifestationen) von Affekten im Mittelpunkt steht. Eine derartige Explikationsweise hingegen ausschließlich als produzentenbezogen zu konzipieren wäre jedoch deutlich zu eng. Sie ist ebenfalls eine zeichenbezogene Perspektive: Sie bezieht sich vor allem auf verbale Zeichen, aber auch auf ikonische wie Fotos, Fotomontagen oder Zeichnungen, die in einer konkreten diskursiven Praxis oder konkreten medialen Realisierung Emotionen manifestieren resp. generieren können. Auf diese Weise kommt die kommunikative bzw. diskursive Relevanz von Emotionen als semiotischen und interaktiven Entitäten deutlich zum Tragen.

Resümierend kann festgestellt werden, dass Emotionen soziale und kulturelle Konstrukte sind, die nicht arbiträr und individuell auftreten, sondern – wie im zu untersuchenden Fall – in Anlehnung an die Struktur der Massenmedien und in Verbindung mit sozial geteilten Werten, Normen und Praktiken. Relevant sind ebenso Situationen,

---

40 Printmedien werden als Akteure betrachtet, die Wissen – darunter auch Affekte – konstruieren und im öffentlichen Raum distribuieren.

in denen sie evoziert, kommuniziert und reflektiert werden. Emotionalisierte mediale Diskurse können deshalb als Orte kollektiver, hegemonialer Affektivität fokussiert werden: Durch affektive, z. B. abwertende oder stigmatisierende Zuschreibungen, können Räume der Exklusion entstehen.

2.5 Medienbezogene und diskursanalytische Emotionsforschung: Das Mehr-Ebenen-Modell zur Analyse von Emotionen in medialen Diskursen

Um dem anvisierten Forschungsziel der vorliegenden Studie – der Analyse von Affekten im printmedialen Umfeld – gerecht zu werden, scheint es sinnvoll, zwei Forschungsprogrammen (post)foucaultscher Diskursforschung zu folgen: dem interpretativen Ansatz der Wissenssoziologie und dem Ansatz der Diskurslinguistik. In beiden Fällen kann Diskursanalyse als einer der forschungspraktischen Ansätze qualitativer Forschungen betrachtet werden – als eine der „Such- und Findestrategien, Rekonstruktionsformen und Herangehensweisen im Umgang mit empirischem Material" (Reckwitz 2016: 55). Diskursanalyse ist Theorie, Methode und Praxis gleichermaßen, konstatieren mit Recht Dreesen/Kumięga/Spieß (2012: 9), da sie eine Forschungsperspektive[41] ist, die größere Zusammenhänge in die Analyse mit einbezieht und zugleich methodische Zugriffsweise auf das zu analysierende empirische Material ermöglicht. Die beiden diskursanalytischen Ansätze bieten demnach ein effizientes Instrumentarium zur Erschließung diskursiv konstruierter Welten und damit auch die Möglichkeit, Affekte als relevante Komponenten medialer Diskurse zu erfassen und zu analysieren.

In der vorliegenden Studie rückt der Text als kommunikative Einheit in den Mittelpunkt des diskursanalytischen Verfahrens. Seine jeweilige Realisierung wird als Ereignis unter Beteiligung bestimmter sozialer Subjekte (Diskursakteur*innen) in einem bestimmten sozialen, kulturellen, historischen und medialen Kontext aufgefasst. Fokussiert wird dabei zwar das ganze Spektrum semiotischer Ressourcen, die bei der Textproduktion genutzt wurden, den analytischen Kern und Ausgangspunkt der Analyse bildet jedoch das sprachlich vorliegende Material: In diesem Sinne ist „Diskursanalyse […] also zunächst und vor allem Sprachanalyse" (Busse 2013a: 63). In der Diskursanalyse kommt der Sprache eine enorme Bedeutung zu: Keller (2011: 127) weist auf die Tatsache hin, dass bereits Foucault den Sprachgebrauch als sozialen Akt der Wirklichkeitskonstruktion begreift, der nicht auf das intentionale Handeln von Kommunizierenden reduzierbar ist, sondern durch institutionell stabilisierte Regeln und Ordnungen der Diskurse geformt wird. „Dabei ist die Sprache aber nicht eine Spur gesellschaftlicher Formationssysteme bzw. sozialer Praxis, sondern praktizierte Sprache selbst ist ein Ermöglichungszusammenhang für Aussagen. Der Diskurs ist unauflösbar mit der Sprache verwoben" (Warnke 2013: 114).

---

41 In Wirklichkeit sind es verschiedene Forschungsperspektiven bzw. -programme, weil sich die Diskursanalyse im Laufe ihrer Entwicklung in vielfältigen Ansätzen, theoretisch wie auch methodisch, ausdifferenziert hat.

Durch die Beschreibung diverser Relationen zwischen Bausteinen eines Diskurses oder Komponenten verschiedener Diskurse sowie nichtdiskursiver Praktiken, d. h. intra-, inter- und extradiskursiver Dependenzen, soll im Sinne Foucaults „das polymorphe Bündel von Zusammenhängen" (Foucault 2001b: 867–868) sichtbar gemacht werden. Im Hinblick auf ihre Medialität bzw. Modalität lassen sich Diskurse als multimodale Größen, genauer: als multimodal konstruierte und realisierte Artikulationen von Wissensräumen betrachten. Bezüglich ihrer Konstitutionsmechanismen umfassen sie „institutionell-organisatorisch regulierte" Praktiken[42] des sprachlichen und nichtsprachlichen Zeichengebrauchs, in deren Rahmen „von gesellschaftlichen Akteuren im Sprach- bzw. Symbolgebrauch die soziokulturelle Bedeutung und Faktizität physikalischer und sozialer Realitäten konstituiert [wird]" (Keller 2013: 27). An diskursiver Wissenserzeugung und folglich an der (Re)Produktion von Diskursen können Aktivitäten verschiedener Art und alle Phänomene beteiligt sein, denen Bedeutung in Kommunikationsprozessen zugeschrieben wird (vgl. z. B. Knoblauch/Tuma 2018: 517). Eine Diskursanalyse, die auf Foucaults Konzeptionen aufbaut, kann sich somit nicht ausschließlich auf Texte im Sinne einer monocodierten Sprachlichkeit beschränken.[43] Diese existiert eigentlich kaum, da selbst die Schriftsprache multimodale Züge aufweist, z. B. die Typographie der Schrift, ihre Farbe oder das grafische Layout (mehr dazu z. B. Spitzmüller 2013: 153–158). Über den Text hinaus ist somit auch die schriftsprachliche Kommunikation „ein visuelles Arrangement der Schriftzeichen auf einer Fläche als Gestaltungseinheit" (Bucher 2012: 55). Es ist also davon auszugehen, dass an der Sinnkonstitution[44] von Texten (und Text-Bild-Konglomeraten) als Diskursausschnitten verschiedene Kommunikationsmodi multiplikatorisch zusammenwirken. In diesem Sinne können auch Emotionen als kommunikative Phänomene und multimodale Konstrukte im Rahmen einer multimodal ausgerichteten Diskursanalyse untersucht werden, da diese Forschungsperspektive „Sensibilität für die kommunikativen Signifikationsvollzüge [schafft], die durch bestimmte Gestaltung der Zeichenausdrucksebene und der Sinnkonstruktion auf der Zeicheninhaltebene der Diskursfragmente realisiert sind" (Meier 2011: 504). Die multimodale Zeichenhaftigkeit von Emotionen kann dadurch erfasst

---

42 Nach Reiner Keller werden diskursive Praktiken wie folgt konzeptualisiert: „Als *diskursive Praktiken* bezeichne ich typische realisierte Kommunikationsmuster, sofern sie in einem Diskurszusammenhang eingebunden sind. [...] *Diskursive Praktiken sind beobachtbare und beschreibbare typische Handlungsweisen der Kommunikation, deren Ausführung als konkrete Handlung – ähnlich wie im Verhältnis zwischen typisierbarer Aussage und konkret-singulärer Äußerung – der interpretativen Kompetenz sozialer Akteure bedarf und von letzteren aktiv gestaltet wird.* (Hervorhebungen im Original; Verf.)" (Keller 2005: 223).

43 Zum Zusammenhang von Bild und Sprache (Text) hat sich auch Michel Foucault mehrmals geäußert, allerdings mit Bezug auf bildende Kunst. So konstatiert er: „Diskurs und Figur haben jeweils ihre eigene Seinsweise; aber sie unterhalten komplexe, verschachtelte Beziehungen. Ihr wechselseitiges Funktionieren gilt es zu beschreiben" (Foucault 2001a: 796).

44 Für Diskursforscher*innen ist Sinn „kein den Zeichen, Aussagen oder Texten inhärenter Inhalt. Sinn ist vielmehr ein Produkt einer kommunikativen Praxis, in der semiotische Ressourcen in bestimmten Kontexten gebraucht werden." (Angermuller 2014c: 19)

und analysiert werden, dass ihr soziokultureller Gebrauch und ihre mediale Kontextualisierung fokussiert werden.

Die sprachlichen Mittel, die für das jeweilige agonale Zentrum grundlegend sind, konstituieren in der Regel auch diskursive Affekte: Aus diskurslinguistischer Sicht sind sie somit Indikatoren für die Analyse von Affekten in – im vorliegenden Fall – deutschen und polnischen printmedialen Diskursen. Agonale Zentren, die sich auf der (weit verstandenen und damit auch visuelle bzw. ikonische Elemente einschließenden) sprachlichen bzw. textuellen Oberfläche manifestieren, werden durch die systematische Analyse der lexikalischen Mittel (als „Agonalitätsindikatoren") und im Hinblick auf das jeweilige Medienereignis wie auch den jeweiligen situativen und medialen Kontext herausgearbeitet. Dies geschieht unter der Berücksichtigung von folgenden linguistischen Beschreibungsebenen: (1) Ebene der Lexeme[45], (2) Ebene von Äußerungseinheiten auf Satzebene, (3) Textebene und zum Teil auch (4) Ebene der Text-Bild-Beziehungen. Sprachlich-propositionale Sinneinheiten, die aus den Dokumenten – printmedialen Pressetexten – ausgewählt wurden, werden einer sequenzanalytischen Feinanalyse unterzogen. Damit wird es möglich, deren diskurspezifischen, affektiven/emotionalen Bedeutungsgehalt zu erfassen und Typen von Affekten/Emotionen ihrer formalen und semantischen Variation zu analysieren. Durch die Anker dichotomischer (agonaler) Konzeptkategorien wird somit die Komplexität der affektiven Diskursinhalte fassbarer (vgl. Felder/Luth/Vogel 2016: 5). Eine linguistisch ausgerichtet Diskursanalyse soll Aufschluss darüber geben, inwieweit im kommunikativen Geschehen kollektive Denkmuster und Mentalitäten zum Ausdruck kommen und sichtbar (erkennbar) werden. In diesem Zusammenhang hat sie nicht nur deutlich zu machen,

> dass, sondern auch wie gesellschaftliche, soziale Wirklichkeit sprachlich konstituiert wird, dass dies beständig der Fall ist und dass dies aufgrund von unterschiedlichen Sichtweisen und Interessen auf jeweils heterogene und konkurrierende Weise geschieht. […]. Es kann […] bewusst gehalten werden, dass es keine objektive und richtige Bezeichnung öffentlicher Sachverhalte gibt, dass daher jeder Sprachgebrauch interessen- und meinungsabhängig ist, dem Andersdenkenden ein anderer Sprachgebrauch zugebilligt werden sollte und jeder einzelne eine seiner Meinung entsprechende Bezeichnungspraxis für sich beanspruchen kann. (Wengeler 2011: 41–42)

Die Analyse von (printmedialen) Texten als Diskursausschnitte in einem gegebenen Zeitraum, unter Berücksichtigung der für die jeweiligen Diskursakteur*innen zu beachtenden Voraussetzungen, Normen oder Gepflogenheiten, erlaubt Rückschlüsse auf die Wirklichkeitssicht, das kollektive Wissen einer Zeit oder die Mentalität der Handelnden sowie auf die damit zusammenhängenden „Ansprüche auf den Besitz der Wahrheit und die Durchsetzung der eigenen Interessen" (Bendel Larcher 2015: 11). Diese analytische Strategie ermöglicht somit auch Affekte als Produkte kommunikativer Praktiken und

---

45 Die Relevanz lexikalischer Elemente in der Analyse weit gefasster politischer Kommunikation diskutiert z. B. Niehr (2017).

Dynamiken zu erkennen und zu erfassen, emotionale Bedeutungen als diskursive Konstrukte zu analysieren sowie auch akteursspezifischen Emotionalisierungsstrategien auf intra-, inter- und transtextueller Ebene Rechnung zu tragen. Ziel einer mediensensiblen, linguistisch ausgerichteten Diskursanalyse ist es somit Aufschluss darüber zu geben, wie bestimmte Sachverhalte (Affekte) diskursiv geformt werden und inwieweit im kommunikativen Geschehen kommunikative Routinen, kollektive Denkmuster und Mentalitäten in einer bestimmten medialen Form zum Ausdruck kommen und sichtbar sowie wahrnehmbar werden.

Diskursanalyse – sowohl in ihrer deskriptiven wie auch kritischen Ausprägung – arbeitet vorwiegend mit qualitativen, aber auch mit quantitativen Daten und kann als eine Methode bzw. ein Feld von Methoden besonders effektiv bei Themen mit hohem Konflikt- bzw. „Dissenspotential" (Schiewer 2014a: 48) – und mit solchen brisanten Themen haben wir es in der Regel in deutschen und polnischen Mediendiskursen zu tun – eingesetzt werden. In diesem Zusammenhang wäre das in der linguistischen Diskursanalyse dominierende deskriptive Verfahren um das Instrumentarium der Kritischen Diskursanalyse zu ergänzen, da sie auch „an der Aufdeckung ideologischer Substrate im Diskurs interessiert [ist], das heißt von Wertehaltungen jeglicher Art" (Schiewer 2014a: 55).[46] Es ist ein probates Mittel, um von der Analyse der Sprache einer Gesellschaft bzw. Gemeinschaft erkenntnistheoretisch profitieren zu können. Indem Regeln einer diskursiven Praxis – im vorliegenden Fall einer Praxis der Emotionalisierung bzw. Affektivierung – expliziert und in ihrer Gewordenheit aufgezeigt werden (vgl. Langer/Nonhoff/Reisigl 2019: 8), kann zur Verbesserung von affektiven Kommunikationsverhältnissen beigetragen werden[47].

Den Ausgangspunkt für diskursanalytische Projekte bilden aktuelle politische, gesellschaftliche und kulturelle Fragen bzw. Ereignisse. Mit Jäger (2011: 109) können diese Begebenheiten als *diskursive Ereignisse* bezeichnet werden: Sie werden „politisch, und das heißt in aller Regel auch durch die Medien, besonders herausgestellt", d. h. sie zeichnen sich durch relativ hohe mediale Präsenz aus und beeinflussen in unterschiedlichem Ausmaß „die Richtung und die Qualität des Diskursstrangs, zu dem sie gehören" (vgl. 3.3 Analyseobjekte: gesellschaftliche Ereignisse als Medienereignisse).

Die Analyse von Texten ist dann das Mittel zum Zweck, um Aussagen über die Art, Qualität, politische und/oder ideologische Ausrichtung sowie affektive Aufladung der zu erforschenden Diskurse bzw. Diskursausschnitte machen zu können und gege-

---

46 Die Aufgabe, das Kritikwürdige zu lokalisieren und zu beschreiben, ist eigentlich für jede Art der Diskursanalyse grundlegend: „Denn Diskurse zu analysieren bedeutet ja, Bedeutungs- und Sinnproduktion (die sich oft, aber nicht nur sprachlich ereignet) solchermaßen zu untersuchen, dass der Kontext, in dem Diskurse eingebettet sind, der Zusammenhang mit der sozialen Situation bzw. dem konkreten Moment der Bedeutungs- und Sinnproduktion und der intertextuelle Verweiszusammenhang nicht verloren gehen" (Langer/Nonhoff/Reisigl 2019: 5).

47 Im Sinne von Foucault generieren Diskursanalysen selbst Aussagen und intervenieren dadurch „in das Feld des verfügbaren Wissens und in die hiermit verbundenen Machtverhältnisse" (Nonhoff 2019: 16). Es ist jedoch kein positives, präskriptives Hineinwirken in Gesellschaften oder Gemeinschaften.

benenfalls die potenziellen Folgen für die jeweilige Gemeinschaft zu erkennen. Es ist dabei nicht nur der Frage nachzugehen, was und auf welche Weise zu einem bestimmten Zeitpunkt in einer Gemeinschaft zu einem fraglichen Thema gesagt worden ist, sondern auch was nicht gesagt oder aus einem Diskurs verbannt wird (nach Foucault die limitierende Kraft von Diskursen), „weil es gesellschaftlich nicht legitim ist oder kollektiv verdrängt wird" (Bendel Larcher 2015: 13).

Aus diskursanalytischer (Makro)Perspektive (abgesehen wird also von der rezeptions- und dispositionsorientierten Sicht) sind Affekte als Untersuchungsgegenstand in doppelter Hinsicht relevant: einerseits als Objekte (Resultate bzw. Ausprägungen diskursiver Handlungen), andererseits als diskursive Praktiken selbst (Praktiken der Darstellung, der Manifestation und der Generierung diskursiv verhandelbarer Phänomene).

Wie alle sozialen Praktiken setzen sich auch affektive Praktiken aus verschiedenen Komponenten zusammen: Sie werden von bestimmten Diskursakteur*innen bzw. Konstellationen in einem konkreten – hier printmedialen – Umfeld und nach bestimmten Regeln im Rahmen einer *one-to-many*- bzw. *many-to-many*-Kommunikation ausgeführt. Diskursakteur*innen sind mithin Subjekte, die auf einer individuellen und/oder kollektiven Ebene im Bereich der massenmedialen Kommunikation agieren und unter Anwendung geltender Regeln bestimmte Diskursausschnitte (printmediale Produkte) generieren.

Greift man auf die Bühler'schen Kategorien der Symbol-, Symptom- und Appellfunktion zurück, so lässt sich im Falle der analogen (und digitalen) schriftsprachlichen Kommunikation von symbolisch realisierten, affektgeladenen Äußerungen sprechen. Ihnen liegt in der Regel der Zustand der sog. *cold emotion* – der „reflexiven Emotion"– zugrunde, der durch die Spezifik des Mediums „Schrift" evoziert und vordergründig durch die Darstellungsfunktion der Sprache realisiert wird: „Seitens des Emittenten handelt es sich hierbei eher um eine sachorientierte und im Allgemeinen intentionale Emotionsäußerung ohne unmittelbare eigene Emotionalisierung." (Schiewer 2007a: 348) Die in schriftlichen Formen realisierte Affektivität ist demnach ausdrücklich mit kognitiven Bewertungsaspekten verbunden. Die reflexive Dimension der Darstellung bzw. des Ausdrucks wird eigentlich durch die mediale Eigenart der Schrift erzwungen.

Affekte in ihrer materiellen bzw. medialen Form sind als „Sinnbildungsinstrumente" anzusehen, „die ihr semantisches Profil aus den kognitiven und kommunikativen Strategien gewinnen, in die sie jeweils eingebunden sind" (Köller 2006: 333). In diesem Sinne sind sie keine absoluten Größen, die jenseits medialer und situativer Einbettung exakt erfasst werden können. Auf der Folie des kultur-, sozial- und sprachwissenschaftlich fundierten Konzepts der Praktik lassen sich Affekte als bestimmte, durch ihre soziokulturellen, medial-modalen, situativen, raumzeitlichen und historischen Eigenschaften gekennzeichnete Praktiken verstehen, die von bestimmten, in eine spezifische Lebensform (im Sinne von Wittgenstein) hineinsozialisierten Partizipant*innen (Akteur*innen) vollzogen werden. Indem Affekte auf diese Weise theoretisiert und reflektiert werden, können sie als kommunikative Ressourcen für Medienangebote, mediale und diskursive Aktivitäten (Performanzen) sowie als Ergebnisse dieser Aktivitäten aufgefasst werden. Im Unterschied zu der in der Linguistik weit verbreiteten kognitiv geprägten Sicht auf

Affekte respektive Emotionen ist diese medien- und diskurslinguistisch fundierte Forschungsperspektive noch kaum etabliert.

Um sozialen Phänomenen, für die Diversität und Komplexität signifikant sind, im analytischen Bereich Rechnung tragen zu können, werden entsprechende Instrumente benötigt, die fachübergreifende Perspektivierung und mehrstufige Beschreibung ermöglichen. Diese Kriterien erfüllt das offene, mehrdimensionale, medien- und diskursanalytisch fundierte Modell zur Analyse und Beschreibung von Emotionen als diskursive Phänomene. Aus forschungspraktischer Sicht versteht es sich als ein Methodenmodell, das die Verwobenheit thematischer bzw. inhaltlicher und struktureller Dimensionen von Produkten sprachlicher (und zum Teil auch nichtsprachlicher, ikonischer) Kommunikation mit ihrer jeweils spezifischen Medialität und ihren sozialen Handlungszusammenhängen sowie der Einbindung konkreter Kommunikationsweisen und -formen in den Lebenszusammenhang einer Gemeinschaft hervorhebt (vgl. z. B. Busse 2005: 30–31). Die Situierung und – was damit zusammenhängt – die Entzifferung von Emotionen als „sichtbare Gefühle" in einer bestimmten Praxis und sozialen Zusammenhängen schließen auch die Vorstellung einer Pluralität von gefühlsmäßigen Manifestations- und Generierungsformen mit ihrer räumlichen und historischen Varianz ein. Konzeptionell lehnt sich unser Modell an das von Warnke und Spitzmüller (vgl. 2011: 121–201) erarbeitete und mittlerweile in der nicht nur sprachwissenschaftlich ausgerichteten Diskursanalyse fest etablierte Modell der diskurslinguistischen Mehr-Ebenen-Analyse (DIMEAN) an. Es ist ein an sich methodologisches Modell, das die „komplexe Morphologie des Diskurses" (Warnke/Spitzmüller 2008: 9) darzustellen und zu systematisieren sucht, indem es verschiedene linguistische Phänomene auf transtextueller Ebene (Wissen), intratextueller Ebene (Texte) und auf der Ebene der handelnden Personen (Akteure) in den Zusammenhang eines Modells bringt. Die intratextuelle Ebene umfasst Einheiten der textuellen Mikroebene (Wörter, Wortgruppen und Propositionen) sowie Elemente der textuellen Meso- und Makroebene (Textthemen, Teilthemen und visuelle Textstrukturen). Die transtextuelle Ebene fokussiert Diskurszusammenhänge: Die Aufmerksamkeit wird auf Topoi, Frames, Deutungs- und Argumentationsmuster, diskurssemantische Grundfiguren und intertextuelle Phänomene gerichtet. Diese beiden Ebenen werden durch die Ebene der (personalen oder nichtpersonalen) Diskursakteur*innen verbunden: Hier werden Aussagen ausgewählt und aufbereitet. Bezogen auf ihre Rollen und Positionen entscheiden handelnde Personen (Akteur*innen) darüber, welche Aussagen in einen Diskurs eingehen, welche Inhalte kommentiert, distribuiert oder marginalisiert werden. Im Hinblick auf die Ebene der Akteure formuliert Foucault in seiner „Archäologie des Wissens" folgende Fragen: „Erste Frage: Wer spricht? Wer in der Menge aller sprechenden Individuen verfügt begründet über diese Art von Sprache? Wer ist ihr Inhaber? Wer erhält von ihr seine Einzigartigkeit, sein Prestige, und umgekehrt: Von wem erhält sie wenn nicht ihre Garantie, so wenigstens ihren Wahrheitsanspruch?" (Foucault 1981: 75). Für eine genuin mediensensible, sprachwissenschaftliche Diskursanalyse erscheint es demnach nötig, eine explizitere Begründung diskurs- und emotionstheoretischer Begriffe vorzunehmen, die nicht nur auf das Verhältnis von Emotionen, Diskursen und (Massen)Medien eingehen, sondern dabei eben auch die Rolle unterschiedlicher

Akteure*innen berücksichtigen. Im vorliegenden Vorhaben geht es zwar nicht um eine diskurslinguistische Akteursanalyse im engeren Sinne, aber der Relevanz der an medialen Diskursen Beteiligten und diese (Mit)Konstruierenden muss dennoch Rechnung getragen werden. Neben anderen Komponenten wie Medienereignissen und Medialitäten der jeweiligen Konstruktion und Vermittlung von Wissen stellen sie wichtige Bezugsgrößen und Subebenen des Modells dar beim Versuch, massenmediale Affekte zu erfassen bzw. zu rekonstruieren und zu analysieren, darunter auch die eingesetzten Strategien der Emotionalisierung und (potenziellen) affektiven Ansteckung (Affizierung). Diskursakteur*innen sind keine außerdiskursiven Konzepte autonom handelnder Individuen oder Organisationen, „sondern jemand, der durch die diskursive Ordnung in die Lage versetzt wird, sich in bestimmter Art und Weise zu artikulieren, während andere dies nicht in gleicher Weise tun können" (Dreesen 2013: 225). Das Akteurs-Konzept wurde vordergründig in den Sozialwissenschaften ausgearbeitet: Unter dem Begriff „Akteur" bzw. „Akteurin" werden dort individuell oder kollektiv Agierende verstanden, die – um ihre (interessengeleiteten) Ziele erreichen zu können – bestimmte Ressourcen mobilisieren: „Akteure seien dabei weder vollkommen frei, noch seien ihnen die sozialen Kräfte und Zwänge notwendig bewusst, die auf ihr Handeln wirken" (Angermuller 2014b: 25). Akteure beteiligen sich an Diskursen einzeln oder kollektiv und bilden „heterogene Teilgemeinschaften mit unterschiedlichen Erfahrungs- und Wahrnehmungshorizonten" (Kämper 2019: 15).

Im Fokus unseres Interesses stehen hier vor allem Journalist*innen, die „dezidiert aus der Position des nicht für die Entscheidungen Verantwortlichen diese Entscheidungen beurteilen und erläutern" (Januschek 2017: 464) sowie mithilfe institutioneller und technologischer Möglichkeiten und Ressourcen der Massenmedien an die – wie im folgenden Fall – Leserschaft vermitteln. Die Nichtbeteiligung an den jeweiligen Ereignissen und/oder Entscheidungen impliziert jedoch nicht, dass die (massenmedialen) Akteure*innen nur im Rahmen wägender Diskurse agieren. Ganz im Gegenteil: Oft kann angenommen werden, dass von diesen Akteur*innen bestimmte, politisch oder ideologisch motivierte Deutungs- und folglich auch Profilierungs- respektive Machtansprüche geltend gemacht werden.

In Diskursen wird nicht nur Wissen[48] produziert und materialisiert, sondern auch Macht, verstanden im Sinne von Foucault (vgl. z.B. Foucault 1975/1994: 39) als ein System von – für das Funktionieren einer Gesellschaft notwendigen – sozialen Beziehungen. Unentbehrliche Bestandteile dieser Relationen sind individuelle oder kollektive Diskursakteur*innen, die „an den Schlüsselstellen des Diskurses wachen und an der Produktion von Macht und Wissen maßgeblich beteiligt sind" (Spitzmüller 2017: 353). Versteht man Praktiken im praxeologischen Sinne als „wissensbasierte Tätigkei-

---

48 Aus diskursanalytischer Sicht wird Wissen nicht als eine abstrakte Idee, sondern als Teil einer Sinnstiftungspraxis betrachtet. Es wird zwar kollektiv produziert, aber zugleich „auch gemäß der vorgegebenen Wissens-, Handlungs- und Erfahrungsdisposition des Individuums je spezifisch konstituiert" (Felder 2013b: 14). Demnach ist Wissen eine kollektiv hergestellte und verbreitete Sinnformation, die auf eine individuelle Art und Weise adaptiert wird.

ten […], die auf kollektive Wissensordnungen bezogen sind" (Fritzsche/Rabenstein/Idel 2011: 21) oder als Artikulationen, die produzierte Elemente in Beziehung setzen und zugleich transformieren (vgl. Ott/Wrana 2010: 167)[49], so kann das diesen Praktiken zugrunde liegende implizite Wissen, das den Produkten expliziten Wissens dient, nicht ohne Akteure*innen expliziert werden.

In ihrer Diskurspraxis sind soziale (darunter auch mediale) Akteur*innen in institutionell-organisatorische Felder und in strategische Auseinandersetzungen um Deutungshoheiten eingebunden (vgl. Pentzold 2019: 24). Im Modell von Spitzmüller und Warnke ist die Dimension der Medialität als Erwartung an bestimmte Formen der Vermitteltheit in die Ebene der Akteure integriert, da Medien „Zugänge zum Diskurs [steuern], so dass sie als Akteure wirken" (Spitzmüller/Warnke 2011: 184). Durch diese Bestimmung wird die Rolle der Medien/Medialität im diskursiven Geschehen nicht richtig erkannt und dadurch eingeschränkt. Für Heidrun Kämper hingegen besteht die besondere Funktion der Akteur*innen im Diskurs darin, „Sinn zu schaffen und gleichzeitig selbst Sinnträger zu sein" (Kämper 2017: 259). Die Möglichkeiten der jeweiligen Akteur*innen bzw. Akteurskonstellationen, Diskurse als soziale Praktiken mitzugestalten bzw. zu beeinflussen und verbalen (und zum Teil auch nichtverbalen) Mustern zu Dominanz zu verhelfen, korreliert dabei mit deren Rolle und Position in diesen „mehr oder weniger symmetrische[n] oder asymmetrische[n] Strukturen" (Kämper 2017: 263).

Von der Textanalyse ausgehend werden dank diesem stufenweisen Verfahren Aussagen über den jeweiligen Diskurs ermöglicht, da sprachliche Mittel als „Indikatoren für diskurssignifikante Prägungen" (Felder 2015: 88) instrumentalisiert werden können. Für die Zwecke der Studie *Emotionale Nachbarschaft. Affekte in deutschen und polnischen medialen Diskursen* wurde das Modell leicht modifiziert: Im Anschluss an das von Schneider (2017) vorgeschlagene, handlungsbezogene, die Trennung zwischen Technik und Zeichengebrauch aufhebende Konzeption des Mediums als „Verfahren der Zeichenprozessierung" (Schneider 2017: 37) wird nach medialen Bedingungen gefragt, die für die printmediale Kommunikation spezifisch sind und die Artikulation wie Generierung von Affekten und dann ihre Verbreitung und Rezeption möglich machen. Im Mittelpunkt steht somit die Medialität des jeweiligen medialen Verfahrens, d. h. „die Voraussetzungen der Sinnhaftigkeit und die materielle Basis als Träger von Sinn" sowie „die Prozesse der Sinngenese in ihrer unhintergehbar medialen Verfasstheit" (Linz 2016: 104) und ihr Einfluss auf die Konstruktion von Affekten in massenmedialen Diskursen. Auf diese Weise wird verstärktes Interesse an konkreten kommunikativen/diskursiven Handlungen sowie ihren Ergebnissen, also an der pragmatischen Dimension diskursanalytischer Verfahren gezeigt, und die Rolle des Medialen resp. der Medialität im Prozess der Konstituierung, Artikulation, Generierung und Vermittlung von Affekten hervorgehoben.

---

49 „Die diskursive Praxis reproduziert also weder semiotische Horizonte noch außerdiskursive Gegenstände noch vorgängige Subjekte, sie ist vielmehr die performative Praxis, die diese hervorbringt." (Ott/Wrana 2010: 167)

Um der Komplexität des zu analysierenden Phänomens gerecht zu werden, wird im Analysemodell zusätzlich zwischen zwei Hauptebenen der Beschreibung differenziert:

- der realen nicht-medialen (außermedialen) Ebene, auf der externe Ereignisse (Realwelt-Ereignisse) mithilfe solcher Parameter wie Zeit (Zeitabschnitt), gesellschaftliche Akteur*innen, topographische Aspekte und politische bzw. wirtschaftliche Relevanz charakterisiert werden, und
- der medialen Ebene, d. h. Ebene von (diskursiven) Medienereignissen[50]. Diese Beschreibungsdimension umfasst vier Subebenen:
  1) die Ebene der Medialität[51],
  2) die Ebene der medialen Akteure (Diskursakteur*innen)[52],
  3) die intratextuelle Ebene (Ebene der Codierung von Affekten)[53] und
  4) die transtextuelle Ebene (Ebene der Manifestation bzw. Generierung von Affekten)[54].

Tab. 1: Tabellarische Darstellung der Analysekategorien der Medialitätsebene

Medium	**Träger** (Print-Zeitung o. Zeitschrift/mobile Textträger, z. B. Computer, Smartphone, Tablet)
	Kommunikationstechnologie (Print/Digital – offline/online)
Kommunikationsformen (schriftlich/mündlich, synchron/asynchron, monologisch/dialogisch)	
kommunikative Gattungen (Kommentar, Bericht, Meldung, Interview, Tweet, Post etc.)	

Tab. 2: Tabellarische Darstellung der Analysekategorien der Ebene der Diskursakteure

Akteure erster Ordnung (Redaktion, Journalist*innen, Rezipient*innen/Leser*innen)
Akteure zweiter Ordnung (Redaktion/Journalist*innen der zitierten Pressequellen, zitierte Politiker*innen, Expert*innen usw. als Referenzgrößen)
Interaktionsrollen (Autor – Produzent/Agens (Expert), Leser/Adressat (Laie), die Multiplikatoren der Diskursaussagen, Interaktion zwischen der zitierenden und der zitierten Quelle

---

50 Siehe Kapitel 3.3.
51 Siehe die Überlegungen zu Medium, Medialität und Massenmedien in Kapitel. 2.2.
52 Siehe Kapitel 5.3.4.2 und 5.4.4.2.
53 Siehe Kapitel 5.3.4.1 und 5.4.4.1.
54 Siehe Kapitel 5.3.4.3 und 5.4.4.3.

Tab. 3: Tabellarische Darstellung der Analysekategorien der transtextuellen Ebene

Intertextualität (referentielle, typologische)	**visuell** (Interbildlichkeit, Bildzitate)
	verbal (sprachliche Verweise, Zitate)
thematische Verweise	
Topoi	
diskurssemantische Autoritäten (Politiker*innen, Wissenschaftler*innen, Expert*innen etc.)	

Tab. 4: Tabellarische Darstellung der Analysekategorien der intratextuellen Ebene

textorientierte Analyse	**visuelle Textelemente**	**Layout** (lineare Verknüpfungsmuster, nicht-lineare Verknüpfungsmuster (Tabellen, Diagramme)
		Typografie (Mikro-, Makrotypografie)
		Bilder (vorhanden/nicht vorhanden, real/nicht real/wirklichkeitsnah etc.)
		Text-Bild-Muster (formale/semantische/pragmatische Gestaltungsmuster)
	Themenentfaltung	
	Themen in Textteilen	
	Textstrategien (lexikalische Oppositionslinien – Strategien der Textorganisation, die Gegenüberstellung von Begriffen oder Aussagen – nicht nur sprachlich realisiert, auch multimodal)	
propositionsorientierte Analyse	**Implikaturen**	
	Sprechakte (Assertiva, Appelativa/Direktiva)	
	Metaphern(lexeme), rhetorische Tropen u. Figuren (eventuell auch Metaphernfelder/-netze)	
	Präsuppositionen	
wortorientierte Analyse	**Schlüsselwörter**	
	Schlagwörter	
	Stigmawörter	
	Ad-hoc-Bildungen (lexikal. Innovationen)	
	Hochwertwörter	
	Emotionswörter	
	Nomina propria (Eigennamen) – Antroponyme/Nomina collectiva/Toponyme	
	Nomina appellativa	
	feste Phrasen/Kollokationen	

Versteht man kommunikativ konstruierte Wirklichkeit als diskursiv konstruierte Wirklichkeit (vgl. z. B. Keller et al. 2013: 12), bietet der präsentierte diskursanalytische Ansatz unserer Auffassung nach ein effizientes Instrumentarium zur Erschließung mediatisierter Lebenswelten und damit vordergründig zur Analyse von Emotionen als „Beobachterkonstrukten" (vgl. Bucher/Barth 2019: 63) sowie als kommunikativen, mediale Diskurse mitkonstituierenden Praktiken. Es ermöglicht Emotionen im Sinne von bewusst eingesetzten Prozessen der Emotionalisierung medialer Inhalte sowie als Resultate dieser Aktivitäten zu erfassen und zu analysieren. Im Analyseverfahren werden somit auch tentative Annahmen gemacht, wie bestimmte Aussagen bei Rezipient*innen ankommen und wie massenmediale Diskurse, die wesentliche Komponenten demokratischer Gesellschaften sind, auf rezeptive Akteur*innen (Leserschaft) einwirken können sowie was produktive Akteur*innen (Redaktionen, Herausgeber*innen, Jounalist*innen usw.) damit beabsichtigt haben. Diskursausschnitte – einzelne Zeitungsartikel bzw. Aussagen aus Pressetexten, die zugleich Erhebungs- und Analyseeinheiten sind, werden also auf ihre möglichen Auswirkungen hin untersucht. Emotionen tragen nämlich einerseits zur Herstellung sozialer Bindungen bei, andererseits sind sie „unübersehbare Triebfedern von Konflikt und Desintegration" (Scheve/Berg 2018: 27).

3   Zum Korpus der Untersuchung

Mit unserer Analyse wollen wir nicht darauf hinaus, einzelne Ausschnitte der massenmedial realisierten Kommunikation von Emotionen als Untersuchungsgegenstand herauszugreifen und isoliert zu betrachten. Das analytische Ziel besteht darin, die die jeweiligen affektiven Diskurssequenzen konstituierenden Komponenten sowie entsprechende Strategien der Codierung und Generierung von Affekten auf den für sie spezifischen Ebenen zu explizieren, weil sie in der gegebenen kommunikativen Situation zu einer Einheit verschmelzen. Gefragt wird nach der diskursiven Produktion von affektiven Bedeutungen (und affektivem Wissen) in konkreten printmedialen und thematischen Diskursen. Im Mittelpunkt des Erkenntnisinteresses steht auch die Frage, wie (durch welche Praktiken) affektive Bedeutungen zu dominanten Bedeutungen im jeweiligen Teildiskurs bzw. Diskursstrang werden.

Im Hinblick auf das Verhältnis zwischen Diskurs[1] und Korpus als Untersuchungsobjekt gibt es in der Diskursforschung zwei entgegengesetzte Auffassungen: Das von den Forschenden zusammengestellte Korpus sei für die einen mit dem Diskurs gleichzusetzen. Die anderen hingegen betrachten Diskurse als Phänomene, die von den Forschenden unabhängig existieren und deswegen nur mittels der gesammelten Daten (Texten) ausschnittweise erfasst werden können (vgl. z. B. Bendel Larcher 2015: 34). Der vorliegenden Untersuchung liegt die Annahme zugrunde, dass sich Diskurs und Korpus hinsichtlich ihres analytischen Status unterscheiden: Im Gegensatz zum Diskurs wird das Korpus von Diskursanalytiker*innen in Abhängigkeit von der jeweiligen Forschungsfrage und dem Forschungsziel selbst erstellt. Demnach ist es ein

> Forschungsartefakt […], das als konkrete Zusammenstellung sprachlicher [und
> nicht-sprachlicher – Verf.] Einheiten Rückschlüsse auf die kommunikativen Verhältnisse im Wissens-, Sprach- und Handlungsraum des Diskurses ermöglichen
> soll. […] Das Korpus ist nicht der Diskurs, sondern ein Artefakt, das vom Forscher arbiträr nach bestimmten Fragestellungen, Vorlieben, forschungspraktischen Strategien und Zufälligkeiten zusammengestellt wird. (Busch 2007: 150)

Korpora werden im Forschungsprozess und mit dessen Methoden und Prozeduren konstruiert, um Diskurse zu repräsentieren und Teilmengen von Diskursen für die diskursanalytische Zwecke zugänglich zu machen. Unter dem Begriff ‚Korpus' wird im Vorliegenden das ‚konkrete' Korpus im Sinne von Hermanns (1995: 89) verstanden. Es wurde aus einem virtuellen Korpus, das prinzipiell zugängliche Daten beinhaltet (vgl. Spitzmüller/Warnke 2011: 83), durch gezielte Sichtung und Gewichtung, durch eine

---

1   Zum Diskurs-Begriff siehe Kapitel 2.3.1.

DOI: 10.13173/9783447121026.075

Reduktion auf eine genügend große und repräsentative Menge (in der Regel) sprach-licher Dokumente gebildet. Texte wurden sozusagen „aktiv ‚gebündelt' und dadurch erst zu einem Textkorpus gemacht" (Niehr 2014: 30). In dieser Auffassung deckt sich der Begriff des Diskurses weitgehend mit dem des ‚imaginären' Korpus, das alle noch existierenden oder nicht mehr existierenden, thematisch verbundenen Texte enthält. Das ‚konkrete' Korpus wird demnach als Vertreter eines binationalen und interlingu-alen printmedialen Diskurses betrachtet. Dieses Korpus ist pragmatisch bedingt (vgl. Drewnowska-Vargáné 2015: 69–70), d. h. zwischen allen ausgewählten Kommunikaten (Diskursausschnitten) bestehen Gemeinsamkeiten unter folgenden Aspekten der kom-munikativen Praxis: a) Kommunikationsbereich: Massenmedien, b) Übertragungska-nal: Printmedien, c) Textsorten: Gebrauchstextsorten, d) Textproduzent(en): Mehrfach-autorenschaft[2], e) Textrezipient(en): Mehrfachadressierung[3], f) Zeit der Erscheinung in der Presse: 2004–2019. Bei allen Korpusdaten handelt es sich um Pressetexte (bzw. multimodale Kommunikate), die in gedruckter Form erschienen sind, bzw. um deren digitale Kopien – sog. „E-Texte" im Sinne von Storrer (2003: 284), die im Internet als PDF-Dateien archiviert wurden, sowie um die Online-Ausgaben[4]. Das Möglichkeitsfeld für Aussagen von Produzent*innen von Diskursen ist somit im vorliegenden Fall medial vorstrukturiert. In der linguistischen Diskursforschung wird häufig mit Textkorpora gearbeitet, die sich aus massenmedialen, vor allem printmedialen Texten, zusammen-setzen. Für ein solches Vorgehen sprechen einerseits forschungspraktische Gründe (der relativ einfache Zugang zu entsprechenden Pressetiteln), andererseits auch „die für öf-fentliche Diskurse in der Tat prägende Rolle der Massenmedien, wie sie etwa in der Publizistik unter dem Stichwort des Agenda Setting beschrieben ist" (Meier-Vieracker 2022: 10). Es geht um konkrete Medien, Medienformate und zielgruppenspezifische Kommunikationsformen. Heutzutage hat eine jede Analyse kommunikativer Phänome-ne der ständigen, hauptsächlich durch die neuen Medientechnologien bedingten Umge-staltungen der semiotischen Landschaft Rechnung zu tragen. Demnach wird auf medial unterschiedliche, mono- und multimodale Kommunikationsformen eingegangen, auf Konglomerate diverser Zeichensysteme, in denen der Gebrauch der primären kommu-nikativen Ressource – der Sprache – durch (typo)graphische Elemente, Illustrationen, Fotos, Bilder o. ä. ergänzt oder modifiziert wird. Zu untersuchen sind mono- und mul-

---

2 Im Hinblick auf journalistische Texte zeigt sich – so Bucher (1999: 216) – eine „komplexe Produzen-tenkonstellation", da die Pressebeiträge „mehrfach überarbeitet und in der Präsentation zusätzlich formatiert" werden. Im vorliegenden Fall haben wir es zusätzlich mit Mehrfachautoren (journalisti-schen Kollektiven) zu tun, die in zwei unterschiedlichen Regionen und Handlungsräumen tätig und zum Teil von den übergreifenden nationalen Kulturen geprägt sind: Ihre Kulturspezifik „ergibt sich aus unterschiedlichen journalistischen Traditionen, aus der Unterschiedlichkeit der Orientierung des Fa-ches Journalistik und der Pressesysteme, die wiederum mit politischen, sozialen, wirtschaftlichen und kulturellen Verhältnissen ihrer Heimatländer zusammenhängen" (Drewnowska-Vargáné 2015: 80).

3 Mit „Mehrfachadressierung" wird die gleichzeitige Gerichtetheit ein und desselben Pressebeitrags an verschiedene Rezipient*innen (vgl. z. B. Drewnowska-Vargáné 2015: 75).

4 Es geht um journalistische Inhalte als Online-Nachrichten, die „den Artikeln der Printzeitungen ver-gleichbar, aber „nur" im Internet verfügbar sind. Manche Artikel werden auch mehrfach verwertet und sowohl online als auch in einer Printausgabe publiziert" (Taddicken 2019: 1157).

timodal organisierte Diskurse, in denen sich emotionale Bedeutungen „im Zusammenspiel verschiedener semiotischer Systeme" (Warnke/Spitzmüller 2008: 11) konstituierten, denn alle Formen sozialisierter Zeichen[5] können zum Bestandteil semiotischen Handelns in einer sozialen Gemeinschaft werden (vgl. Kress/van Leeuwen 2001). Die diskurslinguistischen Analysen von Emotionen müssen somit empirisches Material aus traditionell und digital schriftlichen Texten wie auch aus multimodalen semiotischen Einheiten (im Sinne von Kress 2010) bzw. Sehflächen (im Sinne von Schmitz 2011) in diversen medialen Formaten gewinnen. Im Rahmen empirisch fundierter Forschungen ist der Einsatz von Korpora als methodischen Instrumenten erforderlich: Sie ermöglichen, aus einer begrenzten Anzahl kommunikativer Äußerungen Aufschluss über das zu untersuchende Objekt – im vorliegenden Fall Affekte – zu gewinnen, das sich nicht ohne Weiteres erfassen lässt (vgl. Angermuller 2014a: 604).

3.1 Prinzipien der Korpuserstellung

Die Grundlage der Analyse bilden in der vorliegenden Studie Texte authentischer, schriftlich realisierter, kommunikativer Praxis – sprachliche Formen, die unter bestimmten medialen Bedingungen geltenden kommunikativen Konventionen folgen und in ihrem „natürlichen" Wirkungsraum, d. h. in ihrem kommunikativen Kontext, erforscht werden. Es sind also „natürlich situierte Daten" im Sinne von Günthner (2003), die frei von dem jeweiligen Forschungsvorhaben hergestellt und nicht etwa für einen bestimmten Zweck elizitiert wurden. Die anstehende Analyse ist zwar korpusorientiert, aber nicht korpuslinguistisch im engen Sinne des Wortes, da es eher deduktiv vorgegangen wird: Der Untersuchungsgegenstand sowie die relevanten Kategorien sind schon vor der Korpusrecherche möglichst exakt definiert worden (vgl. Bubenhofer 2009: 17). Aus diskurslinguistischer Sicht stellen die gewonnenen Korpusdaten bzw. Diskursausschnitte – thematische Aussagenverbünde, also „semantisch organisierte transtextuelle Strukturen" (Dreesen/Stücheli-Herlach 2019: 128) – eine Grundlage für ein methodisches Herangehen an massenmedial konstruierte und vermittelte Affekte dar, mit dem ihre Formen, semantische Profile und Funktionen untersucht werden.

Für die Erhöhung der Glaubwürdigkeit eines jeden qualitativ-hermeneutischen Ansatzes ist eine möglichst umfangreiche empirische Basis erforderlich. Eine der zentralen Aufgaben der Korpuserstellung ist es, die für den betreffenden Diskurs repräsentativen Texte zu finden. Das Kriterium der Repräsentativität kann hier jedoch nicht statistisch als „die Möglichkeit, von einer Stichprobe auf eine Gesamtheit zu schließen" verstanden werden, da Diskurse „kein natürliches Außen oder Grenzen aufweisen, aus denen sich repräsentative Korpora ausstanzen ließen" (Angermuller 2014a: 647). Im Hinblick auf die themenorientierten Korpora bedeutet repräsentativ „das Typische erfassend" (vgl. Bendel Larcher 2015: 34). Mit der Repräsentativität geht auch das Kriterium der Rele-

---

5 In diesem Zusammenhang lässt sich ein Forschungsdesiderat formulieren, dass auch die neuesten, vorwiegend durch das Internet geprägten diskursiven Ereignisse hinsichtlich ihrer affektiven Potenziale z. B. in Memes und Tweets zu analysieren sind.

vanz einher: Es werden nur Texte berücksichtigt, die das jeweilige Medienereignis zum Hauptgegenstand haben und dadurch makropropositional integriert sind.

Eine Validierung von Untersuchungsergebnissen findet über eine kritische, unabhängige Lektüre mindestens zweier Forscher*innen statt (vgl. Warnke/Spitzmüller 2008: 24). Dadurch können Einseitigkeit bzw. Voreingenommenheit vermieden und der eventuelle Vorwurf der hermeneutischen Beliebigkeit unserer Vorgehensweise entschärft/entkräftet werden.

Auch wenn die klassischen Güterkriterien der traditionellen qualitativen Forschung nicht immer und nicht in vollem Ausmaß für die Bewertung der diskurslinguistisch ausgerichteten Forschungspraxis eingesetzt werden können, so kann sich die Qualität doch „an den spezifischen Anforderungen und Herausforderungen des Forschungsprozesses, besonders an dessen innerer Kohärenz, Plausibilität und Stringenz" (Angermuller/ Schwab 2014: 647) bemessen.

Intersubjektivität und Nachvollziehbarkeit des Forschungsprozesses (vgl. z. B. Steinke 2010: 324) bei einer interpretativen Vorgehensweise herzustellen, ist immer eine schwierige Aufgabe. Dieser Herausforderung wurde man u. a. durch kontinuierliche Selbstreflexion, also durch Diskussionen unter Projektteilnehmenden (gegebenenfalls auch mit anderen Forschenden) im Hinblick auf die geplanten Methoden oder diskursive Dateninterpretation gerecht. Im Sinne einer modernen qualitativen Forschung wird zugleich angenommen, dass eine vollkommene Ausschaltung der Subjektivität der Forschenden nicht möglich ist: „Objektivität heißt hier, dass die Forschenden ihr methodologisches Vorgehen reflektieren und nachvollziehbar offenlegen" (Baur/Blasius 2014: 47).

Es wird davon ausgegangen, dass dieses nach bestimmten, präzise genannten Kategorien erstellte Korpus die Kriterien der methodischen Stringenz und der Adäquatheit erfüllt und die Orientierung in einer großen Materialfülle, die verschiedene Diskursebenen betrifft, handhabbar macht.

Es liegen bereits zahlreiche einschlägige Arbeiten vor, die sich explizit mit Fragen der Korpusbildung für diskursanalytische Zwecke befassen, u. a. von Busse und Teubert (1994), Gardt (2007), Busch (2007), Bubenhofer (2009), Spieß (2011), Spitzmüller und Warnke (2011), Busse (2013b), Niehr (2014). Wie schon oben erwähnt, macht erst die Erstellung eines Korpus den Zugang zum jeweiligen Gegenstand der diskursanalytischen Untersuchung möglich. Im vorliegenden Fall wird z. B. auf die Generierung von Affekten vorwiegend durch schriftlichen Sprachgebrauch in printmedialen Diskursen fokussiert. Deswegen ist es von großer Relevanz, empirische Daten nach intersubjektiv nachvollziehbaren Kriterien zu erheben und eine Datenbasis herzustellen, die in Bezug auf den Forschungsgegenstand und die Ziele der Untersuchung angemessen ist. Es sei darauf verwiesen, dass die Selektion der Korpustexte ein interpretativer Akt ist, „bei dem das Interesse der Wissenschaftler, deren Untersuchungsziele usw., entscheidend bleiben. Die Einheit des Diskurses, die Bestimmung der Grenzen potenziell unaufhörlich vernetzter Texte, ist folglich nur hypothetisch" (Römer 2017: 50).

Um eine adäquate Beschreibung und Analyse von Mitteln und Strategien zur Erzeugung von Affekten und zur emotionalen Positionierung von bestimmten Inhalten in massenmedialen Diskursen zu gewährleisten, sollte – wie bereits angedeutet – das

Analysekorpus aus Texten (unterschiedlicher semiotischer Provenienz) bestehen, die im öffentlichen Raum vorkommen, d.h. transparente und allgemein zugängliche Bestandteile öffentlicher Diskurse sind. Diesen Kriterien entsprechen Medientexte im Sinne von Burger und Luginbühl (2014), d.h. Texte, die thematisch zusammengehören, unterschiedlichen Pressetextsorten zuzuordnen sind (fakten- und/oder meinungsbetont, berichtend oder kommentierend), aus einem vorab definierten Zeitraum und aus medial unterschiedlich realisierten (printmedial oder digital/online) Zeitungen sowie Zeitschriften/Nachrichtenmagazinen stammen.

In einem ersten Schritt wird demnach Material im vorab definierten Untersuchungs-feld gesucht. Gesammelt werden Printprodukte oder Webdaten – Knuchel und Luth (2018: 32) bezeichnen diese Verfahrensweise als „non-reaktive Datengewinnung".

Damit der für die Sinnkonstruierung so wichtige Äußerungskontext (z.B. Informationen über wichtige Akteure und dominierende Diskurspositionen) sichtbar bleibt und die Dateninterpretation in Form „dichter Beschreibung" (Geertz 1994) erfolgen kann, sollen die Metadaten möglichst komplex und umfangreich sein. Das Korpus wird dann nach den folgenden Parametern (Selektionskriterien) zusammengestellt:

- THEMA (thematische Eingrenzung, inhaltliche Charakteristika): *Emotionale Nach-barschaft. Affekte in deutschen und polnischen medialen Diskursen seit dem EU-Beitritt Polens.*
- ZEITSPANNE/ZEITRAUM: (Bestimmung des Untersuchungszeitraums) (ein synchrones Korpus): Der zeitliche Rahmen des Textkorpus erstreckt sich über 15 Jahre: von 2004 (EU-Beitritt Polens) bis 2019.
- GEOGRAPHISCHER RAUM/AREAL: Ihre Berücksichtigung finden ausschließlich Printmedien, die jeweils auf dem deutschen und auf dem polnischen Pressemarkt präsent sind (d.h. Bestandteile des deutschen und des polnischen Mediensystems).
- MEDIUM (Veröffentlichungsform): die Qualitätsprintmedien[6] (gewähren Einblick in etablierte diskursive Aussagen und Meinungen) und die Boulevardpresse (gewährt Einblick in stark meinungsbetonte bzw. -beeinflussende, -verstärkende oder -manipulierende Informationsvermittlung).
- TEXTSORTE(N): Hinsichtlich dieses Kriteriums ist das Korpus heterogen. Bei der Erstellung wurden keine textsortenspezifischen Beschränkungen beachtet, da die Klassifizierung nach Pressetextsorten für die Zwecke der Analyse irrelevant ist. Ebenso ist die Einteilung nach informations- und meinungsbetonten bzw. berichtenden und kommentierenden Texten nicht plausibel. Die lange Zeit gültige Einteilung der Presseerzeugnisse nach den Kriterien *informations-* oder *meinungsbetont* ist heutzutage kaum durchzuhalten, auch wenn z.B. die Textsorte „Pressenachricht" nach wie vor nicht auf die Darlegung persönlicher Meinungen und Ansichten der Verfasser*innen ausgerichtet ist und sich durch einen relativ hohen Konventionalisie-

---

6 Mit Spieß (2011: 253) werden „Printmedien als Möglichkeitsbedingung von Diskursen" angesehen. Es wird davon ausgegangen, dass auch in der Internet-Ära Zeitungen, Zeitschriften bzw. Nachrichtenmagazine einen wesentlichen Einfluss auf den gesamten gesellschaftlichen Diskurs, auf Haltungen und Einstellungen sowie auf Denk- und Handlungsweisen haben.

rungsgrad auszeichnet. Die Art der medialen Gestaltung trägt jedoch dazu bei, dass die „nackte" Gegenstandsdarstellung (Information) in einer bestimmten Weise, also intentional, modelliert bzw. profiliert wird, u. zw. mit dem Ziel, die Rezipierenden zu beeinflussen.

- Akteure: Subjekte, die auf einer individuellen und/oder kollektiven Ebene im Bereich der massenmedialen Kommunikation agieren und unter Anwendung geltender Regeln bestimmte Diskursausschnitte (printmediale Produkte) generieren.

Die oben genannten, vom Untersuchungsgegenstand und von den Forschungsfragen geleiteten Kriterien zur Datenauswahl sorgen dafür, dass das erstellte Korpus als ausgewogen (vgl. Lemnitzer/Zinsmeister 2010: 52–54) angesehen werden kann.

Das Gesamtkorpus des Projekts ist thematisch orientiert und setzt sich aus kleineren Textsammlungen (Sub- bzw. Teilkorpora) zu den angedachten Teilthemen (Medienereignissen[7]) zusammen.

Hinsichtlich der Sprache ist es heterogen (Deutsch, Polnisch), wobei die einzelnen Teilkorpora, die das Gesamtkorpus bilden, an sich als homogen einzustufen sind.

Für die Zwecke der vorgenommenen interpretativen Untersuchung wurden wie bereits erwähnt Artikel aus Printmedien (Zeitungen und Nachrichtenmagazinen) als Träger eines gesellschaftlichen Diskurses nach vorab festgelegten Kriterien zu einem geschlossenen, also beständigen Korpus zusammengestellt.[8] Das Material wurde in ei-

---

7   Siehe Kapitel 3.3.

8   Um Pressetexte (Diskursausschnitte) zu einem konkreten Ereignis als Materialgrundlage für die Analyse zu gewinnen, wurden beim Durchsuchen von (analogen und/oder digitalen) Pressearchiven der ausgewählten Zeitungen und Zeitschriften/Nachrichtenmagazine bestimmte Suchwörter eingesetzt, die das jeweilige Ereignis benennen oder für das Ereignis charakteristisch bzw. spezifisch sind. Dadurch kann das Gleichgewicht zwischen für die Untersuchung (noch) relevanten und nicht mehr relevanten Texten gewahrt werden und die Grundlage für das Kontrastieren von Affekten in beiden Teildiskursen gebildet werden (vgl. Kammermann 2022: 45). Die Suchergebnisse wurden auf ihre Relevanz hin geprüft. War es erforderlich, so wurde der Suchvorgang wiederholt. Im nächsten Schritt wurden die Suchergebnisse durch das Hinzufügen eines zusätzlichen Suchwortes gefiltert, um nur die Texte zu berücksichtigen, die die Ereignisse in Deutschland und Polen thematisieren. Bei der Suche in polnischsprachigen Quellen wurden z. B. solche Lexeme eingesetzt wie *Niemcy* [Deutschland/Deutsche], *niemiecki* [deutsch]. Die erzielten Ergebnisse wurden mithilfe einer Internet-Suchmaschine im Hinblick auf den festgelegten Zeitraum und Pressetitel zusätzlich verifiziert. Die gewonnenen Daten wurden dann in Form einer Tabelle zusammengestellt. Die Tabelle enthält eine stichwortartige Beschreibung einzelner Textdaten unter Berücksichtigung der folgenden Kriterien: Kommunikationsbereich/Domäne, (Medien)Ereignis, Quelle(n) der Korpusbelege, Form, Datum, Seite, Link zum Text und zusätzliche Bemerkungen. Die Korpustabelle (Excel) generierte automatisch einen Artikelcode, der nachher in der Analyse verwendet wurde. Angegeben wurden auch die Gesamtzahl aller Texte (Textdaten) sowie die Anzahl der Texte nach bestimmten Kriterien/Kategorien, z. B. die Anzahl der Texte zu einem bestimmten Ereignis, in einem bestimmten Pressetitel oder in einer bestimmten medialen Form. Die ausgewählten Textbeispiele wurden somit selektiert und annotiert. Dadurch wurden die Korpusdaten zugänglich gemacht. Es sei hier darauf hingewiesen, dass hinter jeder Annotation Entscheidungen stecken, die auf theoretischen und methodisch-methodologischen Annahmen basieren und dadurch „eine gewisse Perspektive auf das Korpus nach sich ziehen, während dadurch andere in den Hintergrund rü-

nen Kommunikationszusammenhang eingeordnet, in dem diverse Faktoren wie z. B. (kollektive) Textproduzent*innen sowie soziokultureller, historischer und politisch-wirtschaftlicher Hintergrund eruiert wurden.

Korpora sind immer Phänomene auf der Beschreibungsebene, d. h. „Gegenstände auf der Metaebene der Beschäftigung mit Texten, sie existieren nicht unabhängig von einer Person, die sie zusammenstellt" (Siefkes 2013: 387). Zu betonen ist, dass Korpusdaten Ergebnisse wissenschaftlichen Arbeitens sind, die auf medial konservierten Dokumentationen sozialer Wirklichkeit basieren: „Erst der Konservierungs-, Selektions-, Bewertungs-, Analyse-, Interpretations- und Darstellungsprozess während der Forschung macht diese im Feld gesammelten Dokumentationen dann schrittweise zu Daten [...]" (Meyer/Meier zu Verl 2014: 246). Korpusdaten sind immer interpretierte Daten[9] und Aussagen über diese Daten sind Interpretationen von Interpretationen (vgl. Scharloth 2018: 144).

Für das vorliegende Vorhaben ist die linguistische Sichtweise zwar vorherrschend, aber unser Erkenntnisinteresse richtet sich nicht notwendig auf die formalen Regeln und Strukturen der sprachlichen Ressourcen der jeweiligen Kommunikationsgemeinschaft. Der analytische Fokus wird vorzugsweise auf bestimmte schriftsprachliche (und gegebenenfalls ikonische) Konventionen bzw. Ordnungen gelegt, die in einem soziokulturellen, medialen, historischen usw. Praxiszusammenhang entstehen. In diesem transdisziplinären Sinne wird dem Ansatz der (wissens)soziologischen Diskursanalyse (post)foucaultscher Provenienz[10] gefolgt. Unser Ziel ist dementsprechend „der rekonstruktive Schluss von Texteigenschaften auf Praxiseigenschaften" (Diaz-Bone 2013: 280): Affekte wollen hier als integrale Komponenten von kommunikativen Praktiken und Dynamiken erfasst und emotionale Bedeutungen als diskursive Konstrukte analysiert werden, die in Diskursen gebildet werden und zugleich an der diskursiven Konstruktion gesellschaftlichen Wissens mitbeteiligt sind. Das Analysieren selbst ist dabei als diskursive Praxis zu verstehen.

Das zusammengestellte Korpus soll demnach das Rekonstruieren diskursiver Praktiken (präziser: ihrer Regeln) der Herstellung von Affekten, der Affektivierung bzw. affektiven Affizierung in printmedialen Diskursräumen erlauben.

---

cken" (Kammermann 2022: 55). Die Kopien von gewonnenen Korpusdaten wurden in Form von Screenshots in einem nicht-öffentlichen Cloud-Drive gespeichert, auf welches nur die am Projekt-Beteiligten Zugriff hatten. Es ist demnach ein mehrstufiges Analyseverfahren, das aus mindestens zwei Lese- und Analysedurchgängen besteht (vgl. z. B. Spitzmüller/Warnke 2011: 134). Die zur detaillierten Analyse (Feinanalyse) von medial realisierten Affekten ausgewählten Daten werden in der Korpustabelle markiert und automatisch zusammengerechnet. Die nächste Phase des Analysevorgangs wird mittels des erarbeiteten Modells (siehe Kapitel 2.5) realisiert.

9 Wirrer (2018: 200) spricht in diesem Fall von „weichen" Daten, da sie über hermeneutische Verfahren zugänglich sind.

10 In seinem Werk „Archäologie des Wissens" beschreibt Michel Foucault seine Diskursanalyse wie folgt: Es ist eine „Aufgabe, die darin besteht, nicht – nicht mehr – die Diskurse als Gesamtheit von Zeichen [...], sondern als Praktiken zu behandeln, die systematisch die Gegenstände bilden, von denen sie sprechen. Zwar bestehen diese Diskurse aus Zeichen; aber sie benutzen diese Zeichen für mehr als nur zur Bezeichnung der Sachen. Dieses *mehr* macht sie irreduzibel auf das Sprechen und die Sprache. Dieses *mehr* muss man ans Licht bringen und beschreiben" (Foucault 1981: 74).

3.2 Korpusquellen

Es wurde bereits auf die Tatsache verwiesen, dass in einer jeden Diskursanalyse auf die Festlegung des Korpus besondere Aufmerksamkeit verwendet werden muss: Diskursforschende sind im Forschungsprozess immer an der Konstituierung dessen beteiligt, was als Diskurs betrachtet und analysiert wird. Im vorliegenden Fall setzt sich das Korpus aus den Erzeugnissen kommunikativer Praxis – den sog. „natürlichen Daten" zusammen, d. h. aus „prozessproduzierten Daten", die „nicht zu Forschungszwecken und ohne die Beteiligung oder Intervention der Forschenden entstanden sind" (Salheiser 2019: 1119). Aus diesen Dokumenten sollen Erkenntnisse über Affekte in deutschen und polnischen medialen Diskursen, über Mittel und Strategien ihrer Codierung, Erzeugung und Vermittlung erschlossen werden. Pressetexte stellen eine geeignete Quelle für die Beantwortung diskursanalytischer Fragen dar, weil sie z. B. regelmäßig und über längere Zeiträume erscheinen wie auch in der Regel relativ gut zugänglich sind. Für das Analysekorpus steht dabei weniger die Menge der Daten im Vordergrund als ihre Qualität.

Das Korpus sollten repräsentative Texte (im weiteren Sinne des Wortes) bilden, aus denen auf den gesamten Diskurs geschlossen werden kann. Quellentexte sollten demnach eine dreifache Relevanz aufweisen: a) zeitliche Relevanz (relevant für eine bestimmte Gemeinschaft innerhalb eines Zeitabschnitts), b) thematische Relevanz (Themen bzw. Medienereignisse, die für eine Gemeinschaft bzw. für beide nationalen Gemeinschaften relevant sind) und c) mediale Relevanz (wirkungsmächtig für den jeweiligen medialen Diskurs).

Ausschlaggebend für die Auswahl der Korpusquellen war – abgesehen von ihrer Verfügbarkeit – die Relevanz für die Herstellung der Öffentlichkeit und „die Konstitution der gesellschaftlichen Kommunikation sowie des heterogenen gesellschaftlichen Wissens" (Römer 2017: 137), vor allem für die Konstituierung der Wissensvorräte über die für die deutsch-polnischen Relationen wichtigen politischen, wirtschaftlichen oder kulturellen Ereignisse, die sich in Kontinuitäten und Veränderungen im festgelegten Zeitintervall entwickelt haben.

Als Quellen wurden deutsche und polnische Leitmedien ausgewählt: auflagenstarke Pressetitel mit überregionaler Geltung im jeweiligen Land (Reichweite, Nutzerkreis) mit einem starken Einfluss auf die Öffentlichkeit (breite öffentliche Rezeption) und mit möglichst divergierenden politischen bzw. ideologischen Grundhaltungen/Profilen.

Quellen für die zu analysierenden Pressetexte als Diskursausschnitte:

Polnische Tageszeitungen: *Gazeta Wyborcza, Gazeta Polska Codziennie, Nasz Dziennik, Dziennik Trybuna, Super Express, Fakt, Rzeczpospolita*;
Polnische Nachrichtenmagazine/Wochenzeitungen: *Polityka, Tygodnik Powszechny, Do Rzeczy, Newsweek Polska, Gość Niedzielny, Gazeta Polska, Wprost*;
Deutsche Tageszeitungen: *Frankfurter Allgemeine Zeitung, Süddeutsche Zeitung, Die Welt, die tageszeitung, Neues Deutschland, Bild*;
Deutsche Nachrichtenmagazine/Wochenzeitungen: *Der Spiegel, Stern, Focus, Die Zeit, Bild am Sonntag, Welt am Sonntag*.

Tab. 5: Beschreibung der polnischen Quellen

Quelle	Abkürzung/ Erscheinungsjahr/ Verbreitung/ politische Ausrichtung/ technisch-mediale Distribution/ Online-Ausgabe bzw. Quelle/ Twitter/ Verlag
Do Rzeczy	DRz/ 2013/ überregional/ konservativ/ wöchentlich, Nachrichtenmagazin/ Print, Online-Portal, Twitter/ www.dorzeczy.pl/ @DoRzeczy_pl/ Platforma Mediowa Point Group
Dziennik Trybuna	DT/ 2013/ überregional/ links/ Tageszeitung/ Print, Online-Portal, Twitter/ www.trybuna.info/ @Trybuna_DT/ Polish Scientific Group sp. z o.o
Fakt	FT/ 2003/ überregional/ konservativ/ Tageszeitung, Boulevard/ Print, Online-Portal, Twitter/ www.fakt.pl/ @FAKT24PL/ Ringier Axel Springer
Gazeta Polska	GP/ 1993/ überregional/ rechts, konservativ bis nationalistisch/ Wochenzeitung/ Print, Online-Portal, Twitter/ www.gazetapolska.pl/ @Gptygodnik/ Niezależne Wydawnictwo Polskie Sp z o.o.
Gazeta Polska Codziennie	GPc/ 2011/ überregional/ rechts, konservativ bis nationalistisch/ Tageszeitung/ Print, Online-Portal, Twitter/ www.gpcodziennie.pl/ @GPCodziennie/ Forum S.A.
Gazeta Wyborcza	GW/ 1989/ übereginal, mit regionaler Beilage/ liberal, linksliberal/ Tageszeitung/ Print, Online-Portal, Twitter/ www.wyborcza.pl/ @gazeta_wyborcza/ Agora
Gość Niedzielny	GN/ 1923/ überregional/ katholisch-konservativ/ wöchentlich, Nachrichtenmagazin/ Print, Online-Portal, Twitter/ www.gosc.pl/ @Gosc_Niedzielny/ Wydawnictwo Kurii Metropolitalnej
Nasz Dziennik	NDz/ 1998/ überregional/ katholisch, konservativ/ Tageszeitung/ Print, Online-Portal, Twitter/ www.naszdziennik.pl/ @NaszDziennik/ Spes sp. z o.o.
Newsweek Polska	NW/ 2001/ überregional/ liberal/ wöchentlich, Nachrichtenmagazin/ Print, Online-Portal, Twitter/ www.newsweek.pl/ @NewsweekPolska/ Ringier Axel Springer
Polityka	PK/ 1957/ überregional/ liberal/ wöchentlich, Nachrichtenmagazin/ Print, Online-Portal, Twitter/ www.polityka.pl/ @Polityka_pl/ POLITYKA Sp. z o.o. S.K.A.
Rzeczpospolita	RP/ 1920/ überregional/ konservativ/ Tageszeitung/ Print, Online-Portal, Twitter/ www.rp.pl/ @rzeczpospolita/ Gremi Business Communication
Super Express	SE/ 1993/ überregional/ konservativ/ Tagesblatt, Boulevard/ Print, Online-Portal, Twitter/ www.se.pl/ @se_pl/ ZPR Media SA
Tygodnik Powszechny	TP/ 1945/ überregional/ katholisch/ Wochenzeitung/ Print, Online-Portal, Twitter/ www.tygodnikpowszechny.pl/ @tygodnik/ Tygodnik Powszechny spółka z o.o.
Wprost	WST/ 1982/ überregional/ konservativ mit boulevardesken Elementen/ wöchentlich, Nachrichtenmagazin/ Print, Online-Portal, Twitter/ www.wprost.pl/ @TygodnikWPROST/ Platforma Mediowa Point Group

Tab. 6: Beschreibung der deutschen Quellen

Quelle	Abkürzung/ Erscheinungsjahr/ Verbreitung/ politische Ausrichtung/ technisch-mediale Distribution/ Online-Ausgabe bzw. Quelle/ Twitter/ Verlag
Bild	BD/ seit 1952/ überregional/ konservativ, Boulvardzeitung/ Tageszeitung/ Print, Online-Portal, Twitter/ www.bild.de/ @BILD/ Bild GmbH & Co. KG / Axel Springer SE
Bild am Sonntag	BamS/ seit 1956/ überregional/ konservativ, Boulvardzeitung/ wöchentlich am Sonntag/ Print, Online-Portal, Twitter/ www.bild.de/bild-am-sonntag/bams-besser-leben-buehne/bild-am-sonntag/home-28334396.bild.html/ @BILDamSONNTAG/ Axel Springer SE
Der Spiegel	SPGL/ seit 1947/ überregional/ linksliberal/ wöchentlich am Samstag/ Print, Online-Portal, Twitter/ www.spiegel.de/ @derspiegel/ Spiegel-Verlag Rudolf Augstein GmbH & Co. KG / Spiegel Online GmbH / Spiegel net GmbH / Spiegel-Verlag
Die Tageszeitung	TAZ/ seit 1978/ überregional/ links/ Tageszeitung/ Print, Online-Portal, Twitter/ taz.de/ @tazgezwitscher/ die tageszeitung Verlagsgenossenschaft eG
Die Welt	WLT/ seit 1946/ überregional/ konservativ/ Tageszeitung/ Print, Online-Portal, Twitter/ www.welt.de/ @welt/ Axel Springer SE
Die Zeit	dZ/ seit 1946/ überregional/ liberal/ wöchentlich am Donnerstag/ Print, Online-Portal, Twitter/ www.zeit.de/ @DIEZEIT/ Zeitverlag Gerd Bucerius GmbH & Co. KG / Verlagsgruppe Georg von Holtzbrinck GmbHZeit Online GmbH / Zeit-Online: Zeitverlag Gerd Bucerius GmbH & Co. KG / Verlagsgruppe Georg von Holtzbrinck GmbH
Focus	FCS/ seit 1993/ überregional/ konservativ/ wöchentlich am Samstag/ Print, Online-Portal, Twitter/ www.focus-magazin.de/ @FOCUS_Magazin/ FOCUS Magazin Verlag GmbH / Hubert Burda Media
Frankfurter Allgemeine Zeitung	FAZ/ seit 1949/ überregional/ konservativ/ Tageszeitung/ Print, Online-Portal, Twitter/ www.faz.net/ @FAZ_NET/ Frankfurter AllgemeineZeitung GmbH
Neues Deutschland	ND/ seit 1946/ überregional, vor allem Ostdeutschland/ links (sozialistisch)/ Tageszeitung/ Print, Online-Portal, Twitter/ www.neues-deutschland.de/ @ndaktuell/ Neues Deutschland Druckerei und Verlags GmbH
Stern	STN/ seit 1948/ überregional/ von mitte-konservativ bis mitte-links/ wöchentlich am Donnerstag/ Print, Online-Portal, Twitter/ www.stern.de/ @sternde/ Gruner + Jahr GmbH & Co. KG
Süddeutsche Zeitung	SZ/ seit 1945/ überregional/ linksliberal/ Tageszeitung/ Print, Online-Portal, Twitter/ www.sueddeutsche.de/ @SZ/ Süddeutscher Verlag / Südwestdeutsche Medien Holding
Welt am Sonntag	WamS/ seit 1948/ überregional/ konservativ/ wöchentlich am Sonntag/ Print, Online-Portal, Twitter/ www.welt.de/weltamsonntag/ @WELTAMSONNTAG/ Axel Springer SE

Die Auswahl der Quellen deckt zwar nicht vollständig den öffentlichen Diskurs ab, ist aber „für das erzeugte und in der jeweiligen Zeit dominante kollektive Wissen doch maßgeblich" und bildet „ein gewisses Spektrum dieses immer auch heterogenen Wissens" (Wengeler 2013a: 45) ab. Sie lässt demnach die Mehrstimmigkeit des Diskurses erkennen. Mit Überregionalität und Auflagenhöhe der ausgewählten Korpusquellen wird darüber hinaus das Kriterium der Repräsentativität gewährleistet.

Das nach diskurs- und korpuslinguistischen Kriterien zusammengestellte Korpus bietet die Möglichkeit, die Aussagen zu den für die deutsch-polnischen Beziehungen relevanten Themen und Ereignissen „in seiner qualitativen Bandbreite" sowie „die Strategien, mit denen das Feld des Sagbaren" (Jäger 2009: 130) erweitert, reduziert bzw. modifiziert wird, z.B. affektive Bewertungsstrategien, zu erfassen.

Zur Artikelrecherche in digitalen Zeitungs- und Zeitschriftenarchiven wurden Bezeichnungen von ausgewählten Medienereignissen als Suchwörter eingesetzt.

Im Verlauf der Recherchen hat sich herausgestellt, dass nicht alle Ausgaben der ausgewählten Printmedien digital verfügbar sind. Um die methodische Konsistenz der Korpuserstellung sichern zu können, wurden die einschlägigen Artikel digitalisiert (eingescannt).

Ein derartig erstelltes, bilinguales und binationales Untersuchungskorpus, das aus materiellen Spuren kommunikativer Aktivitäten, also aus Texten, Text-Bild-Gefügen und Textpassagen zweier Kommunikationsgemeinschaften bzw. -kulturen besteht, bildet eine unabdingbare Voraussetzung dafür, diskursive Praktiken der Codierung, Manifestierung bzw. Generierung von Affekten und eventuell der affektiven Affizierung in pressemedialen Diskursräumen zu rekonstruieren und zu analysieren. Nur auf dieser empirischen Materialbasis kann gezeigt werden, wie emotionale Bedeutungen kontextuell festgelegt und diskursiv ausgehandelt werden (auch ihre Stabilität und Veränderbarkeit).

3.3 Analyseobjekte: gesellschaftliche Ereignisse als Medienereignisse

Die zeitliche Zäsur für die Analyse bildet der EU-Beitritt Polens im Jahre 2004. Um Affekten in deutschen und polnischen massenmedialen Diskursen nachzuforschen, wurden bestimmte brisante raum-zeitliche Vorkommnisse – Ereignisse von inter- bzw. binationaler Tragweite und gesellschaftlich-politischer Brisanz – festgelegt. Wegen ihrer räumlichen/geographischen, politischen oder wirtschaftlichen Nähe sowie ihrer Relevanz, d.h. eines hohen Grades der Betroffenheit für mindestens eines der beiden Länder, wurden diese Begebenheiten durch die Medien der beiden nationalen Gemeinschaften als (oft unterschiedlich) affektiv markierte, diskursive Ereignisse (Medienereignisse) konstruiert. Aus der Komplexität des Geschehens (gemeint sind Handlugen, Situationen, Sachverhalte usw.) wurden sowohl punktuelle (singuläre) Ereignisse (vor kurzer Dauer) als auch Langzeitereignisse selektiert, denen ein vergleichsweise hoher Nachrichtenwert von Kommunikatoren (Pressemedien) zugeschrieben wurde. Es sind demnach Sinneinheiten, die sich durch „ein Minimum von Vorher und Nachher" (Koselleck 2003: 144) auszeichnen und deren mediale Berichterstattung große Beachtung findet. Um die mediale Grundierung bzw. Strukturierung von Ereignissen besonders hervorzuheben, können diese als Medienereignisse bezeichnet werden: Es sind „komplexe Sequenz[en] von Handlungen verschiedener Akteure und Akteursgruppen" (Suter/Hettling 2001: 23), die gesellschaftliche oder politische Kommunikationsprozesse auslösen bzw. prägen. „In ihnen verdichten sich nicht allein zentrale Thematiken der jeweiligen Zeit, sondern anhand ihrer medialen Repräsentation lässt sich auch sehr gut die Entstehung transnationaler Kommunikationsräume nachzeichnen" – schreibt Lenger (2008: 8).[11] Die auf diese medien- und kulturwissenschaftliche Weise konzipierten Medienereignisse sind somit nicht ontologisch erfassbar, sondern medial und diskursiv konstruiert. Nach Nünning (2010: 188) sind Medienereignisse nicht nur Resultate von Selektions- und Abstraktionsprozessen, sondern auch „diskursiv und medial erzeugte, perspektivenabhängige, kulturell spezifische und historisch variable Konstrukte". Medienereignisse sind somit in massenmedialen Diskursen konstruierte Ereignisse. Ihre (mediale) Aufmerksamkeit erhalten Medienereignisse im grenzübergreifenden Nachrichtenfluss besonders dadurch, dass sie durch die Medien oft in besonderer Weise präsentiert bzw. inszeniert werden[12]: „Die mediengerechte Gestaltung von Ereignissen oder gar deren Inszenierung geschieht vermutlich noch viel stärker als die bloße Selektion genuiner Ereignisse im Hinblick auf die antizipierte Wirkung beim Rezipienten." (Früh 2010: 35) Diese Sinnangebote können dann (kollektive) Betroffenheit auslösen sowie Emotionen/Affekte vermitteln und/oder generieren. Wenn also diese Effekte diskursiver, medial vorstrukturierter Prozesse sichtbar und in ihrer potenziellen Wirkung (z. B. Agonalität) bestimmbar sein sollten, sind konkrete sprachliche (und nichtsprachliche) Mittel sowie eingesetzte Verfahren der Diskursivierung zu reflektieren.

Um ein breites Spektrum des Gesellschaftlichen abzudecken und so die Triggerpunkte kollektiver Emotionalisierung in massenmedialen Diskursen angemessen zu erfassen, wurden die Domänen Politik, Geschichte, Kultur, Soziales, Umwelt und Wirtschaft für die Analyse gewählt. Im Hinblick auf diese Umfelder wurden folgende Medienereignisse mit Relevanz für beide nationalen Gemeinschaften und mit Konflikt- bzw. Affektpotenzial untersucht:

- Wirtschaft: Nord-Stream-Konflikt;
- Politik: Rechtstaatlichkeit in Polen, Flüchtlingspolitik aus deutscher und polnischer Sicht, Kriegsentschädigungsansprüche Polens;
- Geschichte: Vertriebene, Angela Merkel in Auschwitz;
- Soziales: LGBT-Thematik;
- Kultur: Debatte um den Film „Unsere Mütter, unsere Väter".

---

11 Die Medienwissenschaftler Andreas Hepp und Nick Couldry definieren Medienereignisse über die mediale Reichweite: „Media events are certain situated, thickened, centering performances of mediated communication that are focused on a specific thematic core, cross different media products and reach a wide and diverse multiplicity of audiences and participants" (Hepp/Couldry 2010: 12).

12 In dem von Frank Bösch und Patrick Schmidt herausgegebenen Sammelband „Medialisierte Ereignisse. Performanz, Inszenierung und Medien seit dem 18. Jahrhundert" wird unter anderem der Frage nachgegangen, „inwieweit Medien die Ereignisse und die damit verbundenen ›Aufführungen‹ vordenken und vorstrukturieren" (Bösch 2010: 15).

Um der Vielfalt der Kommunikationsformen hinsichtlich ihrer Rezeptionsweise Rechnung zu tragen, fiel die Entscheidung auf Printmedien sowie ihre digitalen Versionen und Online-Presseportale, in denen die ausgewählten Medienereignisse thematisiert werden.

Die oben genannten Medienereignisse wurden in deutschen und polnischen medialen Diskursen von jeweiligen Diskursakteur*innen vorwiegend in (national) spezifischer Weise konstruiert und dann vermittelt und zwar mit bewusst verwendeten Begriffen – Felder (2013b: 21) spricht in diesem Zusammenhang von „handlungsleitenden Konzepten", über die im weiteren Schritt die „agonalen Zentren" bestimmt werden können.[13]

Massenmediale Diskurse thematisieren gleiche Ereignisse zu demselben Zeitpunkt. Sie sind komplex und vielschichtig, oft analytisch schwer fassbar, weshalb eine Team-Arbeit durchaus angebracht ist (zu „kollaborativer" vs. „individueller" Verfahrenspraxis in der Diskursanalyse vgl. Spitzmüller/Warnke 2011: 133). Es ist zu betonen, dass nicht „Diskurse", sondern „Diskursausschnitte" als thematisch und zeitlich-räumlich abgegrenzte Ausschnitte aus den deutschen und polnischen „Teildiskursen" extrahiert und analysiert werden (vgl. Spitzmüller/Warnke 2011: 89).

---

13 Vgl. die Kapitel 2.3.2, 5.3.3 und 5.4.3.

4 Nord Stream-Diskurs – der politisch-wirtschaftliche und gesellschaftliche Entstehungsrahmen der Ostseepipeline

Nach Machbarkeitsstudien zu sicheren Transportmöglichkeiten für Erdgas und einer Offshore-Pipeline auf dem Meeresboden der Ostsee wurde am 8. September 2005 zwischen dem Unternehmen Gazprom (Russland), der BASF SE/Wintershall Holding GmbH (Deutschland) und dem E.ON Ruhrgas (Deutschland) eine Grundsatzvereinbarung über den Bau der Gaspipeline Nord Stream unterzeichnet. Geplant wurde die Verlegung einer Gasleitung aus Russland direkt nach Deutschland durch die Ostsee. Der Nord Stream, der osteuropäische Transitländer umgeht, sollte das europäische Fernleitungsnetz mit den größten Gasreserven der Welt in Russland verbinden und mehr als ein Drittel des zusätzlichen Importbedarfs der EU decken. Das Projekt wurde in zwei Etappen (Nord Stream 1 und Nord Stream 2) realisiert. Bis 2008 wurden Umweltuntersuchungen und die technische Planung einer über 1224 Kilometer langen Gasleitung auf dem Meeresboden abgeschlossen.[1] Die Ostseepipeline sollte im russischen Wyborg (Nord Stream 1) bzw. Ust Luga (Nord Stream 2) beginnen und im mecklenburg-vorpommerschen Lubin bei Greifswald enden (Abb. 1). Da die Gasleitung durch die Hoheitsgewässer und/oder die ausschließlichen Wirtschaftszonen von Russland, Finnland, Schweden, Dänemark und Deutschland verlaufen sollte, wurden von diesen fünf Ländern (Ursprungsparteien) Genehmigungen für den Bau und Betrieb der Pipeline benötigt. Bis Mitte 2009 wurden nationale Genehmigungsanträge für den Bau und Betrieb der Pipeline samt Ergebnissen der Umweltverträglichkeitsprüfungen (UVP) eingereicht.[2] Geprüft wurden Auswirkungen des Projekts auf die physische, biologische und sozioökonomische Umwelt. Auch der sogenannte Espoo-Bericht (Bericht über grenzüberschreitende Umweltauswirkungen) muss bei solchen Projekten vorliegen. Das Espoo-Übereinkommen verpflichtete die beteiligten Länder zu prüfen, welche grenzüberschreitenden Auswirkungen das Projekt auf die sogenannten Ostsee-Anrainerstaaten (Estland, Lettland, Litauen und Polen) hat, die am Projekt nicht direkt beteiligt sind und im Gegensatz zu Finnland, Schweden, Dänemark kein Stimmrecht hatten. Die internationalen Konsultationen gemäß dem Espoo-Übereinkommen wurden offiziell im Februar 2010 mit der Erteilung der Genehmigungen dänischer, schwedischer, finnischer, russischer und deutscher Behörden und mit einem gegenseitigen Informationsaustausch über die Genehmigungsentscheidungen der Behörden der Ursprungsparteien beendet. Die Gesamtinvestition, die zu 30 Prozent von den Anteilseignern durch Eigenkapital und zu 70 Prozent von Banken und Exportkreditagenturen finanziert wer-

---

1 www.das-nord-stream-pipeline-projekt_12_20171011.pdf (02.07.2021)
2 http://aei.pitt.edu/57991/1/punkt_widzenia_22.pdf (02.07.2021)

DOI: 10.13173/9783447121026.089

Abb. 1: Verlauf der Ostseepipelines Nord Stream 1 und Nord Stream 2
(https://www.fluter.de/nord-stream-2-konflikt (05.10.2022))

den sollte, sollte 7,4 Mrd. Euro kosten.[3] Die Bauarbeiten am Nord Stream 1 begannen
im April 2010. Die offizielle Einweihung fand am 8. November 2011 statt.[4] Die Planung
der zwei weiteren insgesamt 2460 Kilometer langen größtenteils mit Nord Stream 1 parallel verlaufenden Gasstränge (Nord Stream 2) begann im Jahre 2013. Die Baukosten
für Nord Stream 2 und die damit einhergehende Erhöhung der Transitkapazität um
55 Milliarden Kubikmeter im Jahr werden auf 8 bis 10 Milliarden Euro geschätzt (vgl.
Lang/Westphal 2016: 7). Die Bau- und Verlegearbeiten wurden im September 2021 abgeschlossen. Das Genehmigungsverfahren und die Inbetriebnahme wurden allerdings
im Februar 2022 wegen Spannungen in politischen Beziehungen zwischen der EU, dem
NATO-Bund, Russland und vor allem wegen des russischen Überfalls auf die Ukraine
eingestellt.

---

3 www.das-nord-stream-pipeline-projekt_12_20171011.pdf (02.07.2021)
4 Informationen über die Rahmenbedingungen und Entstehung sowie die Bedeutung des Projekts für
   Deutschland, Polen und die EU sind folgenden Broschüren und Publikationen entnommen worden:
   www.das-nord-stream-pipeline-projekt_12_20171011.pdf (02.07.2021), http://weglowodory.pl/
   nord-stream-czyli-gazociag-polnocny-informacje/ (12.04.2022), Łoskot-Strachota/Antas (2010).

5 Analyse der Emotionen im Nord Stream-Diskurs

5.1 Emotionen im polnischen Diskurs um das Nord Stream-Projekt

5.1.1 Akteur*innen im polnischen Diskurs

Die Planung und der Bau der Nord Stream-Pipeline werden in Polen von journalistischen Diskursakteur*innen aller gesellschaftlich-politischen Orientierungen in mediale Ereignisse überführt. Es fällt auf, dass die polnischen Diskursakteur*innen trotz unterschiedlicher politischer Gesinnung im Diskurs um Nord Stream ähnliche Stellungnahmen präsentieren und dass sie bezüglich des Nord Stream-Projekts ungeachtet dessen, welche Aspekte im Diskurs problematisiert und welche Perspektiven von ihnen eingenommen werden, mit der gleichen kritischen Stimme sprechen. Zu den Akteur*innen erster Ordnung gehören Journalist*innen und Redaktionen von Zeitungen und Zeitschriften[1], die sich in medialen Debatten um Nord Stream diverser nachrichtlicher und kommentierender Darstellungsformen bedienen und verschiedene diskursive Praktiken einsetzen. Oft greifen die Akteur*innen erster Ordnung auf die Strategie der sprachlichen Verweise mit Aussagen von sowohl individuellen als auch kollektiven Diskursakteur*innen zweiter Ordnung zurück. Zu den Akteur*innen gehören polnische, deutsche und russische Politiker*innen (Radosław Sikorski, Aleksander Kwaśniewski, Donald Tusk, Jarosław Kaczyński, Piotr Woźniak, Angela Merkel, Gerhard Schröder, Guido Westerwelle, Wladimir Putin, Dmitrij Miedwiediew), Expert*innen, Wissenschaftler*innen, Ökolog*innen und Quasi-Expert*innen wie Beamt*innen, Fischer*innen und Angler*innen. Auch fungieren Redaktionen deutscher und russischer Zeitungen als wichtige Quellen von unterschiedlichem medialem Potenzial: *Die Welt, Die FAZ, Das Bild, die Süddeutsche Zeitung* und die russische Tageszeitung *Wiedomosti*. Kollektive Akteur*innen stellen ebenfalls häufige Referenzgrößen dar: Russland, Deutschland, die USA, Schweden, Finnland, Dänemark und die Ostsee-Anrainerstaaten (Estland, Lettland, Litauen und Polen) sowie Institutionen (Wasser- und Schifffahrtsamt in Szczecin, Bundesamt für Seeschifffahrt und Hydrographie), auf deren Äußerungen verwiesen wird.

5.1.2 Nord Stream als agonales Zentrum

Wie bereits ausgeführt, geht der diskurslinguistische mediensensible Ansatz in der Emotionsforschung der Frage der medialen Konstruktion von Emotionen sowie der Emotionalisierung von diskursiven Ereignissen nach und berücksichtigt Aspekte, die den Zusammenhang zwischen Emotionen, ihrer semiotischen Manifestierung, Medialität

---

1 Siehe dazu Beschreibung der Korpusquellen (Kap. 3.2).

DOI: 10.13173/9783447121026.091

und massenmedialen Diskursen offenbaren. Es wird nach Mustern emotionalen Ausdrucks und nach musterhaften diskursiven Praktiken der Wissenskonstituierung durch Emotionalisierung von Ereignissen gesucht.

Ausgehend von der Tatsache, dass Emotionen, Medien und Diskurse wechselseitig miteinander verschränkt sind, stellt sich nun die Frage, wie Emotionen als kommunikative Erscheinungen in Diskursen manifestiert bzw. generiert werden. Emotionen in ihrer medialen (materiellen) Gestalt stellen das Ergebnis unterschiedlicher diskursiver Prozesse dar, das sich aus dem Zusammenspiel unterschiedlicher Faktoren ergibt. Diskurslinguistisch scheint die Frage interessant, mit welchen Mitteln und Verfahren (print)medial konstruiertes und vermitteltes Wissen emotionalisiert wird sowie welche Ziele bzw. Funktionen mit der Emotionalisierung des Wissens/dem emotionalisierten Wissen einhergehen.

Die Emotionalisierung der Diskurse hängt mit dem Vorhandensein der aus den medialen Diskursen resultierenden Antagonismen zusammen, die zur Entstehung von diskursiven Instabilitäten und Agonalitäten (vgl. Reckwitz 2008: 206) führen. Die Antagonismen sind die Grundlage medial ausgetragener semantischer Kämpfe (vgl. Felder 2006: 13), in denen emotionale Interaktionen eine besondere Rolle spielen. Mediale Ereignisse, die sich durch ein relativ hohes Konfliktpotenzial auszeichnen, sind von Emotionen stark geprägt und werden somit zu agonalen Zentren (vgl. Felder 2012: 136). Die massenmedial ausgetragene Debatte um Nord Stream stellt ein Beispiel für ein agonales Zentrum dar. Am Projekt sind etliche Länder und Organisationen mit unterschiedlichen gegensätzlichen Interessen beteiligt. Dem Bau einer Gasleitung und dem Transport von russischem Gas durch die Ostsee direkt nach Deutschland wird neben der (auch umstrittenen) wirtschaftlichen ebenfalls eine politische Dimension zugeschrieben. Die Länder, die sich durch den Ausschluss aus dem Projekt benachteiligt fühlen, sahen in dem Projekt Russlands Bemühungen um die Spaltung der Europäischen Union und warfen Deutschland die Nichtbeachtung ihrer wirtschaftspolitischen Interessen vor. Dieses hohe Konfliktpotenzial des Projekts, das sich aus vielen Auseinandersetzungen im Hinblick auf politische, rechtliche, ökologische und wirtschaftliche Aspekte und aus Interessengegensätzen der EU-Länder sowie aus Kontroversen um die Bürgschaft der Bundesregierung und die umstrittene aktive Beteiligung einiger deutscher Politiker*innen ergibt, hat zu heftigen medialen Debatten über die Ostseepipeline geführt. In Polen, das trotz seiner Bemühungen, den Bau der Nord Stream-Pipeline zu verhindern, keinen Einfluss auf die Mitgestaltung des Projekts hatte, wurden das Ereignis und die laut geäußerten Bedenken in Medien unterschiedlicher Reichweite, technisch-medialer Distribution und politischer Ausrichtung sowie in verschiedenen kommunikativen Gattungen diskutiert, kommentiert und somit der breiten Öffentlichkeit zugänglich gemacht. Die Diskussion und starke Kritik wurden mit Argumenten politischer, ökologischer und wirtschaftlicher Natur untermauert.

In den Beispielen (1) und (2) wird auf die sich aus dem Nord Stream-Projekt ergebende Bedrohung hingewiesen. Das Nord Stream-Projekt wird im Allgemeinen als ein heikles Thema in den deutsch-polnischen Beziehungen bzw. als *konflikt graniczny*

[Grenzkonflikt] (Bsp. 3) betrachtet. Betont werden negative Folgen und die wirtschaftliche Gefahr für die Entwicklung polnischer Häfen:

(1) *Zarząd Morskich Portów Szczecin i Świnoujście oraz kontrolowane przez Gazprom konsorcjum Nord Stream podjęły kolejną próbę rozwiązania **najbardziej draźliwego problemu w relacjach Polski i Niemiec.** Chodzi o gazociąg przez Bałtyk z Rosji do Niemiec, który jest obecnie układany bezpośrednio na dnie morza w poprzek północnego toru podejściowego do portu w Świnoujściu. To zablokuje żeglugę do Świnoujścia większym statkom, o zanurzeniu ponad 13,5 m.*[2]
*[Die Hafenbehörden von Stettin und Swinemünde und das von Gazprom kontrollierte Nord-Stream-Konsortium haben einen weiteren Versuch unternommen, **das heikelste Thema in den deutsch-polnischen Beziehunge**n zu lösen. Dabei handelt es sich um die Gaspipeline durch die Ostsee von Russland nach Deutschland, die derzeit direkt auf dem Meeresboden durch die nördliche Zufahrt zum Hafen von Świnoujście verlegt wird. Dadurch wird die Durchfahrt von größeren Schiffen mit einem Tiefgang von mehr als 13,5 Metern in Świnoujście gesperrt.]*

(2) *Od początku przeciwko gazociągowi protestuje opozycja oraz lokalni politycy Pomorza Zachodniego. Protestował PiS, a także SLD – szczególnie z okręgu świnoujskiego. Nikt nie miał złudzeń, że Nord Stream negatywnie wpłynie na rozwój polskich portów. [...] już w niedalekiej przyszłości okaże się, iż **obecnie położona rura będzie poważnym zagrożeniem** [...]*[3]
*[Die Opposition und Kommunalpolitiker in Vorpommern haben von Anfang an gegen die Pipeline protestiert. Die Partei Recht und Gerechtigkeit und das Demokratische Linksbündnis (SLD) waren vor allem im Bezirk Świnoujście für die Proteste. Niemand hatte die Illusion, dass Nord Stream negative Auswirkungen auf die Entwicklung der polnischen Häfen haben würde. [...] in naher Zukunft wird sich herausstellen, dass die derzeit verlegte Leitung **eine ernsthafte Bedrohung darstellt.**]*

(3) ***Konflikt graniczny** nie ułatwia nam zadania.*[4]
*[**Der Grenzkonflikt** macht unsere Aufgabe nicht leichter.]*

Wie im Beispiel (1) vermerkt, ist das deutsch-russische Projekt „ein schwieriges Thema in deutsch-polnischer Nachbarschaft". Auch der Titel des Diskursausschnitts (4) *LEKCJA O STRASZNEJ RURZE*[5] verweist auf eine Bedrohung für Polen. Dies sei teilweise dadurch bedingt, dass Polen keinen Einfluss auf das Projekt habe und bei aller hervorgebrachten Kritik ignoriert werde. Im Allgemeinen führt die mediale Debatte um Nord Stream im Nachbarland, das direkt betroffen aber nicht berücksichtigt wurde, zur Entstehung eines agonalen Zentrums, in dem folgende agonale Punkte herausragen:

1) Polen wird bei Nord Stream übergangen.
2) Nord Stream ist eine Gefahr für die europäische Energiepolitik.

---

2   pl_e_GW_2011.01.21_T1
3   pl_e_GP_2011.02.23_T1
4   pl_e_GP_2011.11.16_T1
5   pl_e_GW_2012.03.24_T1

3) Nord Stream ist ein wirtschaftliches Projekt, das polnische Interessen außer Acht lässt.
4) Nord Stream ist ein politisches Projekt, das eine Gefahr für Polens Sicherheit darstellt.

Die oben genannten agonalen Punkte werden im polnischen Diskurs unterschiedlich stark fokussiert und tragen zur Emotionalisierung der Debatte um Nord Stream bei. Es werden Stimmen laut, die die jeweiligen Kritikpunkte sachlich-argumentativ, aber vor allem emotional zum Ausdruck bringen. Nord Stream wird nämlich als deutsch-russisches wirtschaftliches Projekt in vieler Hinsicht als eine wirtschaftliche Gefahr mit negativen wirtschaftlichen, ökologischen und politischen Folgen für Polen dargestellt. Im Folgenden wird auf die einzelnen Streitpunkte am Beispiel von einigen Diskursausschnitten eingegangen.

1. Polen fühlt sich bei Nord Stream übergangen

Der grundlegende Streitpunkt liegt darin, dass Polen im Nord Stream-Projekt in keiner Weise berücksichtigt wurde und als Anrainerstaat keinen Einfluss auf den Verlauf der Gasleitung hatte. Der Status Polens wird im folgenden Diskursausschnitt thematisiert:

(5)   *Zgodnie z prawem międzynarodowym zablokować inwestycję mogą tylko państwa, których morskie strefy interesów przetnie rura – Rosja, Finlandia, Szwecja, Dania i Niemcy. Pozostałe państwa, także Polska, mogą zgłaszać swoje opinie i zastrzeżenia.*[6]
[Nach internationalem Recht können nur Länder, deren maritime Interessenzonen von der Pipeline durchquert werden – Russland, Finnland, Schweden, Dänemark und Deutschland – die Investition blockieren. Andere Staaten, darunter Polen, können ihre Stellungnahmen und Einwände vorlegen.]

Trotz vieler geäußerter Bedenken und der Versuche Polens, Geltungsansprüche durchzusetzen, wurden weder argumentative Stellungnahmen noch manifestierte Einwände verschiedener (ökologischer, rechtlicher, wirtschaftlicher) Natur anerkannt. Sogar rechtliche Bedenken und technische Einwände (Bsp. 6) wie der Verlauf und die Tiefe der verlegten Gasleitung (Bsp. 8) wurden entweder bagatellisiert (Bsp. 7) oder mit ignorierenden Äußerungen abgelehnt (Bsp. 9, 10):

(6)   *Warszawa chciała, aby na skrzyżowaniu z trasą do polskich portów Nord Stream zakopał rurę pod dnem morza, Ministerstwo Infrastruktury nie ma za to wątpliwości, że po ułożeniu rury wprost na dnie morza nie byłoby mowy o rozwoju portu w Świnoujściu.*[7]
[Während Warschau wollte, dass Nord Stream die Pipeline an der Kreuzung mit der Route zu den polnischen Häfen unter dem Meeresboden verlegt, hat das Infrastrukturministerium keinen Zweifel daran, dass der Hafen in Świnoujście nicht mehr ausgebaut werden kann, wenn die Pipeline direkt auf dem Meeresboden verlegt wird.]

---

6 pl_p_GW_2007.04.18_S.28
7 pl_e_GW_2010.01.29_T1

(7) *Zastrzeżenia Polski były bagatelizowane przez niemiecki Federalny Urząd Żeglugi i Hydrografii (BSH), który pod koniec zeszłego roku zezwolił na budowę Nord Streamu.*[8] *[Die Einwände Polens wurden vom deutschen Bundesamt für Seeschifffahrt und Hydrographie (BSH), das den Bau von Nord Stream Ende letzten Jahres genehmigt hat, heruntergespielt.]*

(8) *„Jeśli jakiś statek nie będzie mógł przejść nad rurociągiem, będzie to niedogodność, jaką żegluga musi zaakceptować" – oceniał BSH. I kwestionował plany rozbudowy portu w Świnoujściu do obsługi statków o większym zanurzeniu: „Wątpliwe, by taki scenariusz należało rozpatrywać".*[9]
[Wenn ein Schiff die Pipeline nicht passieren kann, ist das eine Unannehmlichkeit, die die Schifffahrt in Kauf nehmen muss". – bewertete das BSH. Und er stellte Pläne zum Ausbau des Hafens von Swinemünde in Frage, um Schiffe mit größerem Tiefgang abfertigen zu können: „Es ist zweifelhaft, dass ein solches Szenario in Betracht gezogen werden sollte".]

(9) *Niemcy: Pływajcie do Świnoujścia inaczej*[10]
[Deutschland: Fahrt nach Świnoujście anders.]

(10) *(...) Statki do waszego portu mogą popłynąć inną trasą, na której nasz gazociąg nie będzie problemem – zaproponował Dirk von Ameln, dyrektor techniczny Nord Streamu.*[11]
[Schiffe, die Ihren Hafen anlaufen, können eine andere Route nehmen, bei der unsere Gaspipeline kein Problem darstellt", schlug Dirk von Ameln, technischer Direktor von Nord Stream, vor.]

Obwohl Polen politische, wirtschaftliche und ökologische Bedenken äußerte, blieb die polnische Stimme im Projekt unberücksichtigt. Dies führte zur emotionalen Bewertung des deutsch-russischen Projekts.

2. Gefahr für die Energiesicherheit in Europa

In polnischen Medien wurde die Frage nach potenziellen Konsequenzen eines Konflikts zwischen Russland und Deutschland gestellt. In der Debatte wurde hervorgehoben, dass ein Konflikt zwischen den 'Geschäftspartnern' Folgen für die Energiesicherheit in ganz Europa haben könnte. Daher betrachtete Polen das russisch-deutsche Projekt als eine Gefahr für eine gemeinsame europäische Energiepolitik.

(11) *Jeśli znaczna część rosyjskiego gazu będzie szła przez Niemcy, a oba końce tej rury – Berlin i Moskwa – przestaną się dogadywać, to powstanie pytanie o konsekwencje takich zakłóceń. W sferze political fiction można stawiać pytania, czy jest możliwe, że po wybudowaniu gazociągu dojdzie między wspólnikami do konfliktu, np. o cenę*

---

8 pl_e_GW_2010.01.29_T1
9 pl_e_GW_2010.01.29_T1
10 pl_e_GW_2011.02.22_T1
11 pl_e_GW_2011.02.22_T1

gazu? Czy Rosjanie wstrzymają dostawy? Czy Europa zostanie bez gazu? I co z tym zrobią Niemcy, którzy stracą pozycję i dochody?[12]

[Wenn ein erheblicher Teil des russischen Gases durch Deutschland fließt und die beiden Enden der Leitung – Berlin und Moskau – nicht mehr miteinander auskommen, stellt sich die Frage nach den Folgen einer solchen Unterbrechung. Im Bereich der politischen Fiktion kann man sich fragen, ob es möglich ist, dass nach dem Bau der Pipeline ein Konflikt zwischen den Partnern entsteht, zum Beispiel über den Gaspreis? **Werden die Russen Lieferungen zurückhalten? Wird Europa ohne Gas dastehen?** *Und was wird Deutschland tun, wenn es seine Position und sein Einkommen verliert?]*

(12)   W Niemczech wzdłuż naszej granicy zaczęła się budowa lądowej odnogi Gazociągu Północnego. To część rur Gazpromu, które **podzielą Europę: na Zachodzie zapewnią większą konkurencję, na Wschodzie – monopol Rosji**[13]

   [In Deutschland haben die Bauarbeiten für den Landweg der nördlichen Gaspipeline entlang unserer Grenze begonnen. Dies ist Teil der Gazprom-Rohre, **die Europa spalten werden: Im Westen werden sie für mehr Wettbewerb sorgen, im Osten für ein russisches Monopol.***]*

(13)   W poniedziałek w Gołdapi Tusk podkreślał, że idea **Nord Stream narusza zasadę solidarności energetycznej w UE.** – Niemcy zaczynają rozumieć, że **samo poczęcie tej idei było w grzechu** – powiedział premier.[14]

   [In Goldap betonte Tusk am Montag, **dass die Idee von Nord Stream gegen das Prinzip der Energiesolidarität in der EU verstößt.** *– Deutschland beginnt zu verstehen,* **dass die Konzeption dieser Idee eine Sünde war,** *sagte der Premierminister]*

(14)   **Demontaż unii energetycznej**

   Ledwo zaczęliśmy ją budować, **a już grozi jej demontaż.** Działania Niemiec w sprawie Nord Stream 2 są fundamentalnie sprzeczne z postulatami unii energetycznej – uważa były minister skarbu[15]

   [Zerlegung der Energieunion

   Wir haben kaum mit dem Bau begonnen, **und schon droht die Gefahr, dass sie wieder abgebaut wird.** *Das deutsche Vorgehen bei Nord Stream 2 steht im Widerspruch zu den Forderungen der Energieunion, meint der ehemalige Bundesfinanzminister.]*

Dieser Aspekt scheint ein wichtiger Punkt im medialen Diskurs in Polen zu sein. Hingewiesen wurde dabei auf die potenzielle Gefahr eines deutsch-russischen Konflikts, der Konsequenzen für ganz Europa haben wird. Im polnischen Diskurs wurde Deutschland vorgeworfen, gegen das Prinzip einer europäischen Energiepolitik und Energiesolidarität zu verstoßen und kurzsichtig nur die eigenen Interessen zu verfolgen, denn die deutsch-russischen Verträge über die Gasversorgung seien kein Garant für eine Energiesicherheit

---

12 pl_p_WST_2010.02.28_S.50–51
13 pl_p_WST_2010.02.28_S.50–51
14 pl_e_GW_2008.09.11_T1
15 pl_e_RP_2015.11.05_T1

für Europa und auch nicht für Deutschland. Sie führten zu einer noch größeren Abhängigkeit von russischem Gas, was dadurch einen geopolitischen und wirtschaftlichen Einfluss auf Europa und Polen habe. In diesem Zusammenhang sei auf den Topos der „Energie als Waffe" zurückgegriffen worden.

3. Nord Stream als wirtschaftliches Projekt

Als Transitland für russisches Gas lehnte Polen die Offshore-Pipeline auf dem Meeresboden der Ostsee aus wirtschaftlichen Gründen ab. Der größte wirtschaftliche Nachteil liegt für den polnischen Partner nämlich darin, dass er einen Teil der Transitgebühren für die Gaspipeline „Jamal" verliert (Bsp. 15, 16). Ein weiterer Nachteil wird in einer potenziellen Blockade der Entwicklung des polnischen Ostseehafens in Świnoujście gesehen. Dies beruht auf der Annahme, dass die Gasleitung auf dem Meeresgrund den Einlauf größerer Schiffe in den polnischen Hafen verhindern wird. Dieser Punkt ist ein häufiges wirtschaftliches Argument, das Polen gegen die Verlegung der Pipeline auf dem Meeresgrund aufgreift (Bsp. 17, 18).

(15)   *(…) Szefowie tej firmy mówią w filmie, że **Polska sprzeciwia się budowie bałtyckiej rury**, bo obawia się zmniejszenia dochodów z tranzytu gazu z Rosji na Zachód.*[16]
*[Die Leiter dieses Unternehmens sagen in dem Film, dass **Polen den Bau der Ostseepipeline ablehnt**, weil es einen Rückgang der Einnahmen aus dem Gastransit von Russland in den Westen befürchtet.]*

(16)   *Po raz pierwszy gaz z Rosji płynie bezpośrednio do UE – powiedział prezydent Rosji Dmitrij Miedwiediew, nie dodając – jak przy wcześniejszych okazjach – że ma* **to zmniejszyć zależność Rosji od państw tranzytowych, czyli Polski, Białorusi i Ukrainy.**[17]
*[Zum ersten Mal fließt Gas aus Russland direkt in die EU, sagte der russische Präsident Dmitri Medwedew, ohne – wie bei früheren Gelegenheiten – hinzuzufügen, dass **dies die Abhängigkeit Russlands von den Transitländern Polen, Belarus und Ukraine verringern soll.]***

(17)   **Niemcy blokują rurą Nord Stream rozwój portu w Świnoujściu**[18]
*[**Deutschland blockiert die Entwicklung des Hafens Swinemünde durch die Nord Stream Pipeline]***

(18)   **Zdziwienia z faktu, że polska strona była tak nieskuteczna i pozwoliła sobie pod nosem położyć gazociąg, który zdecydowanie w przyszłości ograniczy wejście dużych jednostek do polskiego portu**, *nie krył nawet Alfred Bligenthal, szef niemieckiego portu na Bałtyku – Vierow. Stwierdził on, że wszystkie porty zawsze i nieustannie walczą o jak najgłębsze wody podejściowe, z tym bowiem jest związana ich przyszłość i egzystencja.*[19]

---

16 pl_e_GP_2011.02.23_T1
17 pl_e_GW_2011.11.09_T1
18 pl_e_GW_2015.12.19_T1
19 pl_p_GP_2011.02.23_T1

[Auch Alfred Bligenthal, Leiter des deutschen Ostseehafens Vierow, verhehlte nicht seine Überraschung darüber, dass die polnische Seite so unfähig war und sich eine Gaspipeline vor der Nase verlegen ließ, die die Einfahrt großer Schiffe in den polnischen Hafen künftig definitiv einschränken wird. Er wies darauf hin, dass alle Häfen stets und ständig um möglichst tiefe Zufahrtsgewässer kämpfen, da ihre Zukunft und Existenz davon abhängt.]

In den obigen Diskursausschnitten (15–18) kommen im Zusammenhang mit wirtschaftlichen Aspekten des Nord Stream-Projekts zwei wichtige agonale Punkte zum Vorschein. Zum einen gehen wirtschaftliche Vorbehalte auf die Kürzung bzw. Verlust der jetzigen Transitgebühren und auf die Gefahr, dass das russische, über deutsche Terminals geliefertes kostengünstiges Gas die heimische Gasproduktion gefährde, zurück. Zum anderen kommen im polnischen Diskurs, wie in den Beispielen (18) und (19) dargestellt, Probleme wirtschaftlich-logistischer Natur zum Ausdruck: Die Verlegung der Gasleitung auf dem Ostseegrund würde die Entwicklung des Schiffsverkehrs in Świnoujście beeinträchtigen, weil größere Schiffe wegen ihres maximalen Tiefgangs nicht in die dortigen Häfen einfahren könnten. Daraus ergeben sich weitere wirtschaftliche Aspekte, die im folgenden Diskursausschnitt (19) zum Ausdruck kommen:

(19)   **Czy to celowe działanie**[20]

Wniosek nasuwa się jeden – Gazociąg Północny leżący na głębokości 17 m na torze podejściowym północnym będzie **skuteczną blokadą polskiej gospodarki morskiej, pogarszającą tamtejsze warunki żeglugowe,** *co wpłynie na obniżenie jej konkurencyjności w stosunku do portów niemieckich. Należy się zastanowić, czy nasi zachodni sąsiedzi zgadzając się na grupy robocze, w rzeczywistości nie działają celowo, aby uśpić naszą czujność i przedłużyć sprawę jeszcze kilkanaście miesięcy, do czasu, kiedy popłynie gaz. A wtedy – nawet polscy eksperci się nie łudzą – „pełnego i pod ciśnieniem" gazociągu najprawdopodobniej już nikt nigdy nie przesunie.*[21]

[Ist dies eine absichtliche Handlung

Es gibt nur eine Schlussfolgerung: Die nördliche Gaspipeline, die in 17 m Tiefe in der nördlichen Einflugschneise liegt, wird **eine wirksame Blockade der polnischen Seeverkehrswirtschaft darstellen, die Schifffahrtsbedingungen dort verschlechtern und die Wettbewerbsfähigkeit gegenüber deutschen Häfen beeinträchtigen.** *Man muss sich fragen, ob unsere westlichen Nachbarn mit ihrer Zustimmung zu den Arbeitsgruppen nicht in Wirklichkeit absichtlich handeln, um unsere Wachsamkeit einzuschränken und das Thema noch einige Monate hinauszuzögern, bis das Gas fließt. Und dann – da machen sich selbst die polnischen Experten keine Illusionen – wird die „volle und unter Druck stehende" Gaspipeline höchstwahrscheinlich nie wieder bewegt werden.]*

---

20 Dieser wirtschaftliche Aspekt wird auch in Diskursausschnitt *Rura celow blokuje gazport* (pl_e_ GW_2011.05.10_T1) aufgegriffen und evoziert implizit EMPÖRUNG.
21 pl_e_GP_2011.02.23_T1

Auch in dem folgenden Diskursausschnitt greift der Diskursakteur erster Ordnung auf konkrete technische Angaben zur Verlegung der Pipeline zurück. Diese Verweise gehen häufig mit Aussagen von Experten einher, um den technischen Angaben noch mehr Glaubwürdigkeit zu verleihen:

(20) **Zagrożenie życia**

Przypomnijmy, jakie konsekwencje będzie mieć leżąca na tej głębokości (maks. 17,5 m) rura. Jej średnica to 1,5 m, ale należy pozostawić tzw. bezpieczną odległość pod kilem – minimum 2,5 m, zostaje więc 13,5 m. Z tego wynika, że tylko statki o takim zanurzeniu mogą i będą mogły w przyszłości tamtędy przepływać. I tutaj pojawia się pierwszy zgrzyt na linii polskiej i niemieckiej interpretacji stanu faktycznego. **Kpt. Waldemar Jaworowski, doświadczony żeglarz, uważa, że zarówno droga wodna, jak i położona na dnie rura po jakimś czasie systematycznie będą się zamulały i w efekcie głębokość nad nią w tym miejscu znacznie się zmniejszy.** *– Tak dzieje się zawsze – twierdzi kapitan polskiej żeglugi wielkiej i dalej wyjaśnia – wtedy na miejsce wchodzą odpowiednie jednostki pogłębiające, ale który kapitan zgodzi się pogłębiać ten tor, wiedząc, że na dnie na ok. siedemnastu metrach znajduje się rura wypełniona niebezpiecznym gazem pod ciśnieniem,* **nikt o zdrowych zmysłach się nie odważy narażać życia swojego i załogi.**[22]

[Lebensgefahr

Ein Hinweis auf die Folgen eines in dieser Tiefe (max. 17,5 m) liegenden Rohres. Sein Durchmesser beträgt 1,5 m, aber es muss ein so genannter Sicherheitsabstand unter dem Kiel gelassen werden – mindestens 2,5 m, so dass 13,5 m verbleiben. Das bedeutet, dass dort künftig nur noch Schiffe mit diesem Tiefgang durchfahren können und werden. Und hier zeigt sich der erste Knackpunkt zwischen der polnischen und der deutschen Interpretation des Sachverhalts. **Kapitän Waldemar Jaworowski, ein erfahrener Segler, ist der Ansicht, dass sowohl die Fahrrinne als auch das auf dem Grund verlegte Rohr nach einiger Zeit systematisch verschlammen werden, so dass die Tiefe darüber deutlich abnehmen wird.** *– Das ist immer so", sagt der Kapitän der polnischen Großschifffahrt und erklärt weiter, „dann fahren die entsprechenden Baggerschiffe ein, aber welcher Kapitän würde schon zustimmen, diese Strecke auszubaggern, wenn er weiß, dass sich auf dem Grund in etwa siebzehn Metern Tiefe ein mit gefährlichem Druckgas gefülltes Rohr befindet, niemand, der bei Verstand ist, würde es wagen,* **sein Leben und das der Besatzung zu riskieren.**]

Neben dem wirtschaftlichen Aspekt kommt in dem Diskursausschnitt zusätzlich ein weiterer Aspekt zum Ausdruck. Der Experte verweist nämlich auf die Gefahr für das Leben vieler Menschen, die künftig an Wartungsarbeiten an der Pipeline tätig sein werden. Diese Gefahr sei leicht vorauszusehen: *Tak dzieje się zawsze* [Das ist immer so] (Bsp. 20).

---

22 pl_e_GP_2011.02.23_T1

4. Nord Stream als politisches Projekt

Viele polnische Diskursakteur*innen sehen im Bau der Pipeline für Polen weniger ein wirtschaftliches als ein politisches Problem. Somit wird Nord Stream im polnischen Diskurs als ein politisches Instrument und eine Gefahr für die Sicherheit des Landes angesehen. In polnischen Medien werden häufig Meinungen von Expert*innen (auch deutschen) aufgegriffen und für die Untermauerung dieser These verwendet (Bsp. 21, 22, 23, 24). Auch russische politische Diskursakteur*innen greifen diesen Aspekt auf (Bsp. 25).

(21)   *Dla kpt. Waldemara Jaworskiego nie ulega wątpliwości, że **Nord Stream działał wyjątkowo politycznie i z premedytacją,** aby w konsekwencji spłycić tor wodny do Świnoujścia (…), co oznacza, że **działał na szkodę państwa polskiego.**[23]*
*[Für Kapitän Waldemar Jaworski besteht kein Zweifel daran, dass **Nord Stream äußerst politisch und vorsätzlich gehandelt hat,** um die Wasserstraße nach Świnoujście (…) zu ebnen, was bedeutet, **dass es zum Nachteil des polnischen Staates gehandelt hat.**]*

(22)   **Od początku to był projekt polityczny**
*Chociaż rosyjski prezydent zapewniał w Lubminie, że Nord Stream to wybitny projekt ekonomiczny, to nawet **niemieccy eksperci** nie mają wątpliwości, że **Nord Stream nie jest przedsięwzięciem czysto gospodarczym, lecz jest bardziej niemiecko-rosyjskim projektem politycznym** (…)[24]*
[Es war von Anfang an ein politisches Projekt
*Obwohl der russische Präsident in Lubmin versicherte, Nord Stream sei ein herausragendes Wirtschaftsprojekt, haben selbst deutsche Experten keinen Zweifel daran, **dass es sich bei Nord Stream nicht um ein rein wirtschaftliches, sondern vielmehr um ein deutsch-russisches Politikprojekt handelt.**]*

(23)   *Oliver Geden z Niemieckiego Instytutu Polityki Międzynarodowej i Bezpieczeństwa w Berlinie, który jest przekonany, że główna odpowiedzialność za bezpieczeństwo energetyczne Niemiec spoczywa właśnie na przemyśle gazowym, nie ma wątpliwości, iż **Nord Stream od początku był i jest projektem politycznym.** Podobnego zdania jest **ekspert** związany z Deutsche Bank, Josef Auer.[25]*
*[Oliver Geden vom Deutschen Institut für Internationale Politik und Sicherheit in Berlin, der davon überzeugt ist, dass die Hauptverantwortung für die Energiesicherheit in Deutschland bei der Gasindustrie liegt, **hat keinen Zweifel daran, dass Nord Stream von Anfang an ein politisches Projekt war und ist.** Ein mit der Deutschen Bank verbundener **Experte**, Josef Auer, vertritt einen ähnlichen Standpunkt.]*

(24)   **To sprawa polityczna**
Zdziwienie z faktu, że polska strona była tak nieskuteczna i pozwoliła sobie położyć pod nosem gazociąg, który zdecydowanie w przyszłości ograniczy wejście dużych jednostek do polskiego portu (…)[26]

---

23 pl_e_GP_2011.02.23_T1
24 pl_e_GP_2011.11.16_T1
25 pl_e_GP_2011.11.16_T1
26 pl_e_GP_2011.02.23_T1

[Dies ist eine politische Angelegenheit
Es ist erstaunlich, dass die polnische Seite so ineffektiv war und sich eine Gaspipeline
vor die Nase setzen ließ, die die Einfahrt großer Schiffe in den polnischen Häfen in
Zukunft definitiv einschränken wird (…).]

(25)   *Miedwiediew o Nord Stream:* **koszty polityczne też są ważne.**[27]
       [Medwedew zu Nord Stream: **Auch politische Kosten sind wichtig.***]*

In dem folgenden Diskursausschnitt wird ebenfalls die politische Bedrohung seitens
des Nord Stream-Projekts hervorgehoben. Der Begriff Nord Stream-Gasleitung wird
dabei symbolisch als „nowy mur berliński"[28] [Neue Berliner Mauer] bezeichnet, die auf
Grund wirtschaftlicher und politischer Antagonismen zwischen zwei Nachbarländern
gesetzt wird. Die Formulierung *nowy mur berliński* rekurriert auf die Berliner Mauer, die
als Symbol für die Teilung einer Nation und ihre politischen Folgen steht.

(26)   *Pomimo polskich protestów niemiecko-rosyjski koncern Nord Stream zainstalował*
       nam przed nosem **rurę** *na dnie morza, którą nawet związany z Platformą Obywa-*
       telską Jarosław Siergiej, prezes Zarządu Portów Morskich Szczecin i Świnoujście,
       nazwał nowym murem berlińskim.[29]
       [Trotz polnischer Proteste hat das deutsch-russische Unternehmen Nord Stream vor
       unseren Augen **ein Rohr** *auf dem Meeresgrund verlegt, das selbst der mit der Bür-*
       gerplattform (PO) verbundene Jarosław Siergiej, Vorsitzender der Hafenbehörde von
       Stettin und Swinemünde, **als neue Berliner Mauer bezeichnet.***]*

Das Zitieren politischer Akteur*innen, häufige Abbildungen und Verweise auf Aussagen
deutscher und russischer Spitzenpolitiker*innen, die gemeinsam im Zusammenhang
mit der angeblichen wirtschaftlichen deutsch-russischen Kooperation erwähnt werden,
können implizieren, dass es sich vor allem um ein politisches Projekt handelt, was im
Nachbarland Befürchtungen um die geopolitische Sicherheit hervorruft.

Es wird an den obigen Diskursausschnitten ersichtlich, dass außenpolitische Einwände in Polen genauso deutlich zum Ausdruck kommen wie wirtschaftliche oder ökologische Bedenken.

5.1.3 Codierung und Generierung von Emotionen im polnischen Diskurs

Bei der Explikation emotionaler Bedeutungen ist eine Reihe von Faktoren zu berück-
sichtigen wie der Entstehungshintergrund des Diskurses, die Parameter emotionaler
Bedeutung (Valenz, Intensität, Dauer etc.), die Kenntnis der Emotionsregeln, das Er-
kennen des (bereits angesprochenen) semantischen Bildes der jeweiligen Emotion, die
Berücksichtigung des medialen Rahmens sowie die Lebenserfahrung bzw. persönliche
Relevanz und das Alltagswissen. All dies ermöglicht die Wahrnehmung, Analyse und
Interpretation einer Emotion in ihrer konkreten medialen Realisierung. Diese konkrete

---

27 pl_e_GW_2009.11.25_T1
28 pl_e_GP_2011.02.23_T1
29 pl_e_GP_2011.02.23_T1

mediale Realisierung und Materialisierung der Emotion im Diskurs lassen zusammen mit vermittelten Inhalten und den diskursiven Strategien der Emotionalisierung eine konkrete diskursive Emotion interpretieren. Da sich einerseits der Großteil der Ereignisse einer direkten Beobachtung entzieht und den Betrachtern nur über Medien zugänglich ist sowie andererseits das Wissen über die Ereignisse aus den Medien bezogen werden (vgl. Luhmann 1996: 9), hängt die Wahrnehmung und Bewertung der Ereignisse (und der mediatisierten Emotionen) mit ihrer Mediatisierung und der Art und Weise ihrer Darstellung in den Medien zusammen. Dies gilt für alle Ereignisse, die mediatisiert und somit zu diskursiven Ereignissen werden. Das Wissen über die mediatisierten Ereignisse wird aus dem medialen Diskurs bezogen, sodass dieser einen Einfluss auf die Konstituierung des Wissens hat. Das Wissen manifestiert sich in verschiedenen kommunikativen Praktiken, in denen semiotische Zeichen bei der Wissensgenerierung, Wissensvermittlung und -verarbeitung eine wichtige Rolle übernehmen. Abgesehen von Wissens- und Kommunikationsbereichen hängt die Wissenskonstitution in Diskursen ebenfalls mit unterschiedlichen Einstellungen der Diskursakteur*innen gegenüber Sachverhalten und ihren Wissensbeständen sowie der Agonalität der Ereignisse selbst zusammen. Dies ist besonders an den agonalen Zentren zu beobachten. Diskurse mit affektivem Potenzial, das sich aus dem Vorhandensein agonaler Zentren ergibt, sind von einer starken Emotionalisierung geprägt. Die im Emotionalisierungsprozess generierten Emotionen beeinflussen die Wissenskonstituierung und -verarbeitung. Im Falle von Nord Stream bilden die im vorangehenden Kapitel genannten agonalen Punkte die Basis für eine starke Emotionalisierung des gesamten Diskurses, sodass sich Emotionen als grundlegender Bestandteil der Debatte um das Nord Stream-Projekt in unterschiedlichen vielfältigen impliziten oder expliziten semiotischen Ausdrucksmanifestationen erkennen und erfassen lassen. Emotionalisierungspraktiken, d. h. die Praktiken der Manifestation und der Generierung des Emotionalen, prägen den Diskurs signifikant und beeinflussen somit die Wahrnehmung und Bewertung des deutsch-russischen Projekts. Im Hinblick auf das diskursive Bild des Ereignisses Nord Stream in polnischen Printmedien lassen sich eindeutig negative Emotionen erkennen. Dies ergibt sich in erster Linie aus dem Status, den Polen im Projekt Nord Stream hat und – was damit einhergeht – aus den bereits im Kapitel (3) angesprochenen Streitpunkten. Als Anrainerstaat wird Polen im Projekt nicht berücksichtigt und hat trotz Einwänden und Bemühungen unterschiedlicher Art keinen Einfluss auf die Gestaltung des Projekts nehmen können. All das wird von Akteur*innen erster Ordnung bei der Konstituierung des Diskurses berücksichtigt und beeinflusst folglich die Kodifizierung und Generierung von Emotionen im Diskurs. Mediale Äußerungen sind nämlich nicht nur die Positionierung der Diskursakteur*innen innerhalb eines intersubjektiv (re)konstruierten oder eines objektivbaren diskursiven Raums sozialer Gruppen und perspektivierende Zeiger auf die dingliche Welt (vgl. Vogel 2020)[30], sondern tragen vor allem zur Konstituierung des diskursiven Wissens bei, dessen Emotionalisierung sowohl in besonders auffälligen Einheiten (intratextueller

---

30 https://diskursmonitor.de/review/arbeitspapiere-fv-1/ (02.04.2022)

Art) als auch in diskursiven Praktiken trans- und intertextueller Art kodifiziert, generiert und medial getragen wird.

In Polen dominiert die medial konstituierte Überzeugung, dass das Hauptziel der Gaspipeline ist, den Transit über die Länder Osteuropas einzustellen, um leichten Druck auf die Staaten dieser Region ausüben zu können. Aus (nicht nur) polnischer Sicht wird Deutschland als Verbündeter Russlands und seiner Gaspolitik angesehen. Einen symbolischen Charakter hat in diesem Zusammenhang die Aufnahme des ehemaligen Bundeskanzlers Gerhard Schröder in den Aufsichtsrat des Nord Stream-Konsortiums. Dadurch gewinnen die Russen immer mehr Einfluss im deutschen Energiesektor. Diese Faktoren haben dazu beigetragen, dass das Projekt von vielen Politikern in Polen vehement bekämpft wurde. Aus polnischer Sicht würde die bereits bestehende Abhängigkeit enorm zunehmen, wenn Polen das russische Gas über Deutschland erhalten müsste. All dies indiziert das Wiederbeleben eines alten Narrativs vom verräterischen, für Polen bedrohlichen Bündnis zwischen Deutschland und Russland. Durch konkret adressierte und handlungsmächtige Affekte werden neue bzw. alternative Ereignisräume generiert. Emotionen beinhalten Werturteile, die es medialen Akteur*innen mithilfe bestimmter Bedeutungs- bzw. Sinnkonstruktionen ermöglichen, an der Gestaltung eines (intendierten) Weltbildes seitens der Rezipierenden mitzuwirken. Die Komplexität der außersprachlichen Realität kann durch diskursive Emotionen kategorisiert und somit ihre Rezeption durch eine bestimmte Profilierung leichter erfassbar gemacht werden. Diskursive Emotionen reichen je nach agonalem Punkt von ANGST über ABNEIGUNG und EMPÖRUNG bis hin zu ÄRGER und WUT. Allerdings hat man es in einigen Diskursausschnitten mit einer Mischung von diskursiven Emotionen zu tun, die sich nicht immer leicht erkennen lassen. Der Verlust an Trennschärfe einzelner Emotionen (z. B. EMPÖRUNG, WUT, ZORN, ÄRGER usw.) ergibt sich im Diskurs daraus, dass sich die semantischen Bilder der Emotionen und die einzelnen affektiven Profile teilweise überlappen und beim Interpretieren zu Schwierigkeiten führen können. Auch auf der Metaebene können sich Probleme ergeben, wenn die diskursiven Emotionen implizit zum Ausdruck kommen und somit Sachverhalte und Ereignisse wahrnehmen und bewerten lassen. Welche Emotionen nun im konkreten Fall evoziert werden, ist nicht nur den explizit sprachlichen (intratextuellen) Manifestationen zu entnehmen, sondern ergibt sich im Diskurs aus dem Zusammenspiel verschiedener Faktoren (wie Entstehungshintergrund des Diskurses, medialen und korpusorientierten Faktoren) und vor allem unter Berücksichtigung solcher diskurslinguistischer Aspekte wie Emotionsgenerierung auf transtextueller Ebene sowie Strategien der diskursiven Konstituierung von Emotiven in und durch Akteursgruppen, die als Handlungsinstanzen entscheiden, welche Aussagen überhaupt Teil des Diskurses werden. Bei der Interpretation von diskursiven Emotionen können die erwähnten Aspekte von Bedeutung und in einigen Fällen sogar entscheidend sein. Darüber hinaus ist der Interpretationsspielraum in der massenmedialen Kommunikation durch die Art und Weise der Darbietung von Inhalten und vor allem durch die Emotionalisierung deutlich eingeengt. „Der Modus des Zeigens (das Wie) konstituiert demnach grundlegend das Sagen (das Was)" – schreibt Metten (2014: 328) und führt weiter aus: „Medien ermöglichen demnach spezifische Wahrnehmungen und

Erfahrungen und dienen eben nicht der Weitergabe und Repräsentation von Sachverhalten, d.h. sie bilden Modalisierungen unserer Erfahrung, durch welche wir andere Menschen sowie die Umwelt immer in einer bestimmten Weise erfahren."

Das Profil der evozierten Emotion setzt sich aus ihrem semantischen Bild, den kulturell, sozial und medial determinierten Emotionsregeln, von denen u.a. materielle Manifestationen der Emotionen abhängen, und dem erwähnten medialen Rahmen, in dem sie evoziert werden. Diese Faktoren, zusammen mit Welt- und Alltagswissen sowie Wissen um die Emotionsregeln und um semiotische Ressourcen, ermöglichen die Wahrnehmung, Erkennung und Interpretation emotionaler Inhalte in ihrer konkreten medialen Realisierung.

Bevor auf die Realisierung diskursiver Emotionen im Nord Stream-Diskurs eingegangen wird, soll im Folgenden auf einen Diskursausschnitt als ein Einstiegsbeispiel eingegangen werden:

(27)   *Umowę o Nord Stream we wrześniu 2005 r. Gazprom podpisał z niemieckimi koncernami E.ON i BASF. **Wywołało to szok w Europie Środkowej.**[31]*
        *[Die Nord Stream-Vereinbarung vom September 2005. Gazprom unterzeichnete mit den deutschen Unternehmen E.ON und BASF. **Dies löste in Mitteleuropa einen Schock aus.**]*

Das Einstiegsbeispiel dokumentiert eine allgemeine Reaktion in Mitteleuropa auf das Nord Stream-Projekt. Mit dem „Schock" wird keine konkrete Emotion explizit ausgedrückt, sondern eine wertende Stellungnahme zu Nord Stream bekanntgegeben. Diese wertende Formulierung macht deutlich, dass das mediale Ereignis ein hohes emotionales Potenzial aufweist. Allerdings kann die emotionale Reaktion („Man ist über die Unterzeichnung der Nord Stream-Vereinbarung geschockt") unterschiedliche Emotionen durch eine entsprechende semiotische Manifestation evozieren. Da es sich hier um einen polnischen medialen Diskurs – der ein agonales Zentrum darstellt – handelt, ist anzunehmen, dass hier negative Emotionen codiert und generiert werden. Dies kommt explizit im Beispiel (28) zum Ausdruck, in dem konkrete Emotionen (*troska i niepokój*) verbalisiert werden. Wir haben es hier mit dem verbalen Ausdruck von Sorge und Befürchtung zu tun. Darüber hinaus wird ebenfalls auf die Begründung hingewiesen, warum in Polen negative Emotionen im Nord Stream-Diskurs evoziert werden.

(28)   **To jest sprawa, która budzi w Polsce troskę i niepokój, ponieważ została postanowiona między Rosją i Niemcami ponad naszymi głowami** *– oceniał prezydent Aleksander Kwaśniewski.*[32]
        [Dies ist eine Angelegenheit, die Polen mit Sorge und Angst erfüllt, weil sie zwischen Russland und Deutschland über unsere Köpfe hinweg entschieden wurde – bewertete Präsident Aleksander Kwasniewski.]

---

31 pl_e_GW_2011.04.29_T2
32 pl_e_GW_2011.04.29_T2

Im Folgenden wird den Emotionalisierungsstrategien auf den jeweiligen Ebenen der Diskursbeschreibung nachgegangen. Ausgegangen wird von der Ebene der diskurslinguistischen Analyse, auf der diskursive Praktiken der Emotionalisierung angewendet werden. Die Verfahren der Emotionalisierung von Diskursen lassen sich einerseits auf der intratextuellen Ebene in der Verwendung von semiotischen Zeichen und andererseits auf der transtextuellen in verschiedenartigen Rekurrenzen auf sprachliche und außersprachliche Gegebenheiten beobachten. Allerdings sind die beiden Ebenen bis zu einem gewissen Grad trennbar. Ersichtlich wird es an den Verweisen auf Aussagen anderer Diskursakteur*innen oder auf Prätexte, die emotional geprägt sind. So werden die bereits implizit oder explizit in anderen Zusammenhängen evozierten Emotionen nutzbar gemacht, in den jeweiligen Diskurs übertragen und zum Ausdruck gebracht. Eine weitere Dimension diskurslinguistischer Analyse liegt mit der Ebene der Akteure vor, über die die intra- und transtextuelle Analyse miteinander verschränkt sind (vgl. Warnke/Spitzmüller 2011: 136). Die meisten Diskursakteur*innen treten in zwei Rollen auf: Zum einen sind sie Handelnde (produktive Akteur*innen), die sich semiotischer Zeichen für die Manifestierung der Emotionen bedienen, und zum anderen sind sie rezeptive Akteur*innen, die Aussagen der Akteur*innen zweiter Ordnung wahrnehmen und für die Emotionalisierung diskursiver Ereignisse einsetzen. Die diskursive Konstituierung von Emotionen erfolgt dadurch, dass Akteur*innen medial Aussagen formulieren oder selbst Zusammenhänge konstituieren bzw. Bezüge zu anderen Texten herstellen, die Emotionen evozieren.

Allerdings scheint es problematisch zu sein, von Strategien der Emotionalisierung auf der Eben der Akteure zu sprechen. Denn Diskursakteur*inne sind Diskursschaffende, die sich verschiedener Verfahren bedienen, um emotionale Bedeutungen zu codieren. Evozieren sie durch semiotische Zeichen Emotionen, so werden diese Strategien der intratextuellen Ebene zugerechnet. Nehmen sie dagegen auf emotionale Aussagen anderer Diskursakteur*innen Bezug, handelt es sich um Emotionalisierung auf der transtextuellen Ebene. Sie bringen Emotionen durch semiotische Zeichen hervor und schaffen durch semiotische Zeichen Verbindungen zwischen Aussagen. In den explizit oder implizit manifestierten Vernetzungen lassen sich Emotionalisierungsstrategien erkennen.

5.1.3.1 Emotionalisierungsstrategien auf der intratextuellen Ebene

Die meisten Strategien der Codierung von Emotionen im Nord Stream-Diskurs finden auf der intratextuellen Ebene statt. Als elementare Bausteine in Diskursen sind auf der intratextuellen Ebene **Emotionswörter** zu betrachten. Sie stellen den Kernbereich der Vermittlung, Manifestation oder Evozierung von emotionalen Zuständen und ihrer Interpretation dar. Es sind verbale Ausdruckserscheinungen verschiedener Art. Im Nord Stream-Diskurs lassen sich viele diskursprägende Emotionswörter bzw. emotionsbezeichnende Äußerungen finden, die die Emotion ANGST explizit benennen bzw. auf den affektiven Zustand (sich ängstigen) hinweisen. Nomina und Verben stellen dabei die größte Gruppe der Emotionswörter dar. Durch ihre Verwendung wird ANGST explizit manifestiert: (29) *obawa* [Furcht] [33], (30) *strach* [Angst], (31) *pełno obaw* [voller Furcht], (32) *realne zagrożenie,* [reale Bedrohung], (33) *gazociąg jest prawdziwym i realnym zagrożeniem* [Die Gasleitung ist eine wirkliche und reale Bedrohung], (34) *zagrożenie życia* [Lebensgefahr], (35) *niepokój* [Beunruhigung], (36) *zagrożone bezpieczeństwo* [bedrohte Sicherheit], (37) *zagrażać* [bedrohen], (38) *Polska obawia się* [Polen fürchtet sich], (39) *obawiać się* [sich fürchten], (40) *Obawiamy się!* [Wir fürchten uns!], (41) *Gazprom straszy* [Gazprom droht], (42) *Straszydło[„Gazprom"], stało się jeszcze straszniejsze* [Das Gespenst [„Gazprom"] wurde noch gespenstiger]. Der iterative Gebrauch von *obawiać się* [sich fürchten], (43) *zaniepokojenie* [Befürchtung, Besorgnis] geht auf die Erwartung einer unangenehmen Sache zurück. Diese wird mit einer Gefahr gleichgesetzt und evoziert in den meisten Fällen Angst. Neben Nomen und Verben kommen auch Angst evozierende Adjektive vor: (44) *Polska i Szwecja są zaniepokojone* [34] [Polen und Schweden sind beunruhigt], (45) *Niepokojąca rura przez Bałtyk* [Beunruhigendes Rohr auf dem Meeresgrund der Ostsee] etc.

Wie den Beispielen entnommen werden kann, fungieren Emotionswörter als wichtige diskursmarkierende und diskursbestimmende Einheiten mit emotionaler Wertung. Die exzerpierten Emotionswörter und die mit ihnen codierte Emotion lassen das semantische Bild der jeweiligen Emotion problemlos identifizieren und sind ein wichtiger Bestandteil des Emotionspotenzials des Nord Stream-Diskurses. Sie prägen den Diskurs und dienen besonders im Falle von Nord Stream der Emotionalisierung von Inhalten und diskursivem Wissen. Darüber hinaus kommt ihnen eine wichtige Funktion bei der Wahrnehmung und Interpretation des medialen Ereignisses zu. Es wurde bereits darauf hingewiesen, dass Emotionen Werturteile beinhalten, die den Diskursakteur*innen u. a. durch den Einsatz von Emotionswörtern und mithilfe von emotionalen Bedeutungs- bzw. Sinnkonstruktionen ermöglichen, an der Gestaltung eines (intendierten) Weltbildes bei Rezipierenden zu partizipieren und somit die außersprachliche Realität durch diskursive Emotionen zu kategorisieren und zu interpretieren.

Im Diskurs um Nord Stream lassen sich auch Emotionswörter finden, die explizit auf die Emotionen ÄRGER und WUT referieren. Dazu gehören emotive Nomina, Verben und Adjektive: (46) *irytacja wśród ekologów* [Aufregung bei Umweltschützern], (47) *rytujący gazociąg* [irritierende Gaspipeline], (48) *poruszenie wśród rybaków* [Aufregung bei Fischern], (49) *oburzać się* [sich aufregen], (50) *jesteśmy oburzeni w sprawie Nord Streamu* [wir sind über Nord Stream empört], (51) *wściekają się ekolodzy* [Umweltschützer sind wütend].

Es wurde bereits erwähnt, dass im medialen Diskurs die Durchführung des Projekts in der bestehenden Form als Bedrohung für Polen dargestellt wird. Die Vorschläge Polens, den Bau einer Gasleitung auf dem Ostseemeeresgrund und andere alternative Projekte erneut zu überdenken, bleiben erfolglos und werden nicht berücksichtigt. Dies trägt bei Polen zur Evozierung der EMPÖRUNG bei. Die EMPÖRUNG wird zusätzlich manifestiert, weil man im polnischen Diskurs unterstellt, dass sich die Art und Wei-

---

33 (38) *Strona polska obawia się* [Die polnische Seite fürchtet sich] (pl_e_GN_2011.04.04_T1)
34 pl_e_GW_2009.01.30_T1

se der Durchführung des Projekts auch ethisch-moralischen Normen entzieht. Dies ist z. B. darin zu sehen, dass die deutsche Seite dem Projekt trotz Einwänden ökologischer, rechtlicher, wirtschaftlicher und geopolitischer Natur zugestimmt sowie Politiker*innen und sogar ursprüngliche Nord Stream-Gegner (z. B. Ökolog*innen) für das Projekt gewonnen hat.

(52)   *Kanclerz Merkel zapowiedziała, że wkrótce rozpocznie rozmowy o inwestycji z państwami nadbałtyckimi, w pierwszym rzędzie ze Szwecją. W budowę omijającego Polskę gazociągu są zaangażowane w pełni prywatne koncerny z Niemiec, ale Merkel stwierdziła, że „Niemcy uważają ten projekt za ważny dla bezpieczeństwa energetycznego".*[35]
[Bundeskanzlerin Merkel kündigte an, dass sie in Kürze Investitionsgespräche mit den baltischen Staaten, vor allem mit Schweden, aufnehmen werde. Am Bau der Gaspipeline unter Umgehung Polens sind ausschließlich private deutsche Unternehmen beteiligt, aber Merkel sagte, dass Deutschland dieses Projekt für die Energiesicherheit für wichtig hält".]

(53)   *Nord Stream dla niemieckich ekologów*
Szefowie niemieckich organizacji ekologicznych, którzy głośno protestowali przeciw gazociągowi Nord Stream z Rosji, właśnie objęli posady w kierownictwie sponsorowanej przez Nord Stream ekofundacji.[36]
[Nord Stream für deutsche Umweltschützer
Die Chefs der deutschen Umweltverbände, die lautstark gegen die russische Gaspipeline Nord Stream protestiert haben, sind jetzt in der Geschäftsführung einer von Nord Stream geförderten Umweltstiftung tätig.]

Die Übernahme der Leitungsposten durch deutsche Ökologen in der von Nord Stream finanzierten Ökologischen Stiftung generiert bei Polen negative Emotionen, die in der implizit ausgedrückten EMPÖRUNG über die Verlogenheit der deutschen Ökologen zum Ausdruck kommen.

Polen kritisiert die Stellungnahmen und Handlungen des Nachbarlandes und manifestiert die negative Wertung des Projekts. Diese negative Wertung kommt mit **der Verwendung von stilistisch markierten und negativ konnotierten Wörtern** zum Ausdruck, z. B. *prowizorka* [Halblösung].

(54)   *Ta prowizorka nas zablokuje.*[37]
[Diese Halblösung wird uns blockieren.]
(55)   *Z uporem godnym lepszej sprawy Niemcy nie zgadzają się, by wkopać głębiej gazociąg Nord Stream i odblokować plany rozwoju portu w Świnoujściu.*[38]

---

35 pl_e_GW_2008.03.10_T1
36 pl_e_GW_2011.05.04_T1
37 pl_e_GW_2011.03.13_T1
38 pl_e_GW_2011.03.13_T1

[Mit einer Hartnäckigkeit, die einer besseren Sache würdig ist, weigert sich
Deutschland, die Vertiefung der Nord-Stream-Gaspipeline zuzulassen und die
Pläne für den Ausbau des Hafens von Swinemünde freizugeben.]

Polen ist über die Durchführung des Projekts und die politischen Entscheidungen der
beteiligten Länder empört. Die Empörung geht auf die Ignoranz der polnischen Einwände und auf das Verhalten der Diskursakteur*innen zurück. Trotz Zusicherungen
von deutscher Seite (Bsp. 56), Polens Einwände zu berücksichtigen, werden die Interessen Polens und des Baltikums ignoriert (Bsp. 57).

(56)   *Nord Stream i władze Niemiec przez dwa lata nie reagowały na nasze zastrzeże-*
       nia i dopiero pod koniec 2009r. szef niemieckiego MSZ Guido Westerwelle obie-
       cał szefowi polskiej dyplomacji Radosławowi Sikorskiemu, że Berlin uwzględni
       zastrzeżenia. Wbrew tej deklaracji BSH zezwoliło na ułożenie rury w sposób
       blokujący rozwój Świnoujścia. Dane dostarczone przez Nord Stream były bardzo
       kiepskiej jakości. Dopiero po ich naniesieniu na mapy morskie okazało się, że trasa
       gazociągu przecina polską strefę.[39]
       [Nord Stream und die deutschen Behörden reagierten zwei Jahre lang nicht auf un-
       sere Einwände, und erst Ende 2009 versprach der Chef des deutschen Außenmi-
       nisteriums, Guido Westerwelle, dem Leiter der polnischen Diplomatie, Radosław
       Sikorski, dass Berlin die Einwände berücksichtigen würde. Entgegen dieser Er-
       klärung ließ das BSH die Verlegung der Leitung so zu, dass die Entwicklung von
       Świnoujście blockiert wurde. Die von Nord Stream vorgelegten Daten waren von
       sehr schlechter Qualität. Erst nachdem sie auf Seekarten eingezeichnet waren, wurde
       deutlich, dass die Gaspipeline durch die polnische Zone verläuft.]
(57)   *Kanclerz Niemiec Angela Merkel stwierdziła zaś, że przy tej inwestycji „uwzględ-*
       niono uzasadnione interesy wszystkich krajów leżących nad Bałtykiem".[40]
       [Die deutsche Bundeskanzlerin Angela Merkel erklärte unterdessen, dass bei die-
       ser Investition „die legitimen Interessen aller Ostseeanrainerstaaten berücksich-
       tigt wurden".]

In den vorangehenden Beispielen kommt es zum impliziten Ausdruck von Empörung.
Es wird auf Aussagen von deutschen Politikern *Guido Westerwelle* und *Angela Merkel*
zurückgegriffen, in denen ein VERSPRECHEN oder eine BEHAUPTUNG formuliert
wird. In den Beispielen geht es weniger um die Strategie der Verweise als um die manifestierte sprachliche Handlung von wichtigen politischen Akteur*innen. Es wird in
(56) versprochen, die kritischen Stimmen des Nachbarlandes zu beachten. Im Beispiel
(57) dagegen wird die Aussage der Bundeskanzlerin aufgegriffen, die behauptet, die
Interessen aller Ostseestaaten seien berücksichtigt. Man kann den Diskursausschnitten
(z. B. 58 und 59) jedoch entnehmen, dass weder das Versprechen gehalten wurde noch
die Behauptungen bestätigt werden. Da im Diskurs die zitierten Aussagen nicht bestä-

39 pl_e_GP_2011.11.16_T1
40 pl_e_GW_2011.11.09_T1

tigt werden, rufen sie Empörung hervor, weil – wie es im Beispiel (58) heißt – Polens Stellungnahmen unberücksichtigt blieben:

(58) *() Polska i państwa bałtyckie w 2005 r. oburzały się, że Niemcy nie konsultowały z nimi umowy o budowie przez Bałtyk gazociągu Nord Stream z Rosji.*[41]
      [Polen und die baltischen Staaten waren 2005 empört darüber, dass Deutschland sie nicht zu der Vereinbarung über den Bau der Nord Stream-Gaspipeline von Russland durch die Ostsee konsultiert hatte.]

Die Bemühungen Polens, Einfluss auf die Gestaltung des Projekts zu nehmen, bleiben erfolglos. Trotz laufender Verhandlungen mit der deutschen Regierung wird Polen ignoriert und vor vollendete Tatsachen gestellt. Diese Beschreibung, wie die Entscheidungen getroffen und Handlungen vollzogen werden, impliziert die Ignoranz gegenüber dem Nachbarn und zeigt Polen als unwichtigen nicht strategischen Partner für Deutschland. Der Status und die Machtlosigkeit Polens führen zur negativen Wertung der Handlungen. Emotionen wie Empörung und Ärger sind in diesem Fall ein spezifischer Ausdruck der Bewertung:

(59) *Eksperci rządów Polski i Niemiec negocjowali, a Nord Stream, stosując metodę faktów dokonanych, ułożył rury w poprzek północnego toru do Świnoujścia.*[42]
      [Experten der polnischen und der deutschen Regierung verhandelten und Nord Stream wandte die Methode der vollendeten Tatsachen an und verlegte Rohre über die nördliche Route nach Swinemünde.]

(60) *Mamy dodatkowy problem, bo niemiecka administracja pozwoliła ułożyć rury w poprzek północnego toru podejściowego do portu w Świnoujściu wprost na dnie morza. Polska protestowała przeciw temu od 2007 r., bo to nie pozwoli dopłynąć do polskiego portu statkom o zanurzeniu ponad 13,5m.*[43]
      [Wir haben ein zusätzliches Problem, denn die deutsche Verwaltung hat die Verlegung von Rohren über die nördliche Zufahrt zum Hafen von Świnoujście direkt auf dem Meeresboden genehmigt. Polen protestiert seit 2007 dagegen, weil dadurch Schiffe mit einem Tiefgang von mehr als 13,5 m nicht mehr in den polnischen Hafen einlaufen können.]

Empörung wird auch in dem folgenden Beispiel (61, 62) manifestiert, indem implizit auf die politische Gefahr des Projekts und explizit auf eine Erpressungsmöglichkeit durch Russland verwiesen wird.

(61) *Jeśli będzie taka polityczna potrzeba, to Rosja nie szkodząc krajom trzecim, będzie mogła zakręcić kurek Polsce lub Słowacji" – napisał dziennik „Wiedomości".*[44]

---

41 pl_e_GW_2012.06.21_T1
42 pl_e_GW_2012.10.13_T1
43 pl_e_GW_2011.05.06_T1
44 pl_e_GW_2011.11.14_T1

[Wenn eine solche politische Notwendigkeit besteht, kann Russland, ohne Dritt-
*länder zu schädigen, Polen oder der Slowakei **den Gashahn zudrehen** – schrieb die*
Tageszeitung „Wiedomosti".]

(62)   *Wraz z uruchomieniem gazociągu Nord Stream **Rosja nie tylko umacnia swoje***
         ***wpływy gospodarcze, ale i polityczne.** I „jeśli będzie taka potrzeba, to nie szkodząc*
         *krajom trzecim, będzie mogła zakręcić kurek z gazem Polsce" – **przestrzega nas ro-***
         syjski dziennik „Wiedomosti".[45]
         *[Mit der Inbetriebnahme der Nord Stream-Gaspipeline **stärkt Russland nicht nur***
         ***seinen wirtschaftlichen, sondern auch seinen politischen Einfluss.** Und „wenn es*
         sein muss, wird sie in der Lage sein, den Gashahn nach Polen zuzudrehen, ohne
         *Drittländer zu schädigen" – **warnt uns die russische Tageszeitung „Wiedomosti".]***

In dem polnischen Teildiskurs um Nord Stream wird auch auf ökologische Gefahren
hingewiesen. Bereits in der Anfangsphase der Realisierung des Projekts wurde von den
Ökolog*innen aus verschiedenen Ländern gegen das Projekt sachlich argumentiert.
Auch deutsche Ökolog*innen waren sich in der Hinsicht einig. Sie warnten vor einer
ökologischen Katastrophe und versuchten den Bau der Ostseegaspipeline zu verhindern.

(63)   *Także w tych sprawach NVV*[46] *domaga się od Nord Stream dokładnych badań, i to*
         *przed rozpoczęciem inwestycji. „**Rezultaty badań dna mogą wykazać, że konse-***
         ***kwencje budowy okażą się tak poważne dla środowiska,** iż wyrażenie na nią zgody*
         będzie niemożliwe" – ostrzega NVV.[47]
         [Auch in dieser Angelegenheit verlangt NVV von Nord Stream gründliche Studiener-
         *gebnisse, und zwar vor Beginn der Investition. „**Die Ergebnisse der Bodenuntersu-***
         chungen könnten zeigen, dass die Folgen des Baus für die Umwelt so gravierend
         ***sind,** dass man ihm nicht zustimmen kann" – warnt NVV.]*

(64)   *Zdaniem **WWF** budowa Nord Stream **nie będzie obojętna dla środowiska.** (…)*
         Nord Stream nie przewidział procedur usuwania broni chemicznej i nie zbadał jej
         wpływu na środowisko – podkreśla WWF.[48]
         *[**Nach Ansicht des WWF wird der Bau von Nord Stream nicht ohne Auswirkun-***
         ***gen auf die Umwelt bleiben.** (…) Der WWF weist darauf hin, dass Nord Stream*
         keine Verfahren für die Entsorgung von chemischen Waffen vorgesehen und deren
         Umweltauswirkungen nicht untersucht hat. Es wurden auch keine Informationen
         über in den russischen Hoheitsgewässern versenkte Munition vorgelegt, und das Prob-
         lem der in den Sedimenten des Meeresbodens versteckten Munition wurde ignoriert.]

Emotionswörter werden im Diskurs auch bei der Thematisierung von Emotionen verwendet. Der Fall liegt vor, wenn emotionale Zustände, Erlebnisse und Emotionen an-

---

45 pl_e_FT_2011.11.10_T1
46 NVV ist eine Abkürzung für Naturvårdsverket. Es ist die staatliche Behörde für Umwelt- und Naturschutz in Schweden.
47 pl_e_GW_2007.02.18_T1
48 pl_e_GW_2009.05.11_T1

derer Diskursakteur*innen thematisiert werden. Wirkt sich jedoch die Manifestation der Emotionen anderer durch verbale Thematisierung auf den emotionalen Zustand der Rezipient*innen aus, so kann dies zum impliziten Ausdruck der eigenen Emotionen führen. Zwar bleibt der thematisierende Aspekt der Kommunikation im Vordergrund, aber der beschriebene emotionale Zustand wird auf die Rezipient*innen übertragen. Dies ist häufig der Fall, wenn letztere durch die Ereignisse betroffen bzw. darin involviert sind und mit den Betroffenen, über deren Emotionen gesprochen wird, Teil einer kollektiven Gruppe von Diskursakteur*innen sind. Diese Strategie der Emotionalisierung veranschaulichen die folgenden Beispiele:

(65) *Finlandia obawia się bałtyckiej rury.*[49]
      [Finnland fürchtet die Ostseepipeline.]

(66) *Finlandia: nie tędy rura.*[50]
      [Finnland: Das Rohr nicht hier lang.]

(67) *Fińskie wątpliwości wobec gazociągu.*[51]
      [Finnlands Zweifel an der Gaspipeline.]

(68) *Szwedów już zirytowała dyplomatyczno-propagandowa ofensywa Berlina, który po kryzysie na Ukrainie próbuje przeforsować wsparcie UE dla gazociągu Nord Stream z Rosji.*[52]
      [Die Schweden haben sich bereits über die diplomatisch-propagandistische Offensive Berlins geärgert, das nach der Ukraine-Krise versucht, die EU-Unterstützung für die russische Gaspipeline Nord Stream durchzusetzen.]

(69) *Estonia nie chce bałtyckiej rury.*[53]
      [Estland will keine Ostseepipeline.]

(70) *Ekolodzy przeciw bałtyckiej rurze.*[54]
      [Umweltschützer gegen die Ostseepipeline.]

(71) *Litwa i Polska budują sojusz przeciw rurze.*[55]
      [Litauen und Polen schmieden ein Bündnis gegen das Rohr.]

(72) *Szwecja: „nie" dla rury.*[56]
      [Schweden: „Nein" zum Rohr.]

(73) *Irytacja wśród ekologów.*[57]
      [Verärgerung unter Umweltschützern.]

---

49 pl_e_GW_2007.11.11_T1
50 pl_e_GW_2008.01.22_T1
51 pl_e_GW_2007.02.22_T1
52 pl_e_GW_2009.01.30_T1
53 pl_e_GW_2007.09.20_T2
54 pl_e_GW_2009.05.11_T1
55 pl_p_GW_2007.02.19_T1
56 pl_e_RP_2008.12.01_T1
57 pl_e_WST_2007.03.18_T1

Auffällig ist im Diskurs zu Nord Stream die häufige Verwendung von sogenannten **Schlagwörtern**[58], die auf die öffentliche Meinungs- und Willensbildung (vgl. Spitzmüller/Warnke 2011: 49) einwirken. Unter Schlagwort wird im Allgemeinen ein Wort oder eine feste Wortverbindung von hohem Wiedererkennungswert zur prägnanten Benennung und gleichzeitigen Hervorhebung eines gesellschaftlich relevanten Vorgangs oder Zustands oder zur Charakterisierung einer Sache oder Person verstanden.[59] Es handelt sich dabei um kraftvolle, assoziative und parolenartige Benennungen, die komplexe Sachverhalte interpretieren und bewerten. Zu unterscheiden ist bei Schlagwörtern zwischen pejorativen Benennungen (Stigmawörtern) und positiven Bezeichnungen (Hochwertwörtern).[60] Zu den meist eingesetzten diskursprägenden und emotionsevozierenden **Stigmawörtern** gehören in der polnischen Debatte um Nord Stream folgende Benennung: (74) *ekobomba* [Ökobombe], (75) *ekologiczna katastrofa* [ökologische Katastrophe], (76) *Rura Gazpromu obok nuklearnych odpadów* [Das Gazprom-Rohr neben nuklearen Abfällen/ Atommüll], (77) *lokalne zatrucia wód* [Wasservergiftung], (78) *Zależność od Rosji* [Abhängigkeit von Russland], (79) *energetyczna zależność* [energetische Abhängigkeit] (80) *niebezpieczna przyjaźń* [gefährliche Freundschaft], (81) *groźny alians* [Bedrohliche Allianz], (82) *broń energetyczna Putina* [energetische Waffe Putins]. Mit der wiederholten Verwendung von *Zależność od Rosji* [Abhängigkeit von Russland] und *energetyczna zależność* [energetische Abhängigkeit] wird auf die Bedrohung nicht nur für Polen, sondern auch für westeuropäische Länder hingewiesen. Dies wird am folgenden Diskursausschnitt veranschaulicht:

(83)   *Nord Stream 2 to pułapka, w którą wpadają Niemcy, z poważnymi konsekwencjami dla europejskich sąsiadów. Nord stream jest flagowym projektem w rosyjskiej kampanii mającej na celu utrzymanie **uzależnienia Europy od gazu** [...].*[61]
       *[Nord Stream 2 ist eine Falle, in die Deutschland tappt, mit schwerwiegenden Folgen für die europäischen Nachbarländer. Nord Stream ist ein Vorzeigeprojekt in Russlands Kampagne, **Europa von Gas abhängig zu machen** [...].]*

Negative Emotionen ergeben sich im Nord Stream-Diskurs als Reaktion auf den Standpunkt und die Handlungen des Nachbarlandes Deutschland. So wird Deutschland unterstellt, sein Nachbarland zu missachten. Besonders die Schlagwörter (84) *blokować port*

---

58 Niehr (2007: 497) verweist darauf, dass Schlagwörter in der politischen Kommunikation dazu dienen, Forderungen und Programme unter das Volk und damit unter die potenziellen Wählerinnen und Wähler zu bringen. Sie haben den Vorteil, Forderungen und Programme so zu verkürzen, dass diese mithilfe nur eines Wortes ausgedrückt werden können.

59 Vgl. https://www.dwds.de/wb/Schlagwort (11.04.2022)

60 An dieser Stelle sei auf die Ausführungen von Vogel (2020) verwiesen, der bezüglich der Praktiken politischer Kommunikation von Freund-Feind-Begriffen spricht und differenziert zwischen Fahnenvokabeln, Programmvokabeln, Stigmavokabeln, selbstreferenziellen Affirmativa, Hochwertvokabeln, Unwertvokabeln, Deklassierungs- und Diffamierungsvokabeln, Kontaminations- und denormalisierenden Pathologisierungsvokabeln und Feindvokabeln (https://diskursmonitor.de/review/arbeitspapiere-fv-1/ (02.04.2022)).

61 pl_e_GPc_2018.03.06_T1

[den Hafen blockieren], (85) *Nord Stream blokuje polskie porty* [Nord Stream blockiert polnische Häfen], (86) *zagraża Świnoujściu* [bedroht Świnoujście], (87) *nie zważają na polskie interesy* [Sie missachten polnische Interessen] lassen die Emotion WUT/ÄRGER als Reaktion auf die Entscheidungen im Rahmen des Nord Stream-Projekts implizit erkennen. ÄRGER und WUT können im Falle von Nord Stream als diskursprägend betrachtet werden.

Im Diskursausschnitt *Rosjanie przyznają: Możemy zakręcić Polsce kurek*[62] lassen sich viele Strategien der Emotionalisierung beobachten. Mit der Codierung der Bedrohung für ganz Europa kommt es zur Potenzierung der Gefahr und dadurch Intensivierung der evozierten Emotion.[63] Neben Verweisen auf andere Quellen und emotionalen Ausdrucksweisen trägt auch die thematische Struktur des Textes zur Verstärkung der (negativen) Emotionalität/Affektivität bei: Im ersten Textabschnitt wird Russlands Politik als Bedrohung für die Länder des ehemaligen Ostblocks (das Baltikum, Polen, die Ukraine, Weißrussland) geschildert und im zweiten Schritt wird dargestellt, worauf diese Bedrohung beruht. Es werden die wirtschaftlichen und die politischen Aspekte (wirtschaftliche Rentabilität des Projekts) und die sich daraus ergebenden Gefahren für Polen und ganz Europa ins Auge gefasst. Mit der Verwendung von Stigmawörtern wird diskursive ANGST evoziert. Die Stigmawörter weisen zugleich auf den jeweiligen problematischen Aspekt hin, um den die mediale Auseinandersetzung (z. B. Agonalitäten) geführt wird. So werden z. B. mit (88) *niebezpieczna przyjaźń* [gefährliche Freundschaft], (89) *groźny alians* [Bedrohliche Allianz], (90) *zależność od Rosji* [Abhängigkeit von Russland], (91) *imperialne ambicje* [Imperiale Ambitionen] politische Aspekte angesprochen. Eine ähnliche Strategie liegt im Nord Stream-Diskurs bei der Verwendung von sprachlichen Mitteln, die die ökologische Perspektive hervorheben: (92) *bomba ekologiczna*[64] [ökologische Bombe], (93) *ekobomba*[65] [Ökobombe], (94) *ekologiczna katastrofa* [ökologische Katastrophe] oder (95) *obok nuklearnych odpadów* [neben nuklearen Abfällen/ Atommüll]. Gerade diese Schlagwörter, die den Diskurs prägen und mit denen gegen Nord Stream argumentiert wurde, sind Elemente, vor denen die Polen Angst haben (sollen): ANGST vor ökologischer Katastrophe, ANGST vor nuklearen Abfällen, ANGST vor Abhängigkeit von Russland, ANGST vor gefährlicher Freundschaft/bedrohlicher Allianz etc. Dies gilt auch bei der Evozierung von ÄRGER. In dem folgenden Beispiel wird ein Schüsselwort mit einem Emotionswort verwendet. In solchen Fällen liegen emotionale Bewertungen vor, die Emotionen generieren:

(96)   *Irytujący gazociąg przez Bałtyk.*[66]
         [Irritierendes Gasrohr durch die Ostsee.]

---

62 pl_e_GN_2011.11.09_T1
63 Im Kontext der Intensivierung der Emotionalität sei hier auf die argumentative Konstruktion des Textes verwiesen.
64 pl_e_GN_2013.01.11_T1
65 pl_e_GW_2008.04.02_T1
66 pl_e_GW_2009.06.12_T1

Eine weitere Gruppe ANGST evozierender lexikalischer Einheiten, die diskursbestimmend sind, liegt mit den bereits erwähnten thematischen **Schlüsselwörtern** vor. Ihr Aufkommen in bestimmten Äußerungen lässt diese einer diskursiven Formation zurechnen. Ihnen kommt dabei eine diskurserschließende Funktion zu. Eine emotionalisierende Wirkung entfalten sie durch ihre diskursive Prägung. Zu den emotionsgeladenen Schlüsselwörtern bzw. -phrasen, die den polnischen Nord Stream-Diskurs mitprägen, gehören: (97) *Gazociąg* [Gasleitung] und (98) *Rura* (*Rura na dnie Bałtyku pogrzebie/Rura zablokuje polskie porty)* [Das Rohr auf dem Ostseegrund wird polnische Häfen begraben/blockieren]. Dabei handelt es sich um implizite Codierung von Emotionen, die sich nicht sofort erkennen lassen. Allerdings werden die diskursmarkierenden Schlüsselwörter (z. B. in Überschriften) häufig von ANGST evozierenden Ausdrücken begleitet, z. B. (99) *Niepokojąca rura przez Bałtyk*, [besorgniserregendes Rohr durch die Ostsee] oder (100) *Rura niczym bomba* [Rohr wie eine Bombe]. Als Diskurs prägendes Schlüsselwort, das beinahe alle negativen Emotionen im Diskurs Nord Stream evoziert, gilt das Wort *omijać* (Bsp. 101) [übergehen]. Es wird in verschiedenen Kontexten verwendet und hat ein hohes emotives Potenzial. Je nach Kontext kann „*umgehen*" die Grundlage von implizit oder explizit ausgedrückter Emotionen sein. Dies lässt sich z. B. an der Generierung von ÄRGER beobachten. Weil die Interessen Polens trotz Bemühungen und unterschiedlicher Argumente ignoriert werden und Polen bei allen Entscheidungen und Verhandlungen übergangen wird, kommt es zur Manifestierung von negativen Emotionen wie ÄRGER (und WUT).

(101) *Ta rura po dnie Bałtyku ma bezpośrednio połączyć Rosję i Niemcy, **omijając Polskę i inne państwa Europy Środkowej.***[67]
　　　　*[Diese Leitung auf dem Meeresgrund der Ostsee soll Russland und Deutschland direkt miteinander verbinden und **Polen und andere mitteleuropäische Länder umgehen.**]*

(102) *Zdaniem rządu firma Nord Stream błędnie uznała, że **rura ominie polską strefę.** Nie zwróciła się do nas o ocenę, czy inwestycja nie narusza polskich przepisów i polskich interesów gospodarczych.*[68]
　　　　*[Nach Ansicht der Regierung ist Nord Stream fälschlicherweise zu dem Schluss gekommen, **dass die Pipeline die polnische Zone umgehen** würde. Sie hat uns nicht gebeten zu beurteilen, ob die Investition gegen polnische Vorschriften und polnische wirtschaftliche Interessen verstößt.]*

Da die wirtschaftlichen und politischen Ziele von Nord Stream aus polnischer Sicht anders sind als die aus deutscher Sicht, möchte Polen mit allen möglichen Mitteln und Argumenten das Mitspracherecht bei der Gestaltung des Projekts haben.

(103) ***Polska chce decydować w sprawie bałtyckiej rury.***[69]
　　　　[Polen will über die Ostseepipeline mitentscheiden.]

---

67 pl_e_GW_2008.09.11_T1
68 pl_e_GN_2011.04.04_T1
69 pl_e_GW_2007.04.25_T1

Polens Bemühungen, Einfluss auf das Projekt zu nehmen, blieben erfolglos. Somit fühlt sich Polen als Nachbarland bei den Konsultationen und Entscheidungen übergangen. Mit der Formulierung *Udali, że nie słyszą, o czym mówimy* [Sie taten so, als hörten sie nicht, worüber wir sprachen.] (Bsp. 104) wird die Ignoranz Deutschlands gegenüber dem Nachbarland ausgedrückt. Das Verhalten des Ignorierens ruft bei Polen Ärger hervor.

(104) *Udali, że nie słyszą, o czym mówimy*

   W bezpośrednich rozmowach, czy to z niemieckimi urzędnikami z BSH, czy z przed-stawicielami koncernu Nord Stream zawsze padał argument, że niemiecka strona uwzględniła polskie postulaty, aby przesunąć gazociąg na północne, głębsze wody. (…) Warto w tym miejscu zaznaczyć, że w zgodzie wydanej przez HSB w części dotyczącej szlaków morskich, a konkretnie miejsca, gdzie gazociąg Nord Stream będzie przeci-nać szlak morski prowadzący do zespołu portów Szczecin-Świnoujście, od początku nie było żadnej klauzuli nakazującej inwestorom wkopanie rury w dno morskie. W innych misjach tak, ale w tej nie.[70]

   [Sie taten so, als hörten sie nicht, worüber wir sprachen

   In direkten Gesprächen, sei es mit deutschen Vertretern von HSB oder mit Vertretern von Nord Stream, wurde stets das Argument vorgebracht, dass die deutsche Seite die polnischen Forderungen nach einer Verlegung der Gaspipeline in nördliche, tiefere Gewässer berücksichtigt habe. (…) An dieser Stelle sei darauf hingewiesen, dass in der von der HSB erteilten Genehmigung in dem Teil, der sich auf die Seewege be-zieht, insbesondere auf die Stelle, an der die Nord Stream-Gaspipeline den Seeweg zum Hafenkomplex Szczecin-Świnoujście kreuzen wird, von Anfang an keine Klausel enthalten war, die die Investoren verpflichtet hätte, das Rohr in den Meeresboden zu graben. Bei anderen Missionen ja, aber nicht bei dieser.]

Eine ähnliche Rolle wie Stigma- und negativ konnotierte Emotionswörter überneh-men **Okkasionalismen** und abgewandelte **feste Phrasen** mit ihren kontextuellen und konnotativen Bedeutungen, die bei Rezipient*innen ANGST evozieren: (105) *zakręcić Polsce kurek* [Polen den Hahn zudrehen], (107) *zgodnie z zasadą tłocz lub płać* [laut der Maxime: pumpe und zahle] oder (108) *NO TO RURA* [Es ist vorbei – wortwörtlich „Na dann ein Rohr"]. ANGST kommt ebenfalls durch die Verwendung der abgewan-delten Phrase (109) *Rura wciąż wisi nad Świnoujściem* [Das Rohr schwebt immer noch über Świnoujście] zum Ausdruck. Bereits in der kodifizierten Form *coś wisi nad kimś (czymś) jak miecz Damoklesa* [über jemandem hängt/ schwebt ein Damoklesschwert/ das Schwert des Damokles] wird eine latente Bedrohung/ Gefahr, welcher jemand ständig ausgesetzt wird, manifestiert. Diese Bedrohung in Form der Nord Stream-Rohres führt zur Generierung von ANGST.

---

70 pl_e_GP_2011.02.23_T1

Trotz der Kritik und geäußerten Bedenken sowie Einwände seitens Polen kann Nord Stream nicht verhindert werden.[71] Die Machtlosigkeit äußert sich zum einen in der Formulierung *No to rura* [Na dann ein Rohr] (Bsp. 109), die eine Abwandlung einer vulgär markierten Phrase *No i dupa/no to dupa* [Dann ist es vorbei! – wortwörtlich: Na dann Arsch!] darstellt, und zum anderen in *Rura bałtycka ucieka od polskiego prawa* (Bsp. 110) [Das Ostseerohr entzieht sich dem polnischen Recht], was zu bedeuten hat, dass Polen keinen rechtlichen Einfluss auf das deutsch-russische Projekt haben kann.

(109) **NO TO RURA**
       *[Es ist vorbei – wortwörtlich „**Na dann ein Rohr**".]*[72]
(110) *Rura bałtycka **ucieka od polskiego prawa***
       Rosyjsko-niemieckie konsorcjum Nord Stream przesuwa trasę gazociągu przez Bałtyk poza akweny, do których prawa ma Polska. Nord Stream nie kryje, że zmienia trasę, aby spory prawne nie opóźniły inwestycji.[73]
       *[Ostseepipeline **entgeht polnischem Gesetz***
       Das russisch-deutsche Konsortium Nord Stream verlegt die Route seiner Gaspipeline durch die Ostsee weg von Gewässern, an denen Polen Rechte hat. Nord Stream macht keinen Hehl daraus, dass es die Route ändert, damit Rechtsstreitigkeiten die Investition nicht verzögern.]

Die Entscheidungen um Nord Stream werden von der polnischen Seite als inakzeptabel und benachteiligend empfunden und lösen in Polen emotionale Abneigung aus. Polen als Nachbarland ist darüber verärgert, dass es als „durch die Investition gefährdeter, aber nicht stimmberechtigter Staat" (Bsp. 112) keinen Einfluss auf die Gestaltung des Projekts haben konnte.

(111) ***Polska nie może żądać od Nord Stream, by zmienił plany**, bo trasa rury omija akweny, na których obowiązuje nasze prawo. Zmian od Nord Stream mogą domagać się tylko Rosja, Niemcy, Finlandia, Szwecja i Dania – także w imieniu Polski. W czerwcu Generalna Dyrekcja Ochrony Środowiska przedstawiła tym państwom nasze zastrzeżenia wobec planów Nord Stream.*[74]
       *[**Polen kann von Nord Stream nicht verlangen, seine Pläne zu ändern**, weil die Route der Pipeline Gewässer umgeht, in denen unser Recht gilt. Nur Russland, Deutschland, Finnland, Schweden und Dänemark – auch im Namen Polens – können von Nord Stream Änderungen verlangen. Im Juni hat die Generaldirektion für Umweltschutz diesen Ländern unsere Einwände gegen die Pläne von Nord Stream vorgelegt.]*

---

71 (217) Nord Stream już na dnie
   Położono pierwszą rurę Nord Stream przez Bałtyk. **Mimo naszych protestów leży tak, że blokuje rozwój portu w Swinoujściu.** (pl_e_GW_2011.05.05_T1)
   [Nord Stream bereits auf dem Meeresgrund
   Die erste Nord Stream-Rohrleitung ist durch die Ostsee verlegt worden. Trotz unserer Proteste **liegt sie so, dass er die Entwicklung des Hafens von Swinoujscie blockiert.**]
72 pl_e_GW_2009.12.21_T1
73 pl_e_GW_2007.08.21_T 1
74 pl_e_GW_2009.10.01_T 1

(112) *Dla Nord Stream* **Polska jest na razie tylko państwem „narażonym" przez inwesty-**
       cję. *Zgodnie z konwencją z Espoo* **to niższy status, niż przyznano Danii.** *Pozwala on*
       zgłaszać opinie, ale nie daje prawa skarżenia inwestycji do międzynarodowych sądów.[75]
       [Für Nord Stream ist Polen vorerst nur ein Land, das durch die Investition „ge-
       fährdet" ist. Nach dem Espoo-Übereinkommen ist dies ein niedrigerer Status als der-
       jenige, der Dänemark gewährt wird. Sie erlaubt die Abgabe von Stellungnahmen,
       gibt aber nicht das Recht, die Investition vor internationalen Gerichten anzufechten.]

(113) **Berlin w imię interesu swoich firm i dobrych relacji z Moskwą zignorował euro-**
       pejską solidarność *– zarzucano w stolicach państw Europy Środkowej. Do dziś nie*
       wiemy, co dokładnie zapisano w umowach o Nord Streamie i **czy nie są one sprzecz-**
       ne z unijnym prawem.[76]
       [Berlin habe im Namen seiner Unternehmensinteressen und der guten Bezie-
       hungen zu Moskau die europäische Solidarität ignoriert, hieß es in den mitteleu-
       ropäischen Hauptstädten. Bis heute wissen wir nicht, was genau in den Nord Stream-
       Vereinbarungen steht und **ob sie nicht gegen EU-Recht verstoßen.***]*

Im polnischen Diskurs wird versucht, mit verschiedener Begründung gegen Nord
Stream auch sachlich zu argumentieren. Während z. B. im vorangehenden Beispiel
rechtliche Bedenken geäußert werden, kommt in den Beispielen (114) und (115) auch
eine allgemeine Kritik des Projekts zum Ausdruck, die – wie es heißt – auf provisori-
sche Lösungen zurückgeht. Diese betreffen in erster Linie deutsche Gleichgültigkeit und
Ignoranz der polnischen Stimme in der Debatte gegenüber sowie die technischen und
meritorischen Angelegenheiten (Verlaufsroute und Tiefe der Gasleitung). Der letztan-
gesprochene Aspekt spielt eine wichtige Rolle in der Debatte um die Entwicklung und
Blockade polnischer Häfen (Bsp. 116, 117). Diese Kritikpunkte führen zur Missbilligung und Abneigung auf polnischer Seite (hier wird auf die Semantik der jeweiligen
Emotion im theoretischen Teil verwiesen – vgl. Emotions-Profile).

(114) *Podczas spotkania w Berlinie na temat Nord Stream miałem wrażenie, jakby zmieniły*
       się stereotypowe wyobrażenia o obu narodach. **Polacy domagali się trwałych roz-**
       strzygnięć, a Niemcy forsowali prowizoryczne rozwiązania *– opowiadał „Gazecie"*
       o takich konsultacjach dyrektor Urzędu Morskiego w Szczecinie Andrzej Borowiec.[77]
       [Während des Treffens in Berlin über Nord Stream hatte ich den Eindruck, dass sich
       die stereotype Wahrnehmung der beiden Nationen verändert hat. **Die Polen wollten**
       dauerhafte Lösungen, während die Deutschen auf provisorische Lösungen dräng-
       ten*", sagte Andrzej Borowiec, Direktor des Seeamtes in Stettin, der „Gazeta".]*

(115) **Ta prowizorka nas zablokuje.**[78]
       [Diese Halblösung wird uns blockieren.]

---

75 pl_e_GN_2008.03.11_T1
76 pl_e_GW_2012.06.21_T1
77 pl_e_GW_2012.10.13_T1
78 pl_e_GW_2011.03.13_T1

(116) *Będzie bałtycka rura, statki z gazem nie przepłyną.*[79]
        [Es wird eine Ostseepipeline geben, durch die keine Gasschiffe fahren werden.]

(117) *Gazowa blokada portów*
        (…) Niech większe statki do Szczecina i Świnoujścia płyną nowymi trasami
        uzgodnionymi z Niemcami – mówią inwestorzy rury Nord Stream. Może ona za-
        hamować rozwój naszych portów.[80]
        [Gasblockade der Häfen
        (…) Die größeren Schiffe nach Stettin und Swinemünde sollen die mit Deutsch-
        land vereinbarten neuen Routen nehmen, sagen die Investoren der Nord-Stream-
        Pipeline. Das könnte die Entwicklung unserer Häfen behindern.]

Das Nord Stream-Projekt und seine wirtschaftlich-politischen Ziele bedeuten für Polen
eine Verhinderung der Erreichung seiner Ziele bzw. eine Nichterfüllung seiner Bedürfnisbefriedigung sowie eine Ungleichbehandlung im Vergleich zu anderen betroffenen
Anrainerstaaten. Da Polens Kritik und Einwände sowie seine Bedürfnisse und Vorschläge außer Acht gelassen werden, wird bei Polen eine starke negative Einstellung zu dem
Ereignis und den Handelnden ausgelöst. Auch die Ratlosigkeit, die sich aus erfolglosen
Bemühungen des betroffenen Landes ergibt, schlägt in negative Emotionen dem Nachbarland gegenüber um. Polen kommuniziert seine negative Wertschätzung des Projekts
auf verbale Weise und warnt vor Konsequenzen des Nord Stream-Projekts:

(118) *Gazociąg Nord Stream – bezpieczeństwo czy puszka Pandory dla UE*
        Nord Stream przyniesie Europie i relacji UE – Rosja dużo więcej problemów niż
        rozwiązań. Otworzy geopolityczną puszkę Pandory.[81]
        [Nord Stream – Sicherheit oder die Büchse der Pandora für die EU
        Nord Stream wird Europa und den Beziehungen zwischen der EU und Russland
        weit mehr Probleme als Lösungen bringen. Sie wird eine geopolitische Büchse der
        Pandora öffnen.]

Nord Stream wird mit der Büchse der Pandora verglichen. Die Büchse der Pandora
symbolisiert alles Übel der Welt. Der implizite Vergleich des Projekts mit der Büchse der
Pandora manifestiert eine eindeutig negative emotionale Bewertung. Im Diskurs heißt
es: Deutschland richte mit dem Nord Stream-Vertrag Unheil und Schaden an, wobei
mehr Probleme als Lösungen entstehen. In erster Linie wird dadurch Angst vor negativen Folgen deutsch-russischer Vereinbarungen zum Ausdruck gebracht.

Auch die bereits erwähnten Ad-hoc-Bildungen (119) *gazowa przyjaźń* [Gas-Freund-
schaft] und (120) *gazowa więź*[82] [Gas-Bindung] zwischen Russland und Deutschland
stellen eine Gefahr bringende Tatsache dar. Die Gas-Freundschaft aber, vor allem Nord
Stream, wird hier zum Fundament für eine „gefährliche Allianz", die auf „unheilige

---

79 pl_e_GW_2011.05.05_T1
80 pl_e_GW_2009.10.01_T2
81 pl_e_GW_2011.11.14_T1
82 pl_e_GW_2012.10.09_T1

Allianz"[83] anspielt. „Gefährliche Allianz" fungiert als eine emotional aufgeladene, negativ wertende Phrase. Schwarz-Friesel (2019: 405) konstatiert, dass die Verwendung metaphorischer Konstruktionen, die zugleich den Parameter der Intensität und Dauer fokussieren, für die Codierung von Emotivität typisch ist.

Auf der intratextuellen Ebene lassen sich bei der impliziten Codierung von emotionalen Bedeutungen Beispiele finden, in denen die Emotionalisierungsstrategien auf den Einsatz von **Implikaturen** und **Präsuppositionen** beruhen. Sie werden strategisch eingesetzt, um intendierte Bedeutungsaspekte zu aktivieren und einen bestimmten emotionalen Zustand herbeizuführen. So implizieren z. B. die Äußerungen (121) *Rura Gazpromu obok nuklearnych odpadów* [dt.: Gazprom Rohr neben nuklearen Abfällen] oder (122) *Nuklearne odpady* [dt.: Atommüll] die Emotion ANGST, die auf die Erfahrungen von Polen bei der Nuklearkatastrophe von Tschernobyl (1986) zurückgeht. Es wird angenommen, dass man mit dem Verweis auf *Atomkraftwerk* und *Atommüll* das Wissen um die damit verbundenen Gefahren aktiviert. Auch die Bezeichnung (123) *Wielkie **zwycięstwo** Putina* [Putins Sieg] impliziert eine Bedrohung für die energetische Sicherheit Polens.

Unter den diskursiven Praktiken der Emotionalisierung lassen sich ebenfalls sprachliche Handlungen beobachten, die den indirekten Sprechakten zugeordnet werden. Es sind indirekte Kommissiva und Assertiva. Indirekt formulierte Drohungen gegenüber Polen lassen sich in dem folgenden Beispiel finden:

(124) *Rosjanie przyznają: **Możemy zakręcić Polsce kurek.**[84] (Überschrift)*
      *[Die Russen geben zu: **Wir können Polen den Hahn zudrehen.**]*

(125) *Jeśli będzie taka polityczna potrzeba, to Moskwa, nie szkodząc krajom trzecim, będzie mogła **zakręcić kurek z gazem Polsce** – zauważa w środę dziennik „Wiedomosti", komentując uruchomienie Gazociągu Północnego, łączącego Rosję z Niemcami przez Morze Bałtyckie. (im Lead)*
      *[Wenn eine solche politische Notwendigkeit besteht, **kann Moskau den Gashahn nach Polen zudrehen**, ohne Drittländer zu schädigen, kommentierte die Tageszeitung Wedomosti am Mittwoch den Start der nördlichen Gaspipeline, die Russland über die Ostsee mit Deutschland verbindet.]*

Mit diesem indirekten Sprechakt (Kommissivum) kommt die Gefahr einer Erpressung zum Ausdruck, was negative Emotionen evoziert (Bsp. 124, 125). In einem anderen Diskursausschnitt (127) wird wiederum suggeriert, dass auch die Drittländer (das Baltikum, die Ukraine und Weißrussland) sowie ganz Europa die negativen Folgen der energetischen Abhängigkeit von Russland *energetyczna zależność* [energetische Abhängigkeit] und des Putin-Schröder-Pakts [*Pakt Putin-Schroeder*[85]] (Bsp. 130) zu tragen hätten:

---

83 Unter „unheiliger Allianz" wird ein Bündnis von Personen oder Organisationen mit zweifelhaften Zielen bzw. schädlicher Wirkung aufgefasst. (https://www.redensarten-index.de (20.11.2022)).
84 pl_e_GN_2011.11.09_T1
85 pl_e_WST_2005.09.18_T1; pl_e_WST_2005_07.10_T1

(126) *Nord Stream 2 to pułapka, w którą wpadają Niemcy, z poważnymi konsekwencjami dla europejskich sąsiadów. Nord stream jest flagowym projektem w rosyjskiej kampanii mającej na celu utrzymanie* **uzależnienia Europy od gazu** *[...].*[86]
[Nord Stream 2 ist eine Falle, in die Deutschland tappt, mit schwerwiegenden Folgen für die europäischen Nachbarländer. Nord Stream ist ein Vorzeigeprojekt in Russlands Kampagne, **Europa von Gas abhängig zu machen** *[...]]*

(127) **Powstanie bałtyckiej rury** *– jak pisaliśmy („Wprost" nr 27) – pozwoli Rosji stosować ekonomiczny szantaż wobec Polski, a także Ukrainy i państw bałtyckich. Moskwa w dowolnej chwili będzie mogła wstrzymać dostawy gazu, jednocześnie nie przerywając dostaw do państw starej Unii Europejskiej.*[87]
[Die Schaffung der Ostseepipeline – so schrieben wir („Wprost' Nr. 27) – wird es **Russland ermöglichen, Polen, die Ukraine und die baltischen Staaten wirtschaftlich zu erpressen.** *Moskau wird in der Lage sein, die Gaslieferungen jederzeit zu stoppen, während die Lieferungen an die alten EU-Länder nicht unterbrochen werden.]*

Im medialen Diskurs um Nord Stream wird eine Reihe von relativ sachlichen Informationen zu negativen Konsequenzen vom Bau der Nord Stream-Pipeline formuliert. Diese Assertionen, die im gegebenen Kontext als Argumente für die mögliche/potenzielle Bedrohung für Polen gedeutet werden können, können ANGST (bzw. EMPÖRUNG) generieren.

(128) *Zgodnie z prawem międzynarodowym zablokować inwestycję mogą tylko państwa, których morskie strefy interesów przetnie rura – Rosja, Finlandia, Szwecja, Dania i Niemcy.* **Pozostałe państwa, także Polska, mogą zgłaszać swoje opinie i zastrzeżenia.**[88]
[Nach internationalem Recht können nur Länder, deren maritime Interessenzonen von der Pipeline durchquert werden – Russland, Finnland, Schweden, Dänemark und Deutschland – die Investition blockieren. **Andere Staaten, darunter Polen, können ihre Stellungnahmen und Einwände vorlegen.]**

(129) *Miedwiediew o Nord Stream:* **koszty polityczne też są ważne.**[89]
[Medwedew zu Nord Stream: **Auch politische Kosten sind wichtig.]**

In medialen Diskursen spielen auch Bilder eine wichtige Rolle, indem sie einen „Beitrag zur diskursiven Konstitution und Repräsentation gesellschaftlichen Wissens" (Klug 2018: 112) leisten. Mit ikonischen Zeichen können diskursive Emotionen konstruiert und bei potenziellen Rezipient*innen intendierte Reaktionen ausgelöst werden. Auf der intratextuellen Ebene der Codierung von Emotionen beruhen die Emotionalisierungsstrategien auf dem **Einsatz von emotionsevozierenden Bildern bzw. Sprache-Bild-Zeichen.** Bilder sind wesentliche Bestandteile der Diskurse. Sie können als Schlag- bzw. Schlüsselbilder ähnlich wie Schlag- und Schlüsselwörter auf die öffentliche Meinungs-

---

86 pl_e_GPc_2018.03.06_T1
87 pl_e_GPc_2018.03.06_T1
88 pl_p_GW_2007.04.18_S.28
89 pl_e_GW_2009.11.25_T1

Abb. 2: (130) Das Cover der Ausgabe des konservativen Nachrichtenmagazins
WPROST vom 10.07.2005[90]

und Willensbildung einwirken – außerdem diskursprägend, aber auch diskurskonstituierend sein. Döveling (2019: 64) verweist mit Recht darauf, dass Emotionen einerseits in Bildern dargestellt und andererseits durch Bilder ausgelöst werden können. In Bildern werden somit sowohl emotionale Inhalte zum Ausdruck gebracht, als auch nicht emotionale Inhalte – auf emotionale bzw. emotionalisierende Weise – vermittelt. Ikonische Zeichen sind allerdings Bestandteile von Texten und als solche bilden sie nur mit anderen Modalitäten einen Diskursausschnitt. Darüber hinaus kann die potenzielle im Bild codierte Emotionalität nur im diskursiven Kontext aktualisiert und interpretiert werden. Mit anderen Worten haben Bilder ein großes Emotionalisierungspotenzial, das aber erst im Zusammenspiel mit anderen semiotischen Zeichen aktiviert wird. Daher interessieren hier die emotionalen Bedeutungsinhalte der ikonischen Zeichen, die sich aus den Sprache-Bild-Relationen ergeben.[91] Emotionen, die sich in Sprach-Bild-Bezügen[92] im Text manifestieren, sind als Produkte verbal-visueller Praktiken der Emotionalisierung aufzufassen. Im Folgenden soll auf ein Beispiel näher eingegangen werden, in dem die Emotionalisierung in der Sprache-Bild-Relation zum Ausdruck kommt.

---

90 pl_e_WST_2005_07.10_T1
91 Vgl. Abb.2: Die Relation von sprachlichen und ikonischen Zeichen.
92 Zur Typologie von Sprach-Bild-Bezügen s. z. B. Nöth (2000), Stöckl (2004, 2011), Opiłowski (2015).

Auf dem Cover sind zwei wichtige politische Akteure im Nord Stream-Diskurs zu sehen: Wladimir Putin und Gerhard Schröder. Den einzelnen Elementen des Bildes kann entnommen werden, dass es sich um eine freundschaftliche Geste des Händeschüttelns handelt. Auch die abgebildeten Personen scheinen positive Emotionen (Freude, Zufriedenheit) zu manifestieren. Allerdings wird der Händedruck durch ein gelbes Gasrohr ersetzt, was sofort auf den Nord Stream-Diskurs verweist. Im Kontext der polnischen Debatte um Nord Stream werden diese Politiker mit einer Bedrohung für polnische Interessen assoziiert, was zur Evozierung von ANGST führen kann. Das gelbe Rohr stellt eine Art visuelle Metapher für die deutsch-russische Gasfreundschaft dar. Die diskursive Schlagphrase (131) *Gazowa przyjaźń* wird mit dieser modifizierten Abbildung verbildlicht. Im Hintergrund ist ein Teil der Landkarte von der Ostsee zu sehen. Das gelbe Gasrohr, das vor der Landkarte zu sehen ist, verbindet zwei Akteure, die für zwei Nachbarländer Polens stehen (Russland und Deutschland). Das Rohr symbolisiert die Ostseepipeline, das Polen umgeht. Diese bildlich manifestierte Bedeutung wird durch die sprachlichen Elemente in der Mitte des Covers bestätigt. Es handelt sich in diesem Fall um die Relation, die man als Parallelisierung von Sprache und Bild auffassen kann. Das Bild zeigt die gleichen Inhalte wie die Sprache (vgl. Stöckl 2004: 254). Allerdings kommt die Bedrohung im Bild durch die visuell dargestellte „Gasfreundschaft"/„Gas-Bindung" zum Ausdruck, während die Gefahr im sprachlichen Text einerseits durch die Phrase (132) *gazowe okrążenie Polski* und andererseits durch die submodale Gestaltung des Schlüsselworts *okrążenie* manifestiert wird. Die rote Markierung weist auf eine Gefahr hin, die sich aus dem Umgehen von Polen ergibt. In diesem Bild liegt eine weitere Strategie der Emotionalisierung auf der Ebene der Sprach-Bild-Relation vor. Das präsentierte Bild steht für die deutsch-russische Freundschaft, die für Polen im Kontext von Nord Stream eine Gefahr impliziert. Diese Freundschaft wird sprachlich aufgegriffen und als (133) *Pakt Putin-Schröder* [Putin-Schröder-Pakt] bezeichnet. Betrachtet man die Art der Sprache-Bild-Relation, so kann sie als Symbolisierung bzw. symbolische Visualisierung der Bedeutungsinhalte aufgefasst werden. Das Bild verweist auf Bedeutungsinhalte, die in sprachlicher Form ausgedrückt werden. Mit anderen Worten symbolisiert der Putin-Schröder-Pakt die Gasfreundschaft beider Länder und impliziert eine Bedrohung für Polen, was folglich bei polnischen Rezipient*innen negative Emotionen auslösen kann. Darüber hinaus wird die Emotionalisierung des Sprache-Bild-Textes durch die transtextuelle Rekurrenz auf den Hitler-Stalin-Pakt verstärkt. Wie dem analysierten Beispiel zu entnehmen ist, kann die Verwendung ikonischer Zeichen als integrale Komponente diskursiver Praktiken der Emotionalisierung betrachtet werden.

5.1.3.2 Ebene der Diskursakteur*innen

Diskursakteur*innen sind im unterschiedlichen Maße an der Generierung und Codierung der Emotionen beteiligt und stehen in unterschiedlichen Interaktionsrollen. Die Gruppe der Akteur*innen erster Ordnung, die die technisch-diskursiven Potenziale nutzen, um Texte/Kommunikate zu produzieren und dadurch gesellschaftliche Ereignisse zu medialisieren, setzen verschiedene Strategien ein, um Diskurse in unterschiedlichem Ausmaß zu emotionalisieren. Sie verweisen u. a. auf (Aussagen und Handlungen der)

Akteur*innen zweiter Ordnung, die als Referenzgrößen unterschiedliches Emotions-potenzial aufweisen. Neben Redaktionen, Journalist*innen der zitierten Pressequellen (134) (*Wiedomosti*), deren emotionale Aussagen aufgegriffen werden und im Diskurs neu aktiviert werden, können auch individuelle ((135) *Schröder,* (136) *Putin* etc.) oder kollektive Medienakteur*innen ((137) *Rosjanie* [Russen], (138) *nazistowskie Niemcy* [Nazideutsche]) mit unterschiedlichem medialem Potenzial, die als „Ideology brokers", „Opinionleader" oder als „Quasi-Expert*innen" fungieren, diskursives Wissen und so-mit Emotionen generieren. In solchen Fällen basiert die Generierung von Emotionen auf kognitiven Interpretationen oder Annahmen seitens der Rezipient*innen. Ob diese Mechanismen der Emotionalisierung (mobilisierend oder demobilisierend) auf Rezi-pient*innen wirken, ist davon abhängig, welche Emotionen (gemeint ist ihre Valenz, Intensität, Dauer usw. – siehe oben die Parameter der emotionalen Bedeutung) die je-weiligen Akteur*innen intendieren bzw. hervorrufen und wie die Adressat*innen die entsprechende Äußerung interpretieren. In diesem Kontext interessieren vor allem die Fälle, in denen durch bewertende Wahrnehmungen Emotionen generiert werden. Die-se häufig subjektiven Wahrnehmungen der emotionskonstituierenden Akteur*innen können aus persönlichkeitsbezogenen, kulturellen, historischen oder anderen Faktoren nicht kausaler Art ableitbar sein. Reckwitz (2016: 173) konstatiert mit Recht, dass sich Bedeutungsstiftungen der diskursiven Akteur*innen und somit generierte Emotionen als dynamische, diskursiv generierte, soziale Konstrukte und „Bestandteile von routi-nisierten, kulturell standardisierten Praktikenkomplexen" nicht in den Ausgangsäuße-rungen, den Anschlusshandlungen und Reaktionen der jeweiligen Adressat*innen (vgl. Langlotz/Locher 2012: 1595) manifestieren, sondern in den Ergebnissen „bewertender Stellungnahme" der Akteur*innen und der medial-diskursiv konstituierten Prozesse, die Emotionen implizieren (vgl. Fiehler 2008: 759). Individuell wie kollektiv empfundene Sympathien bzw. emotionale Bewertungen gegenüber Diskursakteur*innen sind wichti-ge Faktoren, die bei der Emotionalisierung der diskursiven Ereignisse eine Rolle spielen. So wird die Emotionalisierung und die Bewertung eines Ereignisses durch die Bewer-tung der Diskursakteur*innen beeinflusst. Im Falle von Nord Stream ragen folgende individuelle und kollektive Akteur*innen hervor, deren emotionales Potenzial in der polnischen Debatte um Nord Stream aktiviert wird: (139) *Wladimir Putin,* (140) *Ger-hard Schröder,* (141) *Rosjanie* [Russen] und (142) *nazistowskie Niemcy* [Nazideutsche].

Das Wissen um Putins KGB-Vergangenheit und seine halbdemokratische und ei-gentlich autoritäre Weise der Machtausübung machen den russischen Präsidenten (oder Ministerpräsidenten) in Polen zu einem der unbeliebtesten Akteure der politischen Weltszene. Als emotional-negativ konnotiertes Anthroponym evoziert *Putin* eindeutig negative Emotionen.

Die Bezeichnung *Rosjanie* fungiert im polnischen Nord Stream-Diskurs als eine rhe-torische Figur der Synekdoche (*totum pro parte*) und steht für die russische Regierung und die staatliche Firma „Gazprom". Dieses an sich neutrale Ethnonym ist vorwiegend negativ konnotiert, da im polnischen kollektiven Gedächtnis zahlreiche, historisch be-dingte Stereotype und Vorurteile bzw. Ressentiments gegenüber Russland und Russen präsent sind. Was die Relationen zwischen den beiden Völkern auszeichnet, ist gegenseitiges Misstrauen.[93]

Auch Schröder fungiert im polnischen Diskurs als ein negativ konnotierter Anthroponym und steht als Synekdoche (*pars pro toto*) für die Deutschen. Nach der politischen Karriere ist der in den Jahren 1998–2005 amtierende Bundeskanzler in Polen für seine Lobbytätigkeiten für das Nord Stream-Projekt bekannt und wurde für seine privaten Kontakte zum russischen Präsidenten Wladimir Putin kritisiert. Wegen seiner Stelle als Aufsichtsratsvorsitzender der Nord Stream AG und der negativen Äußerungen über Polens kritische Stellungnahmen zu Nord Stream wurde Schröder zu einem negativ bewerteten deutschen Politiker. Als Interessenvertreter von Putins Politik und wegen fehlender Stellungnahmen zur Annexion der Krim (im März 2014) und zum russischen Überfall auf die Ukraine (Februar 2022) geriet Schröder in Polen noch stärker in Kritik.

Die negativ konnotierte Bezeichnung *Nazideutsche* geht auf Anhänger einer radikal antisemitischen und rassistischen Ideologie zurück, die sich in Deutschland 1933 durchsetzte und zur Gründung des nationalsozialistischen Deutschlands und zum Ausbruch des Zweiten Weltkriegs führte. Die Unterzeichnung des Molotow-Ribbentrop-Pakts (Hitler-Stalin-Pakt), der Überfall auf Polen und die Massenmorde an der polnischen Bevölkerung sind im polnischen Kollektivgedächtnis tief verankert und im deutschpolnischen Erinnerungsdiskurs ständig präsent. Sie rufen negative Emotionen hervor. Neben den erwähnten diskurskonstituierenden Ausdrücken treten auch weitere *Nomina propria* (Antroponyme, Toponyme) und *Nomina appellativa* auf, die zur Emotionalisierung des Diskurses implizit beitragen. Sie werden bei der Analyse diskursiver Prozesse als Ausdruck transtextueller Aussagenkontexte verstanden (vgl. Spitzmüller/Warnke 2011: 140). Im Gegensatz zu Emotionswörtern fungieren sie nicht als diskursmarkierende Einheiten, sondern als Benennungseinheiten, die im Diskurs Emotionen (ANGST) evozieren können: (143) *Pakt Mołotow-Rippentrob z 1939* [Molotow-Ribbentrop-Pakts aus dem Jahr 1939], (144) *Hitler-Stalin-Pakt* [Hitler-Stalin-Pakt], (145) *Związek Radziecki* [Sowjetunion], (146) *Niemcy* [Deutsch], (147) *Medwedew* und (148) *Gazprom*.

Allerdings kann sich die Generierung von Emotionen ebenfalls aus der Konstellation der Akteure in einem Diskursausschnitt ergeben. Dies liegt z. B. vor, wenn die sonst emotional neutralen oder positiven Akteur*innen neben negativ konnotierten vorkommen, was nicht selten durch Ausdrücke von emotionaler Ablehnung verschärft wird. In unserem Beispiel kann das Foto der Bundeskanzlerin Angela Merkel, des russischen Präsidenten Dmitri Anatoljewitsch Medwedew und des Ex-Bundeskanzlers Gerhard Schröder im Kontext des Diskurses um Nord Stream durchaus Emotionen generieren.

5.1.3.3 Emotionalisierungsstrategien auf der transtextuellen Ebene

Texte, die zu einem Diskurs gehören, weisen Spuren anderer Texte (Intertextualität) sowie Bilder (Interikonizität) auf. Sichtbar sind diese Spuren auf der **transtextuellen Ebene** als diskursive Praktiken bzw. Strategien des expliziten oder impliziten Bezugs zwi-

---

93 „Stosunki polsko-rosyjskie – wpływ historii na współczesność" (https://warhist.pl/pamiec/stosunki-polsko-rosyjskie-wplyw-historii-na-wspolczesnosc/ (10.11.2022))

schen Diskursäußerungen. Sie basieren auf direkten Zitaten, Verweisen und mehr oder weniger erkennbaren Anspielungen. Dabei lassen sich sowohl verbale als auch visuelle Verweise beobachten. Ein Paradebeispiel für **sprachliche und bildliche intertextuelle Bezüge** stellt der Text *Rosjanie przyznają: Możemy zakręcić Polsce kurek*[94] [Die Russen geben zu: Wir können Polen den Hahn zudrehen] dar. Der Diskursausschnitt besteht aus direkten und indirekten, mit sprachlichen Mitteln explizit ausgedrückten Zitaten und Verweisen auf andere Quellen. In den Beispielen (149, 150) zitiert die polnische Wochenzeitung *Gość Niedzielny* die russische Tageszeitung *Wiedomosti*, die als Quelle mit einem sehr hohen emotionalen Potenzial im Diskurs um Nord Stream fungiert. Es fällt auf, dass die zitierten Aussagen Elemente enthalten, die implizit (durch die Verwendung von negativ konnotierten Wörtern wie *manipulować* [manipulieren] (Bsp. 149) oder *poszkodowanych* [Betroffene] (Bsp. 150) oder explizit (durch Emotionswörter wie (151) *obawy* [Befürchtungen], (152) *pełno obaw* [voller Sorgen]) auf die Emotion ANGST verweisen. Das Zitieren von Aussagen fremder Quellen mit emotionsevozierenden Ausdrücken ist eine häufige Strategie der Emotionalisierung im polnischen (print)medialen Diskurs.

(149)   *„Wiedomosti" wskazują, że „Rosja dysponuje teraz nadwyżką mocy przesyłowych, którą można* **manipulować***".*[95]
       [„Wiedomosti" weist darauf hin, dass „Russland jetzt einen Überschuss an Übertragungskapazitäten hat, der **manipuliert werden** *kann".]*

(150)   *„*__Poszkodowanych__ *będzie niemało: kraje bałtyckie, Polska i Ukraina, które stracą tranzytowe strumienie gazowe i które teraz będą musiały sporo zmienić w swojej polityce energetycznej i budżetowej" – pisze dziennik.*[96]
       *[*__Betroffene__ *werden nicht wenige sein: die baltischen Staaten, Polen und die Ukraine, die ihre Gastransitströme verlieren werden und die nun ihre Energie- und Haushaltpolitik stark verändern müssen. – schreibt die Tageszeitung.]*

In den vorangehenden Ausschnitten kommen auch Wörter/Lexeme vor, die zwar den Emotionswörtern im engeren Sinne nicht zugerechnet werden, aber ein affektives Potenzial aufweisen: Das eindeutig negativ konnotierte Wort *manipulieren* wird in Bezug auf die energetische Politik Russlands verwendet. Auch die Semantik von *poszkodowani* [Opfer, Betroffene, (s. Bsp. 150)] enthält die Komponente „Verlust", die u. a. für die Emotion ANGST signifikant ist.

(151)   *„Tak więc* **obawy** *europejskich polityków nie są zapewne bezpodstawne" – pisze moskiewski dziennik.*[97]
       *[*__Die Ängste__ *der europäischen Politiker sind also wahrscheinlich nicht unbegründet" – schreibt die Moskauer Tageszeitung.]*

---

94 pl_e_GN_2011.11.09_T1
95 pl_e_GN_2011.11.09_T1
96 pl_e_GN_2011.11.09_T1
97 pl_e_GN_2011.11.09_T1

(152) *„Wiedomosti" zauważają, że **„pełno obaw** jest też w Europie".*[98]
       *[„Wedomosti" stellt fest, dass „auch in Europa **viele Ängste** verbreitet sind".]*

Eine ähnliche intertextuelle Strategie liegt vor, wenn Akteur*innen erster Ordnung auf Referenzgrößen wie kollektive Akteure oder Expert*innen verweisen und sich ihrer Stellungnahmen und Geltungsansprüche bedienen. Diese Strategie eignet sich zum einen zum Untermauern eigener Argumente und zum anderen zur Emotionalisierung der diskursiven Ereignisse.[99] Ersichtlich ist das in den folgenden Überschriften der Pressetexte:

(153) *Fińskie **wątpliwości wobec** gazociągu.*[100]
       *[Finnlands **Zweifel an** der Gaspipeline.]*
(154) *Estonia **trzyma w szachu** bałtycką rurę.*[101]
       *[Estland **hält** die Ostseepipeline **in Schach**.]*
(155) *Szwedzcy **wojskowi krytykują** bałtycką rurę.*[102]
       *[Schwedisches **Militär kritisiert** die Ostseepipeline.]*
(156) *Estonia **krytykuje Niemcy** za gaz.*[103]
       *[Estland **kritisiert Deutschland** wegen Gas.]*

Dadurch wird einerseits auf Stellungnahmen und Handlungen anderer Diskursakteur*innen referiert, die in vielen Punkten mit den polnischen übereinstimmen, und andererseits kommt der eigene Standpunkt implizit zum Ausdruck. Dieser äußert sich in der Verwendung von Wörtern wie *wątpliwości* [Bedenken] (Bsp. 153) und *krytyka* [Kritik] (Bsp. 155, 156).

Im Diskurs um Nord Stream erweckt Russland als kollektiver, direkt am diskursiven Ereignis teilnehmender Akteur negative Emotionen. Der Rückgriff auf die im Titel des Textes formulierte Aussage Russlands *Rosjanie przyznają: Możemy zakręcić Polsce kurek* (Bsp. 157) wirkt wie eine Drohung und führt zur Emotionalisierung des ganzen Diskursausschnitts mit dem Ziel, ANGST zu evozieren. Die Formulierung *zakręcić Polsce kurek* [Polen den Hahn zudrehen] wird anschließend im Lead und im Haupttext als direktes Zitat wieder aufgenommen (Bsp. 158, 159). Die Wiederaufnahme der negativ konnotierten, kontextualisierten festen Phrase dient der Verstärkung der Aussage.

(157) *Rosjanie przyznają: **Możemy zakręcić Polsce kurek**.*[104] *(Überschrift)*
       *[Die Russen geben zu: **Wir können Polen den Hahn zudrehen**.]*

---

98 pl_e_GN_2011.11.09_T1
99 Verwiesen wird hier auf die Thematisierung von Emotionen durch die Verwendung von emotionsbezeichnenden Wörtern, die auf Emotionen anderer rekurrieren, aber aufgrund der eigenen Involviertheit im Diskurs den gesamten Diskurs bestimmen und diskursive Emotionen zum Ausdruck bringen. Diese Strategie beruht darauf, dass Emotionen und emotionale Zustände und Erlebnisse anderer „ansteckend" sind, auf die Rezipient*innen übertragen und mitempfunden werden.
100 pl_e_GW_2007.02.22_T1
101 pl_e_GW_2007.09.14_T1
102 pl_e_GW_2007.03.09_T1
103 pl_e_GW_2007.09.30_T1
104 pl_e_GN_2011.11.09_T1

(158) *Jeśli będzie taka polityczna potrzeba, to Moskwa, nie szkodząc krajom trzecim, będzie mogła **zakręcić kurek z gazem Polsce** – zauważa w środę dziennik „Wiadomosti", komentując uruchomienie Gazociągu Północnego, łączącego Rosję z Niemcami przez Morze Bałtyckie. (im Lead)*
[*Wenn eine solche politische Notwendigkeit besteht, kann Moskau **den Gashahn nach Polen zudrehen**, ohne Drittländer zu schädigen, kommentierte die Tageszeitung Wiadomosti am Mittwoch den Start der nördlichen Gaspipeline, die Russland über die Ostsee mit Deutschland verbindet.]*

(159) *„Oprócz tego, jeśli będzie taka polityczna potrzeba, to Rosja, nie szkodząc krajom trzecim, będzie mogła **zakręcić kurek z gazem Polsce lub Słowacji"** – zaznaczają „Wiadomosti". (im Haupttext)*
[*„Außerdem kann Russland, wenn eine solche politische Notwendigkeit besteht, **den Gashahn nach Polen oder in die Slowakei zudrehen**, ohne Drittländer zu schädigen". – weist „Wiadomosti" darauf hin.]*

Eine weitere intertextuelle Strategie der Emotionalisierung liegt ebenfalls mit der verbalen, explizit ausgedrückten Anspielung auf den Nichtangriffspakt zwischen der Sowjetunion und dem nationalsozialistischen Deutschland (Molotow-Ribbentrop-Pakt bzw. Hitler-Stalin-Pakt) aus dem Jahr 1939 vor. Polen sah in dem Projekt von Anfang an eine politische Bedrohung und widersetzte sich der russisch-deutschen Investition. Der damalige polnische Verteidigungsminister Radosław Sikorski verglich das Nord Stream-Projekt mit dem Locarno-Vertrag und nannte die Vereinbarung über Nord Stream öffentlich einen „neuen Hitler-Stalin-Pakt".[105]

(160) *„(...) Nord Stream ma się jakoby stać podstawą dla **groźnego aliansu**, który będzie przypominać **pakt Mołotowa-Ribbentropa z 1939 roku** między Związkiem Radzieckim a nazistowskimi Niemcami" – wyjaśnia gazeta.[106]*
[*(...) Nord Stream soll die Grundlage für eine **bedrohliche Allianz** sein, **die dem Molotow-Ribbentrop-Pakt aus dem Jahr 1939** ähnlich ist.]*

Das historische Ereignis (die Unterzeichnung des Molotow-Ribbentrop-Paktes) stellt einen Teil des Wissens dar, das im kollektiven Gedächtnis der Polen tief verankert ist. Der explizite Vergleich des Nord Stream-Projekts mit dem Molotow-Ribbentrop-Pakt ruft emotionsgeladene Erinnerungen an die katastrophalen Folgen des Paktes hervor, die im neuen politisch-wirtschaftlichen Kontext zum Evozieren von ANGST und negativen Einstellungen gegenüber dem Dargestellten gezielt eingesetzt werden.

Das folgende Beispiel veranschaulicht, wie durch Verweise auf historische Ereignisse und aufgrund der Konstellation der Diskursakteur*innen negative Emotionen (ANGST vor potenziellen Folgen deutsch-russischer Vereinbarungen) und hergebrachte Feindbilder aufgerufen werden:

---

105 https://wiadomosci.gazeta.pl/wiadomosci/7,114873,3321425.html (07.07.2022)
106 pl_e_GN_2011.11.09_T1

(161) *To dlaczego polscy publicyści twierdzą, że **powinniśmy się czuć przegrani?***
*Nam doświadczenie historyczne podpowiada, że **zbliżenie rosyjsko-niemieckie dwa** **razy zakończyło się wojną światową.**[107]*
*[Warum behaupten dann die polnischen Publizisten, dass wir uns **als Verlierer fühlen sollten?***
*Unsere historische Erfahrung lehrt uns, dass **die russisch-deutsche Annäherung zweimal in einem Weltkrieg endete.]***

In dem vorangehenden Diskursausschnitt wird direkt auf das kollektive Gedächtnis und die historische Erfahrung Polens sowie die Folgen deutsch-russischer Annäherungen rekurriert. Aus polnischer Sicht stellt diese Annäherung eine Bedrohung dar. Nord Stream wird als *gefährliche Freundschaft* (Bsp. 80, 88) und sogar als *bedrohliche Allianz* (Bsp. 160) bezeichnet. Gemeint ist ein Bündnis zwischen Deutschen und Sowjetrussen, das im Endeffekt mit einem Weltkrieg endete. Czachur (2016c: 421) verweist darauf, dass das kollektive Gedächtnis ein mediales und diskursives Phänomen ist. Gerade in Erinnerungsdiskursen, in denen auf kollektives Bewusstsein und Gedächtnis zurückgegriffen wird, sind intertextuelle Verweise für die Konstituierung von Diskursen von Bedeutung. Es wird beispielsweise auf historische Ereignisse rekurriert, die in neue Zusammenhänge gesetzt werden, um implizit oder explizit (durch sprachliche Verweise) Analogien bzw. Anspielungen herzustellen. Die suggerierte Kausalität zwischen deutsch-russischer Kooperation und einem Weltkrieg evoziert bei Rezipient*innen negative Emotionen.

Auf der transtextuellen Ebene der Analyse diskursiv konstruierter Emotionen ist es relevant, neben sprachlichen Verweisen auf andere Diskursausschnitte auch nichtsprachliche Referenzgrößen (Referenzbilder) mit einem bestimmten Aktivierungspotenzial zu berücksichtigen. Hier geht es um emotive Bedeutungspotenziale der medialen Ereignisse, die durch zusammenhängende Bilder entstehen. Diskursive Praktiken der Emotionalisierung, die mit ikonischen Zeichen (Bildern) ausgeführt werden, lassen sich im Diskurs um Nord Stream finden. Das Manifestieren und Generieren von medial codierten Emotionen mittels Bildern erfolgt durch den Prozess der Interikonizität, also Bild-Bild-Bezüge[108]. Dabei geht es einerseits um diejenigen Verweise auf allgemein bekannte Präbilder (Bezugsbilder), die emotional geladen sind. Durch diese Referenz wird die in

---

107 pl_e_GN_2013.01.11_T1
108 Vgl. dazu die Theorie der Interpiktorialität bei Isekenmeier (2013). Ähnlich wie bei intertextuellen Verweisen geht das Konzept der Interpiktorialität („Interpikturalität", „Interikonizität" und „Interbildlichkeit") davon aus, dass Bilder Bezüge unterschiedlicher Art zu anderen Bildern aufweisen. Diese Bezüge tragen als wichtige Komponenten zur Bedeutungskonstitution des gesamten Textes bei. Isekenmeier (2013: 76) präsentiert eine eingehende Diskussion der interbildlichen Bezüge zwischen verschiedenen visuellen Darstellungen und stellt eine Typologie interpiktorialer Praktiken dar. Aus der diskurslinguistischen Perspektive bietet sich diese Typologie nur bedingt an, weil sie als grundlegendes Kriterium der Typologie die Abweichung heranzieht, während im Falle der Diskurse die Referenzen auf Ähnlichkeiten der Bilder zurückgehen. Etwas vereinfacht formuliert, handelt es sich um graduelle formal-inhaltliche Übereinstimmungen des Bezugsbildes mit dem sich darauf beziehenden Bild. Im Falle der Abb. 3 und 4 geht es um eine formal-situative Ähnlichkeit der Figurenkonstellationen auf den beiden Bildern. Da das Bild aus dem Jahr 1939

Rosjanie przyznają: Możemy zakręcić Polsce kurek

Abb. 3: Die Bundeskanzlerin Angela Merkel, der Präsident Russlands Dmitri Anatoljewitsch Medwedew und der Ex-Bundeskanzler Gerhard Schröder bei der Eröffnung von Nord Stream[109]

den Präbildern codierte Emotionalität auf den jeweiligen „neuen" Diskurs übertragen. Andererseits lassen sich die interbildlichen Bezüge nicht immer sofort erkennen. Dies veranschaulicht Abb. 3 (Bsp. 162)[110]:

Das Bild (Abb. 3) zeigt drei wichtige politische Persönlichkeiten bei der feierlichen Eröffnung der Ostseepipeline: die Bundeskanzlerin Angela Merkel, den Präsidenten Russlands Dmitri Anatoljewitsch Medwedew und den Ex-Bundeskanzler Gerhard Schröder. Betrachtet man das Bild losgelöst vom sprachlichen Text, lässt sich kein ausgeprägtes Emotionsprofil von ANGST erkennen. Erst durch den bereits erwähnten sprachlichen Verweis auf den Molotow-Ribbentrop-Pakt im Fließtext und durch die ikonische Ähnlichkeit mit der Abbildung der politischen Akteure bei der Unterzeichnung des deutsch-sowjetischen Nichtangriffspaktes aus dem Jahr 1939[111] wird die Emotion ANGST implizit generiert (vgl. Schiewer u. a. 2023).

Das Bild erfüllt im vorliegenden Fall zwei Funktionen: Zum einen illustriert das Foto die im Presseartikel angesprochene deutsch-russische Gas-Freundschaft (Bsp. 163: *Gazowa przyjaźń*). Auf diese Weise wird auch die Aussagekraft des Berichteten intensiviert. Zum anderen – dies könnte im Kontext der Emotionalisierung als die primäre Aufgabe

---

bei Polen kollektive Emotionen evoziert, generiert die Abb. 3 aufgrund der Ähnlichkeit der Bilder ebenfalls negative Emotionen.

109 pl_e_GN_2011.11.09_T1
110 pl_e_GN_2011.11.09_T1
111 https://pl.wikipedia.org/wiki/Pakt_Ribbentrop-Mołotow.jpg (02.03.2022)

Abb. 4: Friedrich Wilhelm Otto Gaus (Leiter der Rechtsabteilung des Auswärtigen Amtes), Reichsminister des Auswärtigen Joachim von Ribbentrop, Josef Stalin und sowjetischer Außenminister Wjatscheslaw Molotow bei der Unterzeichnung des Molotow-Ribbentrop-Pakts aus dem Jahr 1939

angesehen werden – beschwört es Assoziationen mit einem allgemein bekannten Foto (Abb. 4) herauf, das die Unterschreibung des Hitler-Stalin-Paktes dokumentiert.

Im Falle der Generierung von Emotionen durch den Prozess der Interikonizität ist hervorzuheben, dass dieser der Interikonizität bzw. die Emotionalisierung der medialen Diskurse erst dann realisiert wird, wenn die interikonischen Bezüge erkannt und dementsprechend interpretiert werden. Das Erkennen der interbildlichen Konstellationen wird meistens durch sprachliche Mittel gesteuert und gewährleistet. In diesem Kontext verweist Isekenmeier (2013: 27) auf die Lesehilfe-Funktion der paratextuellen Hinweise bei der Erkennbarkeit derart „verdeckter" Referenzen. Diese kann z. B. durch deren Thematisierung erfolgen.

Ein hohes emotionales Potenzial des Diskurses ergibt sich aus den bereits angesprochenen ökologischen Aspekten (Bsp. 63–64). Vor allem in der Planungs- und der Anfangsphase der Realisierung des Projekts haben polnische, skandinavische und deutsche Ökolog*innen gegen das Projekt argumentiert. Im polnischen Diskurs wurden die Stellungnahmen (z. B. Warnungen) und die formulierten Argumente aufgegriffen. Durch die Bezüge zu den Aussagen von Ökolog*innen, die die Validität und Richtigkeit ökologischer Berichte durch die Verwendung emotionsgeladener Wörter (*bomba ekologiczna, ekobomba, ekologiczna katastrofa, nuklearne odpady* etc.) infrage stellen, werden Emotionen (ANGST und EMPÖRUNG) implizit bzw. explizit evoziert:

(164) *Szwedów nie zadowala, że Nord Stream przedstawia tylko szacunkowe opinie o zawartości metali ciężkich w osadach dna Bałtyku, które zostaną wymieszane z wodą w trakcie inwestycji. Brak też konkretów o gazach bojowych na trasie gazociągu. Także*

w tych sprawach NVV[112] domaga się od Nord Stream dokładnych badań, i to przed rozpoczęciem inwestycji. **„Rezultaty badań dna mogą wykazać, że konsekwencje budowy okażą się tak poważne dla środowiska,** *iż wyrażenie na nią zgody będzie niemożliwe" – ostrzega NVV.[113]*

[Die Schweden geben sich damit nicht zufrieden, dass Nord Stream lediglich eine Schätzung des Schwermetallgehalts auf dem Meeresboden der Ostsee vorlegt, die während der Investition mit dem Wasser vermischt werden. Auch in dieser Angelegenheit verlangt NVV von Nord Stream gründliche Studienergebnisse, und zwar vor Beginn der Investition. „Die Ergebnisse der Bodenuntersuchungen könnten zeigen, dass die Folgen des Baus für die Umwelt so gravierend sind, dass man ihm nicht zustimmen kann" – warnt NVV.]

(165) **Zdaniem WWF budowa Nord Stream nie będzie obojętna dla środowiska.** *Inwestorzy zamierzają wysadzać w powietrze przeszkody na dnie morza i budować tam instalacje utrzymujące gazociąg. A to grozi dodatkowymi* **wybuchami niewykrytej wcześniej amunicji i broni chemicznej,** *które obficie zatapiano w Bałtyku po I i II wojnie światowej. – Nord Stream nie przewidział procedur usuwania broni chemicznej i nie zbadał jej wpływu na środowisko – podkreśla WWF. Nie przedstawiono też informacji o amunicji zatopionej na wodach terytorialnych Rosji, a problem amunicji ukrytej w osadach na dnie morza pominięto.[114]*

[Nach Ansicht des WWF wird der Bau von Nord Stream nicht ohne Auswirkungen auf die Umwelt bleiben. Die Investoren beabsichtigen, Hindernisse auf dem Meeresboden zu sprengen und dort Anlagen für die Gaspipeline zu bauen. Dies birgt die Gefahr weiterer **Explosionen bisher unentdeckter Munition und chemischer Waffen,** *die nach dem Ersten und Zweiten Weltkrieg in großer Zahl in der Ostsee versenkt wurden – Der WWF weist darauf hin, dass Nord Stream keine Verfahren für die Entsorgung von chemischen Waffen vorgesehen und deren Umweltauswirkungen nicht untersucht hat. Es wurden auch keine Informationen über in den russischen Hoheitsgewässern versenkte Munition vorgelegt und das Problem der in den Sedimenten des Meeresbodens versteckten Munition wurde ignoriert.]*

Als Trigger für die Emotion EMPÖRUNG können im folgenden Fall die Aussagen der jeweiligen gesellschaftlichen Akteur*innen bzw. ihre Involviertheit im Projekt angesehen werden. Die Empörung evoziert im Beispiel (166, 167) aus den Aussagen der damaligen Bundeskanzlerin Angela Merkel und des ehemaligen Bundeskanzlers Gerhard Schröder über die Verhandlungen im Nord Stream-Projekt, bei denen das direkte Nachbarland Polen trotz seiner ökologischen, wirtschaftlichen und geopolitischen Einwände ignoriert wurde. So wird im polnischen Teildiskurs impliziert, dass die Aussagen

---

112 NVV ist eine Abkürzung für Naturvårdsverket. Es ist die staatliche Behörde für Umwelt- und Naturschutz in Schweden.

113 pl_e_GW_2007.02.18_T1

114 pl_e_GW_2009.05.11_T1

der politischen Diskurakteur*innen in Deutschland nicht dem tatsächlichen Stand der
Dinge entsprechen.

(166) *Kanclerz Niemiec Angela Merkel stwierdziła zaś, że przy tej inwestycji „uwzględ-
niono uzasadnione interesy wszystkich krajów leżących nad Bałtykiem".*[115]
*[Die deutsche Bundeskanzlerin Angela Merkel erklärte unterdessen, dass bei die-
ser Investition „die legitimen Interessen aller Ostseeanrainerstaaten berücksichtigt wurden".]*

(167) *Władimir Putin nie rezygnuje z budowy gazociągu Nord Stream przez Bałtyk, a
niemiecka kanclerz Angela Merkel będzie przekonywać państwa nad Bałtykiem
do rezygnacji z oporów wobec inwestycji.*[116]
*[Wladimir Putin gibt den Bau der Nord Stream-Gaspipeline durch die Ostsee nicht
auf, und die deutsche Bundeskanzlerin Angela Merkel wird die Ostseeanrainerstaaten davon überzeugen, ihren Widerstand gegen die Investition aufzugeben.]*

(168) *Schroeder broni Rosji przed Polską*
*Unia Europejska staje się zakładnikiem antyrosyjskich interesów polskich
władz – mówił w Moskwie były kanclerz Niemiec Gerhard Schroeder.*[117]
[Schroeder verteidigt Russland gegen Polen
*Die Europäische Union werde zur Geisel der antirussischen Interessen der polni-
schen Behörden, sagte der ehemalige deutsche Bundeskanzler Gerhard Schröder
in Moskau.]*

(169) *„Bez aktywnego lobbingu Niemiec na Zachodzie Nord Stream nie zostałby zbu-
dowany" – stwierdził w ostatni wtorek w dzienniku „Die Welt" niemiecki politolog
Alexander Rahr (…).*[118]
*[„Ohne die aktive Lobbyarbeit Deutschlands im Westen wäre Nord Stream nicht
gebaut worden", sagte der deutsche Politikwissenschaftler Alexander Rahr am Diens-
tag in der Tageszeitung „Die Welt" […].]*

Es wurde bereits darauf hingewiesen, dass die Handlungen und Aussagen von
Akteur*innen zweiter Ordnung Emotionen hervorrufen können. Als Beispiel gilt hier
der Ex-Bundeskanzler Gerhard Schröder, der sich bekanntlich für das Projekt Nord
Stream sehr engagiert hat (Bsp. 168). Seine Aktivitäten und Lobbyarbeit für das Projekt
werden in Polen medial aufgegriffen und emotional bewertet. Mit der Formulierung
(170) *Schroeder, nie masz wstydu!* [Schröder, schäm dich!][119] wird eine negative Wertung
von hoher emotionaler Intensität ihm gegenüber zum Ausdruck gebracht.

Die EMPÖRUNG über den Hochmut Deutschlands wird durch folgende Aussagen
generiert:

---

115 pl_e_GW_2011.11.09_T1
116 pl_e_GW_2008.03.10_T1
117 pl_e_GW_2007.09.09_T1
118 pl_e_GW_2011.11.14_T1
119 pl_e_GN_2014.04.30_T1

(171) *Niemcy: Popłyńcie do Świnoujścia inaczej*
Statki do waszego portu mogą popłynąć inną trasą, na której nasz gazociąg nie będzie problemem – zaproponował Dirk von Ameln, dyrektor rtechniczny Nord Streamu.[120]
*[**Deutschland: Nehmen Sie eine andere Route nach Świnoujście***
Die Schiffe können Ihren Hafen über eine andere Route anlaufen, bei der unsere Gaspipeline kein Problem darstellt, schlug Dirk von Ameln, technischer Direktor von Nord Stream, vor.]

(172) *Ministerstwo Gospodarki wysłało do spółki Nord Stream budującej gazociąg na dnie Bałtyku drugi list. Minister Piotr Woźniak poinformował w nim, że Polska nie dostała od spółki dokumentów, które mają wyjaśnić, jak Nord Stream chce rozwiązać problem trasy gazociągu. **Rura Rosja-Niemcy biegnie przez polski obszar ekonomiczny na Bałtyku.**[121]*
*[Das Wirtschaftsministerium hat ein zweites Schreiben an die Firma Nord Stream geschickt, die eine Gaspipeline auf dem Grund der Ostsee bauen will. Darin erklärte Minister Piotr Woźniak, Polen habe von dem Unternehmen keine Unterlagen erhalten, die erklären, wie Nord Stream das Problem der Pipelineroute lösen will. **Die Leitung Russland-Deutschland verläuft durch den polnischen Wirtschaftsraum in der Ostsee.**]*

Eine weitere Technik der impliziten Codierung und Generierung von Emotionen stellt die Anspielung auf die politischen Diskursakteur*innen dar. In den folgenden Diskursausschnitten wird mehrfach auf die unrühmliche, eindeutig negativ konnotierte Vergangenheit der Diskursakteur*innen Bezug genommen. Dies trägt zur Emotionalisierung und Bewertung des Ereignisses selbst bei.

(173) *– To nowe łącze pomiędzy Rosją i UE jest jednym z długoterminowych rozwiązań dla bezpieczeństwa energetycznego UE – powiedział po tej projekcji szef Nord Streamu **Matthias Warnig, który przed upadkiem muru berlińskiego był majorem wywiadu komunistycznych Niemiec Stasi, a potem zrobił zawrotną karierę biznesową w Rosji.**[122]*
*[Diese neue Verbindung zwischen Russland und der EU sei eine der langfristigen Lösungen für die Energiesicherheit der EU, sagte Nord Stream-Chef **Matthias Warnig, der vor dem Fall der Berliner Mauer Major beim kommunistischen deutschen Geheimdienst Stasi war und nach dieser Überprüfung eine schwindelerregende Geschäftskarriere in Russland gemacht hat.**]*

(174) *Jesienią do Niemiec popłynie gaz z Rosji bałtyckim gazociągiem Nord Stream. I Gazprom już szykuje w Europie nowe zadania dla kierującego budową bałtyckiej rury **Matthiasa Warniga** – byłego szpiega Stasi zaprzyjaźnionego z premierem Rosji **Władimirem Putinem.**[123]*

---

120 pl_e_GW_2011.02.22_T2
121 pl_e_GW_2007.06.27_T1
122 pl_e_GW_2011.11.09_T1
123 pl_e_GW_2011.07.03_T1

[Im Herbst wird Gas aus Russland über die Ostseepipeline Nord Stream nach Deutschland fließen. Und Gazprom bereitet bereits neue Aufgaben in Europa für den Mann vor, der für den Bau der Ostseepipeline zuständig ist, **Matthias Warnig – ein ehemaliger Stasi-Spitzel, der mit dem russischen Premierminister Wladimir Putin befreundet ist.***]*

(175) *Gdy w 2005 r. ten menadżer zasiadał w fotelu szefa Nord Streamu, wybuchła sensacja. Dziennik „the Wall Street Journal" ujawnił, że* **Warnig był majorem Stasi, tajnej policji politycznej kumunistycznej Niemieckiej Republiki Demokratycznej.** *Amerykański dziennik twierdział, że Warnig jest bliskim znajomym Putina jeszcze z czasów tuż przed zjednoczeniem Niemeic, gdy późniejszy* **przywódca Rosji pracował w NRD w placówce sowieckiego wywiadu KGB w Dreźnie.**[124]

[Als dieser Manager 2005 auf dem Chefsessel von Nord Stream Platz nahm, kam es zum Eklat. Das Wall Street Journal enthüllte, dass **Warnig ein Major der Stasi war, der geheimen politischen Polizei der ehemaligen kommunistischen DDR.** *Die US-Tageszeitung behauptete, Warnig sei ein enger Bekannter Putins aus der Zeit kurz vor der Wiedervereinigung der Niemeica, als der spätere russische Staatschef in der DDR beim sowjetischen Geheimdienst KGB-Außenposten in Dresden arbeitete.]*

(176) **Ropa pod nadzorem Stasi**

Rząd Rosji powoła do rady nadzorczej giganta naftowego **Rosnieft byłego szpiega wywiadu komunistycznych Niemiec,** *a dziś szefa Nord Streamu budującego gazociąg z Rosji do Niemiec.*[125]

[Öl unter Stasi-Überwachung

Die russische Regierung wird **einen ehemaligen Spion des kommunistischen deutschen Geheimdienstes und jetzigen Leiter von Nord Stream,** *dem Unternehmen, das eine Gaspipeline von Russland nach Deutschland baut, in den Aufsichtsrat des Ölriesen* **Rosnieft** *berufen.]*

In den folgenden Beispielen wird zusätzlich auf die freund- und wirtschaftlichen Beziehungen zwischen deutschen Diskursakteur*innen und dem ehemaligen KGB-Offizier (dem späteren russischen Ministerpräsidenten) Wladimir Putin verwiesen. Diese Verweise auf die politische Vergangenheit und die gegenwärtigen Tätigkeiten der Diskursakteur*innen führen zu einer eindeutig negativen Einstellung ihnen gegenüber und implizit zur Evozierung von EMPÖRUNG darüber, wer Führungsposten im Nord Stream-Projekt (*pod nadzorem Stasi* [unter Stasi-Überwachung] (Bsp. 176), *pod nadzorem Schrödera* [unter Aufsicht von Schröder][126]) (Bsp. 180) übernimmt bzw. wer in das Projekt involviert ist.

(177) **W symboliczny sposób za taką pomoc Putin odwdzięczył się, przyznając w zeszłym tygodniu kierującemu Nord Streamem niemieckiemu menedżerowi Mattiasowi Warnigowi Order Honoru – jedno z najwyższych rosyjskich odznaczeń.**

---

124 pl_e_GW_2011.07.03_T1
125 pl_e_GW_2011.04.29_T1
126 (180) pl_e_GW_2011.05.23_T1

Cudzoziemcy ten order mogą otrzymać „za szczególne zasługi w rozwijaniu dwustronnych stosunków z Rosją". A dodatkowo **wyróżnienie Warniga – byłego szpiega komunistycznych Niemiec** *– podkreślił fakt, że niższej rangi Ordery Przyjaźni Putin przyznał szefom największego amerykańskiego koncernu ExxonMobil i włoskiego giganta energetycznego ENI.*[127]

*[Als symbolische Gegenleistung für diese Unterstützung verlieh Putin dem deutschen Nord Stream-Manager Mattias Warnig letzte Woche den Ehrenorden – eine der höchsten Auszeichnungen Russlands. Ausländer können diesen Orden „für besondere Verdienste um die Entwicklung der bilateralen Beziehungen zu Russland" erhalten. **Und die Ehrung von Warnig – einem ehemaligen Spion für das kommunistische Deutschland** – wurde noch dadurch unterstrichen, dass Putin auch den Chefs des größten US-Unternehmens ExxonMobil und des italienischen Energieriesen ENI Freundschaftsorden mit niedrigeren Rängen verliehen hat.]*

(178) *Pod koniec zeszłego roku lukratywną posadę doradcy ds. międzynarodowych prezesa Rosnieftu dostał* **Andriej Biezrukow, kilka miesięcy wcześniej zatrzymany w USA wraz z siatką dziesięciu innych szpiegów nielegałów przez lata podszywających się pod Amerykanów.** *Waszyngton przekazał tych szpiegów Moskwie bez sądu, a premier Rosji Władimir Putin obiecał im „wesołe życie"*[128]

[Ende letzten Jahres ging der lukrative Posten des Beraters für internationale Angelegenheiten des Vorstandsvorsitzenden von Rosneft an **Andrei Biezrukov, der einige Monate zuvor in den USA festgenommen worden war, zusammen mit einem Netzwerk von zehn weiteren illegalen Spionen, die sich seit Jahren als Amerikaner ausgegeben hatten.** *Washington übergab diese Spione ohne Gerichtsverfahren an Moskau, und der russische Premierminister Wladimir Putin versprach ihnen ein „glückliches Leben".]*

Die Emotionen lassen sich schließlich durch Beschreibungen von Handlungen und die Übertragung dieser Beschreibungen auf den zu emotionalisierenden Diskurs erkennen, wie das folgende Beispiel veranschaulicht:

(179) *Jak się buduje Gazociąg Północny*[129]

Zupełnie jak w filmach o mafii. Najpierw bezbronne ofiary wiezie się przez pół kraju, potem zatapia w betonie, a na koniec opuszcza na dno morza. Tyle że tym razem chodzi o tysiące metalowych rur, a ich właścicielom przyświecają zgoła inne cele niż dyskretne pozbycie się ofiar.

[Wie man die Nord Stream-Gasleitung baut

Genauso wie in Mafia-Filmen. Zuerst transportiert man wehrlose Opfer durch das halbe Land, dann betoniert man sie ein und zum Schluss versenkt man sie im Meer. Diesmal geht es aber um Tausende von Metallrohren, und ihre Besitzer haben schlechthin andere Ziele, als die Leichen diskret loszuwerden.]

---

127 pl_e_GW_2012.10.09_T1
128 pl_e_GW_2011.04.29_T1
129 pl_e_PK_2009.05.11_T1

Mit dieser Darstellung eines grausamen, moralisch verwerflichen Geschehens wird auf den Bauablauf der Ostseepipeline rekurriert. Auch wenn keine konkrete Emotion explizit ausgedrückt wird, wird durch diese Beschreibung und die Rekurrenz auf Nord Stream EMPÖRUNG generiert und auf ein diskursives Ereignis übertragen.

5.1.4 Zwischenfazit

Nord Stream gehört zu den Ereignissen, die in nahezu allen polnischen Medien unterschiedlicher politischer Orientierung heftig diskutiert wurden. Es fällt auf, dass polnische Diskursakteur*innen in der Debatte um Nord Stream meinungs- und parteiübergreifend ähnlich kritische, mit eindeutig negativen und oft intensiven Emotionen behaftete Stellungnahmen präsentieren. In medialen Diskursen in der polnischen Presse erscheint Nord Stream als ein Ereignis mit vergleichsweise hohem Konfliktpotenzial, das auch negative emotionale Reaktionen bei Rezipierenden hervorrufen kann. Im polnischen medialen Diskurs wird nämlich behauptet, dass das russisch-deutsche Nord Stream-Projekt eine Gefahr darstellt, sodass die Polen in diesem Projekt in erster Linie eine Bedrohung sehen, die medial thematisiert und Emotionen unterschiedlicher Art und meist hoher Intensität evoziert.

Die diskursiv konstruierte Bedrohung ergibt sich aus dem Einsatz von diskursiven Strategien der Emotionalisierung, die zur Generierung von Emotionen führen, die eindeutig negative Semantik(en)[130] aufweisen.

Die Analyse der Emotionalisierungsstrategien in der Nord Stream-Debatte in polnischen Medien ergab die Evozierung folgender diskursiver Emotionen: ANGST, ÄRGER und EMPÖRUNG. Häufig jedoch haben wir es mit einer Mischung bzw. Überlappung von Emotionen zu tun. Dies liegt dann vor, wenn sich die semantischen Bilder und die einzelnen affektiven Profile teilweise überlappen, sodass es nicht immer möglich ist, die verbale und/oder ikonische Manifestation der Emotion eindeutig zu identifizieren und zu interpretieren sowie diese einer jeweiligen Emotion zuzurechnen. Dies ist meistens bei implizit ausgedrückten Emotionen der Fall. Behilflich bei der Identifikation und Interpretation emotionaler Bedeutungen ist ihre mediale Realisierung.

5.2   Emotionen im deutschen Diskurs um das Nord Stream-Projekt

5.2.1 Akteur*innen im deutschen Diskurs

Diskursakteur*innen im deutschen medialen Diskurs um Nord Stream repräsentieren differente Positionen. Sie stehen in verschiedenen Interaktionsrollen zueinander und können an der Generierung und Codierung der Emotionen unterschiedlichen Anteil haben. Unter den deutschen Akteur*innen findet man institutionelle Akteur*innen (Zeitungs- und Zeitschriftenredaktionen, siehe Kapitel 3.2) und individuelle Akteur*innen, darunter Journalisten und Journalistinnen, Politiker und Politikerinnen und Wirtschaftsexperten und Wirtschaftsexpertinnen. Da Journalistinnen und Journalisten zu-

---

130 Siehe Kapitel 2.1.3.

gleich Mitglieder von Redaktionen sind und Politikerinnen und Politiker entweder die Regierung oder ihre Parteien repräsentieren, schien es bei der Analyse plausibler zu sein, Akteur*innen des Diskurses um Nord Stream in Diskursakteur*innen erster und zweiter Ordnung aufzuteilen.

Zu Akteur*innen erster Ordnung gehören hier Redaktionen und einzelne Journalistinnen und Journalisten, die das Nord Stream-Projekt in ihren Texten thematisierten, das Projekt diskursiv positionierten und je nach diskursiver Position Emotionalisierung als eine diskursive Strategie verwendeten bzw. von dieser Strategie absahen. Unter den Akteur*innen zweiter Ordnung, auf die im medialen Diskurs um Nord Stream direkt oder indirekt Bezug genommen wird, findet man vor allem deutsche Politiker (*Angela Merkel, Gerhard Schröder, Gernot Erler, Wolfgang Schäuble, Wolfgang Clement, Michael Glos, Sigmar Gabriel*) und Experten (z. B. das für Öl und Gas im Chemiekonzern BASF zuständige Vorstandsmitglied *John Feldmann, Otto Graf Lambsdorff*), aber auch die Präsidenten der Russischen Föderation *Wladimir Putin* und *Dmitri Medwedew*.

Deutsche Akteur*innen erster Ordnung nehmen u. a. auf polnische Akteur*innen Bezug, die im polnischen Teil des Diskurses um Nord Stream gegenüber dem Bau der Ostseepipeline eine eindeutig negative und emotionale Position präsentieren. Zu dieser Gruppe der Akteur*innen zweiter Ordnung gehören im untersuchten deutschsprachigen Teilkorpus *Tomasz Lodz* (Experte des AdamSmith-Wirtschaftsforschungsinstituts in Warschau), *Radosław Sikorski* (ein polnischer Politiker der liberal-konservativen Platforma Obywatelska, 2005–2007 Verteidigungsminister und 2007–2014 Außenminister), *Aleksander Kwaśniewski* (1995–2005 Präsident der Republik Polen, ein linker Politiker), *Witold Waszczykowski* (2015–2018 polnischer Außenminister) und *Andrzej Duda* (seit 2015 Präsident von Polen). Intertextuelle Verweise auf Äußerungen polnischer Diskursakteur*innen, die im Bau neuer Gasleitungen zwischen Russland und Deutschland die Gefahr für Energiesicherheit der Europäischen Union und insbesondere Polens, der baltischen Staaten sowie Ukraine sehen, gelten als Anlass zur Gegenpositionierung, Neutralisierung polnischer Befürchtungen und als deliberative Bezugnahmen auf die polnische öffentliche Meinung. Das Zitieren polnischer Diskursakteur*innen und die Thematisierung deren Emotionen kann im deutschen Pressediskurs um Nord Stream als Strategie der Emotionalisierung aufgefasst werden, denn ihre kritischen Reaktionen gegenüber dem „wirtschaftlichen", „privaten" und „europäischen" Projekt verfügen über das Potenzial, negative Emotionen (z. B. EMPÖRUNG) gegenüber dem Nachbarland zu evozieren. Es ist eine der häufigen Formen des Widerspruchs, mit der auf eine Äußerung Bezug genommen wird und diese infrage gestellt wird (vgl. Mattfeldt 2020: 74).

Bereits die Auswahl eines/einer Akteur*in zweiter Ordnung durch selbigen/ selbige erster Ordnung kann im untersuchten Teilkorpus gegebenenfalls als Strategie der Emotionalisierung des Diskurses interpretiert werden, z. B. das direkte oder indirekte Zitieren einer emotionalen Äußerung von Expert*innen oder Politiker*innen. Sonst können Diskursakteur*innen erster Ordnung versuchen, emotionsevozierende Äußerungen zu meiden, um dem medialen Text den Anschein der Sachlichkeit und Objektivität zu verleihen.

5.2.2 Nord Stream als agonales Zentrum

Der Diskurs um Nord Stream generiert konfligierende Geltungsansprüche bezüglich der Wahrheitsaussagen von Diskursakteur*innen, was eine Emotionalisierung des Diskurses zur Folge haben kann. Auf der medialen Ebene werden damit diskursive Wettkämpfe um die Geltungsansprüche (vgl. Felder 2006, 2012, 2013 und Felder/Gardt 2015) ausgetragen. Strittige Akzeptanz der Deutung des Nord Stream-Projektes, unterschiedliche diskursive Konzepte des Projektes, differente Handlungsoptionen, Ansprüche auf Geltung unterschiedlich begriffener „Wahrheiten" sowie teilweise divergente Orientierungswissen und Werte, die in der deutschen und in der polnischen Gesellschaft gelten (vgl. Felder 2013: 21), sind Anzeichen des agonalen Zentrums Nord Stream. Diese müssen nicht konstant sein, vielmehr ist das agonale Zentrum Nord Stream ein dynamisches Phänomen, das auf die Dynamik der Ereignisse und Prozesse auf außermedialer Ebene reagiert (z. B. auf die sich ändernden juristischen Rahmen des Projektes oder die USA-Sanktionen).

Das Projekt wird in diesem Sinne von polnischen und einem Teil deutscher Diskursakteur*innen unterschiedlich gedeutet und bewertet, was eine Widerspiegelung im medialen Diskurs findet. Während polnische Akteur*innen bei dem Bau der Ostseepipeline seine politische und bilaterale Bedeutung hervorheben und diese negativ bewerten, versuchen mehrere deutsche Diskursakteur*innen das Vorhaben als ein wirtschaftliches und europäisches Projekt darzustellen, das von privaten Unternehmen realisiert wird. Diese Art der Profilierung führt in der deutschen Presse zur diskursiven Konstruktion eines freundlichen Bildes sowie einer positiven Einstellung diesem gegenüber. Es ist jedoch zu vermerken, dass die Bewertung des Bauprojektes in dem untersuchten Zeitraum auch unter den deutschen Diskursakteur*innen – u. a. in Abhängigkeit davon, welche Parteien gerade die Regierung bildeten bzw. wer das Bundeskanzleramt innehatte – Schwankungen unterlag.

Die Textanalyse ergab eine Reihe von Positionen, die das Projekt Nord Stream nicht als Konzept ansehen lassen, das sich medial konsensuell konstruieren lässt. Die Agonalität als Grundprinzip der Konstitution des Wissens (vgl. Warnke 2009: 135) zeigt sich auf der textuellen Ebene in Form diskursprägender Streitpunkte, die differente Sichtweisen der Diskursakteur*innen im Nord Stream-Diskurs widerspiegeln. Diese Streitpunkte sind konfligierende Konzepte des Nord Stream-Projektes und/oder dessen Folgen. Sie kommen im deutschen Diskurs paarweise vor und sind jeweils gegensätzlichen diskursiven Positionen zuzuordnen.

Abhängigkeit von und Erpressbarkeit durch Russland	versus	*Energie- bzw. Versorgungssicherheit für Deutschland und die EU*
Nord Stream als wirtschaftliches Projekt	versus	*Nord Stream als politisches Projekt*
Nord Stream als europäisches Projekt	versus	*Nord Stream als bilaterales/deutsch-russisches Projekt*
Polen, baltische Staaten und die Ukraine verlieren ihre Energiesicherheit	versus	*Polen verliert einen Teil von Gastransfergebühren*

deutsch-russische Kooperation als Gefahr für Polen / Polen als Opfer der deutschen und russischen Politik	versus	*negative Relationen zwischen Polen und Russland, die historisch bedingt sind, irrationales Verhältnis Polens gegenüber Russland*
Gas ist Instrument der imperialen Politik Russlands	versus	*Mehr Gas aus Russland garantiert Energiesicherheit Deutschlands und wird der wachsenden Nachfrage der deutschen Wirtschaft gerecht*

Auf der Textoberfläche werden diese Konfliktpunkte different manifestiert. Sie lassen sich aufgrund der verwendeten sprachlichen Mittel und des Textzusammenhangs unproblematisch erkennen. Im Folgenden werden exemplarische Belege für sprachliche Realisierung von strittigen Aspekten angeführt, die den Bau von Nord Stream-Pipelines medial zum agonalen Zentrum im deutschen Pressediskurs konstruieren.

(180) *Der für Außenpolitik zuständige, stellvertretende Unionsfraktionsvorsitzende Schäuble hielt der Bundesregierung vor, sie hätte vor der Verabredung des Vorhabens Polen und die baltischen Länder konsultieren sollen. **Es sei eine Katastrophe, daß die Bundesregierung mit ihrer Politik gegenüber Rußland in Polen so viel Mißtrauen erzeuge.** Die FDP-Abgeordnete Leutheusser-Schnarrenberger warf Schröder vor, er habe durch eine einseitige, unkritische „Achsenbildung" mit Rußland die „Sowjetisierung Rußlands" befördert. Die Liste alltäglicher Menschenrechtsverletzungen in Rußland sei lang. Unionskanzlerkandidatin Merkel traf Putin am Nachmittag zu einem Gespräch in der russischen Botschaft in Berlin. Schröder sprach dem Abkommen eine „wahrhaft historische Qualität" zu. Deutschland sichere sich darüber **„in direkter Partnerschaft mit Rußland** große Teile seiner Energieversorgung auf Jahrzehnte". Schröder hob hervor, die Zusammenarbeit richte sich gegen niemanden. Sie liege im deutschen und im russischen Interesse. „Ich wüßte nicht, was daran falsch sein könnte." Auch der außenpolitische Sprecher der SPD-Fraktion, Erler, gab an, ein enges Vertrauensverhältnis zu Rußland liege im deutschen Interesse. Es sei unverständlich, warum sich die CDU „**die polnische Kritik am Projekt der geplanten Gaspipeline durch die Ostsee** zu eigen macht". Entgegen „bestimmten polnischen Befürchtungen" richte sich dieses Vorhaben gegen niemanden, es sei schließlich auch **kein deutsch-russisches, sondern ein europäisch-russisches Vorhaben.**[131]*

Folgende Phrasen bzw. Sätze sind als sprachlicher Ausdruck von Streitpunkten im Beleg (180) zu identifizieren: *Es sei eine Katastrophe, daß die Bundesregierung mit ihrer Politik gegenüber Rußland in Polen so viel Mißtrauen erzeuge; in direkter Partnerschaft mit Rußland; die polnische Kritik am Projekt der geplanten Gaspipeline durch die Ostsee; kein deutsch-russisches, sondern ein europäisch-russisches Vorhaben.* Der direkte Bezug auf das Nachbarland wird mit der Thematisierung der negativen Einstellung gegenüber dem Nord Stream-Projekt in Polen oder mit der expliziten Thematisierung von negativen

---

131 de_p_FAZ_2005.09.09_S.1–2

Emotionen hergestellt, die das Projekt bei Polen evoziert hatte: *die polnische Kritik am Projekt, Entgegen ,bestimmten polnischen Befürchtungen, Mißtrauen* (Bsp. 180).

(181) *Und Deutschland beginnt zu begreifen. **Der strategische Partner kann zur strategischen Bedrohung werden.** Mehr als 40 Prozent ihres Gasverbrauchs deckten die Deutschen 2005 schon aus russischen Quellen, und wenn die Ostseepipeline fertig ist, könnten es noch weit mehr werden. Die Direktverbindung, **an den wütenden Polen und den entsetzten Balten vorbeigeplant,** entpuppt sich plötzlich als Instrument deutscher Erpressbarkeit statt nationaler Unabhängigkeit.*[132]

Im Beleg (181) wurden die deutsch-russische Kooperation und die Ostseepipeline gemäß der Argumentation der Befürworter des Projektes und der Argumentation der Skeptiker konzeptualisiert. Durch die Gegenüberstellung der konfligierenden Konzepte war es möglich, verschiedene Optionen für die Folgen der Projektdurchführung aufzuzeigen: *Der strategische Partner wird zur strategischen Bedrohung; Instrument deutscher Erpressbarkeit statt nationaler Unabhängigkeit.* In diesem Zusammenhang wurde auch auf Polen und Balten sowie deren emotionale Einstellung gegenüber dem Projekt Bezug genommen: *an den wütenden Polen und den entsetzten Balten vorbeigeplant.*

(182) ***Es ist ein gewaltiges, aber auch umstrittenes Projekt.** Für die Verbraucher in Deutschland und anderen Ländern Westeuropas soll die eindrucksvolle Röhre die Energieversorgung sicherer machen. Für viele Osteuropäer ist sie ein bedrohliches Symbol, weil sie sich vor einer neuen deutsch-russischen Achse ängstigen.*[133]

Die Agonalität wurde auch im Beleg (182) durch die Gegenüberstellung von differenten Konzepten der Pipeline für Deutsche und andere Westeuropäer einerseits und für Osteuropäer andererseits konstruiert. Für die erste Gruppe der Gasverbraucher sei es ein Projekt, das die Energieversorgung sicherer mache, für die andere eine Bedrohung, die auf historischen Ängsten *vor einer neuen deutsch-russischen Achse* basiere. Von dem für die Konstruktion der Emotion ANGST im polnischen Diskurs so relevanten Argument wurde also auch in der deutschen Presse Notiz genommen.

(183) *Im September 2005, anderthalb Wochen vor der Bundestagswahl, wurde **ein russisches Pferd nach Berlin gezogen.** Das Weihgeschenk für den wahlkämpfenden Gerhard Schröder wurde von einem weitsichtigen russischen Diplomaten mit dem Satz kommentiert, man wolle „einer künftigen Bundesregierung etwas mit auf den Weg geben". Die Gabe, der neuen Zeit gemäß nicht ein hölzernes Pferd, sondern eine stählerne Röhre aus der Ostsee wurde allseits bestaunt, ganz wie ehedem in Troja. Bevor sie sich indes öffnen und ihr in vier Jahren Gas entströmen kann, hat Misstrauen von den Berlinern Besitz ergriffen. Das Pferd ist, um im Bilde zu bleiben, in Trojas Mauern, sprich: der Pipeline-Vertrag unterzeichnet, und die Furcht geht um, das russische Gas könnte am Ende trojanische Folgen haben.*

---

132 de_p_STN_2006.01.11_o. S.
133 de_p_STN_2010.05.20_S. 62–73.

Denn unsere Griechen, will heißen: die Russen, haben machttrunken einen Fehler begangen, der den Neu-Trojanern die Augen geöffnet hat. Und hier soll das Gleichnis ein Ende haben, denn es geht nicht um Krieg und Zerstörung. Gottlob. Wohl aber um Macht, die sich in harmlos-hölzerner Verkleidung einschleicht, um später womöglich ihren stählernen Kern zu enthüllen. Die Russen nämlich haben mit der Ukraine ein Exempel statuiert, das ihren Partnern zweierlei offenbart. Erstens: Die Versorgung mit Erdgas ist nicht nur eine Frage ökonomischer Rationalität – die unbotmäßige Ukraine muss viel mehr bezahlen als das treue Weißrussland. Zweitens: Will sich ein Kunde nicht fügen, wird ihm der Hahn zugedreht. Und sei es mitten im Winter. Die Gas-Geschäfte Moskaus stehen seither unter dem Generalverdacht eines Troja-Projekts. Die gedemütigte Weltmacht, die das Sowjet-Imperium ebenso verloren hat wie ihren politischen und militärischen Glanz, entfaltet neues Selbstbewusstsein, neuen Wohlstand und neuen Herrschaftsanspruch nur durch ihre Rohstoffe. Russland ist der größte Gaslieferant der Welt – und der Kampf um Energie die strategische Frage unserer Zeit.[134]

Für die Konstruktion der Agonalität im Beleg (183) nutzte man ein Gleichnis aus der griechischen Mythologie. Die Metapher „russisches Gas ist ein Trojanisches Pferd" bildet den argumentativen Leitfaden des Textes und offenbart potenzielle negative Folgen der Realisierung des Nord Stream-Projektes. Einige von den negativen Folgen überlappen sich dabei mit der Argumentation, die im Nachbarland Polen vorherrscht.

(184) *In der baltischen und polnischen Presse war die von Bundeskanzler Schröder und dem russischen Präsidenten Putin vorangetriebene Einigung der Unternehmen unter Anspielung auf den Hitler-Stalin-Pakt als „Schröder-Putin-Pakt" bezeichnet worden. Diese Rhetorik bezeichnet Igor Gräzin als „extremistisch". Doch auch er beklagt, dass Deutschland und Russland über die Köpfe der anderen Ostseeanrainer hinweg eine Entscheidung getroffen hätten, die deren Interessen stark berührten. Der Weckruf für ihn sei gewesen, dass Bundeskanzler Schröder unmittelbar nach seinem Ausscheiden aus dem Amt Aufsichtsratsvorsitzender von Nord Stream geworden ist. Für ihn sei das ein Zeichen gewesen, dass etwas falsch laufe. „Estland ist ein vollwertiger Staat und EU-Mitglied, es hat ein Recht darauf, gehört und einbezogen zu werden", sagt Gräzin, der im estnischen Parlament eine breite Unterstützung für seine Initiative sieht, über die noch diesen Monat in erster Lesung beraten wird. „Die Gasleitung darf nicht nur dem Interesse zweier Länder dienen."*[135]

Davon, dass das Nord Stream-Projekt für Konflikte auf der internationalen Ebene sorgt, zeugen Verweise auf Konzepte und Zitate der polnischen und baltischen Diskursakteur*innen. Sie werden zur Argumentation und zur Emotionalisierung des innerdeutschen Diskurses um den Bau der Ostseepipeline gebraucht. Im Beleg (184) weist darauf der Vergleich des von deutschen und russischen Unternehmen unterzeichneten Vertrags

---

134 de_p_STN_2006.01.11_ o. S.
135 de_p_FAZ_2007.04.12_S.7

über den Bau der Nord Stream-Gasleitung (*Schröder-Putin-Pakt*) mit *Hitler-Stalin-Pakt* (Bsp. 184) sowie direkte und indirekte Verweise auf kritische Äußerungen eines estnischen Politikers hin, z. B. *über die Köpfe der anderen Ostseeanrainer hinweg* (Bsp. 184), *Die Gasleitung darf nicht nur dem Interesse zweier Länder dienen* (Bsp. 184).

(185) *Eine Reise mit Folgen*
[…] Angela Merkel wird heute beim Festakt auch ihrem Vorgänger Gerhard Schröder die Hand schütteln können. Schröder reiste im Juli 2004 mit DAX-Vorständen im Schlepp zu einer Unternehmerkonferenz nach Moskau. Dort fädelte er mit dem damaligen russischen Präsidenten Wladimir Putin den umstrittenen Bau der Ostseepipeline ein. Polen fühlte sich über- und umgangen, die Ukraine und Weißrussland fürchteten, dass die durch ihr Gebiet führenden Leitungen für russisches Erdgas an Bedeutung verlieren. Für Gerhard Schröder hat sich der Deal gelohnt: Er wurde Ende März 2006, kurz nach seinem Abgang von der politischen Bühne, Vorsitzender des Aktionärsausschusses von Nord Stream – Entlohnung 250.000 Euro.[136]

Anlässlich der Inbetriebnahme der Pipeline Nord Stream 1 wurde hervorgehoben, welche Rolle bei der Entstehung dieses Projektes Gerhard Schröder innehatte und welche Reaktionen der Bau der Ostseepipeline in Polen, der Ukraine und Weißrussland zur Folge hatte. Auffallend ist bei der Beschreibung der diesbezüglichen Aktivitäten von Gerhard Schröder, dass man sich der umgangssprachlichen Formulierungen bediente: *Schröder reiste im Juli 2004 mit DAX-Vorständen im Schlepp […] nach Moskau* (*jdn. im Schlepp haben*, umgangssprachlich – ‚jemanden mitschleppen‘); *[Er] fädelte [den umstrittenen Bau] mit dem damaligen russischen Präsidenten Putin [ein]* (*einfädeln*, umgangssprachlich – ‚geschickt bewerkstelligen, in die Wege leiten‘); *Für Gerhard Schröder hat sich der Deal gelohnt* (*der Deal*, umgangssprachlich – ‚[zweifelhafte] Abmachung, Vereinbarung‘) (Bsp. 185). Der Gebrauch umgangssprachlicher Mittel verlieh diesen Aktivitäten auf der medialen Ebene einen abwertenden Charakter. Dies wurde mit der Thematisierung von Reaktionen in den benachteiligten Ländern kontrastiert. Den Reaktionen schrieb man mithilfe der Verben „sich fühlen“ und „fürchten“ eine emotionale Dimension zu: Polen fühlte sich über- und umgangen, die Ukraine und Weißrussland fürchteten, dass die durch ihr Gebiet führenden Leitungen für russisches Erdgas an Bedeutung verlieren. Durch den Kontrast zwischen Vor- und Nachteilen, die sich für die jeweiligen Akteur*innen zweiter Ordnung aus dem Bau der Ostseepipeline ergaben, kommt die Agonalität des Projektes deutlich zum Vorschein.

5.2.3 Codierung und Generierung von Emotionen im deutschen Diskurs

Emotionen als diskursive Praktiken wurden im Diskurs um Nord Stream mithilfe von unterschiedlichen semiotischen Mitteln codiert und auf der textübergreifenden Ebene manifestiert. Die Analyse der Korpustexte ergab, dass sowohl auf der intra- als auch auf der transtextuellen Ebene eine Reihe von semiotischen Mitteln zum Aufbau des Konfliktpotenzials verwendet wurden und eine affektive Wirkung bei Rezipient*innen

---

136 de_p_TAZ_2011.11.08_S.4

evozieren konnten. Die ermittelten Strategien der Emotionalisierung werden im Folgenden kurz charakterisiert und exemplarisch belegt.

5.2.3.1 Emotionalisierungsstrategien auf der intratextuellen Ebene

Die Emotionalisierung der analysierten Ausschnitte aus dem Diskurs wurde unter anderem durch die Verwendung lexikalischer Mittel aus der Militärdomäne realisiert. Charakteristisch für diese Strategie ist der Gebrauch von Kriegsmetaphern:

(186) **Moskauer Gasmanöver**[137]

Manöver führt man durch, um die Schlagfertigkeit der Streitkräfte aufrechtzuerhalten oder zu erhöhen, andererseits bedeutet das Lexem „geschicktes Ausnutzen von Menschen und Situationen für eigene Zwecke" (DUDEN „Manöver" [2021–10–28]). Die Zusammensetzung *Gasmanöver* ist ein sprachlicher Ausdruck der Metapher „Gas ist Kriegswaffe" (analog siehe z. B. die Zusammensetzung *Panzermanöver*). Der geschickte Gebrauch von Gas(-lieferungen) als Waffe lässt „Moskauer Gasmanöver" als eine potenzielle Bedrohung für die Energieversorgungssicherheit interpretieren, die in Deutschland FURCHT oder ANGST evozieren könnte. Sowohl polnische als auch deutsche Akteur*innen, die dem Nord Stream-Projekt kritisch oder skeptisch gegenüberstehen, teilen im analysierten Diskurs die Angst vor der russischen Energiepolitik, in der Gas als Waffe oder Erpressungsmittel eingesetzt werden könnte.

(187) **die imperiale Faust**[138]

Die metaphorische Formulierung *die imperiale Faust* (Bsp. 187) bezieht sich auf das staatliche Unternehmen Gazprom und seine Funktion und Position in der Außenpolitik des Kremls. Die Attribuierung des Substantivs „Faust" durch „imperial" weist darauf hin, dass Gazprom bzw. Gas als offensive Waffe des russischen Staates eingesetzt wird, um dessen imperialistische Ziele zu verfolgen. Solche Ziele können nur zu Ungunsten oder auf Kosten anderer Länder erreicht werden. Die Tatsache, dass Moskau Gas als Waffe einsetzt (*Wo Chruschtschow einst mit Raketen gerasselt hat, dreht der Kreml heute am Gashahn*[139]), wurde zum Auslöser der Aufregung im Westen, darunter in Deutschland. Auf die politische Situation in der Ukraine Ende 2005 – „die Orange Revolution" – und den Moskauer Einfluss auf die damaligen Wahlergebnisse durch die Gestaltung von Gaspreisen Bezug nehmend, wurde eine Frage gestellt, in der eine mögliche Emotion in Deutschland thematisiert wurde: *Doch warum sich darüber im Westen aufregen?* Eine längere, dreiteilige Antwort lässt Gründe für diese Emotion explizieren und Relationen Deutschlands gegenüber Ländern aufzeigen, die als Ziel „der imperialen Faust" Russlands ausgesetzt werden können: *So ist halt der Lauf der Welt – die Starken tun, was sie können, die Schwachen, was sie müssen. Außerdem kriegen wir 2010 die Ostseepipeline (Aufsichtsratschef: Gerhard Schröder), die direkt von Russland nach Deutschland führt. Dann*

---

137 de_p_dZ_2006.01.05_o. S.
138 de_p_dZ_2006.01.05_o. S.
139 de_p_dZ_2006.01.05_o. S.

können die aufrührerischen Ukrainer auch kein Gas mehr „stehlen", das für Westeuropa bestimmt ist. Die Antwort besteht aus drei Teilen. Erstens, weil so auch Polen, Balten, Tschechen und Ungarn diszipliniert werden können – allesamt Mitglieder der EU und nicht irgendwelche „Zwischeneuropäer", die Berlin heute so ungerührt behandeln könnte, wie es einst der Alte Fritz, Bismarck und Stresemann taten – von Hitler ganz zu schweigen. Zweitens, weil wir nun erstmals gespürt haben, welch ungeheure Macht der Kreml angehäuft hat: Erdgas kann Wohlverhalten viel effizienter anmahnen als ein Atomarsenal. Und drittens, weil Putin auch daheim in die falsche Richtung marschiert. Russland wird zum „Petrostaat", der mit seinen sagenhaften Bodenschätzen Modernisierung und Demokratisierung ersticken kann.[140]

Polen wurde in diesem Zusammenhang nur als Element der geopolitischen Situation in Mittel- und Osteuropa wahrgenommen, als eines der potenziellen Opfer der „imperialen Faust" von Russland. Die im Text angeführten sachlichen Argumente können zur Evozierung der Emotion ÄRGER oder ANGST führen. Beide würden sich jedoch nicht auf Polen, sondern vorrangig auf die Relationen zwischen Deutschland und Russland beziehen.

(188) ***Widerstand gegen Kredite von der Europäischen Investitionsbank***
  Schröder: Unverständlich [Titel und Untertitel]
  [...] ***Vor allem Polen und die baltischen Staaten, aber auch skandinavische Anrainerländer haben*** *aus unterschiedlichen Gründen* ***Bedenken gegen das Projekt und wollen derzeit nicht zustimmen. Der Widerstand aus Polen und dem Baltikum entzündet sich an Befürchtungen, die Pipeline könne die Länder von der russischen Gasversorgung abschneiden.*** *[...] Schröder verwies darauf, dass die Pipeline von den EU-Mitgliedstaaten einstimmig zu einem TEN-Projekt von europäischem Interesse erhoben worden sei.* ***Er verstehe den Widerstand einiger Staaten vor diesem Hintergrund nicht, sagte Schröder.***[141]

In der medialen Debatte erweisen sich Polen, die baltischen und skandinavischen Länder als Widerstandleistende. Die emotionale Haltung der Diskursakteur*innen, die wegen der eventuellen wirtschaftlichen Benachteiligung eine kritische Position gegenüber dem Bau der Ostseepipeline präsentierten, wurde mit dem Emotionswort *Befürchtungen* (Bsp. 188) thematisiert. Die ENTTÄUSCHUNG als Reaktion eines der Hauptakteur*innen des Nord Stream-Diskurses auf den Widerstand der genannten Staaten, darunter Polen, wurde mit dem Lexem *unverständlich* (Bsp. 188) im Untertitel des Textes (*Widerstand gegen Kredite von der Europäischen Investitionsbank; Schröder: Unverständlich*) und dem indirekten Verweis auf Schröders Worte[142] im Haupttext realisiert: *Er verstehe den Widerstand [...] nicht* (Bsp. 188).

---

140 de_p_dZ_2006.01.05 o. S.
141 de_p_FAZ_2007.02.09_S.4
142 Gerhard Schröder dominiert im Nord Stream-Diskurs als Akteur zweiter Ordnung und prägt diesen Diskurs als Referenzquelle.

(189) *Während das politische Gezerre um die 1200 Kilometer lange Gasleitung anhält,*
treibt das Betreiberkonsortium den Bau generalstabsmäßig voran.[143]

Der Kriegsdomäne entstammt das metaphorische Lexem *generalstabsmäßig*, das so viel
wie ‚mit militärischer Umsicht und Präzision' (DUDEN [2021–10–29]) bedeutet und
den Modus des Baus der Gasleitung charakterisiert. Die Emotionalisierung dieser Aussage wird zusätzlich durch den syntaktischen Ausdruck der Gleichzeitigkeit einer weiteren
Handlung (*das politische Gezerre*) realisiert, die folglich die Durchsetzung der „militärischen" Ziele des Betreiberkonsortiums begünstigen soll. Der polnische Nachbar spielt bei
diesem „Gezerre" keine zentrale Rolle, ist jedoch einer der Gegner des Projektes (Bsp. 189).
    Lexeme wie *Schlacht* (Bsp. 190) und *kämpfen* (Bsp. 191) sind weitere offensichtliche
Beispiele für die Verwendung der Kriegsmetaphern als Strategie der Emotionalisierung
des Nord Stream-Diskurses. Emotionen wie FURCHT, *ÄRGER oder VERACHTUNG*
können hierbei als „kriegsbedingte" Affekte infrage kommen und kontextgebunden auf Geg-
*ner des Projektes, darunter auf polnische Diskursakteur*innen zweiter Ordnung oder de-*
ren Aktivitäten, bezogen werden.

(190) *Die Schlacht ums Gas [Titel]*
[Verweis auf die Meinung der Anhänger des Ostseeprojekts] Die Ostseepipeline könne
*ein Viertel des zusätzlichen Importbedarfs decken, **unabhängig von den Launen ir-***
***gendwelcher Transitländer**. [...] Eine Schlacht um zwei Pipelines hat begonnen,*
*die mal im Norden, mal im Süden geführt wird **und ein gutes Dutzend Staaten in***
***Atem hält**.*[144]

Als Manifestation des Missfallens und zugleich der Überheblichkeit ist in der Phrase
unabhängig von den Launen irgendwelcher Transitländer (Bsp. 190) VERACHTUNG
auffällig. Die Zuschreibung von Launigkeit gegenüber den europäischen Ländern, die
durch den Bau der Ostseepipeline ihre sicherheitspolitischen und wirtschaftlichen Interessen für gefährdet halten, zeugt nämlich von der fehlenden Empathie Deutschlands
gegenüber diesen Ländern bzw. der mangelnden Solidarität mit ihnen. Im weiteren Teil
des Textes wurde die Kriegsmetaphorik noch einmal aufgegriffen (*eine Schlacht hat be-*
gonnen / wird geführt), sie kann potenziell FURCHT oder ÄRGER von einer nicht allzu
großen Intensität evozieren. Dass diese Emotionen sich nicht nur auf Deutschland beziehen können, legt die Verwendung der Wortphrase *in Atem halten* bezogen auf *ein*
gutes Dutzend Staaten offen, darunter sicherlich auch auf das Nachbarland Polen.

(191) *Die Ostseepipeline hat mit neuen Schwierigkeiten zu kämpfen.*
[...] Damit würde die Erdgasleitung durch estnische Gewässer führen – und Estland
ist zusammen mit den beiden anderen baltischen Staaten Lettland und Litauen sowie
Polen ein scharfer Kritiker des Projekts. In Tallinn, Riga, Vilnius und Warschau arg-

---

143 de_p_FAZ_2007.08.02_S.13
144 de_p_SPGL_2009.01.26_S.90–94

> *wöhnt man, Russland wolle die vier Länder mit der Ostsee-Gasleitung umgehen, um*
> *sie dann leichter unter Druck setzen zu können.*[145]

Im Beleg (191) verweist man zwar auf den Interessenkonflikt zwischen Russland einerseits und den baltischen Staaten sowie Polen andererseits, doch die Ostseepipeline ist nicht nur ein russisches Projekt und damit hat auch Deutschland *mit neuen Schwierigkeiten zu kämpfen.* Auf dem metaphorischen Schlachtfeld gehört Polen zu den Gegnern des Projektes und die sich aus dem Konflikt ergebenden negativen Emotionen wie ÄRGER über die neuen Schwierigkeiten oder FURCHT davor, dass sie die Realisierung des Projektes stoppen oder verlangsamen würden, werden auf der deutschen Seite teilweise auch auf Aktivitäten dieses Nachbarlandes projiziert. Man hat es demnach mit der Situation zu tun, in der Affekte deutscher Diskursakteur*innen auf mehrere Länder verteilt wurden und das Nachbarland Polen im Rahmen des Nord Stream-Diskurses im analysierten Zeitraum nur eins der Objekte mit emotionalem Bezug war.

Eine besondere Kriegsmetapher steckt in der Formulierung *Trojanisches Gas* (Bsp. 192) (Metapher: „Nord Stream-Gas ist Trojanisches Pferd"), die dem Texttitel und Textinhalt einen emotiven Charakter verleiht und das Denotat, das mit der Nord Stream-Pipeline nach Deutschland zu liefernde Gas, wegen der zu erwartenden negativen Folgen abwertet. Die Lieferung vom russischen Gas auf einem neuen Weg, am Boden der Ostsee, wurde mit einer seit dem Altertum bekannten Kriegsstrategie verglichen, die unter der Bezeichnung *Trojanisches Pferd* (Bsp. 192) oder *Danaergeschenk* bekannt und als Gabe zu verstehen ist, die sich für den, der es als Geschenk bekommt, als Schaden stiftend erweist. Die FURCHT oder ANGST vor diesem Schaden bzw. der ÄRGER oder die IRRITATION darüber, dass man diese „Gabe" in Deutschland annehmen will, können Emotionen sein, die diese Metapher zu evozieren vermag. Neben der Wortphrase *Trojanisches Gas* wurde die oben genannte Metapher sprachlich als breites Metaphernfeld realisiert: *ein russisches Pferd [wurde] nach Berlin gezogen* (Bsp. 194), *das Weihgeschenk* (Bsp. 193, 194), *die Gabe* (Bsp. 194), *nicht ein hölzernes Pferd, sondern eine stählerne Röhre aus der Ostsee, allseits bestaunt, wie ehedem in Troja* (Bsp. 194), *das Pferd ist in Trojas Mauern* (Bsp. 195), *trojanische Folgen* (Bsp. 195) u. a.

(192) **Trojanisches Gas** *(Titel des Textes)*[146]

(193) *Die zehnjährige Belagerung Trojas durch die Griechen wurde durch ein mächtiges hölzernes Pferd entschieden. Die Trojaner hielten es, der antiken Mythologie zufolge, für ein Weihgeschenk an die Göttin Athene und zogen es vertrauensselig in ihre Stadt, wo des Nachts die im Innern des Rosses verborgenen Griechen herauskletterten, um ihren Waffenbrüdern das Tor zu öffnen. Troja wurde zerstört, **das Trojanische Pferd als Metapher für listige Unterwanderung erwies sich als unzerstörbar.**[147]*

(194) *Im September 2005, anderthalb Wochen vor der Bundestagswahl, **wurde ein russisches Pferd nach Berlin gezogen**. **Das Weihgeschenk** für den wahlkämpfenden Gerhard*

---

145 de_p_FAZ_2007.04.12_S.7
146 de_p_STN_2006.01.11_o. S.
147 de_p_STN_2006.01.11_o. S.

Schröder wurde von einem weitsichtigen russischen Diplomaten mit dem Satz kommentiert, man wolle „einer künftigen Bundesregierung etwas mit auf den Weg geben". Die Gabe, der neuen Zeit gemäß nicht ein hölzernes Pferd, sondern eine stählerne Röhre aus der Ostsee, wurde allseits bestaunt, ganz wie ehedem in Troja.[148]

(195) *Bevor sie sich indes öffnen und ihr in vier Jahren Gas entströmen kann, hat Misstrauen von den Berlinern Besitz ergriffen. Das Pferd ist, um im Bilde zu bleiben, in Trojas Mauern, sprich: der Pipeline-Vertrag unterzeichnet, und die Furcht geht um, das russische Gas könnte am Ende trojanische Folgen haben.*[149]

Die Geltung der mythologischen Metapher für die Aspekte des Baus der Nord Stream 1-Pipeline wurde im Beispiel (193) explizit verdeutlicht. Die emotionalisierende Funktion der Metapher („Nord Stream-Gas ist ein Trojanisches Pferd") bestätigen zudem im Beleg (195) das emotional gefärbte Lexem „Misstrauen" und das Emotionswort „Furcht". Im Hinblick auf die Glaubwürdigkeit und Zuverlässigkeit Russlands als Gaslieferant decken sich die in medialen Diskursen präsenten Argumente und emotionale Einstellungen beider Nachbarn, Deutschlands und Polens, weitgehend. Der polnischen Seite (und z. T. auch den baltischen Staaten) wird jedoch ein deutlich höherer Grad der Intensität der jeweiligen Emotion zugeschrieben (*an den wütenden Polen und den entsetzten Balten vorbeigeplant.*[150]

Die Strategie der Emotionalisierung mittels Emotionswörter wird nur vereinzelt gebraucht. Die durch Diskursakteur*innen erster Ordnung thematisierten Emotionen auf deutscher Seite beziehen sich dann direkt oder indirekt auf Polen. Unter dem indirekten Bezug ist die Nennung bzw. Thematisierung einer Emotion zu verstehen, die als Reaktion auf eine oppositionelle Haltung oder Handlung Polens zu interpretieren ist, was am folgenden Beispiel ersichtlich ist:

(196) *Mit wachsender Empörung registrierten deutsche Diplomaten die Lobbyarbeit vor allem Polens in Washington. Der EU-Partner machte sich in den USA stark dafür, die schon lange vorbereiteten Sanktionen gegen am Pipeline-Projekt beteiligte Firmen in Kraft zu setzen, und warb so letztlich für Strafen gegen Deutschland.*[151]

Im Beleg (196) wurde die EMPÖRUNG deutscher Diplomaten über die Aktivitäten Polens in Washington direkt thematisiert, die für das Pipeline-Projekt und Deutschland negative Konsequenzen, z. B. in Form von Sanktionen oder Strafen, haben könnten.

(197) *Die Ängste Warschaus, dass Russland in Krisensituationen seine Gaslieferungen an Polen einstellen könnte, ohne dass auch der Westen vom Lieferstopp betroffen wäre, wurden bislang von Moskau, Berlin und Brüssel vom Tisch gewischt. Die russische Regierung zeigte sich empört über die Verdächtigungen – dabei hat sie in den letzten Jahren mehrfach politischen Druck über den Gashahn ausgeübt. Berlin und*

---

148 de_p_STN_2006.01.11_o. S.
149 de_p_STN_2006.01.11_o. S.
150 de_p_STN_2006.01.11_o. S.
151 de_p_SZ_2019.12.13a_S.2

Brüssel wiederum sicherten Polen ihre Solidarität und Hilfe in Energie-Krisen-
situationen zu. Das aber reicht nicht, um die Polen zu beruhigen[152]

Mit einem Emotionswort wurden im Beispiel (197) Bedenken polnischer Akteur*innen
thematisiert (*Die Ängste Warschaus*). Die Reaktionen Deutschlands und der Europäischen Union auf polnische ÄNGSTE wurden mit Hochwertwörtern wie *Solidarität*
und *Hilfe* konzeptualisiert und sollten der Neutralisierung dieser ÄNGSTE dienen.
Die Einstellung dieser Diskursakteur*innen gegenüber Polen wurde mit der umgangssprachlichen Wendung *[wurden] vom Tisch gewischt* zum Ausdruck gebracht, was ‚etwas als unwichtig abtun, als unangenehm beiseiteschieben' (DUDEN [2022-09-10])
bedeutet. Dies kann von der VERACHTUNG des polnischen Nachbarn und EU-
Mitgliedsstaates zeugen. Zugleich sind die mit den Hochwertwörtern ausgedrückten
Werte „Solidarität" und „Hilfe", die Deutschland und die EU dem polnischen Staat
in Energie-Krisensituationen angeboten hätten, auch ein Mittel dafür, eine potenzielle
ENTTÄUSCHUNG darüber zu signalisieren, dass dieses Angebot für die Reduzierung
der emotionalen Einstellung Polens nicht ausreichend war.

    ENTTÄUSCHUNG wurde im Nord Stream-Diskurs auch mit dem Lexem *bitter*
(Bsp. 198), zur Konzeptualisierung der deutschen Haltung gegenüber Polen verwendet,
und dem Textzusammenhang codiert, dem die Vorwürfe gegenüber dem Nachbarland zu
entnehmen sind – das Befördern der Auseinandersetzung zwischen den USA und Deutschland und das Interesse Polens am russischen Gastransit über sein Staatsgebiet (Bsp. 198).

(198)   **Besonders *bitter* ist, dass diese Auseinandersetzung [zwischen den USA und**
      Deutschland] *durch europäische Verbündete mindestens befördert wird. Es ist*
      bekannt, dass Polen und die Ukraine ein eigenes Interesse am russischen Gastran-
      sit über ihr Staatsgebiet haben. Deren Regierungen haben dies im Weißen Haus
      angesprochen und zählen nun wohl zu jenen, die sich bei Trump für die Sanktionen
      bedankt haben. Europa – eigentlich eine Gemeinschaft, die durch wirtschaftli-
      chen Interessenausgleich verbunden ist – lässt sich hier kaum noch erkennen.[153]

Darüber hinaus lässt sich im letzten Satz des Belegs (198) EMPÖRUNG gegenüber
Polen (und der Ukraine) feststellen. Mit dem kommentierenden Satz *lässt sich hier kaum*
noch erkennen wurde Polen vorgeworfen, dass Europa als Wert – *eine Gemeinschaft, die*
durch wirtschaftlichen Interessenausgleich verbunden ist – kaum Bestätigung in der Handlung Polens gegenüber dem nach der deutschen Argumentation gesamteuropäischen
Nord Stream-Projekt gefunden habe.

(199)   **[Die Genehmigung des Projekts durch Schweden und Finnland]** *hat einen*
      bitteren Beigeschmack, weil die Skandinavier ähnlich wie die drei baltischen
      Staaten und Polen gerne in eine Energieverbindung der beiden großen Ostsee-

---

152 de_p_TAZ_2008.02.08_S.10
153 de_p_SZ_2019.12.24_S.4

Abb. 5: Titelbild des Textes „Die Rohrbombe" mit dem Verlauf der Ostseepipelines Nord Stream 1 und 2 [154]

Anrainer miteinbezogen worden wären, die sie stattdessen rechts und links liegengelassen haben.[155]

Der Beleg (199) exemplifiziert, dass man im deutschen Pressediskurs um Nord Stream die ENTTÄUSCHUNG auch den Ländern gegenüber äußerte, die laut deutscher Diskursakteur*innen erster Ordnung dem Projekt gerne beigetreten wären. Sie wurden jedoch stattdessen durch den Bau der Ostseepipeline benachteiligt. Auffallend ist dabei die fehlende Kohärenz der deutschen Argumentation: Wenn Nord Stream ein europäisches und nicht nur ein deutsch-russisches Projekt sein sollte, wäre mindestens theoretisch die Beteiligung weiterer Anrainerstaaten berechtigt.

Charakteristisch für mediale Diskurse sind multimodale Texte (vgl. z. B. Kress/ van Leeuwen 2001, Stöckl 2004, Meier 2011, Opiłowski 2015), in denen die Emotionalisierung durch Bildelemente oder durch Sprache-Bild-Relationen realisiert werden kann. Dies gilt auch für das analysierte Diskursfragment um Nord Stream, in dem die Verwendung ikonischer Zeichen in Relation zu textuellen Elementen in multimodalen Texten als Strategie der Emotionalisierung erkannt wurde. Ein Beispiel dafür ist der multimodale Text *Die Rohrbombe* (Bsp. 200), der den Verlauf der Ostseepipelines Nord Stream 1 und Nord Stream 2 auf einer Karte darstellt. Der typographisch hervorgehobene Titel des Textes kann als Metaphernlexem („Ostseepipeline ist eine Bombe" bzw. eine übergeordnete Metapher „russisches Gas ist eine Waffe") aufgefasst werden – ein Metaphernlexem, das der Kriegsmetaphorik und damit der im Diskurs um Nord Stream geltenden Tendenz zuzuordnen ist, den Diskurs durch sprachliche Mittel zu emotionalisieren, die der Militärdomäne entstammen.

(200) *Die Rohrbombe*[156]

Die Sprache-Bild-Relation ist hier komplementär, d. h. nur die Sprache-Bild-Kombination erlaubt die eindeutige und vollständige Deutung der Botschaft auf der Seite der Rezipient*innen. Da das Lexem „Rohrbombe" mehrdeutig sein und u. a. einen „Spreng-

---

154 de_p_dZ_2016.02.04_S.19
155 de_p_FAZ_2009.11.06_S.11
156 de_p_dZ_2016.02.04_S.19

körper in einer rohrartigen Metallhülle" bedeuten kann, konstruiert erst die gegensei-
tige Relation von Text und Bild die hier gültige Bedeutung –„eine bombengefährliche
Ostseepipeline". Die semantische Komponente „gefährlich" kann sowohl ANGST (z. B.
vor Umweltschäden oder Abhängigkeit von Russland) als auch ÄRGER (mit den Anrainerstaaten oder über eventuellen negativen Einfluss auf die Umwelt) evozieren. Der
Bezug auf den Affekt ÄRGER wird auf der sprachlichen Ebene im Untertitel unmissverständlich markiert: *Nord Stream 2: Deutschland hält an der umstrittenen Gaspipeline mit
Russland fest – und verärgert damit den Rest Europas* (Abb. 5). Der emotionale Zustand
ÄRGER wurde beim *Rest Europas* aus der Beobachterperspektive thematisiert, ohne
einzelne Länder hervorzuheben. Es wurden damit Emotionen anderer EU-Mitglieder
benannt und Deutschland wurde als Auslöser bzw. Objekt der Emotion präsentiert. Die
mit den genannten Mitteln konstruierten Emotionen nehmen keinen direkten Bezug
auf die deutsch-polnischen Relationen, sondern sie fokussieren vor allem die deutsch-
russischen Relationen bzw. es sind Emotionen deutscher Akteur*innen gegenüber dem
Nord Stream-Projekt oder dessen möglichen negativen Folgen.

Eine ähnliche Strategie der Emotionalisierung findet man im multimodalen Text
Sibirischer Winter (Bsp. 201). Sein Titel, der Vorspann und das Titelbild konstruieren
gemeinsam eine emotionale Einstellung gegenüber dem Nord Stream-Projekt. Die
Sprache-Bild-Relation ist in diesem Fall redundant, d. h. das Bild bringt keine neuen
Informationen zum Textinhalt, es visualisiert diesen fragmentarisch mit anderen semiotischen Mitteln. Die Phrase „Sibirischer Winter", die als Titel verwendet wurde,
wird in der deutschen Sprachgemeinschaft negativ konnotiert – ein Winter mit vielen
Schneefällen und von extrem niedrigen Temperaturen. Die Wendung referiert damit
auf extreme Kälte und kontextbedingt auf ungünstige Lebensbedingungen, mit denen
die Deutschen konfrontiert wären, wenn Russland Gaslieferungen stoppen würde. Dies
verdeutlicht der Inhalt des Vorspanns, in welchem die negativ konnotierten Lexeme
Gasboykott und *Krise* das emotionale Potenzial des Sprache-Bild-Gefüges steigern. Die
Bedrohung durch Kälte betonen auch die kalten Farben des Bildes. Das typographisch
rot markierte Lexem *Energie* steht offensichtlich zu dieser im Winter negativ zu wertenden Empfindung der Kälte in Kontrast.

(201) *Sibirischer Winter*[157]

Davon, dass die Bedrohung auf der Seite Russlands gesehen wird, zeugen die Wortphra-
sen *Sibirischer Winter, russischer Gasboykott* und der Untertitel des Bildes *Pumpstation von
Gazprom in Russland*, darüber hinaus indirekt das Wort *Ukraine-Krise* und das Bild selbst.
All diese semiotischen Elemente können als Indikatoren der emotionalen negativen Haltung gegenüber dem Nord Stream-Projekt aufgefasst werden. Mit ihrer Hilfe konstruierte
man medial eine Bedrohung für die deutsche Energiesicherheit – eine Bedrohung, die
FURCHT bzw. ANGST evozieren konnte und 2014 in Anbetracht des russisch-ukraini-
schen Konflikts wahrscheinlich war. Für deutsche Diskursakteur*innen war vor allem das
bisherige Gasversorgungsnetz mit dem Verlauf über Transitländer – darunter über Polen

---

157 de_p_SPGL_2014.09.08_S.76–77

Abb. 6: Titelbild des Textes „Sibirischer Winter"[158]

– unzuverlässig. Die deutschen *ÄNGSTE beziehen sich jedoch in dieser Hinsicht nicht auf Polen, sondern auf den potenziellen Verlust de*r Energieversorgungssicherheit.

5.2.3.2 Emotionalisierungsstrategien auf der transtextuellen Ebene

Der mäßige Einsatz von Emotionalisierungsstrategien auf der transtextuellen Ebene kann im deutschen Teil des Diskurses um Nord Stream als eine diskursive Strategie interpretiert werden, die als sachliche Reaktion auf vorwiegend emotionale Aussagen polnischer Diskursakteur*innen zurückzuführen ist. Auf diese Aussagen wurde in der deutschen Presse häufig mit direkten oder indirekten Zitaten (Beispiele siehe unten) verwiesen. Sie fanden damit Eingang in die deutsche mediale Debatte und gaben deutschen Diskursakteur*innen erster und zweiter Ordnung Impulse für Gegenreaktionen. Im analysierten Teilkorpus erfolgte dies durch die Überführung in logisch aufgebaute Gegenargumente, wobei deutsche Diskursakteur*innen erster Ordnung eine innere Beteiligung generell nicht äußerten und die Strategie der Ansteckung der Rezipient*innen beim Kühlbleiben der Emittenten in Anspruch nahmen (vgl. Schiewer 2014b: 100). Diese Strategie wurde z. B. durch die Gegenüberstellung des Topos „Nord Stream als wirtschaftliches Projekt" dem Topos „Nord Stream als politisches Projekt" realisiert, wie dies die Beispiele (202) und (203) belegen:

(202) *Die Pipeline, die parallel zur bestehenden ersten Nord Stream-Röhre verläuft, ist auch diplomatisch umstritten.* **Osteuropäische Staaten wie Polen und die baltischen Länder fühlen sich durch die Direktverbindung übergangen und werten Nord Stream nicht als wirtschaftliches, sondern als geopolitisches Projekt.**[159]

(203) **Bundeskanzlerin Angela Merkel (CDU)** *steht dem Vorhaben neutral gegenüber und* **bezeichnet den Bau als rein unternehmerische Entscheidung. Für die Kriti-**

---

158 de_p_SPGL_2014.09.08_S.76–77
159 de_p_TAZ_2018.07.04_S.7

ker dagegen „spaltet der Plan Europa politisch und stellt unsere Solidarität mit Polen, unseren baltischen Nachbarn, der Slowakei und der Ukraine, aber auch mit Dänemark und Schweden infrage".[160]

Analog zur Gegenüberstellung von Topoi „Nord Stream als wirtschaftliches Projekt" und „Nord Stream als politisches Projekt" wurde der Topos „Nord Stream als europäisches Projekt" dem Topos „Nord Stream als deutsch-russisches Projekt" gegenübergestellt:

(204) *Dass aus Polen, dem Baltikum und Skandinavien Bedenken verschiedenster Art kommen, kann Schröder nicht verstehen: „Die Pipeline dient nicht nur der deutschen, sondern der europäischen Gasversorgung".*[161]

(205) *Polen ist ein entschiedener Gegner des Projekts. Obwohl ein europäisches Firmenkonsortium die Pipeline baut, behaupten PiS-Politiker immer wieder, es handle sich um ein Regierungsprojekt Deutschlands und Russlands.*[162]

Davon, dass es sich bei der Referenz auf Äußerungen der Gegner des Projektes um die Strategie handeln kann, Emotionen bei Rezipient*innen zu evozieren ohne dabei eigene emotionale Haltung zu signalisieren, zeugt auch das Beispiel (205). Dem polnischen Diskursakteur zweiter Ordnung, der PiS-Partei, schrieb man durch das indirekte Zitat die wiederholte Hervorhebung des Arguments zu, das Nord Stream-Projekt sei ein deutsch-russisches Regierungsprojekt. Dieses Argument steht in Opposition zur offiziellen deutschen Argumentation, dass das Projekt europäisch sei. Daraus ist zugleich zu schließen, dass sich die deutschen Argumente für den Bau der Pipeline bei der Partei, die in Polen die Regierung bildet, nicht durchgesetzt hätten. Beide Aspekte können potenziell ÄRGER oder EMPÖRUNG gegenüber der polnischen Regierung evozieren.

Mit den Beispielen (205) und (206) wurde ein relevanter Gesichtspunkt der polnischen Argumentation angesprochen, nämlich die deutsch-russische Kooperation, die in der polnischen Erinnerungskultur tief verwurzelt ist und immer negative und emotionale Konnotationen hervorruft. Da historische Analogien bzw. Metaphern in öffentlichen Debatten in Polen gerne gebraucht werden, fand dies auch im polnischen Nord Stream-Diskurs einen Niederschlag. Deutsche Diskursakteur*innen reagierten zum Beispiel auf die historische Analogie in der polnischen medialen Debatte um Nord Stream, die deutsch-russische Kooperation im Rahmen dieses Projektes sei ein neuer *Hitler-Stalin-Pakt*.[163] Die Bezeichnung des Vertrages wurde zu einem stigmatisierten Symbol für die deutsch-russische Kooperation auf Kosten ihrer jeweiligen Nachbarländer – Polen und den baltischen Staaten. Die Reaktionen hatten einen negativ wertenden Charakter, was ebenfalls negative Emotionen unter Rezipient*innen evozieren könnte:

(206) *Ursprünglich protestierte Polen am heftigsten gegen den Handschlag zwischen Schröder und Putin. In einer bösen Titelgeschichte erinnerte das Magazin*

---

160 de_p_TAZ_2018.02.21_S.7
161 de_p_FAZ_2007.02.09_S.4
162 de_p_TAZ_2018.11.02_S.6
163 Verwiesen sei an dieser Stelle auf den polnischen Diskurs um Nord Stream: Bsp. 130, 133, 143.

Wprost an den Hitler-Stalin-Pakt und beschwor damit alte polnische Ängste vor einer deutsch-russischen Umklammerung. Diese Emotionen, so ein kenntnisreicher Beobachter der polnischen Haltung, „haben sich inzwischen gelegt, sachliche Interessenpolitik ist an ihre Stelle getreten".[164]

Auf die negative und emotive Wertung dieses Vergleichs weist im Beleg (206) die Phrase *in einer bösen Titelgeschichte* und die Verwendung des Verbs *beschwören* hin, das das Irrationale in den Kontext polnischer Argumentation und polnischer Ängste herbeiruft.

Die Strategie, die „Hitler-Stalin-Pakt"-Analogie als inadäquat und ungeschickt darzustellen, präsentiert der Beleg (207). Der Vergleich wurde hier mit *plump* (Bsp. 207) attribuiert und als emotional gewertet. Davor jedoch erklärte man sachlich und emotionslos den historischen Kontext dieses Vergleichs. Die Thematisierung polnischer Emotionen und die negative Bewertung des Vergleiches sind als ein Versuch zu interpretieren, dieser historischen Analogie die argumentative Kraft abzusprechen und die polnischen ÄNGSTE vor der deutsch-russischen Kooperation herunterzuspielen:

(207) *Dieser Anspruch führte im April 1920 zum Krieg zwischen Polen und Russland, der im August darauf endete kurz vor Warschau siegte Polen wie durch ein Wunder über Russland [sic!]. Die polnische Grenze wurde gut 200 Kilometer nach Osten verschoben. Dass Pilsudskis Sorge nicht völlig falsch war, demonstrierten Hitler und Stalin, die 1939 einen Nichtangriffspakt schlossen und in einem Zusatzprotokoll die Aufteilung Polens zwischen dem Deutschen Reich und der Sowjetunion regelten. **Dieser Verrat ist bis heute nicht vergessen, er bleibt präsent. Deshalb ließ man sich bei den deutsch-russischen Ostseepipeline-Plänen von den Emotionen wegtragen und zu einem plumpen Vergleich mit dem Hitler-Stalin-Pakt hinreißen.***[165]

Auf der transtextuellen Ebene des Diskurses um Nord Stream spielt die Formulierung *Hitler-Stalin-Pakt* bzw. deren Synonym *Molotow-Ribbentrop-Pakt*[166] im Kontext deutschpolnischer Relationen eine immense Rolle, wovon Referenzen auf diesen Vertrag und zugleich historischen Vergleich in zitierten Äußerungen von Gerhard Schröder zeugen:

(208) Interview mit Gerhard Schröder[167]
SPIEGEL: Die Bündnispolitik Bismarcks mit Russland ging auf Kosten der Polen, denen er einen eigenen Staat verweigerte.
Schröder: Da will ich ihn nicht in Schutz nehmen. Allerdings hat Bismarck nicht deshalb ein tragfähiges Verhältnis zu Russland gesucht, weil er den Polen einen eigenen Staat verweigern wollte. Die polnischen Teilungen lagen weit vor seiner Zeit, und nicht Preußen oder das Deutsche Reich, sondern Russland hatte sich das 1815 eingerichtete Kongresspolen einverleibt.

---

164 de_p_dZ_2008.04.17_ o. S.
165 de_p_dZ_2008.02.07_ o. S.
166 de_p_FAZ_2005.09.09_S.1–2
167 de_p_SPGL_2015.03.28_S.44

SPIEGEL: Bis heute verfolgen viele Polen die Entwicklung des deutsch-russischen Verhältnisses voller Misstrauen.

Schröder: **Ich verstehe, dass es in Polen historisch bedingte Ängste gibt, die dem einen oder anderen noch kein rationales Verhältnis zu Russland erlauben. Die Folgen des Hitler-Stalin-Pakts von 1939 sind bis heute spürbar. Diese Ängste dürfen nur nicht die Politik der gesamten EU gegenüber Russland bestimmen.**[168] *Polen ist heute Mitglied der EU – Gott sei Dank –, und es ist Mitglied der Nato und …*

SPIEGEL: … zur polnischen Nato-Mitgliedschaft sagen Sie nicht „Gott sei Dank"?

Schröder: Doch: Gott sei Dank. Damit habe ich kein Problem. Beide Beitritte fallen in die Zeit meiner Kanzlerschaft. **Ich sage nur: Polen und die baltischen Staaten haben heute ein Maß an Sicherheit, das – rational betrachtet – eine Gefährdung durch andere ausschließt. Ich kenne niemanden, auch nicht in Russland, der so verrückt wäre, es auch nur in Erwägung zu ziehen, die territoriale Integrität Polens oder der baltischen Staaten infrage zu stellen.**[169]

Auch in diesem Beleg wurden polnischen Diskursakteur*innen das irrationale Verhalten gegenüber Russland *(kein rationales Verhältnis zu Russland)* und *historisch bedingte Ängste* vorgeworfen – Vorwürfe, die über ein emotionales Potenzial verfügen. Gerhard Schröder als Diskursakteur zweiter Ordnung versuchte der Argumentation der Kritiker des Nord Stream-Projektes Geltung abzusprechen und prägte im deutschen Pressediskurs ein negatives Bild des Nachbarlands Polen als eines irrationalen und emotionalen Partners, der Einwände gegenüber der wirtschaftlichen Kooperation Deutschlands mit Russland innen- und außenpolitisch instrumentalisiere. Trotz fehlender Objektivität, die sich aus unbestrittenen Tatsachen aus seiner Biografie ergibt, konnten Verweise auf seine polenbezogenen Äußerungen einerseits negative Emotionen gegenüber Polen, wie EMPÖRUNG, ENTTÄUSCHUNG oder ÄRGER, bei Rezipient*innen evozieren. Andererseits entkräfteten seine Nord Stream-bezogenen Äußerungen die emotionale Haltung der Gegner des Projektes und ihre Argumentation. Als einer der signifikantesten Diskursakteur*innen zweiter Ordnung profilierte er den Teil des deutschen Pressediskurses um Nord Stream, der hier der Analyse unterzogen wurde.

---

168 Dass diese Ängste berechtigt waren, wurde mit der militärischen Aggression der Russischen Föderation gegen die Ukraine am 24. Februar 2022 sehr deutlich. Das Projekt Nord Stream ermöglichte dem Aggressor die Erpressung der gesamten Europäischen Union und stellte die Energieversorgungssicherheit aller EU-Mitgliedsstaaten infrage. Dies hatte eine Wirtschaftskrise vom globalen Charakter zur Folge.

169 Bemerkenswert ist dabei, dass Gerhard Schröder zu diesem Zeitpunkt (2015), nach der Krim-Annexion, auf die territoriale Integrität der Ukraine keinen Bezug nahm. Aber auch in der Frage Polens und der baltischen Staaten irrte er sich oder präsentierte die offizielle Narrativ Moskaus. Nach dem Anfang der zweiten Etappe des Ukraine-Krieges 2022 waren die Drohungen Russlands gegenüber den Nachbarländern Deutschlands und das Anfechten deren territorialer Integrität ein Element der russischen Angstpolitik. Am 24. September 2022 fielen drei von vier Rohrleitungen beider Pipeline-Stränge Nord Stream 1 und Nord Stream 2 einem ungeklärten Sabotageakt zum Opfer. Sie wurden durch den Einsatz von Sprengstoff zerstört.

5.2.4 Zwischenfazit

Das Nord Stream-Projekt, das eine direkte Verbindung von russischen Gasfeldern mit Deutschland unter Umgehung der bisherigen Transitländer zum Ziel hatte und anschließend Deutschland zu einem Hub für russisches Gas für andere EU-Mitgliedsstaaten machen sollte, war und ist bis heute ein brisantes Thema sowie mediales Ereignis, das seit 2005 in der deutschen Presse präsent ist und diskursiv ausgetragen wird.

Gegenüber dem Bau beider Pipelines präsentierten deutsche Diskursakteur*innen unterschiedliche Positionen. Das in medialen Diskursen konstruierte Wissen um dieses Projekt scheint generell auf sachlichen Fakten, Argumenten und emotionsneutralen Reaktionen auf die Gegenargumentation der Diskursakteur*innen zu basieren. Nur selten werden Emotionalisierungsstrategien eingesetzt, um im Diskurs Emotionen zu konstruieren, die die Rezeption und im Endeffekt die Meinungsbildung der Öffentlichkeit beeinflussen können.

Zur Konstruierung von Emotionen trugen unterschiedliche diskursive und außerdiskursive Faktoren bei, z. B. die Reaktionen auf den Bau beider Pipelines seitens Diskursakteur*innen in Deutschland sowie anderen Ländern.

Die meisten dieser Emotionen waren negative Emotionen wie ANGST, FURCHT, ÄRGER, EMPÖRUNG und ENTTÄUSCHUNG. Vorwiegend zeichneten sie sich durch eine geringe bzw. gemäßigte Intensität aus.

Es muss an dieser Stelle noch einmal betont werden, dass als Auslöser dieser Emotionen in der Regel nicht das die Projektidee kontestierende Nachbarland Polen anzusehen ist, sondern das Nord Stream-Projekt selbst. Wie bereits vorher gezeigt, war der Bau der Pipelines Nord Stream 1 und Nord Stream 2 in Polen scharfer Kritik ausgesetzt.[170] Dies blieb in der innerdeutschen Debatte nicht unbemerkt und verursachte unter den deutschen Diskursakteur*innen erster und zweiter Ordnung Reaktionen, die entweder als bloße Thematisierung „polnischer Ängste" oder Versuche der Neutralisierung bzw. Infragestellung polnischer negativer Emotionen zu interpretieren sind.

Aus der diskurslinguistisch ausgerichteten Analyse von Emotionen im deutschen Pressediskurs um Nord Stream lässt sich als Schlussfolgerung ableiten, dass die verwendeten Diskursivierungs- und Emotionsalisierungsstrategien kaum Polen als europäischen Partner mit seinen Argumenten, Einwänden und auch Emotionen fokussieren, sondern eher Russland als Projektpartner sowie die USA als Weltmacht, die die Realisierung des Nord Stream-Projektes zu erschweren bzw. zu stoppen versucht, um die möglichen negativen Folgen des Baus beider Ostseepipelines – auch für die deutsche Energiesicherheit – zu verhindern. Polen, die baltischen Staaten und die Ukraine sowie ihre negative, teilweise sehr emotionale Einstellung gegenüber dem Projekt wurden zwar relativ häufig thematisiert, ihre Emotionen und Argumentation – obwohl teilweise mit der Argumentation der Kritiker des Projektes in Deutschland übereinstimmend – fanden jedoch keine symmetrische Beachtung im analysierten Pressediskurs.

---

170 Dazu siehe die Analyse von Emotionen im polnischen Pressediskurs um Nord Stream im Kapitel 5.1.

6   Zusammenfassung und Ausblick

Das Projektziel, die Untersuchung affektiver Dimension der deutsch-polnischen Nachbarschaft im kommunikativen Bereich, wurde mit der Analyse ausgewählter pressemedialer Diskurse erreicht. Der erste Schritt bestand in der Analyse der Korpusdaten zum Medienereignis und agonalen Zentrum „Nord Stream-Bau". Die durchgeführten Analysen haben die in thematisch (inhaltlich) strukturierten Datenmengen – Texten bzw. Textausschnitten pressemedialer Diskurse in Deutschland und Polen – manifeste und vor allem latent vorhandene Emotionen sichtbar gemacht und bestimmten Kategorien zugeordnet. Im Hinblick auf die eingesetzten Mittel und Strategien der Emotionalisierung wurden bestimmte signifikante Merkmale deutscher und polnischer Diskurse im pressemedialen Bereich festgestellt. Aus diskurs- und medienlinguistischer Sicht wurde untersucht, wie Emotionen – vor allem emotionale Bedeutungen – in medialen deutsch-polnischen Diskursen codiert und generiert werden und wie soziale Akteur*innen (Diskursakteur*innen)[1] mit ihrer Hilfe die sozialpolitische Wirklichkeit zu gestalten und zu deuten versuchen. Emotionale Bedeutungen können nämlich zu dominanten Komponenten diskursiver Sinnkonstruktionen werden und dadurch bestimmte Deutungen von Ereignissen, Objekten, Prozessen usw. außermedialer Realität den Rezipierenden bieten oder sogar oktroyieren.

Die Ergebnisse der Analysen auf der Mikroebene einzelner Diskursausschnitte lassen zudem schlussfolgern, welche Affekte auf der Makroebene der deutschen und polnischen medialen (Teil)Diskurse im gegebenen Zeitraum und im Hinblick auf das jeweilige Ereignis dominant sowie welche Muster, Mittel und Strategien affektiven Kommunizierens für diese Diskurse prägend waren. Diskursive Emotionen sind demnach als Gegenstand rationaler Entscheidungen anzusehen: Es ist von großer Relevanz, welche Mittel (verbale und ikonische Zeichen) und Verfahren eingesetzt werden, um eine (neue) affektive Gemeinschaft zu bilden bzw. das Funktionieren einer bereits existierenden Community zu modulieren und/oder zu intensivieren. Emotionen als diskursiv konstruierte Phänomene sind immer durch soziale Ordnungen und kulturelle (historische, ideologische) Verortungen gekennzeichnet. In der jeweiligen Gemeinschaft können sie folglich eine Wirkkraft von unterschiedlicher Qualität und Intensität entwickeln.

---

1   Zu betonen ist, dass Diskursakteur*innen erster Ordnung (einzelne Journalist*innen oder Redaktionen) in der Regel keine Emotionsträger*innen sind: Die diskursiv konstruierten Emotionen prädizieren sie nicht auf sich selbst. Daher sind es keine direkten Emotionsmanifestationen im Sinne eines Vollzugs des emotionalen Geschehens durch das Ich selbst (vgl. Gebauer 2012: 135). Es sind eher gegenstands- bzw. rezipientenbezogene Emotionen, d. h. als perlokutive Effekte konzipiert. Sie müssen im Text nicht thematisiert oder verbalisiert werden, weil affektive Betroffenheit bzw. Involviertheit aus dem Inhalt abzuleiten ist.

DOI: 10.13173/9783447121026.157

Es ist offensichtlich, dass der Bau der Nord Stream-Pipeline in Polen überaus kritisch aufgenommen und begleitet wurde. Im polnischen medialen Diskurs wurde dieses politisch-wirtschaftliche Projekt als Provokation bzw. als Krise und folglich als Bedrohung konstruiert. Einerseits haben dazu sachliche (wirtschaftliche) Gründe (z. B. die fehlende Einbindung Warschaus wie auch die Verschlechterung der Sicherheitslage in Bezug auf die Energiesicherheit) beigetragen, andererseits aber auch ethisch-moralische Argumente (Verstoß gegen die inneneuropäische Solidarität, vor allem in Form einer Loyalitätserwartung innerhalb der EU), die stark mit negativen Emotionen (Angst, Ärger, Enttäuschung) unterfüttert wurden.

Die Analyse hat ergeben, dass in polnischen medialen Diskursen zum Medienereignis „Nord Stream-Bau" die Emotionen „Angst" und „Empörung" bzw. „Wut/Zorn" dominieren. Dort werden bestimmte Strategien bzw. Muster der öffentlichen Konstruktion von Emotionen eingesetzt, die den sog. Argumentationstopoi (vgl. z. B. Römer/Wengeler 2013: 270; Wengeler/Ziem 2014: 67) analog sind: Als inhaltliche Fixierungen werden sie in vielen Texten in der Regel auf ähnliche, aber nicht notwendig gleiche Weise realisiert.

In den analysierten Fällen kann vom Topos des Deutschen als ewigen Feindes bzw. ewiger Bedrohung die Rede sein. Der Topos lässt sich aus dem aktuellen Kontext (der NS-Bau, die enge Kooperation zwischen Deutschland und Russland) ableiten, in dem die augenblickliche Lage Polens als gefährlich (Polen als Opfer der deutsch-russischen Komplizenschaft) oder ungerecht prädiziert wird.

Der Einsatz von historischen Analogien zum Emotionalisieren ist für die polnischen Mediendiskurse spezifisch: Historische Vergleiche beziehen sich vordergründig auf das im polnischen historischen und politischen Denken präsente Erfahrungsmuster „Geopolitischer Fluch". Wörtlich genommen sind diese Analogien jedoch unangemessen und falsch, „weil sie den historischen Tatbestand verharmlos[en]. Gleichzeitig eröffn[en] sie den Blick auf eine spezifische Wahrnehmung vermeintlicher historischer Kontinuität." (Sapper/Weichsel 2009: 5–6) Ihre Aufgabe bestand hauptsächlich in der Abwertung der deutschen Position, der Polarisierung und der Mobilisierung der eigenen Gemeinschaft.

Das analysierte Beispiel – ein relevantes Medienereignis und agonales Zentrum *Nord Stream-Bau* – zeigt, dass die printmedialen Diskurse im festgelegten Zeitabschnitt in Polen im Spannungsfeld von Eigeninteressen und historisch bedingten, eindeutig affektiv negativ konnotierten Stereotypen, Vorurteilen bzw. Ressentiments gegenüber Deutschland oder Deutschen konstruiert werden. Eine stark emotionalisierende Darstellung eines an sich konfliktgenerierenden Ereignisses ermöglicht im gegebenen Fall die diskursive Konstruktion zweier klar abgrenzbaren Gruppen, die entgegengesetzte wirtschaftliche (und politische) Interessen haben: Wir (Polen) = Opfer und die Anderen (deutsche und russische Politiker*innen, Wirtschaftsleute, Kulturschaffende), die die energetische Sicherheit Polens (Polen als „Identifikationsobjekt") bedrohen.

In polnischen medialen Diskursen werden unterschiedlich intensive affektive Reaktionen auf die sich herausbildende neue Energiepolitik in Europa mit zwei hegemonialen Spielern – Russland und Deutschland – deutlich sichtbar. Unter den erkannten und erfassten Emotionen dominiert vor allem die Emotion „Angst" als Effekt von Politiken intensiver Gefahren, Unsicherheiten und Ungewissheiten (vgl. Ahmed 2014: 72). Mit Luhmann ist darauf hinzuweisen, dass Angst auch eine moralische Dimension hat: „Wer Angst hat, ist moralisch im Recht, besonders wenn er für andere Angst hat. Angst gewinnt so in der Kommunikation eine moralische Existenz. Sie macht es zur Pflicht, sich Sorgen zu machen und Maßnahmen zur Abwehr von Gefahren zu fordern" (Luhmann 2008: 107).

Angst – verstanden als eine Konstruktion, als „eine Anordnung von Wissen, Vorstellungen oder Konzeptualisierungen durch Äußerungen" (Filatkina/Bergmann 2021: 9) – stiftet Zusammenhalt und begründet zugleich Ausgrenzung, weil mit diesem Affekt die Grenze zwischen den Gefährdenden und den Gefährdeten, zwischen Tätern und Opfern, deutlich gemacht wird. Die Realität kann deswegen auf dichotome Weise als Konflikt zwischen „Uns" und „den Anderen" konstruiert werden. Diskursiv konstruierte Emotionen können somit instrumentalisiert und strategisch eingesetzt werden. Der Einsatz des Analogie-Topos dient in diesem Sinne kaum zur Bildung gegenstandsbezogener (Kontra-)Argumente gegen die Vorhaben und Maßnahmen des Nachbarlandes: Die historischen Vergleiche fungieren eher als „Prämissenkonstellation" (Klein 2019: 78), aus der sich die (sachliche und vor allem moralische) Delegitimierung des politisch-wirtschaftlichen Handelns der deutschen Seite als Konklusion ergeben sollte.

Im Fall des analysierten Medienereignisses kann angenommen werden, dass Emotionen (vor allem die negativen) in der polnischen Presse hauptsächlich zur Stabilisierung oder Verfestigung der polnischen Wir-Identität[2] und Legitimierung polnischer Interessen, zur Mobilisierung der eigenen Gemeinschaft sowie zur (moralischen) Abwertung jeglicher Aktivitäten des deutschen Widersachers diskursiv eingesetzt wurden. Stark emotionalisierte Bedrohungsszenarien verhelfen in der Regel zu besserer medialer Sichtbarkeit der Argumente der polnischen Seite und tragen zugleich zur Durchsetzung einer dominierenden Perspektive auf den jeweiligen Ausschnitt der gesellschaftspolitischen und wirtschaftlichen Wirklichkeit bei. Als Folge dieser Verfahrensweise können wiederum bestimmte Prozesse der Inklusion, der Exklusion oder der Identitätsstiftung generiert bzw. dynamisiert werden: Im analysierten Fall können die diskursiv konstruierten Emotionen als affektive Konstrukte der Inklusion durch Exklusion (vgl. Döveling 2005: 300) aufgefasst werden. Durch die Thematisierung negativ bewerteter Inhalte sowie die Codierung bzw. Generierung negativer Emotionen wie Angst oder Empörung wird versucht, eine Art Vergemeinschaftung innerhalb der polnischen (eigenen) Öffentlichkeit zu bewirken. Die Konsolidierung und zum Teil auch die Homogenisierung hinsichtlich geteilter Werte, Meinungen und Emotionen soll dabei durch die Abgrenzung von einer anderen Gruppe erreicht werden. Als Bausteine medialer Diskurse können Emotionen somit zur Strukturierung von sozialen Ordnungen (Profilierung von Wir-Gruppen und Fremden bzw. Feind-Gruppen) beitragen.

Im Medientexten zum Thema „Nord Stream-Bau" werden im Hinblick auf den deutschen Partner Differenzen und Agonalitäten betont, negative Urteile formuliert oder so-

---

2   Gemeint ist eine Identität, die über eine ausgeprägte Wir-Komponente im Sinne von Zugehörigkeits- und Zusammengehörigkeitsempfindungen" verfügt und „nicht nur auf kollektiven Erinnerungen, Traditionen oder Riten [fußt], sondern maßgeblich auch auf den ›geteilten Gefühlen‹, die mit diesen Praktiken einhergehen" (von Scheve 2019: 343).

gar Ressentiments gepflegt. In der Emotionalisierung medialer Diskurse spielt die lange deutsch-polnische (Konflikt-)Geschichte nach wie vor eine wichtige Rolle. Es geht dabei jedoch weniger um historische Fakten, als um die emotionalisierende Wirkkraft dieser Fakten im aktuellen Kontext. Abgesehen vom sachlichen Gehalt sollen die analysierten Informationen aus den polnischen Pressediskursen (wohl nach dem Prinzip: *feel the news*) auch bewegen. In diesem Fall handelt es sich jedoch keineswegs um eine simple Gegenüberstellung von Fakten und Emotionen.

In diesem Zusammenhang werden Massenmedien zu spezifischen „affect generators" (Reckwitz 2017: 116), die an der affektiv markierten (Mit-)Konstituierung von Gemeinschaften beteiligt sein können. Medien können nicht nur auf *shared images* Einfluss nehmen, sondern auch auf die *shared emotions* von Menschen (vgl. Döveling 2005: 13). In der Forschung spricht man im Hinblick auf solche kollektiven Emotionen von einer „Kraft der medial vermittelten Emotionen in der Schaffung von Gemeinschaften" (Döveling 2005: 14). Es geht daher um nichts weniger als die wesentlichen gesellschaftsrelevanten Leistungen, welche Medien erbringen (vgl. Döveling 2005: 33). Dies ist ein Punkt, der insbesondere bei intensiver medial-diskursiver Emotionalisierung eine Rolle spielt. Da aber Affekte immer in je spezifischen historischen, politischen, sozialen und kulturellen Kontexten entstehen, können „affektive Interaktionsketten nicht zu allen Zeiten und Orten dieselben sein" (Burmeister 2020: 24).

An dieser Stelle muss jedoch angemerkt werden, dass aus heutiger Sicht die kritischen Argumente und die damit verbundenen Emotionen der polnischen Seite bezüglich des Nord Stream-Baus – vor Jahren in den deutschen Medien oft als „Übersensibilisierung" pauschalisiert oder sogar diskreditiert – durch die russische Aggression auf die Ukraine auf tragische Weise ihre Bestätigung fanden.

Die Analyse von Daten aus dem deutschsprachigen Subkorpus hat ergeben, dass die Emotion „Angst" in der printmedialen Darstellung des Nord Stream-Konflikts mit Bezug auf deutsch-polnische Relationen keine Relevanz aufweist. Die deutschen Diskursakteur*innen erster Ordnung nehmen lediglich die Emotionen der polnischen Seite („polnische Befürchtungen") wahr, was durch intertextuelle Verweise (direkte Bezüge auf Aussagen von Akteur*innen zweiter Ordnung) kenntlich gemacht wird. Die Angst spielt lediglich in der „innerdeutschen" Auseinandersetzung mit dem Pipeline-Bau eine Rolle: Es wird auf die Tatsache verwiesen, dass die Stärkung der Rolle Russlands als Versorger nicht als Möglichkeit der Diversifizierung der Quellen zu betrachten ist, sondern als vergrößerte Abhängigkeit (siehe die Analyse des deutschen Diskurses).

Im Prozess der Emotionalisierung spielen auch Diskursakteur*innen zweiter Ordnung (vor allem Politiker*innen, denen man vertraut oder misstraut) eine wichtige Rolle. In den deutschen Printmedien wird auf die Aussagen von Gerhard Schröder – dem ehemaligen Bundeskanzler und dem aktuellen Aufsichtsratsvorsitzenden des Ostseepipeline-Betriebes Nord Stream AG – auffallend oft Bezug genommen. In diesem Zusammenhang lässt sich im deutschen medialen Diskurs eine durch negative Emotionen (Verärgerung, Irritation) geprägte und mit der russischen Narration übereinstimmende Sichtweise erkennen, die den polnischen Nachbarn als russophob und Störenfried der wirtschaftlichen Partnerschaft der EU und Russland hinzustellen versucht.

Die medialen Diskurse in Deutschland scheinen eher durch das Paradigma des „emotionsaversen Liberalismus" (vgl. Schaal/Heidenreich 2013: 3) und – was damit im Zusammenhang steht – durch die Auffassung der Rolle der Massenmedien in deliberativen Demokratien geprägt zu sein: Affektive Neutralität der Informationsvermittlung, auch im Hinblick auf entgegengesetzte Konzeptionen oder Gegendiskurse, wird als zentraler Wert angesehen. Im Gegensatz zu „unterkühlten" (vgl. Weber 2012) Mediendiskursen in Deutschland werden konträre Positionen in polnischen medialen Diskursen in deutlich emotionalerer Weise konstruiert: Mediendiskurse in Polen zeichnen sich durch eine ausgeprägte Emotionsaffinität aus. Mit der perspektivischen Unterschiedlichkeit auf das verhandelte Thema bzw. mit entgegengesetzten Positionen und Argumenten gehen somit in deutschen und polnischen medialen Diskursen auch differente Emotionen oder präziser: Emotionskonstruktionen einher, sodass man von Diskursen und Gegendiskursen auch im affektiven Bereich sprechen kann.

Im Hinblick auf die bereits dargestellten Analyseergebnisse kann eine eindeutige affektive Dominanz (vielleicht sogar Hegemonie) polnischer Medien festgestellt werden, in denen Emotionen in ihrer Realisierungsform, Semantik (bzw. Valenz) und Intensität verhältnismäßig leicht erkennbar und erfassbar sind. Affektive Adressierung polnischer Rezipierenden ist dadurch signifikant stärker ausgeprägt. All diese Qualitäten können – wie bereits erwähnt – zur Konstruktion bzw. zur Stärkung und eindeutigen Profilierung bereits bestehender affektiver Gemeinschaften ihren Beitrag leisten. Im Gegensatz dazu sind medial konstruierte Emotionen in deutschen Diskursen deutlich impliziter und vorwiegend von anderer Wertigkeit sowie deutlich geringerer Intensität. Es sind in der Regel implizit (mit)kommunizierte Emotionen. Mit Schaal und Fleiner (2015: 78) kann sogar von einer „Invisibilisierung der Konstruiertheit" von Emotionen die Rede sein. Es sind Differenzen, die in unterschiedlich formierten Emotionskulturen in Deutschland und Polen ihre Wurzeln haben mögen.

Die bisherigen Analysen der Daten zum agonalen Zentrum „Nord Stream-Bau" erlauben folgende Hypothesen hinsichtlich der Medialisierung, Diskursivierung und Emotionalisierung gesellschaftlich, kulturell, wirtschaftlich und politisch brisanter Ereignisse in der polnisch- und deutschsprachigen Presse zu formulieren: Es können eine deutliche „affektive Asymmetrie" und „affektive Differenz" festgestellt werden. Zudem ist von „affektiver Ungleichheit" auszugehen. Die drei Facetten sind dabei auf folgende Weise zu differenzieren:

Affektive Asymmetrie: Sie besteht insofern, als dass die medialen und diskursiven Emotionen in der deutschen und der polnischen Presse mit unausgewogenen Relationen zwischen beiden Nachbarländern zusammenhängen (keine Partnerschaft auf Augenhöhe). Die stärkere Intensität der Emotionalisierung auf polnischer Seite kann wie folgt bewertet werden:

• Es sollen nach innen Signale der Stärke vermittelt werden, die zumindest teilweise auch greifen dürften. Hinzu kommt die angesprochene unifizierend-gemeinschaftsstärkende Funktion medial-diskursiver Emotionen im Fall der ausschließenden Abgrenzung gegenüber Nicht-Gruppenmitgliedern und intern gemeinschaftstärkenden

Affekten: Die Thematisierung oder Evozierung von negativen Emotionen wie Angst, Empörung oder Zorn gegenüber Außenstehenden ebenso wie die Thematisierung von Schuldzuweisung gegenüber Außenstehenden können einen gemeinschaftsstärkenden Charakter besitzen, da sie auf eine Abgrenzung gegenüber Nicht-Mitgliedern und eine starke Gruppenkohäsion sowie emotionale Mobilisierung hinweisen.

• Nach außen sollen hingegen Signale der Abgrenzung gesendet werden, gegebenenfalls auch der Entschlossenheit, Widerstand zu leisten.

Affektive Differenz: Hier geht es um unterschiedliche Arten von Emotionen auf beiden Seiten. Während „Angst" und „Ärger/Empörung oder Wut" auf der polnischen Seite in relevantem Ausmaß festzustellen sind, ist dies auf deutscher Seite nicht der Fall. Hier wurden solche Emotionen von eher geringer Intensität wie „Enttäuschung", „Überraschung" oder auch „Abneigung" erkannt und erfasst. In deutschen Diskursen herrscht in der Regel ein um Sachlichkeit bemühter Stil vor. Eher sind Formen der „cold emotion" anzutreffen, mit denen emotionale Lagen auf polnischer Seite benannt, aber nicht ausagiert werden. Das bedeutet, dass ein wesentliches Ergebnis unserer Untersuchung darin besteht, dass es im Hinblick auf die medialen Nord Stream-Diskurse im deutsch-polnischen Verhältnis viel weniger als vielleicht zu vermuten gewesen wäre zu dem kommt, was in der Forschung als „emotionale Affizierung" bezeichnet wird, nämlich zu einem gegenseitigen Aufschaukeln von Emotionen und somit zu Eskalationsprozessen.[3]

Affektive Ungleichheit: Dieser Begriff ist darauf zu beziehen, dass die Emotionen der einen Seite (sowohl in der Eigen- als auch der Fremdwahrnehmung) anders gewichtet und bewertet werden als die der anderen Seite. Diesbezüglich ist aufgrund unserer Untersuchung davon auszugehen, dass die sachlich-„emotionskalte" Benennung von Emotionen der polnischen Seite dort (im Nachbarland Polen) als ein nicht ausreichendes Ernstnehmen der eigenen Befürchtungen und Ängste und damit als ein Zeichen mangelnder Anerkennung betrachtet wird. So etwas kann allerdings einseitig, nämlich auf polnischer Seite, als provozierend bzw. missachtend beurteilt werden und zum Auslösen kollektiver Betroffenheit (Empörung) führen. In solchen Fällen werden Gruppen oder Kollektive von Emotionen vergemeinschaftet, „insofern sie uns in einen geteilten affektiven Horizont einbetten" (Bedorf 2015: 260).

Ob diese bisherigen Beobachtungen generell signifikante Merkmale deutsch-polnischer Diskurse im massenmedialen Bereich sind, muss durch die Untersuchung von Korpusdaten zu anderen Medienereignissen (agonalen Zentren) und in Bezug auf andere Emotionen erst verifiziert werden.

Die im ersten Teil der Monographie präsentierte Analyse des Medienereignisses „Nord Stream-Bau" hat die Anschlussfähigkeit medien- und diskurslinguistisch fun-

---

3 Solche Prozesse werden u. a. in der psychologischen, politisch-diplomatischen und linguistischen Forschung sorgfältig untersucht; dabei hat sich immer wieder gezeigt, dass von einer bestimmten Eskalationsstufe an, eine Eigendynamik immer extremer werdenden Feindbilder greift, die immer schwerer aufzuhalten und umzukehren ist.

dierter Konzepte und Vorgehensweisen an die Emotionsforschung unter Beweis gestellt. Mit unserem Modell zur Analyse von Emotionen, das Diskursausschnitte in einzelne Ebenen segmentierte, auf denen Emotionen codiert, manifestiert, generiert bzw. evoziert werden können, war es möglich, vor dem Hintergrund realer Ereignisse den diskursiven Charakter von Emotionen im konkreten medialen Umfeld zu erforschen und somit Affekte als diskursive Praktiken zu explizieren.

Literatur

Adloff, Frank (2013): Gefühle zwischen Präsenz und implizitem Wissen. In: Ernst, Christoph; Paul, Heike (Hrsg.): Präsenz und implizites Wissen Zur Interdependenz zweier Schlüsselbegriffe der Kultur- und Sozialwissenschaften. Bielefeld: transcript, 97–124.

Ahmed, Sara (2014): The Cultural Politics of Emotion. Second Edition. Edinburgh: Edinburgh University Press.

Akremi, Leila; Baur, Nina; Knoblauch, Hubert; Traue, Boris (Hrsg.) (2018): Handbuch. Interpretativ forschen. Weinheim, Basel: Beltz Juventa.

Alkemeyer, Thomas (2003): Semiotische Aspekte der Soziologie: Soziosemiotik. In: Posner, Roland et al. (Hrsg.): Semiotik – Semiotics. Ein Handbuch zu den zeichentheoretischen Grundlagen von Natur und Kultur, 3. Bd., Berlin, New York: de Gruyter, 2758–2846.

Andreas Suter, Manfred Hettling (2001): Struktur und Ereignis. Göttingen: Vandenhoeck. & Ruprecht.

Angermuller, Johannes (2014a): »Der« oder »das« Korpus? Perspektiven aus der Sozialforschung In: Angermuller, Johannes; Nonhoff, Martin; Herschinger, Eva; Macgilchrist, Felicitas; Reisigl, Martin; Wedl, Juliette; Wrana, Daniel; Ziem, Alexander (Hrsg.): Diskursforschung. Ein interdisziplinäres Handbuch. Bd. 1: Theorien, Methodologien und Kontroversen. Bielefeld: transcript, 604–613.

Angermuller, Johannes (2014b): Artikel „AkteurIn". In: Wrana, Daniel; Ziem, Alexander; Reisigl, Martin; Nonhoff, Martin; Angermuller, Johannes (Hrsg.): DiskursNetz. Wörterbuch der interdisziplinären Diskursforschung. Berlin: Suhrkamp, 25–26.

Angermuller, Johannes (2014c): Einleitung. Diskursforschung als Theorie und Analyse. Umrisse eines interdisziplinären und internationalen Feldes. In: Angermuller, Johannes; Nonhoff, Martin; Herschinger, Eva; Macgilchrist, Felicitas; Reisigl, Martin; Wedl, Juliette; Wrana, Daniel; Ziem, Alexander (Hrsg.): Diskursforschung. Ein interdisziplinäres Handbuch Band 1: Theorien, Methodologien und Kontroversen. Bielefeld: transcript, 16–36.

Angermuller, Johannes; Schwab, Veit (2014): Zu Qualitätskriterien und Gelingensbedingungen in der Diskursforschung. In: Angermuller, Johannes; Nonhoff, Martin; Herschinger, Eva; Macgilchrist, Felicitas; Reisigl, Martin; Wedl, Juliette; Wrana, Daniel; Ziem, Alexander (Hrsg.): Diskursforschung. Ein interdisziplinäres Handbuch. Bd. 1: Theorien, Methodologien und Kontroversen. Bielefeld: transcript 645–649.

Bach, Annika (2016). Umkämpfte Bilder. Der journalistische Diskurs über den Afghanistankrieg in den USA. Frankfurt a. M.: Campus.

Beck, Ulrich (1995): Wie aus Nachbarn Juden werden. Zur politischen Konstruktion des Fremden in der reflexiven Moderne. In: ders.: Die feindlose Demokratie. Ausgewählte Aufsätze. Stuttgart: Reclam, 131–162.

Bedorf, Thomas (2015): Politische Gefühle. In: Bedorf, Thomas; Klass, Tobias Nikolaus (Hrsg.): Leib – Körper – Politik. Untersuchungen zur Leiblichkeit des Politischen. Weilerswist: Velbrück, 249–265.

Beißwenger, Michael (2007): Sprachhandlungskoordination in der Chat-Kommunikation. Berlin, New York: de Gruyter.

DOI: 10.13173/9783447121026.165

Bendel Laracher, Sylvia (2015): Linguistische Diskursanalyse. Ein Lehr- und Arbeitsbuch. Tübingen: Narr Francke Attempto Verlag.

Benkel, Thorsten (2011): Die Idee des Ekels: Analyse einer Affekt(konstrukt)ion. In: Psychologie und Gesellschaftskritik, 35(1), 9–29.

Bens, Jonas; Zenker, Olaf (Hrsg.) (2017): Gerechtigkeitsgefühle. Zur affektiven und emotionalen Legitimität von Normen. Bielefeldt: transcript.

Beyrle, Judith (2016): „Neue" und „alte" Öffentlichkeiten. Ein Vergleich der Konstitution von Öffentlichkeit durch klassische Nachrichtenmedien und Wikileaks. In: Fromme, Johannes; Kiefer, Florian; Holze, Jens (Hrsg.): Mediale Diskurse, Kampagnen, Öffentlichkeiten. Wiesbaden: Springer VS, 101–113.

Böke, Karin (2017): Moralische Diskurse. In: Niehr, Thomas; Kilian, Jörg; Wengeler, Martin (Hrsg.) Handbuch Sprache und Politik in 3 Bänden. Bd. 2. Bremen: Hempen Verlag, 419–449.

Bonacchi, Silvia (2013): Einige Bemerkungen zum polnisch-deutschen Dialogdiskurs. Die „Kartoffel-Affäre" und die Rolle der diskursiven Kompetenz im interlingualen Diskurstransfer. In: Meinhof, Ulrike Hanna; Reisigl, Martin; Warnke, Ingo H. (Hrsg.): Diskurslinguistik im Spannungsfeld von Deskription und Kritik. Berlin: Akademie Verlag, 351–372.

Bösch, Frank; Borutta Manuel (Hrsg.) (2006): Die Massen bewegen. Medien und Emotionen in der Moderne. Frankfurt/M., New York: Campus Verlag.

Bösch, Frank (2010): Ereignis, Performanz und Medien in historischer Perspektive. In: Bösch, Frank; Schmidt, Patrick (Hrsg.): Medialisierte Ereignisse. Performanz, Inszenierung und Medien seit dem 18. Jahrhundert. Frankfurt am Main: Campus Verlag, 7–29.

Brokoff, Jürgen; Walter-Jochum, Robert (2019): Verachtung und Hass aus literaturwissenschaftlicher Sicht. In: Kappelhoff, Hermann; Bakels, Jan-Hendrik; Lehmann, Hauke; Schmitt, Christina (Hrsg.): Handbuch Emotion. Ein interdisziplinäres Handbuch. Stuttgart: Metzler, 225–229.

Bubenhofer, Noah (2009): Sprachgebrauchsmuster. Korpuslinguistik als Methode der Diskurs- und Kulturanalyse. Berlin, New York: de Gruyter.

Bucher, Hans-Jürgen (1999): Sprachwissenschaftliche Methoden der Medienforschung. In: Leonhard, Joachim-Felix; Ludwig, Hans-Werner; Schwarze, Dietrich; Straßner, Erich (Hrsg.): Medienwissenschaft. Ein Handbuch zur Entwicklung der Medien und Kommunikationsformen. Berlin, New York: de Gruyter, 213–231.

Bucher, Hans-Jürgen (2012): Multimodalität – ein universelles Merkmal der Medienkommunikation. Zum Verhältnis von Medienangebot und Medienrezeption. In: Bucher, Hans-Jürgen; Schumacher, Peter. (Hrsg.): Interaktionale Rezeptionsforschung. Theorie und Methode der Blickaufzeichnung in der Medienforschung. Wiesbaden: Springer VS, 51–82.

Bucher, Hans-Jürgen (2014): Sprach- und Diskursanalyse in der Medienforschung. In: Karmasin, Matthias; Rath, Matthias; Thomaß, Barbara (Hrsg.): Kommunikationswissenschaft als Integrationsdisziplin. Wiesbaden: Springer VS, 271–298.

Bucher, Hans-Jürgen (2017): Massenmedien als Handlungsfeld I: Printmedien. In: Roth, Kersten; Wengeler, Martin; Ziem, Alexander (Hrsg.): Handbuch Sprache in Politik und Gesellschaft. Berlin, Boston: de Gruyter, 298–333.

Bucher, Hans Jürgen (2020): Zwischen Deliberation und Emotionalisierung: Interaktionsstrukturen in sozialen Medien. In: Marx, Konstanze; Lobin, Henning; Schmidt, Axel (Hrsg.): Deutsch in Sozialen Medien. Interaktiv – multimodal – vielfältig. Berlin, Boston: de Gruyter, 123–145.

Bucher, Hans-Jürgen; Barth, Christof (2019): Zwischen Hatespeech und Deliberation: affektive Öffentlichkeiten und politische Kommunikation in den sozialen Medien. In: Hauser, Stefan; Luginbühl, Martin; Tienken Susanne (Hrsg.): Mediale Emotionskulturen. Bern: Lang, 57–81.

Burger, Harald; Luginbühl Martin (2014): Mediensprache. Eine Einführung in Sprache und Kommunikationsformen der Massenmedien. Berlin, Boston: de Gruyter.

Burmeister Christoph T. (2020): Der Affekt Angst und die (Soziologie der) Gegenwartsgesellschaft. In: Susanne Martin, Susanne; Linpinsel, Thomas (Hrsg.): Angst in Kultur und Politik der Gegenwart. Beiträge zu einer Gesellschaftswissenschaft der Angst. Wiesbaden: Springer VS, 23–42.

Busch, Albert (2007): Der Diskurs – ein linguistischer Proteus und seine Erfassung. Methodologie und empirische Gütekriterien für die sprachwissenschaftliche Erfassung von Diskursen und ihrer lexikalischen Inventare. In: Warnke, Ingo (Hrsg.): Diskurslinguistik nach Foucault. Theorie und Gegenstände. Berlin, New York: 141–164.

Busse, Dietrich (2005): Sprachwissenschaft als Sozialwissenschaft? In: Busse, Dietrich; Niehr, Thomas; Wengeler, Martin (Hrsg.): Brisante Semantik. Neuere Konzepte und Forschungsergebnisse einer kulturwissenschaftlichen Linguistik. Tübingen: Niemeyer, 21–43.

Busse, Dietrich (2013a): Linguistische Diskursanalyse. Die Macht der Sprache und die soziale Konstruktion der Wirklichkeit aus der Perspektive einer linguistischen Epistemologie. In: Viehöver, Willy; Keller, Reiner; Schneider Werner (Hrsg.): Diskurs – Sprache – Wissen. Interdisziplinäre Beiträge zum Verhältnis von Sprache und Wissen in der Diskursforschung. Wiesbaden: Springer VS, 51–77.

Busse, Dietrich (2013b): Diskurs – Sprache – Gesellschaftliches Wissen. Perspektiven einer Diskursanalyse nach Foucault im Rahmen einer Linguistischen Epistemologie. In: Busse, Dietrich; Teubert, Wolfgang (Hrsg.): Linguistische Diskursanalyse: neue Perspektiven. Wiesbaden: Springer VS, 147–185.

Busse, Dietrich (2015): Interdisziplinäre Diskursforschung: Aufgabenfelder – Zustand – Perspektiven (aus der Sicht eines Sprachwissenschaftlers). In: Zeitschrift für Diskursforschung, H. 3, 227–257.

Busse, Dietrich (2016): Einführung: Kulturwissenschaftliche Orientierung in der Sprachwissenschaft, In: Jäger, Ludwig; Holly, Werner; Krapp, Peter; Weber, Samuel; Heekeren, Simone (Hrsg.): Sprache – Kultur – Kommunikation. Ein internationales Handbuch zu Linguistik als Kulturwissenschaft. Berlin, Boston: de Gruyter, 645–661.

Busse, Dietrich; Teubert, Wolfgang (1994): Ist Diskurs ein sprachwissenschaftliches Objekt? Zur Methodenfrage der historischen Semantik. In: Busse, Dietrich; Hermanns, Fritz; Teubert, Wolfgang (Hrsg.): Begriffsgeschichte und Diskursgeschichte. Methodenfragen und Forschungsergebnisse der historischen Semantik. Opladen: Westdeutscher Verlag, 10–28.

Busse, Dietrich; Teubert, Wolfgang (Hrsg.) (2013): Linguistische Diskursanalyse: neue Perspektiven. Wiesbaden: Springer VS.

Czachur, Waldemar (2016a): Mediale Profilierung und kollektives Gedächtnis. Der 25. Jahrestag der Versöhnungsmesse von Krzyżowa/Kreisau im Spiegel deutscher und polnischer Fernsehnachrichten. In: Kaczmarek, Dorota (Hrsg.): Politik – Medien – Sprache. Deutsche und polnische Realien aus linguistischer Sicht. Łódź: Wydawnictwo UŁ, 81–102.

Czachur, Waldemar (2016b): Erinnerungsrhetorische Musterbildungen im deutsch-polnischen Erinnerungsdialog. Eine linguistische Analyse anhand der Reden von deutschen Politikern in den Jahren 1989–2016. In: Dargiewicz, Anna (Hrsg.): Anfang. Sprachwissenschaftliche Implikationen. Würzburg: Königshausen & Neumann, 81–95.

Czachur, Waldemar (2016c): Kollektives Gedächtnis und Sprache. Ein Beitrag zur Grammatik des deutschen Erinnerungsdiskurses über den Zweiten Weltkrieg. In: Anna Warakomska, Anna Górajek, Michał Jamiołkowski, Anna Damięcka-Wójcik (Hrsg.): Dialog der Kulturen. Studien zur Literatur, Kultur und Geschichte. Festschrift für Professor Tomasz G. Pszczółkowski. Warszawa: Instytut Germanistyki Uniwersytetu Warszawskiego, 419–430.

Czachur, Waldemar (2019): Kontrastivität und Kulturreflexion in der vergleichenden Diskurs- und Kulturlinguistik. In: Smailagić, Vedad (Hrsg.): Die Leistung der Philologie bei der Deutung der Kultur(en). Tübingen: Stauffenburg, 137–160.

Dąbrowska-Burkhardt, Jarochna (2010a): Metaphorik des deutschen und des polnischen Diskurses um den Vertrag von Lissabon am Beispiel der Debatte über das irische EU-Verfassungsreferendum im Juni 2008. In: Bilut-Homplewicz, Zofia; Mac, Agnieszka; Smykała, Marta (Hrsg.): Text und Stil. Frankfurt a. M.: Lang, 341–353.

Dąbrowska-Burkhardt, Jarochna (2010b): Nichts zu Lachen in den deutsch-polnischen Beziehungen? Eine linguistische Fallstudie anhand von Bildern und Texten deutscher und polnischer Presse der Jahre 2006–2007. In: TRANS: Internet-Zeitschrift für Kulturwissenschaften, 17 (http://www.inst. at/trans/17Nr/1–9/1–9_ dabrowska-burkhardt17%20.htm, 15.10.2018).

Dąbrowska-Burkhardt, Jarochna (2013): Die gesamteuropäischen Verfassungsprojekte im transnationalen Diskurs: Eine kontrastive linguistische Analyse der deutschen und polnischen Berichterstattung. Zielona Góra: Oficyna Wydawnicza UZ.

Dang-Anh, Mark; Pfeifer, Simone; Reisner, Clemens; Villioth, Lisa (2017): Medienpraktiken: situieren, erforschen, reflektieren; eine Einleitung. In: Navigationen – Zeitschrift für Medien- und Kulturwissenschaften, 1, 7–36.

Demmerling, Christoph; Landweer, Hilge (2007): Philosophie der Gefühle. Von Achtung bis Zorn. Stuttgart, Weimar: Metzler.

Deppermann, Arnulf; Feilke, Helmuth; Linke, Angelika (2016): Sprachliche und kommunikative Praktiken: Eine Annäherung aus linguistischer Sicht. In: dies. (Hrsg.): Sprachliche und kommunikative Praktiken. Berlin, Boston: de Gruyter, 1–23.

Deppermann, Arnulf; Linke, Angelika (2010): Einleitung: Warum „Sprache intermedial"? In: Dies. (Hrsg.): Sprache intermedial. Stimme und Schrift, Bild und Ton. Berlin, New York: de Gruyter, VII–XIV.

Deutscher Bundestag (Hrsg.): Offshore-Pipeline in der Ausschließlichen Wirtschaftszone. Ergänzung des Gutachtens zu Nord Stream 2. Hrsg. von Deutscher Bundestag, Unterabteilung Europa, Fachbereich Europa. Aktenzeichen: PE 6 – 3000 – 40/16.URL: https://www.bundestag. de/resource/blob/425072/2dc09a12f5dcd91bee2d04f5d22efcb8/PE-6-040-16-pdf-data.pdf [2020–03–14].

Diaz-Bone, Rainer (2013): Soziologische Perspektiven auf die Diskurslinguistik nach Foucault. In: Busse, Dietrich; Teubert, Wolfgang (Hrsg.): Linguistische Diskursanalyse: neue Perspektiven. Wiesbaden: Springer VS, 273–286.

Döveling, Katrin (2005): Emotionen – Medien – Gemeinschaft. Eine kommunikationssoziologische Analyse. Wiesbaden: Springer VS.

Döveling, Katrin (2019): Bilder von Emotionen – Emotionen durch Bilder. Eine interdisziplinäre Perspektive. In: Lobinger, Katharina (Hrsg.): Handbuch Visuelle Kommunikationsforschung. Springer VS, Wiesbaden, 63–82.

Döveling, Katrin, von Scheve, Christian, Konijn, Elly A. (Eds.) (2010): The Routledge Handbook of Emotions and Mass Media. London, New York: Routledge.

Dreesen, Philipp (2013): Sprechen-für-andere. Eine Annäherung an den Akteur und seine Stimmen mittels Integration der Konzepte Footing und Polyphonie. In: Roth, Kersten Sven; Spiegel, Carmen (Hrsg.): Angewandte Diskurslinguistik. Felder, Probleme, Perspektiven. Berlin: Akademie Verlag, 223–237.

Dreesen, Philipp; Kumięga, Łukasz; Spieß Constanze (2012): Diskurs und Dispositiv als Gegenstände interdisziplinärer Forschung. Zur Einführung in den Sammelband. In: Dies. (Hrsg.): Mediendiskursanalyse. Diskurse – Dispositive – Medien – Macht. Wiesbaden: Springer VS, 9–22.

Dreesen, Philipp; Stücheli-Herlach, Peter (2019): Diskurslinguistik in Anwendung. Ein transdiszi-plinäres Forschungsdesign für korpuszentrierte Analysen zu öffentlicher Kommunikation. In: Zeitschrift für Diskursforschung, 2/2019, 123–162.

Dreesen, Philipp; Stücheli-Herlach Peter (2020): Transdisziplinarität der Diskurslinguistik. In: Zeit-schrift für Diskursforschung, 8 (2–3), 113–117.

Drescher Martina (2003): Sprachliche Affektivität. Darstellung emotionaler Beteiligung am Bei-spiel von Gesprächen aus dem Französischen. Tübingen: Niemeyer

Drewnowska-Vargáné, Ewa (2015): Pressediskurse im Kontrast. Paralleltextanalysen zum Deut-schen. Landau: Verlag Empirische Pädagogik.

Dudenredaktion: Duden online. (o. J.) URL: https:// https://www.duden.de/woerterbuch [2020–2022] = DUDEN „LEXEM" [12.02.2021].

Ehlich, Konrad (2002): Schrift, Schriftträger, Schrift form: Materialität und semiotische Struktur. In: Greber, Erika; Ehlich, Konrad; Müller, Jan-Dirk (Hrsg.): Materialität und Medialität von Schrift. Bielefeld: Aisthesis, 91–112.

Ehlich, Konrad (2006): Die Vertreibung der Kultur aus der Sprache. 13 kurze Reflexionen zu einem reflexionsresistenten Thema. In: Zeitschrift für Germanistische Linguistik, 34/2006, 50–63.

Eilders, Christiane (2008): Massenmedien als Produzenten öffentlicher Meinungen Pressekom-mentare als Manifestation der politischen Akteursrolle. In: Pfetsch, Barbara; Adam, Silke (Hrsg.): Massenmedien als politische Akteure. Konzepte und Analysen. Wiesbaden: VS, 27–51.

Ernst, Christoph; Paul, Heike (2013): Präsenz und implizites Wissen Zur Interdependenz zweier Schlüsselbegriffe der Kultur- und Sozialwissenschaften. In: Dies. (Hrsg.): Präsenz und implizi-tes Wissen Zur Interdependenz zweier Schlüsselbegriffe der Kultur- und Sozialwissenschaf-ten Bielefeld: transcript, 9–32.

Evans, Sandra; Schahadat, Schamma (2011): Einleitung: Nachbarschaft in Theorie und Praxis. In: Dies. (Hrsg.): Nachbarschaft, Räume, Emotionen. Interdisziplinäre Beiträge zu einer sozialen Lebensform. Bielefeld: transcript, 7–27.

Fałkowski, Mateusz; Popko, Agnieszka (2006): Polacy i Niemcy: wzajemny wizerunek po rozsz-erzeniu Unii Europejskiej. Warszawa: Instytut Spraw Publicznych.

Fehrmann, Gisela; Linz, Erika (2009): Eine Medientheorie ohne Medien? Zur Unterscheidung von konzeptioneller und medialer Mündlichkeit und Schriftlichkeit. In: Birk, Elisabeth; Schnei-der, Jan Georg (Hrsg.): Philosophie der Schrift. Tübingen: Niemeyer, 123–143.

Felder, Ekkehard (2006): Semantische Kämpfe in Wissensdomänen. Eine Einführung in Benen-nungs-, Bedeutungs- und Sachverhaltsfixierungs-Konkurrenzen. In: Felder, Ekkehard (Hrsg.): Semantische Kämpfe. Macht und Sprache in den Wissenschaften, Berlin, New York: de Gruy-ter, 13–46.

Felder, Ekkehard (2012): Pragma-semiotische Textarbeit und der hermeneutische Nutzen von Korpusanalysen für die linguistische Mediendiskursanalyse. In Felder, Ekkehard; Müller, Mar-cus; Vogel, Friedemann (Hrsg.): Korpuspragmatik. Paradigma zwischen Handlung, Gesell-schaft und Kognition. Berlin & New York: de Gruyter, 116–174.

Felder, Ekkehard (2013a): Faktizitätsherstellung in Diskursen: Die Macht des Deklarativen. Berlin, New York: de Gruyter.

Felder, Ekkehard (2013b): Faktizitätsherstellung mittels handlungsleitender Konzepte und agona-ler Zentren. In: Ders. (Hrsg.): Faktizitätsherstellung in Diskursen. Die Macht des Deklarativen. Berlin, Boston: de Gruyter, 13–28.

Felder, Ekkehard (2015): Lexik und Grammatik der Agonalität in der linguistischen Diskursanaly-se. In: Kämper, Heidrun; Warnke, Ingo H. (Hrsg.): Diskurs – interdisziplinär. Zugänge, Gegen-stände, Perspektiven. Berlin: De Gruyter, 87–121.

Felder, Ekkehard; Gardt, Andreas (2015): Sprache – Erkenntnis – Handeln. In: Felder, Ekkehard; Gardt, Andreas (Hrsg.): Handbuch Sprache und Wissen. Bd. 1. Berlin, Boston: de Gruyter, 3–33.

Felder, Ekkehard; Jacob, Katharina (2014): Diskurslinguistik und Risikoforschung am Beispiel politischer Debatten zur Atomenergie. In: TATuP – Zeitschrift für Technikfolgenabschätzung in Theorie und Praxis, 23(2), 21–27.

Felder, Ekkehard; Jacob, Katharina (2017): Diskurse. In: Niehr, Thomas; Kilian, Jörg; Wengeler, Martin (Hrsg.) Handbuch Sprache und Politik in 3 Bänden. Bd. 2. Bremen: Hempen Verlag, 389–406.

Felder, Ekkehard; Luth, Janine; Vogel, Friedemann (2016): ‚Patientenautonomie' und ‚Lebensschutz': Eine empirische Studie zu agonalen Zentren im Rechtsdiskurs über Sterbehilfe. In: Zeitschrift für germanistische Linguistik 44, 1–36.

Fiehler, Reinhard (2005): Gesprochene Sprache. In: Duden. Die Grammatik. Mannheim: Dudenverlag, 1175–1256.

Fiehler, Reinhard (2008): Emotionale Kommunikation. In: Fix, Ulla; Gardt, Andreas; Knape, Joachim (Hrsg.): Rhetorik und Stilistik. Ein internationales Handbuch historischer und systematischer Forschung, 1. Halbband. Berlin, New York: der Gruyter, 757–772.

Fiehler, Reinhard; Barden, Birgit; Elstermann, Mechthild; Kraft, Barbara (2004): Eigenschaften gesprochener Sprache. Tübingen: Narr.

Filatkina, Natalia; Bergmann, Franziska (2021): Angstkonstruktion: Interdisziplinäre Annäherungen an eine Zeitdiagnose und ein Versuch ihrer linguistischen und literaturwissenschaftlichen Präzisierung. In: Dies. (Hrsg.): Angstkonstruktionen. Kulturwissenschaftliche Annäherungen an eine Zeitdiagnose. Berlin, Boston: de Gruyter, 1–29.

Flick, Uwe (2007): Qualitative Sozialforschung. Eine Einführung. Hamburg: Reinbek.

Foucault, Michel (1981): Archäologie des Wissens. Frankfurt a. M.: Suhrkamp.

Foucault, Michel (1994 [1975]): Überwachen und Strafen. Die Geburt des Gefängnisses. Frankfurt a.M.: Suhrkamp.

Foucault, Michael (2001a): Worte und Bilder. In: Ders.: Schriften in vier Bänden. Dits et Ecrits. Bd. I. 1954–1969 Aus dem Französischen von Michael Bischoff, Hans-Dieter Gondek und Hermann Kocyba. Frankfurt a. M.: Suhrkamp, 794–797.

Foucault, Michael (2001b): Antwort auf eine Frage. In: Ders.: Schriften in vier Bänden. Dits et Ecrits. Bd. I. 1954–1969 Aus dem Französischen von Michael Bischoff, Hans-Dieter Gondek und Hermann Kocyba. Frankfurt a. M.: Suhrkamp, 859–886.

Fraas, Claudia/Michael Klemm (2005): Diskurse – Medien – Mediendiskurse. Begriffsklärungen und Ausgangsfragen. In: Dis. (Hrsg.): Mediendiskurse. Bestandsaufnahme und Perspektiven. Frankfurt am Main: Lang, 1–8.

Freikamp, Ulrike; Leanza, Matthias; Mende, Janne; Müller, Stefan; Ullrich, Peter; Voß, Heinz-Jürgen (2008): Einleitung. Zum Verhältnis von Forschungsmethoden und Gesellschaftskritik. In: dies. (Hrsg.): Kritik mit Methode? Forschungsmethoden und Gesellschaftskritik. Berlin: Karl Dietz Verlag, 7–18.

Fries, Norbert (2003): de ira. In: Linguistik – online 13, 1/2003 (particulae collectae – Festschrift für Harald Weydt zum 65. Geburtstag), 103–123, http://www.linguistik-online. org/13_01/fries.pdf [Zugriff am 18.08.2020].

Fritzsche, Bettina; Idel, Till-Sebastian; Rabenstein, Kerstin (2011): Ordnungsbildung in pädagogischen Praktiken. Praxistheoretische Überlegungen zur Konstitution und Beobachtung von Lernkulturen. In: Zeitschrift für Erziehungswissenschaft 31.1, 28–44.

Früh, Hannah (2010): Emotionalisierung durch Nachrichten. Emotionen und Emotionsverarbeitung in der Nachrichtenrezeption. Baden-Baden: Nomos.

Gardt, Andreas (2007): Diskursanalyse. Aktueller theoretischer Ort und methodische Möglichkeiten. In: Warnke, Ingo (Hrsg.): Diskurslinguistik nach Foucault. Theorie und Gegenstände. Berlin, New York: 28–52.

Gardt, Andreas (2017): Zum Diskursbegriff. In: Der Deutschunterricht, 6/2017, 2–7.

Gebauer, Gunter (2009): Wittgensteins anthropologisches Denken. München: Beck.

Gebauer, Gunter (2012): Wie können wir über Emotionen sprechen? In: Zeitschrift für Philosophie, 37/2, 131–164.

Gebauer, Gunter; Edler, Markus (Hrsg.) (2014): Sprachen der Emotion: Kultur, Kunst, Gesellschaft, Frankfurt a. M.: Campus.

Gebauer, Gunter; Holodynski, Manfred; Koelsch, Stefan; von Scheve, Christian (2017): Einleitung: Von der Emotion zur Sprache. In: dies.: Von der Emotion zur Sprache. Wie wir lernen, über Gefühle zu sprechen. Weilerswist: Velbrück Wissenschaft, 7–16.

Geertz, Clifford (1994): Dichte Beschreibung: Beiträge zum Verstehen kultureller Systeme. Aus dem Amerikanischen von Brigitte Luchesi und Rolf Bindemann. 3. Aufl. Frankfurt a. M.: Suhrkamp.

Genz, Julia; Gévaudan, Paul (2016): Medialität, Materialität, Kodierung. Grundzüge einer allgemeinen Theorie der Medien. Bielefeld: transcript.

Gnauck, Gerhard (2018): Polen verstehen. Geschichte, Politik, Gesellschaft. Stuttgart: Klett-Cotta.

Gnosa, Tanja (2018): Im Dispositiv. Zur reziproken Genese von Wissen, Macht und Medien. Bielefeld: transcript.

Göhring, Thea (2023): Diskursive Kämpfe. Agonalität im politischen Sprachgebrauch am Beispiel des französischen Präsidentschaftswahlkampfs 2017. de Gruyter: Berlin/Boston.

Gotto, Bernhard (2018): Enttäuschung in der Demokratie. Erfahrung und Deutung von politischem Engagement in der Bundesrepublik Deutschland während der 1970er und 1980er Jahre. Berlin, Boston: der Gruyter.

Grampp, Sven (2021): Medienanalyse. Eine medienwissenschaftliche Einführung. München: UVK Verlag.

Günthner, Susanne (2003): Eine Sprachwissenschaft »der lebendigen Rede«. Ansätze einer Anthropologischen Linguistik. In: Linke, Angelika; Ortner, Hanspeter; Portmann-Tselikas, Paul R. (Hrsg.): Sprache und mehr. Ansichten einer Linguistik der sprachlichen Praxis. Tübingen: Niemeyer, 189–208.

Günthner, Susanne; Linke, Angelika (2006): Linguistik und Kulturanalyse. In: Zeitschrift für Germanistische Linguistik, 34/2006, 1–27.

Gür-Şeker, Derya (2014): Zur Verwendung von Korpora in der Diskurslinguistik. In: Angermuller, Johannes; Nonhoff, Martin; Herschinger, Eva; Macgilchrist, Felicitas; Reisigl, Martin; Wedl, Juliette; Wrana, Daniel; Ziem, Alexander (Hrsg.): Diskursforschung. Ein interdisziplinäres Handbuch. Bd. 1: Theorien, Methodologien und Kontroversen. Bielefeld: transcript, 583–603.

Harding, Jennifer; Pribram, E. Deidre (eds.). (2009): Emotions: a cultural studies reader. Milton Park, Abingdon, Oxon, New York: Routledge.

Hauser, Stefan; Kleinberger, Ulla; Roth, Kersten Sven (Hrsg.) (2014): Musterwandel – Sortenwandel. Aktuelle Tendenzen der diachronen Text(sorten)linguistik. Bern [u. a.]: Lang, 7–14

Hauser, Stefan; Luginbühl, Martin (Hrsg.) (2015): Hybridisierung und Ausdifferenzierung. Kontrastive Perspektiven linguistischer Medienanalyse. Bern [u. a.]: Lang.

Heidgen, Michael (2013): Inszenierungen eines Affekts. Scham und ihre Konstruktionen in der Literatur der Moderne. Göttingen: V&R unipress.

Hepp, Andreas; Couldry, Nick (2010): Introduction. Media Events in Globalised Media Cultures. In: Couldry, Nick; Hepp, Andreas; Krotz, Friedrich (eds.): Media Events in a Global Age. London, New York: Routledge, 1–20.

Hermanns, Fritz (1995): Sprachgeschichte als Mentalitätsgeschichte. Überlegungen zu Sinn und Form historischer Semantik. In: Gardt, Andreas; Mattheier, Klaus J.; Reichmann, Oskar (Hrsg.): Sprachgeschichte des Neuhochdeutschen. Gegenstände, Methoden, Theorien. Tübingen: Niemeyer, 69–101.

Herzog, Lisa (2019): Politische Philosophie. Paderborn: Brill.Fink.

Hess, Agnieszka; Szymańska, Agnieszka (2009): Pomost medialny: rola mediów w międzynarodowej komunikacji politycznej na przykładzie relacji polsko-niemieckich. Kraków: Wydawnictwo UJ.

Hessel, Stépahne (2011): Empört Euch! Übersetzt von Michael Kogon. Berlin: Ullstein.

Hickethier, Knut (2003): Medienkultur. In: Bentele, Günter et. al. (Hrsg.): Öffentliche Kommunikation. Handbuch Kommunikations- und Medienwissenschaft. Wiesbaden: Westdeutscher Verlag, 435–457.

Hickethier, Knuth (2008): Die Wahrheit der Fiktion: zum Verhältnis zwischen Faktizität, Fake und Fiktionalisierung. In: Pörksen, Bernhard; Loosen, Wiebke; Scholl, Armin (Hrsg.): Paradoxien des Journalismus: Theorie – Empirie – Praxis. Wiesbaden: Springer VS, 361–374.

Hirdman, Anja (2016): The passion of mediated shame: Affective reactivity and classed otherness in reality TV. In: European Journal of Cultural Studies, 19 (3), 283–296.

Höfer, Wolfgang (2013): Medien und Emotionen. Zum Medienhandeln junger Menschen. Wiesbaden: Springer VS.

Hoff, Michael (2006): Die Kultur der Affekte: Ein historischer Abriss. In: Krause-Wahl, Antje; Oehlschlägel, Heike; Wiemer, Serjoscha (Hrsg.): Affekte. Analysen ästhetisch-medialer Prozesse. Bielefeldt: transcript, 20–35.

Holly, Werner (2011): Medialität und Intermedialität in Computer-Kommunikationsformen. In: Moraldo, Sandro (Hrsg.): Internet.kom. Neue Sprach- und Kommunikationsformen im WorldWideWeb. Bd. 2: Medialität, Hypertext, digitale Literatur. Rom: Aracne, 27–55.

Illouz, Eva (2006): Gefühle in Zeiten des Kapitalismus. Adorno-Vorlesungen 2004. Frankfurt am Main: Suhrkamp.

Illouz, Eva (2011): Warum Liebe wehtut. Eine soziologische Erklärung. Aus dem Englischen von Michael Adrian. Berlin: Suhrkamp.

Isekenmeier, Guido (Hrsg.) (2013): Interpiktorialität. Theorie und Geschichte der Bild-Bild-Bezüge. Bielefeld: Transcript.

Jabłońska, Barbara (2009): O polskim dyskursie politycznym na tematy europejskie. Debata nicejsko-konstytucyjna w prasie codziennej. Kraków: Wydawnictwo UJ.

Jacob, Katharina; Konderding, Klaus-Peter; Liebert, Wolf-Andreas (2020): Allgemeine Überlegungen zu einer Linguistik der Empathie. In: dies. (Hrsg.): Sprache und Empathie. Beiträge zur Grundlegung eines linguistischen Forschungsprogramms. Berlin, Boston: de Gruyter, 1–10.

Jäger, Ludwig (2004): Wieviel Sprache braucht der Geist? Mediale Konstitutionsbedingungen des Mentalen. In: Jäger, Ludwig; Linz, Erika (Hrsg.): Medialität und Mentalität. Theoretische und empirische Studien zum Verhältnis von Sprache, Subjektivität und Kognition. München: Fink, 15–42.

Jäger, Ludwig; Holly, Werner; Krapp, Peter; Weber, Samuel; Heekeren, Simone (Hrsg.) (2016): Sprache – Kultur – Kommunikation. Ein internationales Handbuch zu Linguistik als Kulturwissenschaft. Berlin, Boston: de Gruyter.

Jäger, Magret; Jäger, Siegfried (2007): Deutungskämpfe. Theorie und Praxis Kritischer Diskurs-analyse. Wiesbaden: VS.

Jäger, Siegfried (2009): Kritische Diskursanalyse. Eine Einführung. 5., gegenüber der 2., überar-beiteten und erweiterten, unveränderte Auflage. Münster: Unrast-Verlag.

Jäger, Siegfried (2011): Diskurs und Wissen. Theoretische und methodische Aspekte einer Kriti-schen Diskurs- und Dispositivanalyse. In: Keller, Reiner; Hirseland, Andreas; Schneider, Wer-ner; Viehöver, Willy (Hrsg.): Handbuch sozialwissenschaftliche Diskursanalyse. Bd. 1. Wies-baden: Springer VS, 91–124.

Jäger, Siegfried (2012): Kritische Diskursanalyse. 6. Auflage. Münster: Unrast Verlag.

Jäger, Siegfried (2013): Von der Ideologiekritik zur Diskurs- und Dispositivanalyse – Theorie und methodische Praxis Kritischer Diskursanalyse., 199–2011.

Januschek, Franz (2017): Akteure/Institutionen. In: Niehr, Thomas; Kilian, Jörg; Wengeler, Martin (Hrsg.) Handbuch Sprache und Politik in 3 Bänden. Bd. 2. Bremen: Hempen Verlag, 464–483.

Jasper, James M. (2014): Protest – a cultural introduction to social movement. Cambridge: Polity Press.

Jörissen, Benjamin; Marotzki, Winfried (2009): Medienbildung – Eine Einführung. Theorie – Me-thoden – Analysen. Bad Heilbrunn: Klinkhardt.

Kaczmarek, Dorota (2018): Binationale Diskursanalyse. Grundlagen und Fallstudien zum deutsch-polnischen medialen Gegendiskurs. Łódź: Wydawnictwo UŁ.

Kailuweit, Rolf (2020): Agonale Diskurse: Zur Konstruktion von Katalanität im 18. und 19. Jahrhun-dert. In: PhiN, Beiheft 22/2020, Sprache – Raum – Konflikt. Sprachwissenschaftliche Pers-pektiven auf die Katalonienkrise, 20–32. http://web.fu-berlin.de/phin/beiheft22/b22t3.pdf

Kammermann, Nadine (2022): Argumentationen über den Klimawandel in Schweizer Medien. Entwicklung einer sektoralen Argumentationstheorie und -typologie für den Diskurs über Kli-mawandel zwischen 2007 und 2014. Berlin, Boston: de Gruyter.

Kämper, Heidrun (2007): Linguistik als Kulturwissenschaft. Am Beispiel einer Geschichte des sprachlichen Umbruchs im 20. Jahrhundert. In: Kämper, Heidrun; Eichinger, Ludwig M. (Hrsg.): Sprach-Perspektiven. Germanistische Linguistik und das Institut für Deutsche Sprache. Tübingen: Narr, 419–439.

Kämper, Heidrun (2017): Personen als Akteure. In: Roth, Kersten; Wengeler, Martin; Ziem, Alexan-der (Hrsg.): Handbuch Sprache in Politik und Gesellschaft. Berlin, Boston: de Gruyter, 259–279.

Kämper, Heidrun (2019): Sprachgebrauch im Nationalsozialismus. Unter Mitarbeit von Adelheid Wibel. Heidelberg: Universitätsverlag Winter.

Kämper, Heidrun; Warnke, Ingo H. (2015): Einleitung. In: Dies. (Hrsg.): Diskurs – interdisziplinär. Zugänge, Gegenstände, Perspektiven. Berlin, Boston: de Gruyter, 1–7.

Kappelhoff, Hermann; Bakels, Jan-Hendrik; Lehmann, Hauke; Schmitt, Christina (Hrsg.) (2019): Handbuch Emotion. Ein interdisziplinäres Handbuch. Stuttgart: Metzler.

Karis, Tim (2012): Massenmediale Eigenlogiken als diskursive Machtstrukturen. Oder: Ich lasse mir von einem kaputten Fernseher nicht vorschreiben, wann ich ins Bett zu gehen habe! In: Dreesen, Philipp; Kumięga, Łukasz, Spieß, Constanze (Hrsg.): Mediendiskursanalyse. Diskur-se – Dispositive – Medien – Macht. Wiesbaden: Springer VS, 47–74.

Keil, Andreas; Grau, Oliver (2005): Mediale Emotionen: Auf dem Weg zu einer historischen Emotionsforschung. In: Grau, Oliver; Keil, Andreas (Hrsg.): Mediale Emotionen. Zur Lenkung von Gefühlen durch Bild und Sound. Frankfurt a. M.: Fischer Taschenbuch, 7–19.

Keller, Reiner (2005): Wissenssoziologische Diskursanalyse. Grundlegung eines Forschungspro-gramms. Wiesbaden: Springer VS.

Keller, Reiner (2007): Diskursforschung. Eine Einführung für SozialwissenschaftlerInnen. 3., aktualisierte Auflage. Wiesbaden: Springer VS.

Keller, Reiner (2011): Wissenssoziologische Diskursanalyse. Grundlegung eines Forschungsprogramms, 3. Auflage. Wiesbaden: Springer VS.

Keller, Reiner (2013): Zur Praxis der Wissenssoziologischen Diskursanalyse. In: Keller, Reiner; Truschkat, Inga (Hrsg.): Methodologie und Praxis der Wissenssoziologischen Diskursanalyse. Band 1: Interdisziplinäre Perspektiven. Wiesbaden: VS Verlag für Sozialwissenschaften, 27–68.

Keller, Reiner; Knoblauch, Hubert; Reichertz, Jo (2013): Der Kommunikative Konstruktivismus als Weiterführung des Sozialkonstruktivismus – eine Einführung in den Band. In: Dies. (Hrsg.): Kommunikativer Konstruktivismus. Theoretische und empirische Arbeiten zu einem neuen wissenssoziologischen Ansatz. Wiesbaden: VS, 9–21.

Kiklewicz, Aleksander K.; Kotin, Michail, L. (2017): Einige Aspekte der Diskursontologie: Diskurs und Kommunikation. In: Kwartalnik Neofilologiczny, LXIV, 3/2017, 271–285.

Kim, Kathrin (2009): Ostseepipeline „Nord Stream" – ein meeresumweltrechtliches Problem? In: NuR Nr. 31, 170–178.

Klein, Josef (2017): Um Begriffe kämpfen. In: Niehr, Thomas; Kilian, Jörg; Wengeler, Martin (Hrsg.) Handbuch Sprache und Politik in 3 Bänden. Bd. 2. Bremen: Hempen Verlag, 773–793.

Klein, Josef (2019): Politik und Rhetorik. Eine Einführung. Wiesbaden: Springer VS.

Klug, Nina-Maria (2018): Wenn Schlüsseltexte Bilder sind: Aspekte von Intertextualität in Presse und öffentlichem Raum. In: Pappert, Steffen; Michel, Sascha (Hrsg.): Multimodale Kommunikation in öffentlichen Räumen: Texte und Textsorten zwischen Tradition und Innovatio. Stuttgart: ibidem, 109–132.

Knoblauch, Hubert; Tuma René (2018): Wissen. In: Kopp, Johannes; Steinbach, Anja (Hrsg.): Grundbegriffe der Soziologie. 12. Auflage. Wiesbaden: Springer VS, 517–519.

Knuchel, Daniel; Luth, Janine (2018): Zugängliche Daten im Netz. Herausforderungen beim Korpusaufbau mit besonderer Berücksichtigung rechtlicher und ethischer Aspekte. In: Osnabrücker Beiträge zur Sprachtheorie – Korpuslinguistik, 92, 31–44.

Köller, Wilhelm (2006): Narrative Formen der Sprachreflexion. Interpretationen zu Geschichten über Sprache von der Antike bis zur Gegenwart, Berlin, New York: de Gruyter.

Konerding, Klaus-Peter (2009): Diskurslinguistik – eine neue linguistische Teildisziplin. In: Felder, Ekkehard (Hrsg.): Sprache. Berlin, Heidelberg: Springer, 155–177.

Korte, Karl-Rudolf (Hrsg.) (2015): Emotionen und Politik. Begründungen, Konzeptionen und Praxisfelder einer politikwissenschaftlichen Emotionsforschung. Badan-Baden: Nomos.

Koschut, Simon (2015): Macht der Gefühle: Zur Bedeutung von Emotionen für die sozialkonstruktivistische Diskursforschung. In: Zeitschrift für Internationale Beziehungen 22: 2, 7–33.

Koschut, Simon (2020): Emotionen in den Internationalen Beziehungen. In: Ders. (Hrsg.) Emotionen in den Internationalen Beziehungen. Baden-Baden: Nomos, 7–35.

Koselleck, Reinhart (2003): Vergangene Zukunft. Zur Semantik geschichtlicher Zeiten. Frankfurt am Main: Suhrkamp.

Krämer, Sybille (2001): Sprache, Sprechakt, Kommunikation. Sprachtheoretische Positionen des 20. Jahrhunderts. Frankfurt a. M.: Suhrkamp.

Krämer, Sybille (2006): Zur Sichtbarkeit der Schrift oder: Die Visualisierung des Unsichtbaren in der operativen Schrift. Zehn Thesen. In: Strätling, Susanne; Wixte, Georg (Hrsg.): Die Sichtbarkeit der Schrift. München: Fink, 75–83.

Krause-Wahl, Antje; Oehlschlägel, Heike; Wiemer, Serjoscha (Hrsg.) (2006): Affekte. Analysen ästhetisch-medialer Prozesse. Mit einer Einleitung von Mieke Bal. Bielefeldt: transcript.

Kress, Gunter (2010): Multimodality. A Social Semiotic Approach to Contemporary Communication. London: Routledge.

Kress, Gunther; Leeuwen, Theo van (2010): Multimodal Discourse. The modes and media of contemporary communication. London, New York: Arnold.

Kumięga Łukasz (2012): Medien im Spannungsfeld zwischen Diskurs und Dispositiv. In: Dreesen, Philipp; Kumięga, Łukasz; Spieß, Constanze (Hrsg.): Mediendiskursanalyse. Diskurse – Dispositive – Medien – Macht. Wiesbaden: Springer VS, 25–46.

Kupietz, Marc; Schmidt, Thomas (Hrsg.) (2018): Korpuslinguistik. Berlin, Boston: de Gruyter.

Łada, Agnieszka (2015): Deutsch-Polnisches Barometer 2015. Polnische Ansichten zur deutsch-polnischen Partnerschaft im gemeinsamen Europa. Warszawa. Auf: http://www.isp.org.pl/publikacje,1,848.html (17.10.2018).

Lamp, Erich (2009): Die Macht öffentlicher Meinung – und warum wir uns ihr beugen. Über die Schattenseite der menschlichen Natur. München: Olzog.

Lang, Kai-Olaf; Wesphal, Kirsten (2016): Nord Stream 2 – Versuch einer politischen und wirtschaftlichen Einordnung. In: SWP-Studie. Stiftung Wissenschaft und Politik Deutsches Institut für Internationale Politik und Sicherheit. https://www.swp-berlin.org/publikation/nord-stream-2-versuch-einer-politischen-und-wirtschaftlichen-einordnung (3.6.2022).

Langer, Antje; Nonhoff, Martin; Reisigl, Martin (2019): Diskursanalyse und Kritik – Einleitung. In: dies. (Hrsg.): Diskursanlayse und Kritik. Wiesbaden: Springer VS, 1–11.

Langlotz, Andreas; Locher, Miriam A. (2012): Ways of Communicating Emotional Stance in Online Disagreements. In: Journal of Pragmatics 44 (12): 1591–1606.

Lehmann, Johannes F. (2016): Geschichte der Gefühle. Wissensgeschichte, Begriffsgeschichte, Diskursgeschichte. In: von Koppenfels, Martin; Zumbusch, Cornelia (Hrsg.): Handbuch Literatur & Emotionen. Berlin/Boston, 140–157.

Lemnitzer, Lothar; Zinsmeister, Heike (2010): Korpuslinguistik. Eine Einführung. 2. Auflage. Tübingen: Narr.

Lenger, Friedrich (2008): Einleitung: Medienereignisse der Moderne. In: Lenger, Friedrich; Nünning, Ansgar (Hrsg.): Medienereignisse der Moderne. Darmstadt: Wissenschaftliche Buchgesellschaft, 7–13.

Link, Jürgen (2013): Diskurs, Interdiskurs, Kollektivsymbolik. Am Beispiel der aktuellen Krise der Normalität. In: Zeitschrift für Diskursforschung 1/2013, 7–23.

Linz, Erika (2016): Sprache, Materialität, Medialität. In: Jäger, Ludwig; Holly, Werner; Krapp, Peter; Weber, Samuel; Heekeren, Simone (Hrsg.): Sprache – Kultur – Kommunikation. Ein internationales Handbuch zu Linguistik als Kulturwissenschaft. Berlin, Boston: de Gruyter, 100–111.

Loew, Peter Oliver (2015): Erzwungene Nachbarschaft. In: Hahn, Hans Henning; Traba, Robert (Hrsg.): Deutsch-polnische Erinnerungsorte. Bd. 1: Geteilt/Gemeinsam. Padeborn: Ferdinand Schöningh, 53–81.

Löffelholz, Martin; Rothenberger, Liane (Hrsg.) (2016): Handbuch Journalismustheorien. Wiesbaden: Springer VS.

Lohmann, Sascha: Zurück in die Zukunft. In: Wirtschaftsdienst, 2019, 2.

Łoskot-Strachota, Agata; Antas, Łukasz (2010): NORD STREAM na liberalizującym się rynku gazu UE/ NORD STREAM on the liberalising EU gas market. In: PUNKT WIDZENIA. POLICY BRIEFS. Warszawa. (http://aei.pitt.edu/57991/1/punkt_widzenia_22.pdf).

Luginbühl, Martin (2019): Sprache und Kultur in der Kontrastisven Medienlinguistik: Vom Ländervergleich zur Analyse kulturell verdichteter Praktiken. In: Giessen, Hans W.; Lenk, Hartmut; Tienken, Susanne; Tiittula, Liisa (Hrsg.): Medienkulturen – Multimodalität und Intermedialität. Bern: Peter Lang, 23–52.

Luhmann, Niklas (1996): Die Realität der Massenmedien. 2., erweiterte Auflage. Wiesbaden: Springer Fachmedien.

Luhmann, Niklas (2008): Ökologische Kommunikation. Kann die moderne Gesellschaft sich auf ökologische Gefährdungen einstellen? 5. Aufl. Wiesbaden: Springer VS.

Lünenborg, Margreht (2021): Soziale Medien, Emotionen und Affekte. In: Schmidt, Jan-Hinrik; Taddicken, Monika (Hrsg.): Handbuch Soziale Medien. Wiesbaden: Springer VS, 1–18.

Lünenborg, Margreth; Maier, Tanja; Töpper, Claudia (2018): Affekte als sozial relationales Phänomen medialer Kommunikation: Affekttheorien für die Medienforschung nutzbar machen. In: Studies in Communication and Media, 7. Jg., 3/2018, 423–457.

Lünenborg, Margreth; Maier, Tanja; Töpper, Claudia; Suna, Laura (2021): Affektive Medienpraktiken. Emotionen, Körper, Zugehörigkeiten im Reality TV. Wiesbaden: Springer VS.

Manemann, Jürgen (2015): Nachbarschaft und Feindschaft. Über die Gefahr der Nähe. In: fiph. JOURNAL Ausgabe Nr. 26/2015, 18–25.

Massumi, Brian (2002): Parables for the Virtual. Movement, Affect, Sensation. Durham, London: Duke University Press.

Mast, Claudia (Hrsg.) (2018): ABC des Journalismus. Ein Handbuch. 13., völlig überarbeitete Auflage. Köln: Herbert von Halem.

Mattfeldt, Anna (2018): Wettstreit in der Sprache. Ein empirischer Diskursvergleich zur Agonalität im Deutschen und Englischen am Beispiel des Mensch-Natur-Verhältnisses. Berlin, Boston: de Gruyter.

Mattfeldt, Anna (2020): Widerspruch, Diskurs und das Phänomen der Agonalität. Eine methodologische und sprachvergleichende Analyse diskursiven Wettstreits. In: Warnke, Ingo H.; Hornidge, Anna-Katharina; Schattenberg, Susanne (Hrsg.): Kontradiktorische Diskurse und Macht im Widerspruch. Wiesbaden: Springer VS, 73–93

Meier, Stefan (2011): Multimodalität im Diskurs: Konzept und Methode einer multimodalen Diskursanalyse. In: Keller, Reiner; Hirseland, Andreas; Schneider Werner; Viehöver, Willy (Hrsg.): Handbuch Sozialwissenschaftliche Diskursanalyse. Bd. 1: Theorien und Methoden. 3., erweit. Aufl. Wiesbaden: VS, 499–532.

Meier-Vieracker, Simon (2022): Digitale Diskursforschung und Forschungen zu digitalen Diskursen. In: Gredel, Eva (Hrsg.): Diskurse – digital. Theorien, Methoden, Anwendungen. Berlin, Boston: de Gruyter, 9–26.

Mein, Georg (2008): Die Abwesenheit des Vaters: Schriftlichkeit als Schwellenraum. In: Geisenhanslüke, Achim; Mein, Georg (Hrsg.): Schriftkultur und Schwellenkunde. Bielefeld: transcript, 65–96.

Mersch, Dieter (2009): Medientheorien zur Einführung. Hamburg: Junius.

Metten, Thomas. (2014): Kulturwissenschaftliche Linguistik. Entwurf einer Medientheorie der Verständigung. Berlin & Boston: de Gruyter.

Meyer, Christian; Meier zu Verl, Christian (2014): Ergebnispräsentation in der qualitativen Forschung. In: Baur, Nina; Blasius, Jörg (Hrsg.): Handbuch Methoden der empirischen Sozialforschung. Wiesbaden: Springer VS, 245–257.

Mikołajczyk, Beata (2004): Sprachliche Mechanismen der Persuasion in der politischen Kommunikation: dargestellt an polnischen und deutschen Texten zum EU-Beitritt Polens. Frankfurt a.M.: Lang.

Mikołajczyk, Beata (2011): ‚Konzeptionelle Privatheit' in der politischen Öffentlichkeitsarbeit am Beispiel der Websites des deutschen Bundespräsidenten Christian Wulff und des polnischen Staatspräsidenten Bronisław Komorowski. In: Makowski, Jacek (Hrsg.): How not to do things with words. Beiträge zur Sprache in Politik, Recht und Werbung. Łódź: Primum Verbum, 101–126.

Miller, Dorota (2012): Chance oder Katastrophe? Einstellungen zur EU-Osterweiterung im deutschen und polnischen medialen EU-Diskurs. In: Grucza, Franciszek (Hrsg.), Mitherausgeber: Heinemann, Margot et al.: Vielheit und Einheit der Germanistik weltweit: Akten des XII. Internationalen Germanistenkongresses Warschau 2010. Frankfurt a. M.: Lang, 101–106.

Miller, Dorota (2013): Arme Vetter aus Europas Osten? Einige Bemerkungen zum deutschen Polenbild im EU-Erweiterungsdiskurs der Wochenzeitschrift DER SPIEGEL. In: Lipczuk, Ryszard; Nerlicki, Krzysztof (Hrsg.): Synchronische und diachronische Aspekte der Sprache. Sprachwandel – Sprachkontakte – Sprachgebrauch. Hamburg: Dr. Kovač, 201–212.

Miller, Dorota (2014a): Emotionalität und Wertung im Diskurs. Eine kontrastive Analyse deutscher und polnischer Pressetexte zum EU-Beitritt Polens. Frankfurt a. M.: Lang.

Miller, Dorota (2014b): Vom Sorgenkind zum Musterknaben oder wie Polen im EU-Diskurs der Wochenzeitschrift DER SPIEGEL nominiert wird. In: Berdychowska, Zofia; Janicka, Joanna; Vogelgesang-Doncer, Agnieszka (Hrsg.): Texte – Textsorten – Phänomene im Text. Frankfurt a. M.: Lang, 121–130.

Miodek, Marcin; Hartmann, Bernhard (2009): „Das ist ein neuer Ribbentrop-Molotov-Pakt!" Eine historische Analogie in der polnischen Energiedebatte. In: Osteuropa. Juli-August, Vol. 59, Nr. 7/8, 295–305.

Niehr, Thomas (2007): „Schlagwort". In: Ueding, Gert (Hrsg.): Historisches Wörterbuch der Rhetorik, Bd. 8. Tübingen, 496–502.

Niehr, Thomas (2014): Einführung in die linguistische Diskursanalyse. Darmstadt: WBG.

Niehr, Thomas (2017): Lexik – funktional. In: Niehr, Thomas; Kilian, Jörg; Wengeler, Martin (Hrsg.): Handbuch Sprache und Politik. Bd. 1. Bremen: Hempen Verlag, 149–168.

Nonhoff, Martin (2011): Konstruktivisch-pragmatische Methodik. Ein Plädoyer für die Diskursanalyse. In: Zeitschrift für Internationale Beziehungen, H. 2, 91–107.

Nonhoff, Martin (2018): Diskursanalyse. In: Salzborn, Samuel (Hrsg.): Handbuch Politische Ideengeschichte. Zugänge – Methoden – Strömungen. Stuttgart: Metzler, 29–34.

Nonhoff, Martin (2019): Diskursanalyse und/als Kritik. In: Langer, Antje; Nonhoff, Martin; Reisigl, Martin (Hrsg.): Diskursanlayse und Kritik. Wiesbaden: Springer VS, 15–44.

Nöth, Winfried (2000): Der Zusammenhang von Text und Bild. In: Brinker, Klaus; Antos, G.; Heinemann, Wolfgang; Sager, Sven (Hrsg.): Text- und Gesprächslinguistik. HSK-Bd. 16.1. Berlin, New York: de Gruyter, 489–496.

Nünning, Ansgar (2010): Wie aus einem historischen Geschehen ein Medienereignis wird. Kategorien für ein erzähltheoretisches Beschreibungsmodell. In: Maag, Georg; Pyta, Wolfram; Windisch, Martin (Hrsg.): Der Krimkrieg als erster europäischer Medienkrieg (Kultur und Technik, Bd. 14), Berlin: LIT Verlag, 88–209.

Nussbaum, Martha C. (2016): Politische Emotionen. Warum Liebe für Gerechtigkeit wichtig ist. Aus dem Amerikanischen von Ilse Utz. Berlin: Suhrkamp.

Opiłowski, Roman (2015): Der multimodale Text aus kontrastiver Sicht: Textdesign und Sprache-Bild-Beziehung in deutschen und polnischen Pressetexten. Wrocław, Dresden: Atut/Neisse Verlag.

Ott, Marion; Wrana, Daniel (2010): Gouvernementalität diskursiver Praktiken. Zur Methodologie der Analyse von Machtverhältnissen am Beispiel einer Maßnahme zur Aktivierung von Erwerbslosen. In: Angermüller, Johannes; van Dyk, Silke (Hrsg.): Diskursanalyse meets Gouvernementalitätsforschung. Perspektiven auf das Verhältnis von Subjekt, Sprache, Macht und Wissen. Frankfurt a. M.: Campus, 155–182.

Papacharissi, Zizi (2015): Affective publics: sentiment, technology, and politics. New York: Oxford University Press.

Pentzold, Christian (2019): Diskursmuster – Diskurspraktiken. Analytische Perspektiven für die kommunikationswissenschaftliche Diskursanalyse. In: Wiedemann, Thomas; Lohmeier, Christine (Hrsg.): Diskursanalyse für die Kommunikationswissenschaft. Theorie, Vorgehen, Erweiterungen. Wiesbaden: Springer VS, 19–34.

Pociask, Janusz (2022): Zur sprachlichen Kodierung von Emotionen im Diskurs. In: Forum Filologiczne Ateneum – 2022/1, 125–142.

Pociask, Janusz (2023): Zur sprachlichen Konstituierung von Agonalität in deutsch-polnischen Diskursen. In: Szczepaniak, Jacek; Schiewer, Gesine Lenore; Pociask, Janusz (Hrsg.): EMOTIONEN – MEDIEN – DISKURSE. Interdisziplinäre Zugänge zur Emotionsforschung. Wiesbaden: Harrassowitz, 193–234.

Pörksen, Bernhard; Detel, Hanne (2012): Der entfesselte Skandal. Das Ende der Kontrolle im digitalen Zeitalter. Köln: Herbert von Halem Verlag.

Reckwitz, Andreas (2003): Grundelemente einer Theorie sozialer Praktiken Eine sozialtheoretische Perspektive. In: Zeitschrift für Soziologie, Heft 4, 282–301.

Reckwitz, Andreas (2008): Unscharfe Grenzen: Perspektiven der Kultursoziologie. Bielefeld.

Reckwitz, Andreas (2016): Praktiken und ihre Affekte. In: Schäfer, Hilmar (Hrsg.): Praxistheorie. Ein soziologisches Forschungsprogramm. Bielefeld: transcript, 163–180.

Reckwitz, Andreas (2017): Practices and their affects. In: Hui, Allison; Schatzki, Theodore; Shove, Elizabeth (Eds.): The nexus of practices. Milton Park: Routledge, 114–125.

Rehberg, Karl-Siegbert (2017): Anthropologische Enttäuschungsminimierung und konsumgesellschaftliche Enttäuschungssteigerung. Soziologische Überlegungen im Anschluss an Arnold Gehlen. In: Moxter, Michael; Heinsohn, Nina (Hrsg.): Enttäuschung. Interdisziplinäre Erkundungen zu einem ambivalenten Phänomen. Paderborn: Brill/Fink Verlag, 35–55.

Reichertz, Jo; Bettmann, Richard (2018): Braucht die Mediatisierungsforschung wirklich den Kommunikativen Konstruktivismus? In: dies. (Hrsg.): Kommunikation – Medien – Konstruktion. Braucht die Mediatisierungsforschung den Kommunikativen Konstruktivismus? Wiesbaden: Springer VS, 1–22.

Reisigl, Martin (2020): Zur Vielfalt und Widersprüchlichkeit des kommunikativen Handelns in Diskursen über die Klimakrise. In: ders. (Hrsg.): Klima in der Krise. Kontroversen, Widersprüche und Herausforderungen in Diskursen über Klimawandel. Duisburg: Universitätsverlag Rhein-Ruhr, 7–38.

Reisigl, Martin; Ziem, Alexander (2014): Diskursforschung in der Linguistik. In: Angermuller, Johannes; Nonhoff, Martin; Herschinger, Eva; Macgilchrist, Felicitas; Reisigl, Martin; Wedl, Juliette; Wrana, Daniel; Ziem, Alexander (Hrsg.): Diskursforschung. Ein interdisziplinäres Handbuch Band 1: Theorien, Methodologien und Kontroversen. Bielefeld: transcript, 70–110.

Reitze, Helmut; Ridder, Christa-Maria (Hrsg.) (2011): Massenkommunikation VIII. Eine Langzeitstudie zur Mediennutzung und Medienbewertung 1964–2010. Baden-Baden: Nomos.

Renggli, Cornelia (2014): Komplexe Beziehungen beschreiben. Diskursanalytisches Arbeiten mit Bildern. In: Eder, F. X.; Kühschelm, O.; Linsboth, Ch (Hrsg.): Bilder in historischen Diskursen. Interdisziplinare Diskursforschung. Wiesbaden: Springer Fachmedien, 45–62.

Ritzer, Ivo; Schulze, Peter W. (Hrsg.) (2018): Mediale Dispositive. Wiesbaden: Springer VS.

Römer, David (2017): Wirtschaftskrisen. Eine linguistische Diskursgeschichte. Berlin, Boston: de Gruyter.

Römer, David; Wengeler, Martin (2013): „Wirtschaftskrisen" begründen/mit „Wirtschaftskrisen" legitimieren. Ein diskurshistorischer Vergleich. In: Wengeler, Martin; Ziem, Alexander

(Hrsg.): Sprachliche Konstruktionen von „Krisen". Interdisziplinäre Perspektiven auf ein fort-während aktuelles Phänomen. Bremen: Hempen, 269–288.

Roseman, Ira J. (2001): A Model of Appraisal in the Emotion System: Integrating Theory, Research and Applications. In: Scherer, Klaus R.; Schorr, Angela; Johnstone, Tom (Hrsg.): Appraisal processes in emotion: theory, methods, research. Oxford: Oxford University Press, 68–91.

Rost, Wolfgang (2001): Emotionen. Elixiere des Lebens. 2., überarbeitete Auflage. Berlin [u. a.]: Springer.

Roth, Gerhard (2001): „Fühlen, Denken, Handeln." Wie das Gehirn unser Verhalten steuert. Frankfurt a. M.: Suhrkamp.

Roth, Kersten Sven; Spitzmüller, Jürgen (Hrsg.) (2007): Textdesign und Textwirkung in der mas-senmedialen Kommunikation. Konstanz: UVK.

Roth, Klaus (2001): Nachbarn und Nachbarschaftsbeziehungen in Europa als Forschungspro-blem der Europäischen Ethnologie und der Interkulturellen Kommunikation. In: ders. (Hrsg.): Nachbarschaft. Interkulturelle Beziehungen zwischen Deutschen, Polen und Tschechen. Münster, New York, München, Berlin: Waxmann, 9–34.

Rothenhöfer, Andreas (2018): Diskurslinguistik und Emotionskodierung. In: Warnke, Ingo H. (Hrsg.): Handbuch Diskurs (Handbücher Sprachwissen 6). Berlin, Boston: de Gruyter: 488–520.

Ruchniewicz, Krzysztof (2008): Jak świat światem, nie będzie Niemiec Polakowi bratem? Polsko-niemieckie stereotypy. In: Zeszyty Niemcoznawcze PISM, 2/2008, 65–92.

Sager, Sven F. (1988): Reflexionen zu einer linguistischen Ethologie. Hamburg: Ed. Akademion.

Sakson, Andrzej (2010): Berlin – Warszawa: studia o Niemcach i ich relacjach z Polakami. Wrocław: Atut.

Salheiser, Axel (2019): Natürliche Daten: Dokumente. In: In: Baur, Nina; Blasius, Jörg (Hrsg.): Handbuch Methoden der empirischen Sozialforschung. 2., vollständig überarbeitete und er-weiterte Auflage. Wiesbaden: Springer, 1119–1134.

Sapper, Manfred; Weichsel, Volker (2009): Erzählen formt Geschichte. Editorial. In: Osteuropa 59 (7–8), 5–6.

Sauerborn, Elgen; von Scheve, Christian (2017): Emotionen, Affekte und implizites Wissen. In: Kraus, Anja; Budde, Jürgen; Hietzge, Maud; Wulf, Christoph (Hrsg.): Handbuch Schweigen-des Wissen. Erziehung, Bildung, Sozialisation und Lernen. Weinheim, Basel: Juventa/Beltz, 155–166.

Schaal, Gary S.; Fleiner, Rebekka (2015): Politik der Gefühle. In: Korte, Karl-Rudolf (Hrsg.): Emo-tionen und Politik. Begründungen, Konzeptionen und Praxisfelder einer politikwissenschaftli-chen Emotionsforschung. Baden-Baden: Nomos, 67–89.

Schaal, Gary S.; Heidenreich, Felix (2013): Politik der Gefühle. Zur Rolle von Emotionen in der Demokratie. In: Aus Politik und Zeitgeschichte, 32–33, 3–11.

Scharloth, Joachim (2018): Korpuspragmatik. In: Hagemann, Jörg; Staffeldt, Sven (Hrsg.) Prag-matiktheorien II. Diskursanalysen im Vergleich. Tübingen: Stauffenburg, 139–170.

Schatzki, Theodore R. (1996): Social Practices. A Wittgensteinian Approach to Human Activity and the Social. New York: Cambridge University Press.

Scheer, Monique (2016): Emotionspraktiken: Wie man über das Tun an die Gefühle herankommt. In: Beitl, Matthias; Schneider, Ingo (Hrsg.): Emotional Turn?! Europäisch ethnologische Zu-gänge zu Gefühlen & Gefühlswelten. Wien: Selbstverlag des Vereins für Volkskunde, 15–36.

Scheer, Monique (2019): Emotion als kulturelle Praxis. In: Kappelhoff, Hermann; Bakels, Jan-Hendrik; Lehmann, Hauke; Schmitt, Christina (Hrsg.): Handbuch Emotion. Ein interdisziplinä-res Handbuch. Stuttgart: Metzler, 352–362.

Schenk, Michael (2007): Medienwirkungsforschung. 3. Auflage. Tübingen: Mohr Siebeck.

Scheufele, Bertram; Gasteiger, Carolin (2007): Berichterstattung, Emotionen und politische Legitimierung. Eine experimentelle Untersuchung zum Einfluss der Politikberichterstattung auf die Legitimierung politischer Entscheidungen am Beispiel von Bundeswehreinsätzen. In: Medien & Kommunikationswissenschaft, 55(4), 534–554.

Schiewer, Gesine Lenore (2007a): Sprache und Emotion in der literarischen Kommunikation. Ein integratives Forschungsfeld der Textanalyse. In: Mitteilungen des Deutschen Germanistenverbandes, H. 3, 346–361.

Schiewer, Gesine Lenore (2007b): Bausteine zu einer Emotionssemiotik. In: Kodikas/Code. Ars Semeiotica, Vol. 30, Nr. 3–4, 235–257.

Schiewer, Gesine Lenore (2014a): Diskurslinguistik, Mehrsprachigkeitsforschung und Szenarien-Technik. Prospektive Diskursanalyse für urbane Innovation (‚inclusive innovation'). In: Warnke, H. Ingo; Busse, Beatrix (Hrsg.): Place-Making in urbanen Diskursen. Berlin, München, Boston: de Gruyter, 41–58.

Schiewer, Gesine Lenore (2014b): Studienbuch Emotionsforschung. Theorien – Anwendungsfelder – Perspektiven. Darmstadt: WBG.

Schiewer, Gesine Lenore; Szczepaniak, Jacek; Pociask, Janusz: Bogacki, Jarosław; Kowalewski, Sławomir (2023): Discourse linguistics and emotions in media. In: Schiewer, Gesine Lenore; Altarriba, Jeanette; Ng, Bee Chin (Hrsg.): Language and Emotion. An International Handbook. Bd. 3. Berlin: de Gruyter, 1609–1631.

Schmidt, Siegfried J. (2003): Medien und Emotionen. Zum Management von Bezugnahmen. In: SPIEL: Siegener Periodicum zur Internationalen Empirischen Literaturwissenschaft, 22/2, 251–269.

Schmitz, Ulrich (2011): Sehflächenforschung. Eine Einführung. In: Diekmannshenke, Hajo; Klemm, Michael: Stöckl, Hartmut (Hrsg.): Bildlinguistik. Theorien – Methoden – Fallbeispiele. Berlin: Erich Schmidt, 1–20.

Schneider, Jan Georg (2017): Medien als Verfahren der Zeichenprozessierung: Grundsätzliche Überlegungen zum Medienbegriff und ihre Relevanz für die Gesprächsforschung. In: Gesprächsforschung – Online-Zeitschrift zur verbalen Interaktion, 18/2017), 34–55 (www.gespraechsforschung-ozs.de, 18.10.2020).

Schramm, Holger; Wirth, Werner (2006): Medien und Emotionen. Bestandsaufnahme eines vernachlässigten Forschungsfeldes aus medienpsychologischer Perspektive. In: M&K – Medien & Kommunikationswissenschaft, 54 (1), 25–55.

Schües, Christina (2015): Was heißt eigentlich Nachbarschaft? In: fiph. JOURNAL Ausgabe Nr. 26/2015, 4–10.

Schulz, Winfried (2004): Reconstructing Mediatization as an Analytical Concept. In: European Journal of Communication, Vol. 19, 87–101.

Schulz, Winfried (2008): Politische Kommunikation. Theoretische Ansätze und Ergebnisse empirischer Forschung. 2. Auflage. Wiesbaden: VS Verlag für Sozialwissenschaften.

Schwarz-Friesel, Monika. 2019: Judenhass im Internet. Antisemitismus als kulturelle Konstante und kollektives Gefühl. Berlin: Hentrich & Hentrich.

Schwender, Clemens (2001): Medien und Emotionen. Evolutionspsychologische Bausteine einer Medientheorie. Wiesbaden: Deutscher Universitätsverlag.

Siefkes, Martin (2013): Wie wir die Zusammenhänge von Texten, Denken und Gesellschaft verstehen. Ein semiotisches 4-Ebenen-Modell der Diskursanalyse. In: Zeitschrift für Semiotik 35, 3–4, 353–391.

Slaby, Jan (2018): Drei Haltungen der Affect Studies. In: Pfaller, Larissa; Wiesse, Basil (Hrsg.): Stimmungen und Atmosphären. Zur Affektivität des Sozialen. Wiesbaden: VS, 53–81.

Sloterdijk, Peter (2006): Zorn und Zeit. Politisch-psychologischer Versuch. Frankfurt a. M.: Suhrkamp.

Spieß, Constanze (2011): Diskurshandlungen. Theorie und Methode linguistischer Diskursanalyse am Beispiel der Bioethikdebatte, Berlin/Boston: de Gruyter.

Spitzmüller, Jürgen (2013): Graphische Variation als soziale Praxis. Eine soziolinguistische Theorie skripturaler »Sichtbarkeit«. Berlin, Boston: de Gruyter.

Spitzmüller, Jürgen (2017): Diskursanalyse. In: Niehr, Thomas; Kilian, Jörg; Wengeler, Martin (Hrsg.) Handbuch Sprache und Politik in 3 Bänden. Bd. 1. Bremen: Hempen Verlag, 346–364.

Spitzmüller, Jürgen; Warnke, Ingo H. (2011): Diskurslinguistik. Eine Einführung in Theorien und Methoden der transtextuellen Sprachanalyse. Berlin: de Gruyter.

Stauff, Markus (2005): Das neue Fernsehen. Machtanalyse, Gouvernementalität und digitale Medien. Münster: LIT.

Stein, Stephan (2011): Kommunikative Praktiken, kommunikative Gattungen und Textsorten. Konzepte und Methoden für die Untersuchung mündlicher und schriftlicher Kommunikation im Vergleich. In: Birkner, Karin; Meer, Dorothee (Hrsg.): Institutionalisierter Alltag: Mündlichkeit und Schriftlichkeit in unterschiedlichen Praxisfeldern. Mannheim: Verlag für Gesprächsforschung, 8–27.

Steinke, Ines (2010): Gütekriterien qualitativer Forschung. In: Flick, Uwe; von Kardorff, Ernst; Steinke, Ines (Hrsg.): Qualitative Forschung. Ein Handbuch. 9. Auflage. Reinbek: Rowohlt, 319–331.

Stetter Christian (2005): System und Performanz. Symboltheoretische Grundlagen von Medientheorie und Sprachwissenschaft. Weilerswist: Velbrück.

Stöckl, Hartmut (2004): Die Sprache im Bild – das Bild in der Sprache. Zur Verknüpfung von Sprache und Bild im massenmedialen Text. Konzepte, Theorien, Analysemethoden. New York, Berlin.

Stöckl, Hartmut (2011): Sprache-Bild-Texte lesen. Bausteine zur Methodik einer Grundkompetenz. In: Diekmannshenke, Hajo; Klemm, Michael; Stöckl, Hartmut (Hrsg.): Bildlinguistik. Theorien – Methoden – Fallbeispiele. Berlin: ESV, 43–70.

Storrer, Angelika (2003): Kohärenz in Hypertexten. In: Zeitschrift für germanistische Linguistik 31, 274–292.

Süselbeck, Jan (2019): Sprache und emotionales Gedächtnis. Zur Konstruktion von Gefühlen und Erinnerungen in der Literatur und den Medien. In: Kappelhoff, Hermann; Bakels, Jan-Hendrik; Lehmann, Hauke; Schmitt, Christina (Hrsg.): Handbuch Emotion. Ein interdisziplinäres Handbuch. Stuttgart: Metzler, 282–295.

Szarota, Tomasz (2010): Stereotype und Konflikte. Historische Studien zu den deutsch-polnischen Beziehungen. Osnabrück: fibre.

Szczepaniak, Jacek (2004): Nachdenken über Wut. Versuch einer linguistischen Explikation. In: Bilut-Homplewicz, Zofia; Tęcza, Zygmunt (Hrsg.): Sprache leben und lieben. Festschrift für Zdzisław Wawrzyniak zum 60. Geburtstag. Frankfurt a. M.: Lang, 243–253.

Szczepaniak, Jacek (2015): Sprachspiel Emotion. Zum medialen und semiotischen Status von Emotionen. Bydgoszcz: Wydawnictwo UKW.

Szczepaniak, Jacek (2020): Zur Medialität der Emotion „Trauer". In: Cieszkowski, Marek; Pociask, Janusz (Hrsg.): Text- und Diskurswelten in der massenmedialen Kommunikation. Berlin: Peter Lang, 299–313.

Szczepaniak, Jacek (2021a): Emotionen als diskursive Phänomene. In: Stylistyka, 30, 11–24.

Szczepaniak, Jacek (2021b): Multimodale Praktiken der Konstruktion von Emotionen in printmedialen Diskursen. In: Forum Filologiczne Ateneum – 2021/1, 85–98.

Taddicken, Monika (2019): Analyse von Zeitungsartikeln und Online-Nachrichten. In: Baur, Nina; Blasius, Jörg (Hrsg.): Handbuch Methoden der empirischen Sozialforschung. 2., vollständig überarbeitete und erweiterte Auflage. Wiesbaden: Springer, 1157–1164.

Tavris, Carol (1995): Wut. Das mißverstandene Gefühl. Aus dem Amerikanischen von Sabine Schulte. München: dtv.

Tereick, Jana (2016): Klimawandel im Diskurs. Multimodale Analyse crossmedialer Korpora. Berlin, Boston: de Gruyter.

Teubert, Wolfgang (2012): Von der Korpuslinguistik zur Analyse thematischer Diskurse. In: Felder, Ekkehard; Müller, Marcus; Vogel, Friedemann (Hrsg.): Korpuspragmatik. Thematische Korpora als Basis diskursanalytischer Analysen. Berlin, Boston: de Gruyter, 231–278.

Teubert, Wolfgang (2013): Die Wirklichkeit des Diskurses. In: Busse, Dietrich; Teubert, Wolfgang (Hrsg.): Linguistische Diskursanalyse: neue Perspektiven. Wiesbaden: Springer VS, 55–146.

Teubert, Wolfgang (2019): Im Kopf oder im Diskurs: wo ist unsere Welt? Sprache und Denken. In: Tekst i dyskurs – Text und Diskurs, 12, 25–47.

Traue, Boris; Pfahl, Lisa; Schürmann, Lena (2019): Diskursanalyse. In: Baur, Nina; Blasius, Jörg (Hrsg.): Handbuch Methoden der empirischen Sozialforschung. 2., vollständig überarbeitete und erweiterte Auflage. Wiesbaden: Springer, 565–582.

Ulich, Dieter; Kapfhammer, Hans-Peter (2002): Sozialisation der Emotionen. In: Hurrelmann, Klaus; Ulich, Dieter (Hrsg.): Handbuch der Sozialisationsforschung. Studienausgabe. Weinheim, Basel: Beltz, 551–571.

Van Dijk, Teun A. (2011): Discourse and ideology. In: Teun A. van Dijk (Ed.): Discourse Studies: A Multidisciplinary Introduction. Second edition. London: SAGE Publications, 379–407.

Vogel, Friedemann (2020): Freund-Feind-Begriffe: Zum diskurssemantischen Feld soziopolitischer Kollektivierung. (https://diskursmonitor.de/review/arbeitspapiere-fv-1/, 23.03.2022).

von Scheve, Christian (2019): Die Soziologie der Emotionen. Kollektivität, Identität und Kultur. In: Kappelhoff, Hermann; Bakels, Jan-Hendrik; Lehmann, Hauke; Schmitt, Christina (Hrsg.): Handbuch Emotion. Ein interdisziplinäres Handbuch. Stuttgart: Metzler, 340–345.

von Scheve, Christian; Berg, Anna Lea (2018): Affekt als analytische Kategorie der Sozialforschung. In: Pfaller, Larissa; Wiesse, Basil (Hrsg.): Stimmungen und Atmosphären. Zur Affektivität des Sozialen. Wiesbaden: Springer VS, 27–51.

von Scheve, Christian; Stodulka, Thomas; Schmidt, Julia (2013): Guter Neid, schlechter Neid? Von der „Neidkultur" zu Kulturen des Neides. In: APuZ 32–33/2013, 41–46.

Warnke, Ingo H. (2002): Text adieu – Diskurs bienvenue? Über Sinn und Zweck einer poststrukturalistischen Entgrenzung des Textbegriffs. In: Fix, Ulla; Adamzik, Kirsten; Antos, Gerd; Klemm, Michael (Hrsg.): Brauchen wir einen neuen Textbegriff? Antworten auf eine Preisfrage. Frankfurt a. M.: Lang, 125–141.

Warnke, Ingo H. (2009): Die sprachliche Konstituierung von geteiltem Wissen in Diskursen. In: Felder, Ekkehard; Müller, Marcus (Hrsg.): Wissen durch Sprache. Theorie, Praxis und Erkenntnisinteresse des Forschungsnetzwerks ‚Sprache und Wissen', Berlin, New York: de Gruyter, 113–140.

Warnke, Ingo H. (2013): Diskurs als Praxis und Arrangement – Zum Status von Konstruktion und Repräsentation in der Diskurslinguistik. In: Viehöver, Willy; Keller, Reiner; Schneider, Werner (Hrsg.): Diskurs – Sprache – Wissen. Interdisziplinäre Beiträge zum Verhältnis von Sprache und Wissen in der Diskursforschung. Wiesbaden: Springer VS, 97–117.

Warnke, Ingo H.; Spitzmüller, Jürgen (2008): Methoden und Methodologie der Diskurslinguistik – Grundlagen und Verfahren einer Sprachwissenschaft jenseits textueller Grenzen. In:

Dies. (Hrsg.): Methoden der Diskurslinguistik. Sprachwissenschaftliche Zugänge zur transtextuellen Ebene. Berlin, New York: de Gruyter, 3–54.

Weber, Florian (2012): Unterkühlter Diskurs. Zum Verhältnis von Emotion und Deliberation bei Jürgen Habermas. In: Heidenreich, Felix; Schaal, Gary S. (Hrsg.): Politische Theorie und Emotionen. Baden-Baden: Nomos, 199–217.

Weber, Pierre-Frédéric (2015): Timor Teutonorum: Angst vor Deutschland seit 1945. Eine europäische Emotion im Wandel. Ferdinand Schöningh-Verlang: Paderborn.

Weigel, Sigrid (2005): Phantombilder: Gesicht, Gefühl, Gehirn zwischen messen und deuten. In: Grau, Oliver; Keil Anderas (Hrsg.): Mediale Emotionen. Zur Lenkung von Gefühlen durch Bild und Sound. Frankfurt a. M.: Fischer, 242–276.

Wengeler, Martin (2003): Topos und Diskurs: Begründung einer argumentationsanalytischen Methode und ihre Anwendung auf den Migrationsdiskurs (1960–1985). Berlin, Boston: Max Niemeyer Verlag.

Wengeler, Martin (2011): Linguistische Diskursanalysen – deskriptiv, kritisch oder kritisch durch Deskription? In: Schiewe, Jürgen (Hrsg.): Sprachkritik und Sprachkultur. Konzepte und Impulse für Wissenschaft und Öffentlichkeit. Bremen: Hempen, 35–48.

Wengeler, Martin (2013a): „Unsere Zukunft und die unserer Kinder steht auf dem Spiel." Zur Analyse bundesdeutscher Wirtschaftskrisen-Diskurse zwischen deskriptivem Anspruch und diskurskritischer Wirklichkeit. In: Meinhof, Ulrike Hanna; Reisigl, Martin; Warnke, Ingo H. (Hrsg.): Diskurslinguistik im Spannungsfeld von Deskription und Kritik. Berlin: Akademie Verlag, 37–63.

Wengeler, Martin (2013b): Argumentationsmuster und die Heterogenität gesellschaftlichen Wissens. Ein linguistischer Ansatz zur Analyse kollektiven Wissens am Beispiel des Migrationsdiskurses. In: Viehöver, Willy; Keller, Reiner; Schneider Werner (Hrsg.): Diskurs – Sprache – Wissen. Interdisziplinäre Beiträge zum Verhältnis von Sprache und Wissen in der Diskursforschung. Wiesbaden: Springer VS, 145–166.

Wengeler, Martin; Ziem, Alexander (2014): Wie über Krisen geredet wird. Einige Ergebnisse eines diskursgeschichtlichen Forschungsprojekts. In: Zeitschrift für Literaturwissenschaft und Linguistik 173, 52–75.

Wilkiewicz, Zbigniew (2009): Polen, Deutschland, die EU und Russland. Aktuelle Ostinformationen, 41(1/2), 2–19.

Wilms, Beate (1994): „Emotionen" im Spiegel der Technikberichterstattung. Münster, Hamburg: LIT.

Wirrer, Jan (2018): Harte Daten, weiche Daten. Wissenschaftstheoretische, sprachtheoretische und methodologische Fragen an die Korpuslinguistik. In: Osnabrücker Beiträge zur Sprachtheorie – Korpuslinguistik, 92, 193–218.

Wirth, Werner (2013): Grundlagen emotionaler Medienwirkungen. In: Schweiger, Wolfgang Fahr, Andreas (Hrsg.): Handbuch Medienwirkungsforschung. Wiesbaden: Springer Fachmedien, 227–246.

Wirth, Werner (2014): Emotion. In: Wünsch, Carsten; Schramm, Holger; Gehrau, Volker; Bilandzic, Helena (Hrsg.): Handbuch Medienrezeption. Baden-Baden: Nomos, 29–43.

Wittgenstein, Ludwig (2003): Philosophische Untersuchungen. Auf der Grundlage der kritisch-genetischen Edition neu herausgegeben von Joachim Schulte. Frankfurt a. M.: Suhrkamp.

Wolf, Norbert Richard (2017): Sprechen und Sprache in der postfaktischen Politik. In: Sprachreport, 33/1, 1–6.

Wóycicki, Kazimierz; Czachur, Waldemar (2009): Polen im Gespräch mit Deutschland. Zur Spezifik des Dialogs und seinen europäischen Schwierigkeiten. Wrocław: Atut.

Wrana, Daniel (2012): Theoretische und methodologische Grundlagen der Analyse diskursiver Praktiken. In: Wrana, Daniel; Maier Reinhard, Christiane (Hrsg.): Professionalisierung in Lernberatungsgesprächen. Theoretische Grundlegungen und empirische Untersuchungen. Opladen: Budrich, 195–214.

Wrana, Daniel (2017): (Inter-)Disziplinarität in der Diskursforschung. Zur Genealogie epistemischer Modelle und intellektueller Technologien. In: Zeitschrift für Qualitative Forschung, 18(1), 41–59.

Wrobel, Arne (2010): Raffael ohne Hände? Mediale Bedingungen und Faktoren des Schreibens und Schreibenlernens. In: Kölner Beiträge zur Sprachdidaktik, 7/2010, 27–45.

Internetquellen

1. https://www.tagesschau.de/inland/innenpolitik/osten-russland-101.html (12.04.2022)
2. https://www.welt.de/debatte/kommentare/article139668414/Putin-bleibt-unser-aller-unheimlicher-Nachbar.html (12.04.2022)
3. https://www.europaeische-akademie.de/fileadmin/user_upload/19-046-13_Infoblatt_Moskau.pdf (12.04.2022)
4. https://www.facebook.com/866336886877132/posts/983912381786248/ (12.04.2022)
5. www.das-nord-stream-pipeline-projekt_12_20171011.pdf (02.07.2021)
6. http://aei.pitt.edu/57991/1/punkt_widzenia_22.pdf (02.07.2021)
7. http://weglowodory.pl/nord-stream-czyli-gazociag-polnocny-informacje/ (12.04.2022)
8. https://diskursmonitor.de/review/arbeitspapiere-fv-1/ (02.04.2022)
9. https://www.dwds.de/wb/Schlagwort (11.04.2022)
10. https://www.redensarten-index.de (20.11.2022)
11. https://warhist.pl/pamiec/stosunki-polsko-rosyjskie-wplyw-historii-na-wspolczesnosc/ (10.11.2022)
12. https://wiadomosci.gazeta.pl/wiadomosci/7,114873,3321425.html (07.07.2022)
13. https://pl.wikipedia.org/wiki/Pakt_Ribbentrop-Mołotow.jpg (02.03.2022)
14. https://www.fluter.de/nord-stream-2-konflikt (05.10.2022)

Anhang: Emotionalisierungsstrategien im polnischen Nord Stream-Diskurs

Ebene der Emotionalisierung	Analysekategorien		Emotionalisierungsstrategie	Belege	Quelle	Diskursive Emotionen
Transtextuelle Ebene	Intertextualität	Verbal	Verbale Verweise auf andere Ereignisse, die Emotionen wecken	(160) **Pakt Mołotowa-Ribbentropa z 1939 roku między Związkiem Radzieckim a nazistowskimi Niemcami** (161) *Zbliżenie rosyjsko-niemieckie dwa razy zakończyło się wojną światową*	pl_e_GN_2013.01.11_T1	ANGST
			Verbale Verweise auf emotionale Aussagen anderer Diskursakteure (direkte Zitate)	(13) *W poniedziałek w Gołdapi Tusk podkreślał, że idea Nord Stream narusza zasadę solidarności energetycznej w UE. – Niemcy zaczynają rozumieć, że samo poczęcie tej idei było w grzechu – powiedział premier.*	pl_e_GW_2008.09.11_T1	ANGST
				(149) **„Wiedomosti" wskazują, że „Rosja dysponuje teraz nadwyżką mocy przesyłowych, którą można manipulować".**	pl_e_GW_2008.09.11_T1	
				(150) *(...) – pisze dziennik.*	pl_e_GN_2011.11.09_T1	
				(151) *Tak więc obawy europejskich polityków nie są zapewne bezpodstawne" – pisze moskiewski dziennik*	pl_e_GN_2011.11.09_T1	
				(152) *„Wiedomosti" zauważają, że* **„pełno obaw jest też w Europie".**	pl_e_GN_2011.11.09_T1	
				(125)(158) *zauważa w środę* **dziennik „Wiedomosti"**, *komentując uruchomienie Gazociągu Północnego, łączącego Rosję z Niemcami przez Morze Bałtyckie.*	pl_e_GN_2011.11.09_T1	
				(159) *„Oprócz tego, jeśli będzie taka polityczna potrzeba, to Rosja, nie szkodząc krajom trzecim,* **będzie mogła zakręcić kurek z gazem Polsce lub Słowacji"** *– zaznaczają „Wiedomosti".*	pl_e_GN_2011.11.09_T1	

DOI: 10.13173/9783447121026.185

Ebene der Emotionalisierung	Analysekategorien	Emotionalisierungsstrategie	Belege	Quelle	Diskursive Emotionen
Transtextuelle Ebene	Intertextualität	Verbal / Verbale Verweise auf emotionale Aussagen anderer Diskursakteure (direkte Zitate)	(61) *Jeśli będzie taka polityczna potrzeba, to Rosja nie szkodząc krajom trzecim, będzie mogła zakręcić kurek Polsce lub Słowacji" – napisał dziennik "Wiedomości*	pl_e_GN_2011.11.09_T1	ANGST
			(62) *(...) przestrzega nas rosyjski dziennik "Wiedomosti*	pl_e_FT_2011.11.10_T1	
			(15) *Po raz pierwszy gaz z Rosji płynie bezpośrednio do UE – powiedział prezydent Rosji Dmitrij Miedwiediew, nie dodając – jak przy wcześniejszych okazjach – że ma to zmniejszyć zależność Rosji od państw tranzytowych, czyli Polski, Białorusi i Ukrainy.*	pl_e_GW_2011.11.09_T1	
			(20) **Kpt. Waldemar Jaworowski, doświadczony żeglarz, uważa, że zarówno droga wodna, jak i położona na dnie rura po jakimś czasie systematycznie będą się zamulały i w efekcie głębokość nad nią w tym miejscu znacznie się zmniejszy. – Tak dzieje się zawsze – twierdzi kapitan polskiej żeglugi wielkiej i dalej wyjaśnia – wtedy na miejsce wchodzą odpowiednie jednostki pogłębiające, ale który kapitan zgodzi się pogłębiać ten tor, wiedząc, że na dnie na ok. siedemnastu metrach znajduje się rura wypełniona niebezpiecznym gazem pod ciśnieniem, nikt o zdrowych zmysłach się nie odważy narażać życia swojego i załogi.** (18) **Zdziwienia z faktu, że polska strona była tak nieskuteczna i pozwoliła**	pl_e_GP_2011.02.23_T1	

	sobie pod nosem położyć gazociąg, który zdecydowanie w przyszłości ograniczy wejście dużych jednostek do polskiego portu, nie krył nawet Alfred Bligenthal, szef niemieckiego portu na Bałtyku – Vierow. Stwierdził on, że wszystkie porty zawsze i nieustannie walczą o jak najgłębsze wody podejściowe, z tym bowiem jest związana ich przyszłość i egzystencja.	pl_p_GP_2011.02.23_T1	
	(64)(165) *Zdaniem WWF budowa Nord Stream nie będzie obojętna dla środowiska*	pl_e_GW_2009.05.11_T1	
Verweise auf Zitate von Akteuren zweiter Ordnung, die Emotionen indirekt evozieren können	(10) *(...) Statki do waszego portu mogą popłynąć inną trasą, na której nasz gazociąg nie będzie problemem – zaproponował Dirk von Ameln, dyrektor techniczny Nord Streamu.*	pl_e_GW_2011.02.22_T1	ANGST
	(25) *Miedwiediew o Nord Stream: koszty polityczne też są ważne*	pl_e_GN_2011.11.09_T1	
	(150) *„Poszkodowanych będzie niemało: kraje bałtyckie, Polska i Ukraina, które stracą tranzytowe strumienie gazowe i które teraz będą musiały sporo zmienić w swojej polityce energetycznej i budżetowej" – pisze dziennik.*	pl_p_GP_2011.02.23_T1	
	(18) *Zdziwienia z faktu, (...) nie krył nawet Alfred Bligenthal, szef niemieckiego portu na Bałtyku – Vierow. Stwierdził on, (...)*	pl_p_GP_2011.02.23_T1	
	(149) *„Wiedomosti" wskazują, że „Rosja dysponuje teraz nadwyżką mocy przesyłowych, którą można manipulować".*	pl_e_GN_2011.11.09_T1	EMPÖRUNG

Ebene der Emotionalisierung	Analysekategorien		Emotionalisierungsstrategie	Belege	Quelle	Diskursive Emotionen
Transtextuelle Ebene	Intertextualität	Verbal	Verweise auf Zitate von Akteuren zweiter Ordnung, die Emotionen indirekt evozieren können	(171) *Niemcy: Pływajcie do Świnoujścia inaczej*	pl_e_GW_2011.02.22_T2	EMPÖRUNG
				(150) **„Poszkodowanych będzie niemało: kraje bałtyckie, Polska i Ukraina, które stracą tranzytowe strumienie gazowe i które teraz będą musiały sporo zmienić w swojej polityce energetycznej i budżeto-wej"** *– pisze dziennik.*	pl_e_GN_2011.11.09_T1	ÄRGER
				(9) *Niemcy: Pływajcie do Świnoujścia inaczej*	pl_e_GW_2011.02.22_T1	ANGST/ EMPÖRUNG
			Verweise auf Stellungnahmen und Handlungen von Akteuren zweiter Ordnung, um Kritik auszuüben. Dabei können eigene Positionen zum Ausdruck gebracht werden	(66) *Finlandia: nie tędy rura*	pl_e_GW_2008.01.22_T1	EMPÖRUNG
				(168) *Schroeder broni Rosji przed Polską* **Unia Europejska staje się zakładnikiem antyrosyjskich interesów polskich władz – mówił w Moskwie były kanclerz Niemiec Gerhard Schroeder.**	pl_e_GW_2007.09.09_T1	
				(169) **„Bez aktywnego lobbingu Niemiec na Zachodzie Nord Stream nie zostałby zbudowany"** *– stwierdził w ostatni wtorek w dzienniku „Die Welt" niemiecki politolog Alexander Rahr (…)*	pl_e_GW_2011.11.14_T1	
				(53) *Nord Stream dla niemieckich ekologów*	l_e_GW_2011.05.04_T1	
				(155) *Szwedzcy wojskowi krytykują bałtycką rurę*	pl_e_GW_2007.03.09_T1	
				(156) *Estonia krytykuje Niemcy za gaz*	pl_e_GW_2007.09.30_T1	
			Verbale Verweise auf außersprachliche Kontexte wie z. B. die	(173) *To nowe łączę pomiędzy Rosją i UE jest jednym z długoterminowych rozwiązań dla bezpieczeństwa energetycz nego UE –*	pl_e_GW_2011.11.09_T1	EMPÖRUNG

Vergangenheit und die Positionen der Diskursakteure		
powiedział po tej projekcji szef Nord Streamu Matthias Warnig, który przed upadkiem muru berlińskiego był majorem wywiadu komunistycznych Niemiec Stasi, a potem zrobił zawrotną karierę biznesową w Rosji.		pl_e_GW_2011.07.03_T1
(174) Jesienią do Niemiec popłynie gaz z Rosji bałtyckim gazociągiem Nord Stream. I Gazprom już szykuje w Europie nowe zadania dla kierującego budową bałtyckiej rury Matthiasa Warniga – byłego szpiega Stasi zaprzyjaźnionego z premierem Rosji Władimirem Putinem.		pl_e_GW_2011.04.29_T1
(176) Ropa pod nadzorem Stasi Rząd Rosji powołał do rady nadzorczej giganta naftowego Rosnieft byłego szpiega wywiadu komunistycznych Niemiec, a dziś szefa Nord Streamu budującego gazociąg z Rosji do Niemiec		pl_e_GW_2012.10.09_T1
(177) W symboliczny sposób za taką pomoc Putin odwdzięczył się, przyznając w zeszłym tygodniu kierującemu Nord Streamem niemieckiemu menedżerowi Mattiasowi Warnigowi Order Honoru – jedno z najwyższych rosyjskich odznaczeń. Cudzoziemcy ten order mogą otrzymać „za szczególne zasługi w rozwijaniu dwustronnych stosunków z Rosją". A dodatkowo wyróżnienie Warniga – byłego szpiega komunistycznych Niemiec – podkreślił fakt, że niższej rangi Ordery Przyjaźni Putin przyznał szefom największego amerykańskiego koncernu ExxonMobil i włoskiego giganta energetycznego ENI.		pl_e_GW_2011.07.03_T1

Ebene der Emotionalisierung	Analysekategorien	Emotionalisierungsstrategie	Belege	Quelle	Diskursive Emotionen
Transtextuelle Ebene	Interextualität	Verbal	Verbale Verweise auf außersprachliche Kontexte wie z. B. die Vergangenheit und die Positionen der Diskursakteure	(178) *Pod koniec zeszłego roku lukratywną posadę doradcy ds. międzynarodowych prezesa Rosnieftu dostał Andriej Biezrukow, kilka miesięcy wcześniej zatrzymany w USA wraz z siatką dziesięciu innych szpiegów nielegałów przez lata podszywających się pod Amerykanów. Waszyngton przekazał tych szpiegów Moskwie bez sądu, a premier Rosji Władimir Putin obiecał im „wesołe życie"*	pl_e_GW_2011.04.29_T1	EMPÖRUNG
				(175) *Gdy w 2005 r. ten menadżer zasiadał w fotelu szefa Nord Streamu, wybuchła sensacja. Dziennik „the Wall Sreet Journal" ujawnił, że Warnig był majorem Stasi, tajnej policji politycznej komunistycznej Niemieckiej Republiki Demokratycznej. Amerykański dziennik twierdził, że Warnig jest bliskim znajomym Putina jeszcze z czasów tuż przed zjednoczeniem Niemiec, gdy późniejszy przywódca sowieckiego wywiadu w NRD w placówce sowieckiego wywiadu KGB w Dreźnie.*	pl_e_GW_2011.07.03_T1	
		Visuell	Visuelle Verweise auf Aussagen, Visualisierung emotionaler Aussagen	(130) [Das Cover der Ausgabe des konservativen Nachrichtenmagazins WPROST vom 10.07.2005] (133) *Pakt Putin-Schröder*	pl_e_WST_2005_07.10_T1	ANGST
	Interikonizität		Bild-Bild-Bezüge (Rekurrenz auf andere Bilder), Bildzitate und verdeckte Referenzen	(162) [Das Bild stellt drei wichtige Diskurs-Akteure dar, die einen Verweis auf das Bild der Unterschreibung des Molotow-Ribbentrop-Pakts im Jahr 1939.]	pl_e_GN_2011.11.09_T1	ANGST/ ÄRGER/ EMPÖRUNG

Intratextuelle Ebene				
Text-orientierte Analyse	Ikonische Elemente	Verwendung von emotionsevozie-renden Bildern. Sie dienen häufig der Visualisierung der Prozesse bzw. Dinge in demselben Diskursausschnitt	(130) [Das Cover der Ausgabe des konservativen Nachrichtenmagazins WPROST vom 10.07.2005]	pl_e_WST_2005_07.10_T1	ANGST/EMPÖRUNG
	Sprache-Bild-Beziehungen	Verwendung von multimodalen Texten, mit denen auf Grund von formal-semantischen Rezitäten zwischen den Modalitäten Emotionen evoziert werden	(130) [Das Cover der Ausgabe des konservativen Nachrichtenmagazins WPROST vom 10.07.2005]	pl_e_WST_2005_07.10_T1	ANGST/ÄRGER/EMPÖRUNG
Pro-positions-orientierte Analyse	Implika-turen	Strategischer Einsatz von Wörtern/Phrasen/Aussagen, die bestimmte intendierte emotionale Bedeutungsaspekte aktivieren und einen emotionalen Zustand herbeiführen	(11) *Jeśli znaczna część rosyjskiego gazu będzie szła przez Niemcy, a oba końce tej rury – Berlin i Moskwa – przestaną się dogadywać, to powstanie pytanie o konsekwencje takich zakłóceń. W sferze political fiction można stawiać pytania, czy jest możliwe, że po wybudowaniu gazociągu dojdzie między współnikami do konfliktu, np. o cenę gazu?* **Czy Rosjanie ustrzymają dostawy? Czy Europa zostanie bez gazu?** *I co z tym zrobią Niemcy, którzy stracą pozycje i dochody?*	pl_p_WST_2010.02.28_S. 50–51	ANGST
			(76) *Rura Gazpromu obok nuklearnych odpadów*	pl_e_GW_2012.10.09_T1	
			(74)(93) *ekobomba*	pl_e_GW_2008.04.02_T1	
			(87) *bomba ekologiczna*	pl_e_GN_2011.04.04_T1	

Ebene der Emotionalisierung	Analysekategorien		Emotionalisierungsstrategie	Belege	Quelle	Diskursive Emotionen
Intratextuelle Ebene	Propositionsorientierte Analyse	Implikaturen	Strategischer Einsatz von Wörtern/Phrasen/Aussagen, die bestimmte intendierte emotionale Bedeutungsaspekte aktivieren und einen emotionalen Zustand herbeiführen	(122) *Nuklearne odpady*	pl_e_GW_2012.10.09_T1	
				(123) *Wielkie zwycięstwo Putina*	pl_e_GN_2011.11.09_T1	
				(104) *Udali, że nie słyszą, o czym mówimy*	pl_e_GP_2011.02.23_T1	
				(129) *Miedwiediew o Nord Stream: koszty polityczne też są ważne*	pl_e_GW_2009.11.25_T1	ANGST/ EMPÖRUNG
				(5) *Zgodnie z prawem międzynarodowym można zablokować inwestycję mogą tylko państwa, których morskie strefy interesów przetnie rura – Rosja, Finlandia, Szwecja, Dania i Niemcy.* **Pozostałe państwa, także Polska, mogą zgłaszać swoje opinie i zastrzeżenia.**	pl_p_ GW_2007.04.18_S. 28	ÄRGER
				(21) *Dla kpt. Waldemara Jaworskiego nie ulega wątpliwości, że Nord Stream* **działał wyjątkowo politycznie i z premedytacją, aby w konsekwencji spłycić tor wodny do Świnoujścia (...), co oznacza, że działał na szkodę państwa polskiego.**	pl_e_GP_2011.11.16_T1	
				(23) *Oliver Geden z Niemieckiego Instytutu Polityki Międzynarodowej i Bezpieczeństwa w Berlinie, który jest przekonany, że główna odpowiedzialność za bezpieczeństwo energetyczne Niemiec spoczywa właśnie na przemyśle gazowym, nie ma wątpliwości, iż Nord Stream od* **początku był i jest projektem politycznym.** *Podobnego zdania jest ekspert związany z Deutsche Bank, Josef Auer.*	pl_e_GP_2011.02.23_T1	

(104) *Udali, że nie słyszą, o czym mówimy* W bezpośrednich rozmowach, czy to z niemieckimi urzędnikami z BSH, czy z przedstawicielami koncernu Nord Stream zatusze padał argument, że niemiecka strona uwzględniła polskie postulaty, aby przesunąć gazociąg na północne, głębsze wody. (…)	pl_e_GP_2011.02.23_T1
(110) *Rura bałtycka ucieka od polskiego prawa* Rosyjsko-niemieckie konsorcjum Nord Stream przesuwa trasę gazociągu przez Bałtyk poza akweny, do których prawa ma Polska. Nord Stream nie kryje, że zmienia trasę, aby spory prawne nie opóźniły inwestycji.	pl_e_GW_2007.08.21_T 1
(111) **Polska nie może żądać od Nord Stream, by zmienił plany**, bo trasa rury omija akweny, na których obowiązuje nasze prawo. Zmian od Nord Stream mogą domagać się tylko Rosja, Niemcy, Finlandia, Szwecja i Dania – także w imieniu Polski. W czerwcu Generalna Dyrekcja Ochrony Środowiska przedstawiła tym państwom nasze zastrzeżenia wobec planów Nord Stream.	pl_e_GW_2009.10.01_T 1
(112) *Dla Nord Stream* **Polska jest na razie tylko państwem „narażonym"** *przez inwestycję. Zgodnie z konwencją z Espoo to niższy status, niż przyznano* **Danii***. Pozwala on zgłaszać opinie, ale nie daje prawa skarżenia inwestycji do międzynarodowych sądów.*	pl_e_GN_2008.03.11_T1

Ebene der Emotionalisierung	Analysekategorien		Emotionalisierungsstrategie	Belege	Quelle	Diskursive Emotionen
Intratextuelle Ebene	Pro-positions-orientierte Analyse	Implika-turen	Strategischer Einsatz von Wörtern/Phrasen/Aussagen, die bestimmte intendierte emotionale Bedeutungsaspekte aktivieren und einen emotionalen Zustand herbeiführen	*(56) Nord Stream i władze Niemiec przez dwa lata nie reagowały na nasze zastrzeżenia i dopiero pod koniec 2009r. szef niemieckiego MSZ Guido Westerwelle obiecał szefowi polskiej dyplomacji Radosławowi Sikorskiemu, że Berlin uwzględni zastrzeżenia. Wbrew tej deklaracji BSH zezwolito na ułożenie rury w sposób blokujący rozwój Świnoujścia. Dane dostarczone przez Nord Stream były bardzo kiepskiej jakości. Dopiero po ich naniesieniu na mapy morskie okazało się, że trasa gazociągu przecina polską strefę.*	pl_e_GP_2011.11.16_T1	ÄRGER
				(53) Nord Stream dla niemieckich ekologów Szefowie niemieckich organizacji ekologicznych, którzy głośno protestowali przeciw gazociągowi Nord Stream z Rosji, właśnie objęli posady w kierownictwie sponsorowanej przez Nord Stream ekofundacji.	pl_e_GW_2011.05.04_T1	
				(57) Kanclerz Niemiec Angela Merkel stwierdziła zaś, że przy tej inwestycji „uwzględniono uzasadnione interesy wszystkich krajów leżących nad Bałtykiem".	pl_e_GW_2011.11.09_T1	
				(5) Zgodnie z prawem międzynarodowym zablokować inwestycję mogą tylko państwa, których morskie strefy interesów przetnie rura – Rosja, Finlandia, Szwecja, Dania i Niemcy. Pozostałe państwa, także Polska, mogą zgłaszać swoje opinie i zastrzeżenia.	pl_p_GW_2007.04.18_ S. 28	EMPÖRUNG

		Beispiel	ID	Emotion
		(6) *Warszawa chciała, aby na skrzyżowaniu z trasą do polskich portów Nord Stream zakopał rurę pod dnem morza, Ministerstwo Infrastruktury nie ma za to wątpliwości, że po ułożeniu rury wprost na dnie morza nie byłoby mowy o rozwoju portu w Świnoujściu.*	pl_e_GW_2010.01.29_T1	
		(172) *Rura Rosja – Niemcy biegnie przez polski obszar ekonomiczny na Bałtyku.*	pl_e_GW_2007.06.27_T1	
	Verwendung von Metaphern	(120) *Gazowa więź*	pl_e_GW_2012.10.09_T1	ANGST/ EMPÖRUNG
	Einsatz von metaphorischen Beschreibungen (Verwendung von Textmetaphern) zur Visualisierung der Ereignisse und als Unterstützung der Emotionalisierung	(179) *Jak się buduje Gazociąg Północny Zupełnie jak w filmach o mafii. Najpierw bezbronne ofiary wiezie się przez pół kraju, potem zatapia w betonie, a na koniec opuszcza na dno morza. Tyle że tym razem chodzi o tysiące metalowych rur, a ich właścicielom przyświecają zgoła inne cele niż dyskretne pozbycie się ofiar.*	pl_e_PK_2009.05.11_T1	EMPÖRUNG
Rhetorische Figuren	Verwendung von Sprachspiel, Synekdoche, Häufungen/ Wiederholungen, Ironie, Sarkasmus und Vergleichen	(217) *Nord Stream już na dnie Położono pierwszą rurę Nord Stream przez Bałtyk. Mimo naszych protestów leży tak, że blokuje rozwój portu w Świnoujściu.*	pl_e_GW_2011.05.05_T1	ÄRGER
		(52) *Kanclerz Merkel zapowiedziała, że wkrótce rozpocznie rozmowy o inwestycji z państwami nadbałtyckimi, w pierwszym rzędzie ze Szwecją. W budowę omijającego Polskę gazociągu są zaangażowane w pełni prywatne koncerny z Niemiec, ale Merkel stwierdziła, że „Niemcy uważają ten projekt za ważny dla bezpieczeństwa energetycznego".*	pl_e_GW_2008.03.10_T1	Empörung

Ebene der Emotionalisierung	Analysekategorien		Emotionalisierungsstrategie	Belege	Quelle	Diskursive Emotionen
Intratextuelle Ebene	Propositionsorientierte Analyse	Rhetorische Figuren	Verwendung von Sprachspiel, Synekdoche, Häufungen/Wiederholungen, Ironie, Sarkasmus und Vergleichen	(209) *Zgodnie z apelem Merkel także Polska powinna „pożądać i popierać" Nord Stream*	pl_e_GW_2009.01.30_T1	EMPÖRUNG
				(173) *Matthias Warnig [były major wywiadu komunistycznych Niemiec Stasi] zrobił zawrotną karierę biznesową u Rosji.*	pl_e_GW_2011.11.09_T1	
				[Wiederholungen im Text] (124) *Rosjanie przyznają:* **Możemy zakręcić Polsce kurek**	pl_e_GN_2011.11.09_T1	ANGST
		Sprechakte	Verwendung von indirekten Sprechakten (Kommissiva, Assertiva), die implizit oder explizit auf die jeweilige diskursive Praktik der Emotionalisierung hinweisen	(150) *Poszkodowanych będzie niemało (...) pisze dziennik [Wiedomosti]*	pl_p_GP_2011.02.23_T1	ANGST
				(124) *Rosjanie przyznają:* **Możemy zakręcić Polsce kurek**	pl_e_GN_2011.11.09_T1	
				(58)(125) *Jeśli będzie taka polityczna potrzeba, to Moskwa, nie szkodząc krajom trzecim, będzie mogła zakręcić kurek z* **gazem Polsce** *– zauważa w środę dziennik „Wiedomosti", komentując uruchomienie Gazociągu Północnego, łączącego Rosję z Niemcami przez Morze Bałtyckie.*	pl_e_GW_2011.05.05_T1	ÄRGER WUT
				(128) *Zgodnie z prawem międzynarodowym zablokować inwestycję mogą tylko państwa, których morskie strefy interesów przetnie rura — Rosja, Finlandia, Szwecja, Dania i Niemcy.* **Pozostałe państwa, także Polska, mogą zgłaszać swoje opinie i zastrzeżenia.**	pl_p_GW_2007.04.18_S.28	EMPÖRUNG
				(217) *– Nord Stream już na dnie Położono pierwszą rurę Nord Stream przez Bałtyk.* **Mimo naszych protestów leży tak, że blokuje rozwój portu w Świnoujściu.**	pl_e_GW_2011.05.05_T1	EMPÖRUNG ÄRGER

Wort-orientierte Analyse	Schlüsselwörter, Schlüsselphrasen			
			(110) **Rura bałtycka** ucieka od polskiego prawa Rosyjsko-niemieckie konsorcjum Nord Stream przesuwa trasę gazociągu przez Bałtyk poza akweny, do których prawa ma Polska. Nord Stream nie kryje, że zmienia trasę, aby spory prawne nie opóźniły inwestycji.	pl_e_GW_2007.08.21_T1	EMPÖRUNG
			(62) Wraz z uruchomieniem gazociągu Nord Stream **Rosja nie tylko umacnia swoje wpływy gospodarcze, ale i polityczne**. I „jeśli będzie taka potrzeba, to nie szkodząc krajom trzecim, będzie mogła zakręcić kurek z gazem Polsce" – **przestrzega nas rosyjski dziennik „Wiedomosti"**.	pl_e_FT_2011.11.10_T1	
			(57) Mamy dodatkowy problem	pl_e_GW_2011.05.06_T1	
			(172) Rura Rosja – Niemcy biegnie przez polski obszar ekonomiczny na Bałtyku.	pl_e_GW_2007.06.27_T1	
		Verwendung von direkten Sprechakten, die durch performativ gebrauchte Verben signalisiert werden	(41) Gazprom **straszy**	pl_e_GN_2013.01.11_T1	ANGST
			(61) I „jeśli będzie taka potrzeba, to nie szkodząc krajom trzecim, będzie mogła zakręcić kurek z gazem Polsce" – **przestrzega nas rosyjski dziennik „Wiedomosti"**	pl_e_GN_2011.11.09_T1	
		Verwendung von Schlüsselwörtern, häufig in Verbindung mit emotionsbenennenden Wörtern	(4) LEKCJA O STRASZNEJ RURZE	pl_e_GW_2012.03.24_T1	ANGST
			(45) Niepokojąca **rura** przez Bałtyk	pl_e_GN_2011.11.09_T1	
			(97) Rosyjsko-niemiecki **gazociąg** przez Bałtyk	pl_e_GW_2007.09.14_T1	
			(99) Rura niczym bomba	pl_e_GW_2012.03.24_T1	
			(166) Rura Rosja-Niemcy	pl_e_GN_2011.11.09_T1	

Ebene der Emotionalisierung	Analysekategorien		Emotionalisierungsstrategie	Belege	Quelle	Diskursive Emotionen
Intratextuelle Ebene	Wort-orientierte Analyse	Schlüssel-wörter, Schlüssel-phrasen	Verwendung von Schlüsselwörtern, häufig in Verbindung mit emotionsbenennenden Wörtern	(98) *Rura (Rura zablokuje polskie porty, Rura grzebie Świnoujście)*	pl_e_GW_2012.10.13_T1	ANGST
				(119) *Gazowa przyjaźń*	pl_e_GN_2011.11.09_T1	
				(132) *Gazowe okrążenie Polski*	pl_e_WST_2005_07.10_T1	
				(96) *Irytujący gazociąg przez Bałtyk*	pl_e_GW_2009.06.12_T1	ÄRGER
				(101) *Ta rura po dnie Bałtyku ma bezpośrednio połączyć Rosję i Niemcy, omijając Polskę i inne państwa Europy Środkowej.*	pl_e_GW_2008.09.11_T1	
				(104) *Udali, że nie słyszą, o czym mówimy*	pl_e_GP_2011.02.23_T1	
				(102) *Zdaniem rządu firma Nord Stream błędnie uznała, że rura ominie polską strefę. Nie zwróciła się do nas o ocenę, czy inwestycja nie narusza polskich przepisów i polskich interesów gospodarczych.*	pl_e_GN_2011.04.04_T1	EMPÖRUNG
				(103) *Polska chce decydować w sprawie bałtyckiej rury*	pl_e_GW_2007.04.25_T1	
		Schlag-wörter/ Stigma-wörter, Stigma-phrasen	Verwendung von Schlagwörtern/ Stigmawörtern	(84) *blokować*	pl_e_GW_2012.10.13_T1	ÄRGER/ EMPÖRUNG
				(85) *Nord Stream blokuje polskie porty*	pl_e_GN_2012.10.15_T1	ÄRGER/WUT
				(20) *Zagrożenie życia*	pl_e_GP_2011.02.23_T1	ANGST
				(19) *Blokada polskiej gospodarki morskiej*	pl_e_GP_2011.02.23_T1	
				(3) *konflikt graniczny*	pl_e_GP_2011.11.16_T1	
				(44) *Polska i Szwecja są zaniepokojone*	pl_e_GW_2009.01.30_T1	

(45) *Niepokojąca rura przez Bałtyk*	pl_e_GW_2007.05.28_T1
(65) **Finlandia obawia się bałtyckiej rury**	pl_e_GW_2007.11.11_T1
(66) **Finlandia: nie tędy rura**	pl_e_GW_2008.01.22_T1
(67) *Fińskie wątpliwości wobec gazociągu*	pl_e_GW_2007.02.22_T 1
(68) **Szwedów już zirytowała** *dyploma-tyczno-propagandowa ofensywa Berlina, który po kryzysie na Ukrainie próbuje przeforsować wsparcie UE dla gazociągu Nord Stream z Rosji*	pl_e_GW_2009.01.30_T1
(74)(93) *Ekobomba*	pl_e_GW_2008.04.02_T1
(75) *ekologiczna katastrofa*	pl_e_GN_2013.01.11_T1
(76) *nuklearne odpady*	pl_e_GW_2007.11.26_T1
(77) *lokalne zatrucia wód*	pl_e_GN_2011.04.04_T1
(78) *Zależność od Rosji*	pl_p_WST_2010.02.28_ S. 50–51
(79) *energetyczna zależność*	pl_p_WST_2010.02.28_ S. 50–51
(81) *groźny alians*	pl_e_GN_2011.11.09_T1
(88) *niebezpieczna przyjaźń*	pl_e_GN_2011.11.09_T1
(91) **imperialne ambicje**	pl_e_GN_2011.11.09_T1
(94) *ekologiczna katastrofa*	pl_e_GW_2009.05.11_T1
(131) *Gazowa przyjaźń*	pl_e_GN_2011.11.09_T1
(210) *Dojrzałość partnerstwa Rosji i Niemiec i zdolność do uwzględniania wzajemnych interesów*	pl_e_GW_2008.10.02_T1

Ebene der Emotionalisierung	Analysekategorien		Emotionalisierungsstrategie	Belege	Quelle	Diskursive Emotionen
Intratextuelle Ebene	Wort-orientierte Analyse	Schlag-wörter/ Stigma-wörter, Stigma-phrasen	Verwendung von Schlagwörtern/ Stigmawörtern	(85) *Nord Stream blokuje polskie porty*	pl_e_GW_2009.10.01_T 1	ANGST
				(16) *Po raz pierwszy gaz z Rosji płynie bezpośrednio do UE – powiedział prezydent Rosji Dmitrij Miedwiediew, nie dodając – jak przy wcześniejszych okazjach – że ma to zmniejszyć zależność Rosji od państw tranzytowych, czyli Polski, Białorusi i Ukrainy.*	pl_e_GW_2011.11.09_T1	ÄRGER
				(69) *Estonia nie chce bałtyckiej rury*	pl_e_GW_2007.09.20_T2	
				(132) *Gazowe okrążenie Polski*	pl_e_WST_2005_07.10_T1	
				(86) *(...) zagraża Świnoujściu*	pl_e_GP_2011.02.23_T1	
				(21) *Działać na szkodę państwa polskiego*	pl_e_GP_2011.02.23_T1	EMPÖRUNG
				(117) *Gazowa blokada portów*	pl_e_GW_2009.10.01_T2	
		Stilistisch markierte Lexeme Negativ konnotierte Lexeme und Phrasen	Verwendung von stilistisch markierten und emotionsevozierenden Wörtern. Es werden lexikalische Mittel eingesetzt, um den Eindruck der Emotionalisierung zu intensivieren und die Emotionalisierungsstrategien zu unterstützen	(10) *(...)* **Statki do waszego portu mogą popłynąć inną trasą, na której** *nasz gazociąg nie będzie problemem – zaproponował Dirk von Ameln, dyrektor techniczny Nord Streamu.*	pl_e_GW_2011.02.22_T1	ANGST
				(12) *W Niemczech wzdłuż naszej granicy zaczęła się budowa lądowej odnogi Gazociągu Północnego. To część rur Gazpromu, które podzielą Europę:* **na Zachodzie zapewnią większą konkurencję, na Wschodzie – monopol Rosji.**	pl_p_WST_2010.02.28_ S. 50–51	
				(13) *W poniedziałek w Gołdapi Tusk podkreślał, że idea Nord Stream narusza* **zasadę solidarności energetycznej w**	pl_e_GW_2008.09.11_T 1	

		EMPÖRUNG
UE. – Niemcy zaczynają rozumieć, że samo poczęcie tej idei było w grzechu – powiedział premier.		
(83) Uzależnienie (Europy od gazu)	pl_e_GPc_2018.03.06_T1	
(126) Nord Stream 2 to pułapka, w którą wpadają Niemcy, z poważnymi konsekwencjami dla europejskich sąsiadów. Nord stream jest flagowym projektem w rosyjskiej kampanii mającej na celu utrzymanie uzależnienia Europy od gazu (...).	pl_e_GPc_2018.03.06_T1	
(127) Ekonomiczny szantaż wobec Polski	pl_e_GPc_2018.03.06_T1	
(211) Poważne konsekwencje dla Polski	pl_e_GW_2007.12.18_T1	
(150) poszkodowani	pl_e_GN_2011.11.09_T1	
(212) uczynić z Europy zakładnika	pl_e_GW_2008.10.02_T1	
(115) Ta prowizorka nas zablokuje	pl_e_GW_2011.03.13_T1	
(116) Będzie bałtycka rura, statki z gazem nie przepłyną.	pl_e_GW_2011.05.05_T1	
(80) broń energetyczna Putina, za pomocą której ten urzeczywistnia swoje imperialne ambicje	pl_e_GN_2011.11.09_T1	
(64)(165) A to grozi dodatkowymi wybuchami niewykrytej wcześniej amunicji i broni chemicznej.	pl_e_GW_2009.05.11_T1	
(7) Zastrzeżenia Polski były bagatelizowane przez niemiecki Federalny Urząd Żeglugi i Hydrografii (BSH), który pod koniec zeszłego roku zezwolił na budowę Nord Streamu.	pl_e_GW_2010.01.29_T1	

Ebene der Emotionalisierung	Analysekategorien		Emotionalisierungsstrategie	Belege	Quelle	Diskursive Emotionen
Intratextuelle Ebene	Wortorientierte Analyse	Stilistisch markierte Lexeme Negativ konnotierte Lexeme und Phrasen	Verwendung von stilistisch markierten und emotionsevozierenden Wörtern. Es werden lexikalische Mittel eingesetzt, um den Eindruck der Emotionalisierung zu intensivieren und die Emotionalisierungsstrategien zu unterstützen	(21) *Nord Stream działał wyjątkowo politycznie i z premedytacją*	pl_e_GP_2011.02.23_T1	EMPÖRUNG
				(22) *Od początku to był projekt polityczny* *Chociaż rosyjski prezydent zapewniał w Lubminie, że Nord Stream to wybitny projekt ekonomiczny, to nawet niemieccy eksperci nie mają wątpliwości, że Nord Stream nie jest przedsięwzięciem czysto gospodarczym, lecz jest bardziej niemiecko-rosyjskim projektem politycznym (...)*	pl_e_GP_2011.11.16_T1	
				(24) *To sprawa polityczna* *Zdziwienie z faktu, że polska strona była tak nieskuteczna i pozwoliła sobie położyć pod nosem gazociąg, który zdecydowanie w przyszłości ograniczy wejście dużych jednostek do polskiego portu (...)*	pl_e_GP_2011.02.23_T1	
				(149) *manipulować*	pl_e_GN_2011.11.09_T1	
				(113) *Berlin (...) zignorował europejską solidarność*	pl_e_GW_2012.06.21_T1	
				(114) *Podczas spotkania w Berlinie na temat Nord Stream miałem wrażenie, jakby zmieniły się stereotypowe wyobrażenia o obu narodach. Polacy domagali się trwałych rozstrzygnięć, a Niemcy forsowali prowizoryczne rozwiązania – opowiadał „Gazecie" o takich konsultacjach dyrektor Urzędu Morskiego w Szczecinie Andrzej Borowiec.*	pl_e_GW_2012.10.13_T1	
				(54) *Ta prowizorka nas zablokuje*	pl_e_GW_2011.03.13_T1	

	ÄRGER
(59) *Eksperci rządów Polski i Niemiec negocjowali, a Nord Stream, stosując metodę faktów dokonanych, ułożył rury w poprzek północnego toru do Świnoujścia.*	pl_e_GW_2012.10.13_T1
(60) **Mamy dodatkowy problem, bo niemiecka administracja pozwoliła ułożyć rury w poprzek północnego toru podejściowego do portu w Świnoujściu uprost na dnie morza. Polska protestowała przeciw temu od 2007 r.**, *bo to nie pozwoli dopłynąć do polskiego portu statkom o zanurzeniu ponad 13.5 m.*	pl_e_GW_2011.05.06_T1
(170) *Schroeder, nie masz wstydu!*	pl_e_GN_2014.04.30_T1
(213) *Gazprom pod nadzorem Schrödera*	pl_e_GW_2011.05.23_T1
(64)(165) **Zdaniem WWF budowa Nord Stream nie będzie obojętna dla środowiska.** *Inwestorzy zamierzają wysadzać w powietrze przeszkody na dnie morza i budować tam instalacje utrzymujące gazociąg. A to grozi dodatkowymi wybuchami niewykrytej wcześniej amunicji i broni chemicznej, które obficie zatapiano w Bałtyku po I i II wojnie światowej. –* *Nord Stream nie przewidział procedur usuwania broni chemicznej i nie zbadał jej wpływu na środowisko – podkreśla WWF. Nie przedstawiono też informacji o amunicji zatopionej na wodach terytorialnych Rosji, a problem amunicji ukrytej w osadach na dnie morza pominięto.*	pl_e_GW_2009.05.11_T1
(176) *Ropa pod nadzorem Stasi*	pl_e_GW_2011.04.29_T1
(8) *„Jeśli jakiś statek nie będzie mógł przejść nad rurociągiem, będzie to nie*	pl_e_GW_2010.01.29_T1

Ebene der Emotionalisierung	Analysekategorien		Emotionalisierungsstrategie	Belege	Quelle	Diskursive Emotionen
Intratextuelle Ebene	Wort-orientierte Analyse	Stilistisch markierte Lexeme Negativ konnotierte Lexeme und Phrasen	Verwendung von stilistisch markierten und emotionsevozierenden Wörtern. Es werden lexikalische Mittel eingesetzt, um den Eindruck der Emotionalisierung zu intensivieren und die Emotionalisierungsstrategien zu unterstützen	dogodność, jaką żegluga musi zaakceptować" – ocenił *BSH. I kwestionował plany rozbudowy portu w Świnoujściu* do obsługi statków o większym zanurzeniu: „Wątpliwe, by taki scenariusz należało rozpatrywać".		ÄRGER
				(14) **Demontaż unii energetycznej** Ledwo zaczęliśmy ją budować, a już grozi jej demontaż. *Działania Niemiec w sprawie Nord Stream 2 są fundamentalnie sprzeczne z postulatami unii energetycznej* – uważa były minister skarbu	pl_e_RP_2015.11.05_T1	
				(15) (...) Szefowie tej firmy mówią w filmie, że **Polska sprzeciwia się budowie bałtyckiej rury**, bo obawia się zmniejszenia dochodów z tranzytu gazu z Rosji na Zachód.	pl_e_GP_2011.02.23_T1	
				(17) **Niemcy blokują rurą Nord Stream rozwój portu w Świnoujściu**	pl_e_GW_2015.12.19_T1	
				(24) *Zdziwienia z faktu, że polska strona była tak nieskuteczna i pozwoliła sobie pod nosem położyć gazociąg, który zdecydowanie w przyszłości ograniczy wejście dużych jednostek do polskiego portu, nie kryl nawet Alfred Bligenthal, szef niemieckiego portu na Bałtyku – Vierow. Stwierdził on, że wszystkie porty zawsze i nieustannie walczą o jak najgłębsze wody podejściowe, z tym bowiem jest związana ich przyszłość i egzystencja.*	pl_p_GP_2011.02.23_T1	
				(95) *omijać*	pl_e_GW_2008.02.06_T1	

Kategorie	Beschreibung	Beispiel	ID	ANGST/EMPÖRUNG / ÄRGER/WUT
		(27) *Wywołało to szok w Europie Środkowej*	pl_e_GW_2011.04.29_T2	ANGST/EMPÖRUNG
		(87) *Nie zważają na polskie interesy*	pl_e_GP_2011.02.23_T1	ÄRGER/WUT
Okkasio-nalismen	Verwendung von okkasionellen Bildungen	(26) *nowy mur berliński*	pl_e_GP_2011.02.23_T1	ANGST
		(119) *gazowa przyjaźń*	pl_e_GN_2011.11.09_T1	
		(120) *gazowa więź*	pl_e_GW_2012.10.09_T1	
		(130) *Pakt Putin-Schröder*	pl_e_WST_2005_07.10_T1	
		(132) *gazowe okrążenie Polski*	pl_e_WST_2005_07.10_T1	WUT
		(117) *Gazowa blokada portów*	pl_e_GW_2009.10.01_T2	
Emotions-wörter	Verwendung von Emotionswörtern, die explizit die zu evozierende Emotion benennen. Dazu gehören emotive Nomina, Verben und Adjektive	(2) *Od początku przeciwko gazociągowi protestuje opozycja oraz lokalni politycy Pomorza Zachodniego. Protestował PiS, a także SLD – szczególnie z okręgu świnoujskiego. Nikt nie miał złudzeń, że Nord Stream negatywnie wpłynie na rozwój polskich portów. (...) już w niedalekiej przyszłości okaże się, iż obecnie położona rura będzie poważnym zagrożeniem (...)*	pl_e_GP_2011.02.23_T1	ANGST
		(26) *troska i niepokój*	pl_e_GW_2011.04.29_T2	
		(27) *poważne zagrożenie*	pl_e_GP_2011.02.23_T1	
		(29) *obawa [Polska strona obawia się]*	pl_e_GN_2011.04.04_T1	
		(30) *strach*	pl_e_GP_2011.02.23_T1	
		(31) *pełno obaw*	pl_e_GN_2011.11.09_T1	
		(32) *realne zagrożenie*	pl_e_GP_2011.11.16_T1	

Ebene der Emotionalisierung	Analysekategorien		Emotionalisierungsstrategie	Belege	Quelle	Diskursive Emotionen
Intratextuelle Ebene	Wort-orientierte Analyse	Emotions-wörter	Verwendung von Emotionswörtern, die explizit die zu evozierende Emotion benennen. Dazu gehören emotive Nomina, Verben und Adjektive	(34) *zagrożenie życia*	pl_e_GP_2011.02.23_T1	ANGST
				(36) *zagrożone bezpieczeństwo*	pl_e_GP_2011.11.16_T1	
				(42) *Straszydło [„Gazprom"], stało się jeszcze straszniejsze*	pl_e_GN_2011.11.09_T1	
				(37) *zagrażać*	pl_e_GP_2011.11.16_T1	
				(39) *obawiać się*	pl_e_GN_2011.04.04_T1	
				(40) *obawiamy się*		
				(41) *Gazprom straszy*	pl_e_GP_2011.02.23_T1	
				(43) *zaniepokojenie*	pl_e_GW_2009.01.30_T1	
				(44) *Polska i Szwecja są zaniepokojone*	pl_e_GW_2009.01.30_T1	
				(45) *Niepokojąca rura przez Bałtyk*	pl_e_GW_2007.05.28_T1	
				(80) *blokować port*	pl_e_GW_2009.06.23_T1	
				(81) *Nord Stream blokuje polskie porty*	pl_e_GN_2012.10.15_T1	
				(151) „*Tak więc **obawy** europejskich polityków nie są zapewne bezpodstawne*" – *pisze moskiewski dziennik.*	pl_e_GN_2011.11.09_T1	
				(152) „*Wiadomości*" *zauważają, że „**pełno obaw** jest też w Europie*".	pl_e_GN_2011.11.09_T1	
				(47) *Irytujący gazociąg*	pl_e_GW_2009.06.12_T1	EMPÖRUNG
				(49) *oburzać się*	pl_e_GP_2011.02.23_T1	
				(50) *Jesteśmy oburzeni w sprawie Nord Streamu*	pl_e_GP_2011.02.23_T1	
				(58) **Polska i państwa bałtyckie w 2005 r. oburzały się**, *że Niemcy nie konsul-*	pl_e_GW_2012.06.21_T1	

	Beschreibung	Beispiel	Code	Emotion
		towały z nimi umowy o budowie przez Bałtyk gazociągu Nord Stream z Rosji.		
	Thematisierung von Emotionen durch die Verwendung von emotionsbezeichnenden Wörtern, die auf Emotionen anderer rekurrieren, aber auf Grund der eigenen Involviertheit im Diskurs den gesamten Diskurs bestimmen und diskursive Emotionen zum Ausdruck bringen. Diese Strategie beruht darauf, dass Emotionen und emotionale Zustände und Erlebnisse anderer durch emotionale Beschreibung „ansteckend" sind, auf die Rezipienten übertragen werden und mit empfunden werden	(51) *wściekają się ekolodzy*.	pl_e_WST_2007.03.18_T1	ÄRGER
		(44) *Polska i Szwecja są zaniepokojone*	pl_e_GW_2009.01.30_T1	ANGST
		(65) *Finlandia obawia się bałtyckiej rury*	pl_e_GW_2007.11.11_T1	
		(15) (...) *Szefowie tej firmy mówią w filmie, że Polska sprzeciwia się budowie bałtyckiej rury, bo obawia się zmniejszenia dochodów z tranzytu gazu z Rosji na Zachód.*	pl_e_GP_2011.02.23_T1	EMPÖRUNG
		(70) *Ekolodzy przeciw bałtyckiej rurze*	pl_e_GW_2009.05.11_T1	
		(48) *poruszenie wśród rybaków*	pl_e_GW_2007.01.18_T1	
		(58) *Polska i państwa bałtyckie w 2005 r. oburzały się.*	pl_e_GW_2012.06.21_T1	
		(69) *Estonia nie chce bałtyckiej rury*	pl_e_GW_2007.09.20_T2	ÄRGER/WUT
		(72) *Szwecja: „nie" dla rury*	pl_e_RP_2008.12.01_T1	
		(73) *irytacja wśród ekologów*	pl_e_WST_2007.03.18_T1	
		(51) *wściekają się ekolodzy*	pl_e_WST_2007.03.18_T1	
		(47) *irytujący gazociąg*	pl_e_GW_2009.06.12_T1	
Eigen-namen	Verwendung von Onymen, mit denen diskursive Emotionen implizit zum Ausdruck kommen/ Antroponymen; Nomina collectiva;	(1) *Gazprom*	pl_e_GW_2011.01.21_T1	ANGST
		(11) *Jeśli znaczna część rosyjskiego gazu będzie szła przez Niemcy, a oba końce tej rury – Berlin i Moskwa – przestaną się dogadywać, to powstanie pytanie o konsekwencje takich zakłóceń. W sferze*	pl_p_WST_2010.02.28_ S. 50–51	

Ebene der Emotionalisierung	Analysekategorien		Emotionalisierungsstrategie	Belege	Quelle	Diskursive Emotionen
Intratextuelle Ebene	Wort-orientierte Analyse	Eigen-namen	Toponymen; Namen von Institutionen/Unternehmen/Ereignissen	*political fiction można stawiać pytania, czy jest możliwe, że po wybudowaniu gazociągu dojdzie między wspólnikami do konfliktu, np. o cenę gazu?* **Czy Rosjanie ustrzymają dostawy? Czy Europa zostanie bez gazu?** *I co z tym zrobią Niemcy, którzy stracą pozycję i dochody?*		ANGST
			Einige Antroponyme fungieren als emotionsgenerierende Diskursakteure: *Schröder, Putin, Medwedew*	(12) *W Niemczech wzdłuż naszej granicy zaczęła się budowa lądowej odnogi Gazociągu Północnego. To część rur Gazpromu, które* **podzielą Europę: na Zachodzie zapewnią większą konkurencję, na Wschodzie – monopol Rosji**	pl_p_WST_2010.02.28_ S. 50–51	
				(16) *Po raz pierwszy gaz z Rosji płynie bezpośrednio do UE – powiedział prezydent Rosji Dmitrij Miedwiediew, nie dodając – jak przy wcześniejszych okazjach – że to zmniejszy zależność Rosji od państw tranzytowych, czyli Polski, Białorusi i Ukrainy.*	pl_e_GW_2011.11.09_T1	
				(25) *Miedwiediew o Nord Stream:* **koszty polityczne też są ważne**	pl_e_GW_2009.11.25_T1	
				(27) *Umowę o Nord Stream we wrześniu 2005 r. Gazprom podpisał z niemieckimi koncernami E.ON i BASF.* **Wywołało to szok w Europie Środkowej.**	pl_e_GW_2011.04.29_T2	
				(123) *Wielkie Zwycięstwo Putina*	pl_e_GN_2011.11.09_T1	
				(124) *Rosjanie przyznają:* **Możemy zakręcić Polsce kurek**	pl_e_GN_2011.11.09_T1	
				(136) *Putin*	pl_e_WST_2005_ 07.10_T1	

EMPÖRUNG	
(137)(141) *Rosjanie*	pl_e_GN_2011.11.09_T1
(138)(142) *Nazistowskie Niemcy*	pl_e_GN_2011.11.09_T1
(139) *Władimir Putin*	pl_e_GW_2008.03.10_T1
(143) *Pakt Mołotow–Rippentrob z 1939*	pl_e_GN_2011.11.09_T1
(144) *Hitler-Stalin-Pakt*	pl_e_GN_2011.11.09_T1
(146) *Niemcy*	pl_e_GW_2012.10.13_T1
(147) *Medwedew*	pl_e_GW_2011.11.09_T1
(148) *Gazprom*	pl_e_GW_2011.01.21_T1
(160) *Pakt Mołotowa–Ribbentropa*	pl_e_GN_2011.11.09_T1
(160) *Związek Radziecki*	pl_e_GN_2011.11.09_T1
(9) *(…) Niemcy:* **Płynięcie do Świnouj-ścia inaczej**	pl_e_GW_2011.02.22_T1
(17) **Niemcy blokują rurą Nord Stream rozwój portu w Świnoujściu**	pl_e_GW_2015.12.19_T1
(135) *Schröder*	pl_e_GN_2014.04.30_T1
(101) *Ta rura po dnie Bałtyku ma bezpośrednio połączyć Rosję i Niemcy, omijając Polskę i inne państwa Europy Środkowej.*	pl_e_GW_2008.09.11_T1
(170) *Schroeder, nie masz wstydu!*	pl_e_GN_2014.04.30_T1
(167) **Władimir Putin** *nie rezygnuje z budowy gazociągu Nord Stream przez Bałtyk, a niemiecka kanclerz* **Angela Merkel** *będzie przekonywać państwa nad Bałtykiem do rezygnacji z oporów wobec inwestycji.*	pl_e_GW_2008.03.10_T1

Ebene der Emotionalisierung	Analysekategorien	Emotionalisierungsstrategie	Belege	Quelle	Diskursive Emotionen
Intratextuelle Ebene	Wort-orientierte Analyse	Eigennamen	Verwendung von Onymen, mit denen diskursive Emotionen implizit zum Ausdruck kommen/ Antroponymen; Nomina collectiva; Toponymen; Namen von Institutionen/ Unternehmen/Ereignissen	(139) *Wladimir Putin*	pl_e_GW_2008.03.10_T1	ÄRGER
			(140) *Gerhard Schröder*	pl_e_GN_2014.04.30_T1	
			(214) *Niemcy i Rosja potwierdziły bałtycka rurą*	pl_e_GW_2008.10.02_T1	
			(114) *Podczas spotkania w Berlinie na temat Nord Stream miałem wrażenie, jakby zmienity się stereotypowe wyobrażenia o obu narodach. Polacy domagali się trwałych rozstrzygnięć, a Niemcy* **forsowali prowizoryczne rozwiązania** *– opowiadał „Gazecie" o takich konsultacjach dyrektor Urzędu Morskiego w Szczecinie Andrzej Borowiec.*	pl_e_GW_2012.10.13_T1	
		Einige Antroponyme fungieren als emotionsgenerierende Diskursakteure: *Schröder, Putin, Medwedew*	(55) *Z uporem godnym lepszej sprawy Niemcy nie zgadzają się, by wkopać głębiej gazociąg Nord Stream i odblokować plany rozwoju portu w Świnoujściu.*	pl_e_GW_2011.03.13_T1	
			(58) **Polska i państwa bałtyckie w 2005 r. oburzały się, że Niemcy nie konsultowały z nimi umowy o budowie przez Bałtyk gazociągu Nord Stream z Rosji.**	pl_e_GW_2012.06.21_T1	
			(168) **Schroeder broni Rosji przed Polską** *Unia Europejska staje się zakładniciem antyrosyjskich interesów polskich władz – mówił w Moskwie byly kanclerz Niemiec Gerhard Schroeder.*	pl_e_GW_2007.09.09_T1	
			(169) *„***Bez aktywnego lobbingu Niemiec na Zachodzie Nord Stream nie zostałby zbudowany***" – stwierdził w ostatni wtorek w dzienniku „Die Welt" niemiecki politolog Alexander Rahr (...)*	pl_e_GW_2011.11.14_T1	

				ANGST
		(174) *Jesienią do Niemiec popłynie gaz z Rosji bałtyckim gazociągiem Nord Stream. I Gazprom już szykuje w Europie nowe zadania dla kierującego budową bałtyckiej rury Matthiasa Warniga – byłego szpiega Stasi zaprzyjaźnionego z premierem Rosji Władimirem Putinem.*	pl_e_GW_2011.07.03_T1	
		(176) *Ropa pod nadzorem Stasi*	pl_e_GW_2011.04.29_T1	
Phrasen	Verwendung von festen Phrasen, die Emotionen zum Ausdruck bringen	(105) *Zakręcić Polsce kurek*	pl_e_GN_2011.11.09_T1	
		(108) *Rura wciąż wisi nad Świnoujściem*	pl_e_GW_2010.03.05_T1	
		(124) *Zakręcić Polsce kurek*	pl_e_GW_2011.11.14_T1	
		(125) *Jeśli będzie taka polityczna potrzeba, to Moskwa, nie szkodząc krajom trzecim, będzie mogła zakręcić kurek z gazem Polsce – zauważa w środę dziennik „Wiedomosti", komentując uruchomienie Gazociągu Północnego, łączącego Rosję z Niemcami przez Morze Bałtyckie.*	pl_e_GW_2011.11.14_T1	
		(157) *Rosjanie przyznają: Możemy zakręcić Polsce kurek*	pl_e_GN_2011.11.09_T1	
		(158) *Jeśli będzie taka polityczna potrzeba, to Moskwa, nie szkodząc krajom trzecim, będzie mogła zakręcić kurek z gazem Polsce – zauważa w środę dziennik „Wiedomosti", komentując uru chomienie Gazociągu Północnego, łączącego Rosję z Niemcami przez Morze Bałtyckie.*	pl_e_GN_2011.11.09_T1	
		(159) *„Oprócz tego, jeśli będzie taka polityczna potrzeba, to Rosja, nie szkodząc krajom trzecim, będzie mogła zakręcić kurek z gazem Polsce lub Słowacji" – zaznaczają „Wiedomosti".*	pl_e_GN_2011.11.09_T1	

Ebene der Emotionalisierung	Analysekategorien		Emotionalisierungsstrategie	Belege	Quelle	Diskursive Emotionen
Intratextuelle Ebene	Wort-orientierte Analyse	Phrasen	Verwendung von festen Phrasen, die Emotionen zum Ausdruck bringen	(16) *Po raz pierwszy gaz z Rosji płynie bezpośrednio do UE – powiedział prezydent Rosji Dmitrij Miedwiediew, nie dodając – jak przy wcześniejszych okazjach – że ma to zmniejszyć zależność Rosji od państw tranzytowych, czyli Polski, Białorusi i Ukrainy.*	pl_e_GW_2011.11.09_T1	ÄRGER
				(106) *zgodnie z zasadą tłocz lub płać*	pl_e_GN_2011.11.09_T1	
				(107)(109) *NO TO RURA*	pl_e_GW_2009.12.21_T1	
				(61) **Jeśli będzie taka polityczna potrzeba, to Rosja nie szkodząc krajom trzecim, będzie mogła zakręcić kurek Polsce lub Słowacji"** *– napisał dziennik „Wiedomosti".*	pl_e_GW_2011.11.14_T1	EMPÖRUNG
				(62) *Wraz z uruchomieniem gazociągu Nord Stream Rosja nie tylko umacnia swoje wpływy gospodarcze, ale i polityczne. I „jeśli będzie taka potrzeba, to nie szkodząc krajom trzecim, będzie mogła zakręcić kurek z gazem Polsce" – przestrzega nas rosyjski dziennik „Wiedomosti".*	pl_e_FT_2011.11.10_T1	
			Verwendung von festen diskursgebundenen Phrasen, die im Kontext eines Ereignisses mit emotionalen Bedeutungsinhalten bereichert werden. Zu den Techniken gehören z. B. diskursgebundene Substitutionen und Expansionen um emotionale Bedeutungsinhalte	(106) *zgodnie z zasadą tłocz lub płać*	pl_e_GN_2011.11.09_T1	ANGST
				(107)(108) *NO TO RURA*	pl_e_GW_2009.12.21_T1	
				(118) *geopolityczna puszka Pandory*	pl_e_GW_2011.11.14_T1	

Anhang: Emotionalisierungsstrategien im deutschen Nord Stream-Diskurs

Ebene der Emotionalisierung	Analysekategorien		Emotionalisierungs-strategie	Belege	Quelle	Diskursive Emotionen
Transtextuelle Ebene	Inter-textualität	Verbal	Verbale Verweise auf andere Ereignisse, die Emotionen wecken	(207) *Dieser Anspruch führte im April 1920 zum Krieg zwischen Polen und Russland, der im August darauf endete kurz vor Warschau siegte Polen wie durch ein Wunder über Russland* [sic]. *Die polnische Grenze wurde gut 200 Kilometer nach Osten verschoben. Dass Pilsudskis Sorge nicht völlig falsch war, demonstrierten Hitler und Stalin, die 1939 einen Nichtangriffspakt schlossen und in einem Zusatzprotokoll die Aufteilung Polens zwischen dem Deutschen Reich und der Sowjetunion regelten. Dieser Verrat ist bis heute nicht vergessen, er bleibt präsent. Deshalb ließ man sich bei den deutsch-russischen Ostseepipeline-Plänen von den Emotionen wegtragen und zu einem plumpen Vergleich mit dem Hitler-Stalin-Pakt hinreißen.*	de_p_dZ_2008.02.07_S.?	ÄRGER/ EMPÖRUNG
				(208) Interview mit Gerhard Schröder SPIEGEL: *Die Bündnispolitik Bismarcks mit Russland ging auf Kosten der Polen, denen er einen eigenen Staat verweigerte.* Schröder: *Da will ich ihn nicht in Schutz nehmen. Allerdings hat Bismarck nicht deshalb ein tragfähiges Verhältnis zu Russland gesucht, weil er den Polen einen eigenen Staat verweigern wollte. Die polnischen Teilungen lagen weit vor seiner Zeit, und nicht Preußen oder das Deutsche Reich, sondern Russland hatte sich das 1815 eingerichtete Kongresspolen einverleibt.*	de_p_SPGL_2015.03.28_ S. 44	

Ebene der Emotionalisierung	Analysekategorien		Emotionalisierungs-strategie	Belege	Quelle	Diskursive Emotionen
Transtextuelle Ebene	Inter-textualität	Verbal	Verbale Verweise auf andere Ereignisse, die Emotionen wecken	SPIEGEL: Bis heute verfolgen viele Polen die Entwicklung des deutsch-russischen Verhältnisses voller Misstrauen. Schröder: Ich verstehe, dass es in Polen historisch bedingte Ängste gibt, die dem einen oder anderen noch kein rationales Verhältnis zu Russland erlauben. Die Folgen des Hitler-Stalin-Pakts von 1939 sind bis heute spürbar. Diese Ängste dürfen nur nicht die Politik der gesamten EU gegenüber Russland bestimmen. Polen ist heute Mitglied der EU – Gott sei Dank –, und es ist Mitglied der Nato und … SPIEGEL: … zur polnischen Nato-Mitgliedschaft sagen Sie nicht „Gott sei Dank"? Schröder: Doch: Gott sei Dank. Damit habe ich kein Problem. Beide Beitritte fallen in die Zeit meiner Kanzlerschaft. Ich sage nur: Polen und die baltischen Staaten haben heute ein Maß an Sicherheit, das – rational betrachtet – eine Gefährdung durch andere ausschließt. Ich kenne niemanden, auch nicht in Russland, der so verrückt wäre, es auch nur in Erwägung zu ziehen, die territoriale Integrität Polens oder der baltischen Staaten infrage zu stellen.		ÄRGER/ EMPÖRUNG
			Verbale Verweise auf emotionale Aussagen anderer Diskursakteure (direkte Zitate)	(202) Die Pipeline, die parallel zur bestehenden ersten Nord-Stream-Röhre verläuft, ist auch diplomatisch umstritten. Osteuropäische Staaten wie Polen und die baltischen Länder fühlen sich durch	de_p_ TAZ_2018.07.04_S. 7	ÄRGER/ EMPÖRUNG

			EMPÖRUNG/ ENTTÄU- SCHUNG
Verweise auf Zitate von Akteuren zweiter Ordnung, die Emotionen indirekt evozieren können	*die Direktverbindung übergangen und werten Nord Stream nicht als wirtschaftliches, sondern als geopolitisches Projekt.* *(203) Bundeskanzlerin Angela Merkel (CDU) steht dem Vorhaben neutral gegenüber und bezeichnet den Bau als rein unternehmerische Entscheidung. Für die Kritiker dagegen „spaltet der Plan Europa politisch und stellt unsere Solidarität mit Polen, unseren baltischen Nachbarn, der Slowakei und der Ukraine, aber auch mit Dänemark und Schweden infrage".*	de_p_ TAZ_2018.02.21_S.7	
	(215) Nord Stream 2 ist in Europa extrem umstritten. Während Deutschland argumentiert, es handle sich um ein Projekt von Privatunternehmen, darunter Gazprom, die E.on-Abspaltung Uniper und Shell, sehen andere EU-Länder und die Kommission durch den Bau der Pipeline das Ziel in Gefahr, von russischem Gas unabhängiger zu werden.	de_p_ SPGL_2017.09.30_S.28	
	(188) Vor allem Polen und die baltischen Staaten, aber auch skandinavische Anrainerländer haben aus unterschiedlichen Gründen Bedenken gegen das Projekt und wollen derzeit nicht zustimmen. Der Widerstand aus Polen und dem Baltikum entzündet sich an Befürchtungen, die Pipeline könne die Länder von der russischen Gasversorgung abschneiden. [...] Schröder verwies darauf, dass die Pipeline von den EU-Mitgliedstaaten einstimmig zu einem TEN-Projekt von	de_p_ FAZ_2007.02.09_S.4	

Ebene der Emotionalisierung	Analysekategorien	Emotionalisierungsstrategie	Belege	Quelle	Diskursive Emotionen
Transtextuelle Ebene	Intertextualität		*europäischem Interesse erhoben worden sei. Er verstehe den Widerstand einiger Staaten vor diesem Hintergrund nicht, sagte Schröder.*		EMPÖRUNG/ ENTTÄUSCHUNG
	Verbal	Verweise auf Stellungnahmen und Handlungen von Akteuren zweiter Ordnung, um Kritik auszuüben. Dabei können eigene Positionen zum Ausdruck gebracht werden	(206) *Ursprünglich protestierte Polen am heftigsten gegen den Handschlag zwischen Schröder und Putin. In einer bösen Titelgeschichte erinnerte das Magazin Wprost an den Hitler-Stalin-Pakt und beschwor damit alte polnische Ängste vor einer deutsch-russischen Umklammerung. Diese Emotionen, so ein kenntnisreicher Beobachter der polnischen Haltung, „haben sich inzwischen gelegt, sachliche Interessenpolitik ist an ihre Stelle getreten".*	de_p_dZ_2008.04.17_S.?	EMPÖRUNG
	Topoi	Verwendung von Topoi, die in Opposition zueinanderstehen und Agonalität des Diskurses markieren	(202) *Die Pipeline, die parallel zur bestehenden ersten Nord-Stream-Röhre verläuft, ist auch diplomatisch umstritten. Osteuropäische Staaten wie Polen und die baltischen Länder fühlen sich durch die Direktverbindung übergangen und werten Nord Stream nicht als wirtschaftliches, sondern als geopolitisches Projekt.*	de_p_TAZ_2018.07.04_S.7	ANGST/ ÄRGER/ EMPÖRUNG
			(203) *Bundeskanzlerin Angela Merkel (CDU) steht dem Vorhaben neutral gegenüber und bezeichnet den Bau als rein unternehmerische Entscheidung. Für die Kritiker dagegen „spaltet der Plan Europa politisch und stellt unsere Solidarität mit Polen, unseren balti-*	de_p_TAZ_2018.02.21_S.7	

Intratextuelle Ebene	Text-orientierte Analyse	Sprache-Bild-Beziehungen	Verwendung von multimodalen Texten, mit denen auf Grund von formal-semantischen Reziprozitäten zwischen den Modalitäten Emotionen evoziert werden	Beispiel	Quelle	Emotion
				seben Nachbarn, der Slowakei und der Ukraine, aber auch mit Dänemark und Schweden infrage". (216) Nord Stream 2 ist in Europa extrem umstritten. Während Deutschland argumentiert, es handle sich um ein Projekt von Privatunternehmen, darunter Gazprom, die E.on-Abspaltung Uniper und Shell, sehen andere EU-Länder und die Kommission durch den Bau der Pipeline das Ziel in Gefahr, von russischem Gas unabhängiger zu werden.	de_p_SPGL_2017.09.30_ S. 28	ÄRGER/ IRRITATION
				(204) Dass aus Polen, dem Baltikum und Skandinavien Bedenken verschiedenster Art kommen, kann Schröder nicht verstehen: „Die Pipeline dient nicht nur der deutschen, sondern der europäischen Gasversorgung".	de_p_FAZ_2007.02.09_ S. 4	
				(205) Polen ist ein entschiedener Gegner des Projekts. Obwohl ein europäisches Firmenkonsortium die Pipeline baut, behaupten PiS-Politiker immer wieder, es handle sich um ein Regierungsprojekt Deutschlands und Russlands.	de_p_TAZ_2018.11.02_ S. 6	
				(200) [Das betextete Bild in einem Text der Ausgabe der liberalen Wochenzeitung DIE ZEIT vom 04.02.2016] Eine komplementäre Sprache-Bild-Relation	de_p_dZ_2016.02.04_ S. 19	ÄRGER
				(201) [Das betextete Bild in einem Text der Ausgabe des linksliberalen Magazins DER SPIEGEL vom 08.09.2014] Eine redundante Sprache-Bild-Relation	de_p_SPGL_20_ 14.09.08_ S. 76–77	ANGST/ FURCHT

Ebene der Emotionalisierung	Analysekategorien		Emotionalisierungsstrategie	Belege	Quelle	Diskursive Emotionen
	Text-orientierte Analyse	Sprache-Bild-Beziehungen				
Intratextuelle Ebene				(186) *Moskauer Gasmanöver* (187) *die imperiale Faust* (189) *Während das politische Gezerre um die 1200 Kilometer lange Gasleitung anhält, treibt das Betreiberkonsortium den Bau generalstabsmäßig voran.*	de_p_dZ_2006.01.05_S.? de_p_dZ_2006.01.05_S.? de_p_FAZ_2007.08.02_S. 13	ANGST/FURCHT
				(190) *Die Schlacht ums Gas* [Titel] [Verweis auf die Meinung der Anhänger des Ostseeprojekts] *Die Ostsee-Pipeline könne ein Viertel des zusätzlichen Importbedarfs decken, unabhängig von den Launen irgendwelcher Transitländer.* [...] ***Eine Schlacht um zwei Pipelines hat begonnen, die mal im Norden, mal im Süden geführt wird und ein gutes Dutzend Staaten in Atem hält.***	de_p_SPGL_2009.01.26_S. 90–94	FURCHT/ÄRGER
			Einsatz von metaphorischen Beschreibungen (Verwendung von Textmetaphern) zur Visualisierung der Ereignisse oder Positionen und als Unterstützung der Emotionalisierung (gelegentlich mit der Thematisierung der Emotionen von Kritikern des Projektes verbunden)	(188) *Vor allem Polen und die baltischen Staaten, aber auch skandinavische Anrainerländer haben aus unterschiedlichen Gründen Bedenken gegen das Projekt und wollen derzeit nicht zustimmen. **Der Widerstand aus Polen und dem Baltikum entzündet sich an Befürchtungen, die Pipeline könne die Länder von der russischen Gasversorgung abschneiden.** [...] Schröder verwies darauf, dass die Pipeline von den EU-Mitgliedsstaaten einstimmig zu einem TEN-Projekt von europäischem Interesse erhoben worden sei. Er verstehe den Widerstand einiger Staaten vor diesem Hintergrund nicht, sagte Schröder.*	de_p_FAZ_2007.02.09_S. 4	ÄRGER/EMPÖRUNG

		ÄRGER/ ANGST/ FURCHT
(191) *Die Ostsee-Pipeline hat mit neuen Schwierigkeiten zu kämpfen.* [...] *Damit würde die Erdgasleitung durch estnische Gewässer führen – und Estland ist zusammen mit den beiden anderen baltischen Staaten Lettland und Litauen sowie Polen ein scharfer Kritiker des Projekts. In Tallinn, Riga, Vilnius und Warschau argwöhnt man, Russland wolle die vier Länder mit der Ostsee-Gasleitung umgehen, um sie dann leichter unter Druck setzen zu können.*	de_p_FAZ_2007.04.12_ S.7	
(192) *Trojanisches Gas* [Titel des Textes]	de_p_STN_2006.01.11_ S.o.A.	
(193) *Die zehnjährige Belagerung Trojas durch die Griechen wurde durch ein mächtiges hölzernes Pferd entschieden. Die Trojaner hielten es, der antiken Mythologie zufolge, für ein Weihgeschenk an die Göttin Athene und zogen es vertrauensselig in ihre Stadt, wo des Nachts die im Innern des Rosses verborgenen Griechen herauskletterten, um ihren Waffenbrüdern das Tor zu öffnen. Troja wurde zerstört, das Trojanische Pferd als Metapher für listige Unterwanderung erwies sich als unzerstörbar.*	de_p_STN_2006.01.11_ S.o.A.	
(194) *Im September 2005, anderthalb Wochen vor der Bundestagswahl,* **wurde ein russisches Pferd nach Berlin gezogen.** *Das Weihgeschenk für den wahlkämpfenden Gerhard Schröder wurde von einem weitsichtigen russischen Diplomaten mit dem Satz kommentiert, man wolle*	de_p_ STN_2006.01.11_S.o.A.	

Ebene der Emotionalisierung	Analysekategorien	Emotionalisierungsstrategie	Belege	Quelle	Diskursive Emotionen
Intratextuelle Ebene	Textorientierte Analyse	Sprache-Bild-Beziehungen	Einsatz von metaphorischen Beschreibungen (Verwendung von Textmetaphern) zur Visualisierung der Ereignisse oder Positionen und als Unterstützung der Emotionalisierung (gelegentlich mit der Thematisierung der Emotionen von Kritikern des Projektes verbunden)	*„einer künftigen Bundesregierung etwas mit auf den Weg geben". Die Gabe, der neuen Zeit gemäß nicht ein hölzernes Pferd, sondern eine stählerne Röhre aus der Ostsee, wurde allseits bestaunt, ganz wie ehedem in Troja.* (195) *Bevor sie sich indes öffnen und ihr in vier Jahren Gas entströmen kann, hat Misstrauen von den Berlinern Besitz ergriffen. Das Pferd ist, um im Bilde zu bleiben, in Trojas Mauern, sprich: der Pipeline-Vertrag unterzeichnet, und die Furcht geht um, das russische Gas könnte am Ende trojanische Folgen haben.*	de_p_STN_2006.01.11_ S.o.A.	ÄRGER/ ANGST/ FURCHT
		Sprechakte	Verwendung von indirekten Sprechakten (Kommissiva, Assertiva), die implizit oder explizit auf die jeweilige diskursive Praktik der Emotionalisierung hinweisen	(196) *Mit wachsender Empörung registrierten deutsche Diplomaten die Lobbyarbeit vor allem Polens in Washington. Der EU-Partner machte sich in den USA stark dafür, die schon lange vorbereiteten Sanktionen gegen am Pipeline-Projekt beteiligte Firmen in Kraft zu setzen, und warb so letztlich für Strafen gegen Deutschland. Zur Freude Trumps.*	de_p_SZ_2019.12.13a_ S. 2	ÄRGER/ EMPÖRUNG
	Wortorientierte Analyse	Stilistisch markierte Lexeme Negativ konnotierte Lexeme und Phrasen	Verwendung von stilistisch markierten und emotionsevozierenden Wortphrasen. Es werden lexikalische Mittel eingesetzt, um den Eindruck der Emo	(190) *Die Schlacht ums Gas* [Titel] [Verweis auf die Meinung der Anhänger des Ostseeprojekts] *Die Ostsee-Pipeline könne ein Viertel des zusätzlichen Importbedarfs decken, unabhängig von den Launen irgendwelcher Transitländer.* [...] *Eine Schlacht um zwei Pipelines hat begonnen, die mal im Norden, mal*	de_p_SPGL_2009.01.26_ S. 90–94	VERACHTUNG

	tionalisierung zu intensivieren und die Emotionalisierungs-strategien zu unterstützen	im Süden geführt wird und ein gutes Dutzend Staaten in Atem hält.		
Emotions-wörter	Verwendung von Emotionswörtern, die explizit die zu evozierende Emotion benennen	(196) **Mit wachsender Empörung** registrierten deutsche Diplomaten die Lobbyarbeit vor allem Polens in Washington. Der EU-Partner machte sich in den USA stark dafür, die schon lange vorbereiteten Sanktionen gegen am Pipeline-Projekt beteiligte Firmen in Kraft zu setzen, und warb so letztlich für Strafen gegen Deutschland. Zur Freude Trumps.	de_p_SZ_2019.12.13a_ S. 2	EMPÖRUNG
		(198) Besonders **bitter** ist, dass diese Auseinandersetzung [zwischen den USA und Deutschland] durch europäische Verbündete mindestens befördert wird. Es ist bekannt, dass Polen und die Ukraine ein eigenes Interesse am russischen Gastransit über ihr Staatsgebiet haben. Deren Regierungen haben dies im Weißen Haus angesprochen und zählen nun wohl zu jenen, die sich bei Trump für die Sanktionen bedankt haben. Europa – eigentlich eine Gemeinschaft, die durch wirtschaftlichen Interessenausgleich verbunden ist – lässt sich hier kaum noch erkennen.	de_p_SZ_2019.12.24_ S. 4	ENTTÄU-SCHUNG
		(199) [Die Genehmigung des Projekts durch Schweden und Finnland] **hat einen bitteren Beigeschmack**, weil die Skandinavier ähnlich wie die drei baltischen Staaten und Polen gerne in eine Energieverbindung der beiden großen Ostsee-Anrainer miteinbezogen worden	de_p_FAZ_2009.11.06_ S. 11	

Ebene der Emotionalisierung	Analysekategorien		Emotionalisierungsstrategie	Belege	Quelle	Diskursive Emotionen
	Wort-orientierte Analyse	Emotions-wörter		wären, die sie stattdessen rechts und links liegengelassen haben.		
Intratextuelle Ebene			Verwendung von Emotionswörtern, die explizit die zu evozierende Emotion benennen			
			Thematisierung von Emotionen durch die Verwendung von emotionsbezeichnenden Wörtern, die auf Emotionen anderer rekurrieren, aber auf Grund der eigenen Involviertheit im Diskurs den gesamten Diskurs bestimmen und diskursive Emotionen zum Ausdruck bringen. Diese Strategie beruht darauf, dass Emotionen und emotionale Zustände und Erlebnisse anderer durch emotionale Beschreibung „ansteckend" sind, auf die Rezipienten übertragen werden und mitempfunden werden können.	(197) *Die Ängste Warschaus, dass Russland in Krisensituationen seine Gaslieferungen an Polen einstellen könnte, ohne dass auch der Westen vom Lieferstopp betroffen wäre, wurden bislang von Moskau, Berlin und Brüssel vom Tisch gewischt. Die russische Regierung zeigte sich empört über die Verdächtigungen – dabei hat sie in den letzten Jahren mehrfach politischen Druck über den Gashahn ausgeübt. Berlin und Brüssel wiederum sicherten Polen ihre Solidarität und Hilfe in Energie-Krisensituationen zu. Das aber reicht nicht, um die Polen zu beruhigen.*	de_p_TAZ_2008.02.08_ S. 10	ANGST/ EMPÖRUNG